中国人民大学科学研究基金（中央高校基本科研业务费专项资金资助）项目成果

批准编号：10XN1010

亚里士多德：
发展史纲要

维尔纳·耶格尔 ◎ 著　　　　　　朱清华 ◎ 译

人民出版社

丛书总序

国内古希腊哲学研究现在正处于历史上发展最好的时期。

这有多方面的因素：长期以来研究力量、研究成果的积累；学术研究发展和深化的需要；更为重要的，古今中西之争的当代理论视野对古希腊哲学作为古典哲学典型形态的特殊理论价值地位的凸显。

目前，国内古希腊哲学研究的繁荣、研究力量的壮大、研究队伍的整齐和研究成果的不断取得，可以说是前所未有的。

正因为如此，古希腊哲学研究才更迫切地需要深化，并且需要有推动研究深化的更有力的途径和方式。而对西方学者百余年来所积累的重要的古希腊哲学研究成果的系统译介，将直接推动国内古希腊哲学研究的深化，加快国内古希腊哲学研究者与国际古希腊哲学研究界对话、交流和相互促进的步伐，使得国内古希腊哲学研究能够以更快的速度提升到国际研究的前沿领域。

基于此，乃有"古希腊哲学经典学术译丛"的成立。我们希望通过这个译丛系统地引进、译介一批现代西方学者对古希腊哲学研究的最重要的学术经典著作。而对于入选的西方学者的研究著作，我们采取这样三个严格的学术标准，即：基本、基础、经典。

"基本"是指，它们是任何一位这个领域的研究者所必备和必须掌握的研究文献。

"基础"是指，它们奠定了这个学科的理论基础，是任何更进一步的研究所必需据以为立足点的。

"经典"是指，它们具有广泛的学术影响，一直以来都是这一领域所公认的重要学术成果。

按照这三个标准，在我们第一批的书目中便包括了策勒的六卷本的《古希腊哲学史》、耶格尔的《亚里士多德：发展史纲要》和伯奈特的《早期希腊哲学》。我们希望这个工作能够进一步做下去，不断夯实和拓宽国内学者研究古希腊哲学的学术基础。

最后，我们要感谢年高德劭的姚介厚、田士章两位先生，没有他们的关心和支持，就没有这套丛书的成立。人民出版社的郇中建编审、邓仁娥编审参与了这套丛书最初的论证和讨论，并从编辑方面提出了他们宝贵的经验和意见。毕于慧编辑参与了丛书的前期论证并具体负责了这套丛书繁杂而辛劳的编审业务。我们对他们的工作怀有深深的敬意。

这套丛书得到了中国人民大学科学研究基金项目的大力支持，在此，我们也深表感谢。

聂敏里

2012 年 12 月

目　录

译者序言

1. 耶格尔生平

维尔纳·耶格尔（Werner Jaeger）（1888—1961）是 20 世纪以来最著名的古典学者之一。他出生在莱茵普鲁士的 Lobberich 城，受到传统的天主教教育。就读于马堡大学和柏林大学，并于 1911 年在柏林大学获得博士学位。他的博士论文是关于亚里士多德的形而上学的。1914 年获得教师资格后，耶格尔年仅 26 岁即在瑞士巴塞尔大学获得教授席位。1921 年他回到柏林，继承了维拉莫维兹—莫伦道夫的教席，直到 1936 年因不满希特勒的统治而移民美国。1960 年耶格尔在哈佛大学退休，次年去世。

耶格尔一生写了大量的关于古典研究的著作。其中包括著名的《教化：希腊文化理想》（Paideia: The Ideals of Greek Culture）三卷本。不过奠定耶格尔学术地位，并使得他声名远扬的，是他 1923 年写的这部《亚里士多德：发展史纲要》（Aristoteles: Grundlegung einer Geschichte seiner Entwicklung）。这部著作在当时就产生了巨大的反响。就如 A.E.Taylor 对此书的评价中所说的，"可以公正地说它具有第一流的重要性，应该被每一个对希腊哲学有着严肃的兴趣的人立即仔细地研究。""如果我们中的任何一个人在没有考虑耶格尔先生的精彩著作，而胆敢对亚里士多德有所陈词的话，他至少是冒着极大的风险的。"[1]Cherniss 也称耶格尔的这部著作是"划时代的"。[2]

2. 本书的内容和结构

在本书中，耶格尔打破了传统对亚里士多德思想的成见，即认为亚里士多德自始至终是强烈地、毫不妥协地反对柏拉图的，同时还反驳了这样一个传统观点，认为亚里士多德的所有著作是有着统一思想的、系统的作品，其中没有什么是相互冲突和矛盾的。[3] 他提出，亚里士多德的思想和著作经历了三个时期的发展：第一阶段是亚里士多德早年在雅典柏拉图学园跟随柏拉图学习的时期。第二阶段是在柏拉图去世之后，亚里士多德到小亚细亚的阿索斯以及马其顿游历时期。第三阶段是亚里士多德回到雅典，在吕克昂教学时期。在第一阶段中，亚里士多德完全处于柏拉图思想影响下，是个彻底的柏拉图主义者。而在第二阶段，亚里士多德明确地批判柏拉图的理念论，但是试图保留柏拉图思想中最本质的东西。在第三阶段，亚里士多德完全转向了经验主义的研究方式，成了彻底的传统所认为的亚里士多德。本书根据这三个时期，分为三个部分。第一部分是"学园时期"，论述亚里士多德在柏拉图学园时期的思想，并分析耶格尔认为应该归为这个时期的对话作品。第二部分是"游历时期"，亚里士多德在阿索斯和马其顿的生活以及思想，他的形而上学、伦理学、政治学、物理学、天文学思想的早期阶段。第三部分是亚里士多德重回雅典之后的"教授生涯"。下面分别介绍一下这三个部分的内容。

耶格尔首先指出，在古代思想研究中，人们已经习惯于用发展的方法来分析柏拉图的思想和著作，而拒绝将发展的方法运用到亚里士多德的思想和著作研究中。这首先归因于中世纪经院哲学将他的哲学看作一个僵化的概

---

[1] *Aristoteles: Grundlegung einer Geschichte seiner Entwicklung* by Werner Jaeger, Review by: A. E. Taylor, *Mind*, New Series, Vol. 33, No. 130 (Apr., 1924), p.192, 193.

[2] *Aristotle, Fundamentals of the History of His Development* by Werner Jaeger; Richard Robinson, Review by: Harold Cherniss, *The American Journal of Philology*, Vol. 56, No. 3 (1935), p. 263.

[3] *Aristotle: Fundamentals of the History of His Development* by Werner Jaeger Review by: D. J. Allan, *Philosophy*, Vol. 10, No. 37 (Jan., 1935), p. 96.

念框架，而这个看法的确定，可以追根溯源到漫步学派。东方传统、西方传统，都继承了这个思路。文艺复兴使得古代几乎所有的文化都得到了复兴，而唯独亚里士多德被冷落了。亚里士多德被误解，有多种原因。一方面，现存的亚里士多德著作不是他著作的全部，这样人们就无法把握亚里士多德思想的全貌。另一方面，对现存著作的研究是割裂的。丢失了其有机发展的成分，而只强调其抽象、逻辑的部分。语文学家在为柏拉图断代的时候起了重要作用，而他们却在亚里士多德这里无所作为。语文学家对亚里士多德作品的分析，忽略了最应该注意的作品形式问题。这归咎于他们当时文学形式概念的狭隘。而耶格尔恰恰强调从亚里士多德论文形式作品之外的著作出发，追根溯源亚里士多德的思想。

首先是亚里士多德的对话。这些对话已经轶失，仅留下一些残篇。对于这些对话，之前人们或者努力将其中的柏拉图主义成分通过解释消解掉（Bernays），或者认为它们是亚里士多德之后的人的伪作（Rose）。因为在亚里士多德论文中有诸如"公开的"作品这样的字眼，用来指他的对话作品，人们猜测，在吕克昂学园有"公开的"和"秘传的"学说的分别。"公开的"作品指对大众公开发表的作品，形式生动，内容浅显。耶格尔认为这既不是亚里士多德虚伪地应付大众之作，也不是别人托他的名的伪作，而确实是亚里士多德的作品。而且无论内容和形式，亚里士多德的这些对话都是在柏拉图的影响下，极力地追随和模仿柏拉图。这表达了亚里士多德思想发展的一个最初的阶段。在《欧德谟斯》这篇对话中，塞浦路斯人欧德谟斯被从自己的国家放逐，得了重病，奄奄一息之际，神明托梦，给了他三个预言。第一个预言说他很快痊愈，第二个预言是斐赖的暴君亚历山大不久会死去，第三个预言是他五年后回到自己的家乡。前面两个预言很快实现了，五年后正当他信心满满地预备回家的时候，却在叙拉古战死。亚里士多德表明，神并未欺骗欧德谟斯，他确实回到了家乡，不是肉体回到了塞浦路斯，而是灵魂回到了天上。他以此证明人的灵魂是不朽的。灵魂住在肉体中就如身缠疾病，病中会丧失很多记忆和能力，而痊愈后会恢复。耶格尔对照了《欧德谟斯》和柏拉图的对话《斐多》，它们都是为了证明灵魂在死后不朽。在论证方式上，《欧德谟斯》显然比《斐多》在逻辑上改进了，更加简化。但是在内容上，在《欧德谟斯》中亚里士多德还信奉整个灵魂都是不朽的，并和柏拉图一样用回忆说来证明。他用生病和痊愈比喻今生灵魂进入身体，譬如人生病，不记得一些以前的知识。而灵魂离开肉体，就像痊愈，记忆自然恢复。说明记忆在前世—今生—来世都是潜在或现实地持续的。耶格尔认为，亚里士多德在这里完全依赖于柏拉图的形而上学理念论。在柏拉图那里，真正的知识是关于理念的，是不变化的，实在的。它一旦被灵魂看到，不会因为肉体拖累而完全消失，只是需要一定的引导，以恢复记忆。亚里士多德用回忆说来为灵魂不朽论证，他也必定认可这种知识论的前提，真正的知识是关于不变化的事物的，即关于理念的。一旦他放弃理念论，不可避免地要一起放弃回忆说。

亚里士多德的对话作品，除了《欧德谟斯》之外，最重要的就是《劝勉》。这是写给塞浦路斯王子的一封信。亚里士多德劝勉这位未来的统治者，实现《劝勉》中所表达的政治理想。这个理想正是柏拉图学园整体的政治目标。之所以要对一个君主施加影响，可见他受到了柏拉图的深刻影响。柏拉图在《理想国》中就提出了，实现理想政治的捷径就是掌权的政治领袖学习哲学。亚里士多德的这个作品通过杨布利柯等的引文被部分还原。耶格尔从《劝勉》的内容和思想说明，它属于亚里士多德早期作品，完全处于柏拉图理念论影响之下。其思想和后来成熟时期的思想具有强烈的反差。比如，phronesis 这个核心概念，还是完全在柏拉图的意义上使用。它是科学，是努斯，也是理论智慧（sophia）。是人的理智至高无上的运用。它贯通一切研究领域，获得各个方面的知识。它作为认识的功能，是和存在相对应的，由它能够获得知识，尤其是最高的知识——理念，善自身，在亚里士多德后来的作品中，phronesis 的意义就完全不同了。另外，在《劝勉》中，精确性还是政治学和伦理学作为科学的标准，这又同后来的《尼各马科伦理学》中的相关论述相左。耶格尔认为，之所以有这些差异，乃是因为亚里士多德后来放弃了柏拉图的理念论。

在第一个阶段中，耶格尔强调亚里士多德是个完全的柏拉图主义者，他写的作品无论是形式还是内容，都极力模仿柏拉图。《欧德谟斯》模仿《斐多》，《劝勉》的蓝本是柏拉图的《欧绪德谟》。亚里士多德在学园学习和生活了 20 年。他在学园渡过了青年岁月，并且绝非虚度。亚里士多德在柏拉图死后很快就离开了雅典。离开的原因他自己并没有明确的表述，也没有他的朋友或学生的转述，有的只是猜测。流传颇广的一个说法是，亚里士多德和柏拉图决裂，所以离开雅典。决裂的原因，或者说是亚里士多德对柏拉图的思想尖锐批评，或者说，柏拉图把继承人的位置给了自己的侄子，而没有给他，他出于激愤出走。甚至将这归于亚里士多德自己的性格——好批评的、好辩的，并且不知感恩。耶格尔提出，无论学园的继承人被认定为斯彪西波是否是柏拉图的决定，都不足以令两人的友谊破裂。而亚里士多德批评柏拉图，并非独创，柏拉图自己就率先进行自我批评，以期推进理念论。亚里士多德并未在柏拉图在世的时候就和他决裂，离开学园。他咄咄逼人的论证也没有用来对老师进行人身攻击。那么，亚里士多德为何离开雅典，离开学园？耶格尔认为这是柏拉图去世后的事情。那时候学园的思想不但不符合亚里士多德的想法，而且也偏离了柏拉图的正统思想。这不可挽回的局面迫使亚里士多德离开自己的第二故乡——雅典，回到小亚细亚，并最后回到自己的家乡斯塔吉拉。耶格尔分析了亚里士多德献给柏拉图的友谊颂歌。耶格尔认为，这个献词不仅仅是一种赞美，而且是一个自白。说明了他对柏拉图的真正的态度：他是崇高的善的理念实现者，他的理论教导通过他自己的行为变成了现实：只有善的人，才能幸福。这个再也没有人能够做到了。坏人甚至没有资格赞美他。坏人当然是指那些中伤他、造谣的人。这是亚里士多德回到雅典之后，听闻人们对他的污蔑，认为他背叛了柏拉图的思想和个人，而做的表白。公元前347年亚里士多德离开雅典去阿索斯找柏拉图的两个学生，他们同那里的统治者赫尔米亚共同学习和研究哲学。耶格尔认为，在这个哲学团体中，亚里士多德是领导者。雅典学园的精神在阿索斯得到继续。后来亚里士多德离开赫尔米亚，来到马其顿宫廷。一般人认为亚里士多德到这里是为了做亚历山大的太傅。耶格尔认为做家庭教师并非亚里士多德此行的本来目的，他大概还肩负着更重要的政治任务。只是由于赫尔米亚的死，他本来的计划无以实现。阴差阳错地成为一代雄主的老师。

这段时间被耶格尔称为亚里士多德思想的过渡时期。从离开学园到小亚细亚，再从马其顿回到雅典建立自己的学派，这段时间在亚里士多德研究中往往是空白。前面是柏拉图主义时期，后面是他自己的成熟的学说，那么这段空白意味着什么？耶格尔力图证明，这恰恰是一段过渡时期，即从柏拉图主义过渡到正式的亚里士多德思想。过渡时期的特征是，他公开地以柏拉图的批判者出现。一方面他在批判和脱离柏拉图；另一方面他在进行思想重建，也就是他自己思想的成长时期。耶格尔提出《论哲学》是亚里士多德这

5

个时期的代表作品，它反映了亚里士多德思想的进展，其中重要的表征是对理念论的公开批判。亚里士多德对学园的批判有个从隐忍到公开的过程。为了学园的利益，他不到最后关头不会公开披露他们在逻辑和形而上学上的分歧。《形而上学》第一卷中有关于柏拉图学园中对理念讨论的结果的概要以及自己的改进。而《论哲学》是公开的批判。所以，《论哲学》不会早于前者写成，而是同时或者稍后写的。当然都是在柏拉图去世后。《论哲学》中的天体学说是亚里士多德对柏拉图"星体灵魂"学说改造的结果，亚里士多德的发展透露出更多的新的经验科学精神。

对《形而上学》的产生和发展顺序的分析

耶格尔用发生学的方法展开对亚里士多德思想的研究，其中最重要的部分就是对《形而上学》各卷乃至一些章节的年代学考证。其出发点和根据，仍然是亚里士多德对柏拉图思想态度的转变，对理念论的批判方式的不同。在早期他是一个完全的柏拉图主义者，赞同理念论以及与此相关的理论和方法，而后他作为一个柏拉图主义者对理念论进行反思，就像柏拉图自己以及在学园中广泛进行的那样，后来亚里士多德完全脱离了柏拉图学派，批判理念论的口吻和重点也不同了。耶格尔提出，亚里士多德对柏拉图理念论的批判在《形而上学》中有两个版本，A9 和 M4—5，它们的内容一致。之所以如此，乃是因为 M 卷中的相关内容是后来写的，以 A 中部分内容为材料。在写好 M 卷中的批判后，他本来计划要删除 A 中重复的部分，但是虔诚的编辑者将两个部分都保留了下来。A 卷较 M 卷早出，有一个有力的证据：亚里士多德在 A 中还自认为是一个柏拉图主义者，在说到理念论的时候，用的是第一人称复数的"我们"来表示对理念论的支持。而在 M 中这种自称被删除了，因为这时他早已脱离柏拉图团体。另外，A 卷中的批判还是富于谅解的，而在 M 中则是激烈和尖锐的，甚至是傲慢的。耶格尔确定A 卷的写作时间为，柏拉图去世之后，而亚里士多德刚刚离开雅典，到了阿索斯。他在 A 中是反思地总结一批柏拉图主义者对理念论的批判，他用了一些最简短的术语提及各个反驳论证，这预设了其听众必是熟悉这些论证的。只有在阿索斯，亚里士多德才有时间和环境写这个论文——总结对柏拉图的所有批判，他自己对形而上学问题的反思。A 批判理念论的目的是，他以一个柏拉图主义者自命，使命是挽救柏拉图精神的核心本质。在 M 卷中，重点也是在批判。但是和 A、B 卷中针对柏拉图理念论以及数论的详尽批判不同，虽然这里也逐句引用了 A9 中的对理念论的批判，但是删减颇多。因为这已经不是 M 卷批判的重点。M 卷所针对的是当时斯彪西波的数学数——那时斯彪西波已经是学园的领导和继承者，但是亚里士多德毫不客气地说他的理论，还不如柏拉图的更接近真实。从《形而上学》A 卷、《论哲学》，再到《形而上学》M 卷，13 年过去了。对柏拉图理念论的斗争已经不重要了，所以在修改中他删除了第一卷对柏拉图的批评。通过同样的分析途径，耶格尔指出《形而上学》M9—10 至 N 卷也是最早的形而上学作品。因为 M9 还在认真考虑柏拉图的理念和数是否就是超感性实体，是事物的元素和本原。M10 一开头提出一个难题：实体是一个分离的体，还是不分离的？是个别的还是一般的？前者是柏拉图主义者必须面对的问题，后者则是一个普遍的难题。N 卷隶属于 M9—10 这个早期的序言却是毫无疑问的，因为它包括了在M9—10 宣称要做的对斯彪西波的详细的反驳。就像在序言中一样，所有的重点都放在了作为存在的元素和本原的理念和数的意义上面，同样的观点贯穿在 N 卷的说明中。它也和第一、第二卷的特征相符，将第一哲学定义为存在的最高本原和原因的学说。而后来则更多地注意实体问题。

耶格尔提出，《形而上学》是发展的，那种认为它纯粹是亚里士多德后期作品的看法，是不正确的。分析表明，它包含了亚里士多德 45 岁以前的一些作品。而在晚年，亚里士多德再次修改《形而上学》，重新组织材料，删除一些，用新思想改造一些。这些改变的踪迹显示出他思想发展的方向。耶格尔证明，现在被认为是《形而上学》核心卷的 Z—Θ 卷原来并不属于最早的《形而上学》计划，而是后来插入的内容。最早的《形而上学》计划是 B 卷，即问题卷。它提出了 14 个问题，前面是四个引导性的问题（B2,996a18-997a33），是如何介绍和限定形而上学科学的问题。接下来的是本质性的问题（997a34）：超感觉的世界是否真实？等等。其中超越问题是核心问题，而对可感事物的存在问题不予考虑。这些问题都是从柏拉图的哲学发展出来的，自身也是柏拉图主义的。虽然它的动力是怀疑理念论。但是它努力恢复超感性事物。如果按照通行的看法，把《形而上学》看作一个整体，那么应该遵循 B 的问题的顺序进行解答。对最先的四个引导性的问题的解答是在接下来的部分（Γ 和 E 卷），那么对本质问题的回答应当在《形而上学》的核心卷 ZHΘ 中。但是 Z 根本没有考虑超感性的事物的问题，而是在讨论实体，丢开了 B 的线索。另外一个表明 ZHΘ 是后来插入的证明，是 Z 和 E2 的关系。亚里士多德在 E 中开始讨论存在（ὄν），并列举了它的四个意义：偶然、真假之真、范畴、潜能和现实。篇幅短小的 E 卷，就是以这个次序讨论了存在的前两个意义。接下来的 Z 卷也是谈存在和实体（οὐσία）。如果两卷是连贯一致的，那么就应该接着 E 的论题继续。或者如果它要重新列举的话，就引用 E 中才做的列举，或者不用重新列举。但是很奇怪，Z 却首先列举存在的多重意义，而且和 E 的列举不同。"人们在多重意义上述说存在，就像我们前面在关于这个概念的多重意义的作品中就已经区分的。因为它时而意味着一个什么和确定的这一个，时而意味着一个性质或者量，或者范畴中的这种类型的其他东西。"这里所说的"前面"显然不是指 E。这个前面是指更前面的第五卷 Δ7，《论词语的多重意义》。这是亚里士多德经常给学生做的讲座，它起初也不在《形而上学》中。它列举了存在的四种意义：偶然的，就自身而言的范畴表中的，此外还是判断之真假，潜在地和现实地存在。耶格尔认为，ZHΘ 对存在的意义的处理是经过多次修改的结果。在原来对存在最广义的概念研究基础上，将实体编进了这个系列中，并且将实体作为形而上学要考虑的唯一的概念剥离出来。

但是早期版本和后来的插入在研究的对象和目标上就不可避免地产生了分歧。原来的形而上学不包括在质料中的感性的形式。它完全不考虑可感实体，直接讨论超越的存在。同属早期的 M9 和 A、B 一样，认为形而上学考虑的是第一本原和原因。它以对其他思想家的看法的回顾开始，认为"那些仅仅讨论可感实体的人的看法"，即那些前苏格拉底自然哲学家的观点，一部分归《物理学》考虑，一部分不属于现在的研究范围，在 A 卷已经批判过了。原来的版本要导向的是超感性的实体的学说，现在却要将可感实体的学说安插进来，考察的目标变成了存在自身。那么到底形而上学的对象是普遍的存在者还是最高的存在者？耶格尔认为，这个问题亚里士多德自己也注意到了，但是没有找到解决的办法。这是亚里士多德思想发展过程中他的柏拉图主义和他自己的思维创造成果冲突的结果。

总结耶格尔对《形而上学》各卷的年代学考察，其结果如下：

A，B，Γ 各卷确定为最早的形而上学作品。

Z，H，Θ 核心三卷是后来加进去的。

Γ2—4 是在加上了核心卷三卷之后，为联系 A，B，Γ 这些早期的作品和核心卷 Z，H，Θ 而加上的。

Δ 也是后来加进形而上学中的，原来是独立的讲座。

K 卷是较早的学生笔记，还是柏拉图主义的。不过也不是最早的，因为它考虑存在自身。

Λ 卷属于早期，它和同属早期的内容有紧密联系，尤其和 N 卷关系密切。实际上，Λ 是对 N 的节录概括。是较完整的柏拉图主义的神学。

I 卷是独立的作品。I 卷可能也是后加的，在插入核心三卷的时候，也加上了它。是在修订最终版本的时候加上的，因为它提到了 B，并将它作为一个导论。是后期作品。

另外，M1—9 属于后期，而 M9—10 和 N 卷属于较早时期。

原初的伦理学和政治学

耶格尔认为，在伦理学和政治学领域，亚里士多德思想也同样经历了这样一个从柏拉图主义到批判柏拉图主义并转变到经验论的过程。

耶格尔通过将《欧德谟伦理学》和《劝勉》以及《尼各马科伦理学》相对照，证明《欧德谟伦理学》在方法上接近于《劝勉》而不同于《尼各马科伦理学》。在《劝勉》中，他要求政治学成为科学，而要成为科学的，就要求以数学的精确性为标准。哲学的政治学有别于经验的政治学。它是精确的理论科学。《尼各马可伦理学》已经有了确定的伦理学方法论，它要求研究的精确性应该符合对象的本性，伦理学只要求和它的研究对象相应的精确性，而非绝对的精确。就如同木匠和几何学家对直角的考虑有不同的精确性要求一样。《欧德谟伦理学》还未对方法论进行反思，只有对哲学地和非哲学地思考伦理学、政治学问题的区别的说明。《劝勉》中经验主义同纯粹标准的理性知识以及作为哲学的唯一方法的辩证法尖锐对立。《尼各马科伦理学》中则将精确的几何学方法和伦理学方法对立起来。《欧德谟伦理学》遮盖了对立，有意调和两种方法。但在思想上，《欧德谟伦理学》相对于《劝勉》时期已经有变化，它放弃了理念论，并将伦理学从形而上学中分离出来。关于最好的生活以及幸福，《劝勉》提出幸福是 phronesis（φρόνησις）、德性、快乐的混合。它秉承了柏拉图在《斐莱布》中将最大的善确定为 phronesis 和快乐以恰当的比例混合的思想。《欧德谟伦理学》从这三个成分中推出三种生活方式，建立在知识基础上的生活其根基在 phronesis，实践的政治生活之根基在德性，享乐的生活根基在快乐。并举出阿那克萨戈拉的话，说明幸福生活在于神圣的沉思。《尼各马科伦理学》也熟知这三种生活，但是并未详细论证衍生的过程。而是将它视为一个既定的论题。而《欧德谟伦理学》恰恰强调了这个衍生过程。这揭示出了三种生活产生的理论根源于柏拉图晚期的伦理学，从而也证明了，《欧德谟伦理学》产生在《劝勉》之后，而在《尼各马科伦理学》之前。这也符合 phronesis 这个核心观念在三个作品中意义的变化。《劝勉》保留了 phronesis 在柏拉图那里的含义——认识那存在和价值的最高的统一体。《尼各马科伦理学》中这两种功能相互分离，phronesis 仅仅保留道德追求中的作用，成为实践智慧，有别于理论追求的理论智慧（sophia）。而《欧德谟伦理学》则追随《劝勉》，保留着 phronesis 的原来的意义，并由此发展出整个的伦理学体系。在结构框架上，《欧德谟伦理学》原来的计划是先讨论伦理德性，然后讨论 phronesis。但是第二至五卷讨论了伦理德性后，后面的核心卷次轶失了。而用《尼各马科伦理学》的三卷补上。《尼各马科伦理学》保留了《欧德谟伦理学》的结构顺序，只是在第二部分改变了 phronesis 的作用和性质。《尼各马科伦理学》沿用了《欧德谟伦理学》中的伦理德性和理智德性的划分，前者等同于论德性部分，后者等同于论 phronesis 部分。《尼各马科伦理学》在第二部分中间加上了论快乐（VII）和论友谊（VIII，IX）。卷 X 对三种生活进行综合。论友谊大概是另外地方加进来的。其他的内容在《欧德谟伦理学》的导言中已经表明，需要说明的三种生活方式依次论述：德性、智慧、快乐。这是《欧德谟伦理学》从《劝勉》发展出来的。

根据以上说明，《欧德谟伦理学》的思想是亚里士多德阿索斯时期的作品。在这里，原初的伦理学和原初的形而上学并行，都是要在柏拉图学说解体后寻找替代品，取代理念，同时满足宗教需求和达到沉思的目标，以建立一种新的柏拉图主义。道德哲学以形而上学为基础，形而上学和柏拉图的思想在神学上密不可分。表现在道德上就是神权道德。

在政治学中，耶格尔也以柏拉图的理想城邦以及《劝勉》为坐标，为亚里士多德的政治思想断代，梳理出《政治学》各卷出现的年代次序。耶格尔认为在八卷的《政治学》中有两条线索：理想主义的乌托邦和现实主义的经验论，它们是分属亚里士多德思想不同时期的标志。对《政治学》一般的解释为，卷 I—VIII 是连贯的体系，最终指向一个最高目标，即理想的城邦形式。但是，这种看法遭遇到了来自语文学、哲学上的难以解决的困难。耶格尔提出它实际上是两个主线合二为一的：他将理想主义看作柏拉图的乌托邦，将现实主义看作一个清醒的经验科学。这样将《政治学》分为两个核心部分：卷 VII—VIII 理想城邦的勾画，卷 IV—VI 实际的城邦类型、弊病和对治。后者是经验性的部分，是反对建构理想城邦的呼声。它不再以理想城邦作为值得追求的城邦的标准，而是从多种可能的城邦中获得标准。关于亚里士多德在这里的经验主义倾向，耶格尔说，"（重视经验论证）那是他一向的倾向，甚至在旧的对理想城邦的解释中他也求助于经验来确认或者推翻柏拉图的思辨。但是在后期的这几卷里，毫无偏见地对经验现实的观察引导他进入一个完全不同的思考方式，从特殊的现象开始并试图发现它们的内在法则，就像一个科学家观察一个生物富有特征的活动和情感。"根据《政治学》较早的部分，即关于理想国家的计划和《劝勉》之间在思想和方法上的密切关联，并且它对《欧德谟伦理学》经常的引用，可以确定原初的政治学就是在阿索斯时期写的。这和原初的形而上学、伦理学写作的年代一致，思想上也是一致的。在形而上学上亚里士多德抛弃了柏拉图的理念论，但是柏拉图在伦理学和神学、政治学上的诉求并未被一起放弃。在伦理学上他还是以德性为人生最高的追求，在神学上他仍然在崇敬那至善之神，政治学上国家的善等于个人灵魂之善，幸福依赖于善德。

第三个部分是亚里士多德重回雅典之后的生活和研究。耶格尔将他的这个时期归为经验主义阶段。亚里士多德在这个时期述而不作，专心教学。以前权威的观点认为，亚里士多德的著作都是在最后的 13 年写出来的。但是耶格尔认为，通过确定亚里士多德不同时期的思想和研究方向，就将它们在时间上划分开了。在最后的这段时间，亚里士多德所做的工作除了修订和补充原来的《形而上学》、《伦理学》、《政治学》等著作，主要组织大量的人力和物力，做了一些庞大的资料收集以及实证的研究。如修订德尔菲奥林匹亚运动会胜利者名单——《奥林匹亚英雄录》。耶格尔提出，因为这个工作有亚里士多德的侄子卡利斯塞尼的参与，所以不会太早发生，他从阿索斯和马其顿时期才跟随亚里士多德。也不会晚于公元前334年，因为之后卡利斯塞尼随亚历山大远征再没有回来。公元前335年是亚里士多德回雅典的时间。而这个工作需要参考大量的官方资料、德尔菲祭司的档案。实际这份名录就在卡利斯塞尼去远征之前完成的。一份给石匠的账单上有德尔菲执政官的名字，他执政的时间是确定的。再如收集158国宪法。这个规模庞大的工作需要很多研究者的合作，并且也需要外部的手段辅助。只有在雅典吕克昂学园时期他才具备这些条件。他的自然科学研究著作同样也是出自集体创作，《动物志》、《论动物的部分》和《论动物的生成》各卷都表现出有不同作者参与的明显痕迹。这些工作大概从一开始就分配给了不同的人。耶格尔指出，这个时期亚里士多德在思想上离开柏拉图最远，考察个别事物和个体现象，并且个体不是手段，而是目的本身。耶格尔认为，虽然斯彪西波在其《论相似性》中思考植物，但是所用的方法是柏拉图后期在《智者》和《政治家》中提出的种属划分，其目的是为了进行逻辑分类，而非对植物本身感兴趣。

　　亚里士多德再次在雅典定居的时候，身份已经不像上次一样单纯了。第一次他是作为一个纯粹的学者，而现在他作为被雅典人敌视的亚历山大的老师，自然被那些民族主义者看作异类，处境微妙。马其顿的希腊总督安提帕特是亚里士多德的朋友。他不是学术圈的人，但是同亚里士多德性情相契，他们有着深厚而持续终生的友谊。安提帕特将自己的儿子送到亚里士多德学校学习。亚里士多德后来指定安提帕特为他的遗嘱总执行人。他到雅典的时候，安提帕特正受到亚历山大最高的信任，以绝对的不受限制的权力统治着希腊。正是在安提帕特的保护下，亚里士多德进行自己的学术研究活动。亚里士多德无疑同马其顿政治家和政策都有着密切的关系。吕克昂学园也可以说是马其顿政治的一个中心。德谟斯提尼这些民族主义者将亚里士多德建立的吕克昂学校看作马其顿的间谍机构。不过就亚里士多德个人而言，这首先是他重回学术主阵地的机会。亚里士多德在吕克昂体育场边上的走廊开始了自己的讲学。这儿曾经是几十年间智者聚集的地方。亚里士多德在这里造就了雅典的又一次也是最后一次辉煌，成为希腊世界的精神中心。

在亚里士多德及其直接的学生去世后，这一切也都结束了。虽然亚里士多德因为侄子被亚历山大任意独裁地处死而同亚历山大失和，但是公元前323年亚历山大突然驾崩也给他带来了灭顶之灾。亚里士多德的保护伞安提帕特已经失宠，被传唤到宫廷里，并随军在亚历山大的眼皮底下。民族主义者的反扑来势汹汹。亚里士多德逃离了雅典。几个月后因胃病去世，享年63岁。

3. 本书的方法特征以及对它的批评

耶格尔在他的研究中提供了交织在亚里士多德生平历程中的思想发展的一幅庞大画卷，虽然没有精描细刻，而只是一个概览图，却为进一步解释和理解亚里士多德的著作提供了一个导向。耶格尔所揭示出来的解释路径，发展地考察亚里士多德文本的方法——具体地说，是从柏拉图主义出发到经验主义的过程——在亚里士多德解释史上产生了巨大的影响，这是毋庸置疑的。他所突出的几个因素，亚里士多德思想中的柏拉图主义、亚里士多德对柏拉图理念论的批判、经验主义，都在亚里士多德文本中有很突出的特征。如何安排它们，并且通过这种安排来排除文本中看似相互矛盾和前后不一致的地方，为表述不清的地方添上合适的内容，是解释者需要做到的事情。有的解释者试图通过解释掉其中的柏拉图主义，使得亚里士多德的思想变成一贯的、易懂的。而耶格尔通过他所设想的亚里士多德思想发展的不同阶段，来安排亚里士多德的作品，以消除这些表面上矛盾的地方。在不同的发展阶段，思想必然会发生变化，甚至走向相反的方向。

耶格尔用不同的年代层次来拆解亚里士多德的形而上学、伦理学、政治学等作品。这种拆解使得《形而上学》不再是囫囵一个，各个卷次，甚至小到章节，都被安置到相应的年代层次上。这种年代层次也被应用于《政治学》，两个核心，一个是柏拉图的，一个是亚里士多德自己的；一个是理想国家规划，一个是经验的国家的现实问题。在伦理学中，耶格尔认为这样也解决了《欧德谟伦理学》和《尼各马科伦理学》之间的关系问题。前者更接近柏拉图，而后者的重要概念已经在完全不同于柏拉图的意义上使用了。所以前者在时间上更早，而不是像一些人认为的更晚，或者是亚里士多德之后的伪作。

在本书中，耶格尔将重点放在前两个时期，以期突出亚里士多德从一个柏拉图主义者蜕变的过程，而对最后一个阶段并没有进行详细的论证。而事实上，他所描绘的亚里士多德思想进展的方向，恰恰是第三个阶段。这是一个同神学解释、神学对象完全不同的现实世界，一个有生有灭的世界。研究者面对的是完全的个体，而不是柏拉图主义的一般。对个体的研究所提倡的是不带任何倾向地观察现象。耶格尔带着赞赏的目光对这种经验主义的研究进行说明，视之为真正的严格的科学。他认为，亚里士多德从一个概念哲学家变成一个科学的世界解释者（p.429），是他的进步。

耶格尔的研究为亚里士多德思想的解释投上了新的亮光，并由此激发了更多有创建的解释思路。不过在一石激起千层浪的震撼之后，他的论证也逐渐遭到质疑。首先是发展论自身是否可以作为最好的解释亚里士多德文本的途径，虽然在它出现之后受到越来越多的人的追捧？ Cherniss 就不赞成这种发展论的思路。他认为这种年代学考证对解释亚里士多德的思想没有意义。"即使我们知道亚里士多德真实作品的每一行的写作时间，我们也应该将它看作一个统一体。因为亚里士多德自己保留了早期和晚期的论述，并将后来的笔记放进早期作品中。我们必须认为，他留下的著作在他自己心目中是一个统一的体系。"[1]亚里士多德在思想的任何阶段可能都有两个或者更多的倾向和态度，但是没有哪个可以取代另外那些。他思想的摇摆可能一直都有，这会造成年代层次的错觉。Cherniss 指出，耶格尔恰恰假设了亚里士多德思想没有矛盾，有矛盾的思想必定是出自不同的年代。但是如果思想没有矛盾的话，是不可能"发展"的，发展就是哲学家感到困难和冲突的结果。[2]自 Joseph Owens 的 *The Doctrine of Being in the Aristotelian Metaphysics*（1951）（《亚里士多德〈形而上学〉中的存在学说》）出版以来，整体论逐渐回潮，改变了完全被发展论压制的局面。

---

[1] *Aristotle, Fundamentals of the History of His Development* by Werner Jaeger; Richard Robinson, Review by: Harold Cherniss, *The American Journal of Philology*, Vol. 56, No. 3（1935），p. 270.

[2] *Aristotle, Fundamentals of the History of His Development* by Werner Jaeger; Richard Robinson, Review by: Harold Cherniss, *The American Journal of Philology*, Vol. 56, No. 3（1935），p. 265.

即使是在发展论内部，人们也发现有不同的发展方向的可能性。G.E.L. Owen 指出耶格尔所谓的亚里士多德的柏拉图主义是一个充满歧义的概念，耶格尔所指的柏拉图主义放在亚里士多德的发展过程中，是错误的。他重新确定了柏拉图主义，并提出亚里士多德的发展是一个趋向他的这种柏拉图主义的过程。[①]

Taylor 对耶格尔的发展论思路没有提出质疑，却对耶格尔以经验主义为亚里士多德思想的终结不能抱有同情。他提出，耶格尔指出的发展路径，是精神丧失灵魂的方向，是一个悲剧故事。如一个人丧失了灵魂，那么这个时代任何个别科学知识都不能将它换回来。只有耶格尔所指定的阿索斯时期的亚里士多德，其精神还发挥永久影响，赢得他后来最忠实的崇拜者。托马斯在亚里士多德那里除了发现了"不被推动的推动者"，还有什么呢？[②]

4. 本译体例说明

人名、地名、一些术语等的翻译，尽量参照人民出版社出版的《希腊哲学史》中的译名。

本翻译依据 Werner Jaeger, *Aristoteles:Grundlegung einer Geschichte seiner Entwicklung*,（修订版），Berlin：Weidmannsche Buchhandlung, 1955。并参考了英文译本：*Aristotle: Fundamentals of the History of his Development, Richard Robinson*，（第二版），Oxford at the Clarendon Press, 1955（第一版 1934 年，第二版 1948 年，1950 和 1955 年重印）耶格尔为英文译本做了一些内容上的补充和修改。但对原著有严重偏离的地方，遵照原著。

作者行文中使用希腊语词处，翻译在括号中注出中文。行文为德文而作者用括号注出希腊文的，翻译原文而保留括号中的希腊文。如原文第 188 页"……柏拉图学说的 τρόπος（方式）和 ἀπορία（困境）"，"……分离的存

---

① 参见欧文：《亚里士多德的柏拉图主义》，《20 世纪亚里士多德研究文选》，聂敏里选译，华东师范大学出版社 2010 年版。第 97—119 页。

② *Aristoteles: Grundlegung einer Geschichte seiner Entwicklung* by Werner Jaeger, Review by: A. E. Taylor, *Mind*, New Series, Vol. 33, No. 130（Apr., 1924），p.197.

在（χωρισμός）"。一些主要的希腊词汇，如 φρόνησις、σοφία、ἀρετή 等，在多次密集出现的地方，不再重复括号注出中文翻译。φρόνησις 的情况比较复杂。在本书中，这是耶格尔的关键词之一。它是柏拉图哲学的关键，也是从柏拉图到亚里士多德转变的关键概念。梳理这个词从柏拉图那里到亚里士多德那里的意义演变，很大程度上成为耶格尔提供出的亚里士多德思想史的开端。现在对它的中译名，大都是根据亚里士多德《尼各马科伦理学》中作为"实践智慧"的 φρόνησις 来译的。除了"实践智慧"外，还有"明智"这种比较通行的译法。都是指亚里士多德后来在《尼各马科伦理学》中的用法。而柏拉图那里的 φρόνησις 同时体认存在和最高的价值，是 νοῦς。只有哲学家过着 φρόνησις 的生活。普通人是没有这样的能力的，更别说动物。亚里士多德在《劝勉》中还完全保留了柏拉图的 φρόνησις 的用法。在《欧德谟伦理学》中 φρόνησις 局限于沉思神圣的本原，只是不再是柏拉图的理念，而是原初形而上学中的超越的神，是善的理念的变形。但是在《尼各马科伦理学》中情况发生了很大的变化，φρόνησις 仅仅保留着在实践生活中的作用，是对人自身的善和有益之事的思考，甚至动物也在某种意义上有 φρόνησις。而对存在以及超越的生活的沉思则属于 σοφία 和 νοῦς。《尼各马科伦理学》中的 φρόνησις 仅仅是实践生活的理智能力，是"实践的禀赋"，人的行动依赖于它。但是它不再对神进行沉思。在不同的上下文中，耶格尔对它有不同的翻译，如，原文第 291 页作"知识（φρόνησις）"，原文第 294 页作"纯粹理性（φρόνησις）的生活"。在本译中，也按照这个原则，根据不同的上下文，贴近作者所表达的意思，分别翻译。这样就出现了不同的译名。也是需要读者注意的地方。在集中解释 φρόνησις 术语的地方，保留了希腊文，并不再翻译。

如 Cherniss 所说，英译本虽然提供了一个可读的英文翻译，但是翻译不能代替原著，如果要严肃地研究耶格尔的学说的话。同样，中译本也只是提供一个可以比较容易地通达原著的途径，不能代替对原著的研读。

错误之处，在所难免，恳请读者指出，以期改正。

朱清华

2012 年 7 月

问　题 1

　　亚里士多德是第一个这样的思想家，他在创立自己的哲学的同时，也建立了他自己的历史性的概念，从而完成了一个新的、内在的、复杂的、更加有责任感的哲学意识形式。这位精神史发展思想的创立者也将自己的成果看作一种纯粹立足于事情自身的法则的发展的结果。在他的描述中，他使自己的思想显得是批判前人、尤其是柏拉图及其学园的直接成果。如果人们在这一点上追随他，并且试图历史地从那个他构建自身的同样的前提出发来理解他，那么这就是哲学的和亚里士多德式的思考方式。

　　如果一个语文学家习惯了将一个人物的自我评价作为不是完全客观的源泉来使用，不通过它来获取自己的标准，那么对他而言就不奇怪，所有的这些努力都没有导向对亚里士多德哲学的特性的充满活力的洞见，尤其是当人们根据他对前人的理解来衡量他的时候：似乎每一个哲学家都可以在这个意义上理解他的前人似的。当然只可能有一个对亚里士多德个人著作的肯定的标准，这不是他如何批判柏拉图的那个标准，而是他如何使自己柏拉图化的标准（因为这对他而言意味着哲学化）。为什么他会将知识导向这个特别的方向，这不能从前历史中得到解释，而只有首先从他自己的哲学发展来说明。这就像他自己不是仅仅在希腊思想的历史中从前人那里衍生出柏拉图的立场，而是将它解释为柏拉图的原创性和历史影响遭遇的结果。在思考思想历程的时候，如果创造性和独创性在伟大人物中受到足够重视的话，那么，历史的总体运动就要求通过个体的有机发展来补充。亚里士多德自己指出了发展和形式的紧密关系："那活生生地发展着的内在的形式"是他的哲学的基本概念。他的目标是，从形式和实现（entelechie）的发展阶段认识它们。只有这样，一个精神"结构"上的规定性的东西才能够被直观地看到。就像他在关于城邦生活的最初阶段的课程的开始已经说过的："人们只有将事物从其本源上来说就看作是发展的，无论在这里还是在任何地方，才会获得正确的看法。"

　　除了一些虽然有益却非常片面从而没有效果的随意的说法，人们迄今尚未将有机发展的原则运用到其肇始者上，这几乎是一个无法理解的矛盾，而在人类认识史上，这类矛盾却层出不穷。人们可以毫不夸张地说，当关于柏拉图的发展历程的整个文献都被编纂出来的时候，关于亚里士多德的发展几乎没有人论及，甚至几乎没有人知道。对古代思想史上这个最迫切的问题顽固地视而不见最终导致这样的结果，人们将发展史观点运用到亚里士多德身上的失败看作他同柏拉图思想区分的标志：当柏拉图的发展史渐渐形成这样的威胁，使人们对柏拉图构造的冲动视而不见，而这种冲动构成了他思想的基本力量并将他和前柏拉图哲学家区分开的时候，相反，人们却习惯于将亚里士多德学说及其源泉的历时性和发展问题看作哲学上无知的标志。因为无时间性的单子自身内包括了所有部分的萌芽，它似乎应当是一个体系。

迄今为止尚没有尝试一种亚里士多德的发展史，其主要原因简而言之就是，经院哲学将他的哲学看作一个僵化的概念框架，其辩证法工具被技艺精湛的解释者控制了，但是这些人却对亚里士多德研究方法的推动力量、对深刻和抽象的确然真理同直观的、有机的、形式的、感觉的独特的配合，却没有亲身体验。亚里士多德的唯心论浸透了对现实的直观理解。他的论证的严格只是一条有益的锁链，用来约束公元前四世纪满溢的生命力。误解的根源在于将亚里士多德学说的更狭义上的哲学部分——逻辑学和形而上学，同经验现实的研究分离，这种分离早在漫步学派第三代的时候就完成了。后来自安德罗尼柯（Andronikos）（公元前一世纪）以降的注释者群体——我们首先感谢他们保存了备课记录——也作出了巨大的贡献，他们忠实于原文拼写的传统在哲学理解的严谨性上超过了塞奥弗拉斯特（Theophrast）和斯特拉图（Straton）糟糕的后继者。但是即使是这个运动也没有保存住亚里士多德的源始精神。因为没有自然和精神科学的平稳的进步作为它的温床，所以也不会有那种经验和概念的富有成果的相互作用，而亚里士多德的沉思的概念是从这里汲取了自己的灵活性和柔韧的力量。自那以后对亚里士多德这种理解的延续性就从未被打断过，东方的传统追随注释传统，而西方的亚里士多德主义又紧密地追随东方的传统。这两者对它们时代的教育作用怎么说都不过分，但它们的特性恰恰是纯粹概念的经院哲学，它已经阻碍了古代活生生地理解亚里士多德的道路。人们不能够将他的哲学看作他特别的天才和他的时代历史赋予的问题境况的产物，而只是专注于表现形式，从而没有意识到，它是如何活生生地发展的。同时，完全是由于传统主义的过错，亚里士多德发展的主要来源，对话和书信都丢失了。这样通往他的人格特性的通道都阻断了。人文主义带来的对古代重新苏醒的热爱并没有对亚里士多德作出什么改变，尤其是因为他被看作中世纪经院哲学的君主，而路德同人文主义

者一样都对他非常鄙视。在古代哲学和文学的所有伟大人物中，只有亚里士 **4**
多德没有经历复兴。每个人都知道，他是一个重镇，是现代世界的根基之
一，但是他仍然是一个传统，因为即使在人文主义和宗教改革之后人们仍然
在内容上非常需要他。墨兰顿（Melanchthon）和耶稣会都在他的《形而上学》
之上建立自己的神学。马基雅维利从《政治学》中获取自己的规范，而法国
的批判家和诗人从《诗学》中获取规范。到康德为止的所有哲学家都从逻辑
学中汲取养分，而道德学家和法学家则从《伦理学》中各取所需。

　　至于语文学家，阻止他们深入考察亚里士多德思想内在形式的原因，
与其说是对内容过于强烈的兴趣，倒不如说是人文主义者重新传播的古代艺
术散文的概念太狭窄和肤浅了。他们对亚里士多德流传下来的文稿进行了敏
锐的研究，试图确定文本。但是新的风格感对于流传下来的文本的未完成的
状态具有美学上的反感。人们将文学写作的标准强加在它们上面，他们常常
违背那些准则，它对他们而言是完全陌生的。人们幼稚地将学术写作的"风
格"和柏拉图的对话进行比较，并为后者精彩的艺术所迷醉。通过种种理性
的侵犯，通过不正确地解释干扰性的段落并移动一下句子或者整卷书，人们
用暴力使得亚里士多德的著作变成可以读的手册的形式。这种批判的形式产
生自对亚里士多德哲学精神非常特别的临时形式的错误认识，而每个历史的
理解都必然从这种形式出发。甚至在柏拉图那里，形式问题对理解他的独特
的思想的重要性也长期并一再地被错误认识了；尤其是专业的哲学和文献语
文学总是倾向于将它看作是文学作品的形式，而这对柏拉图而言实际上没有
什么意义，虽然他确实因为它而在哲学史上占有了非常独特的地位。现在大
部分人都知道，形式的发展是认识柏拉图哲学的一个关键所在，而对于亚里
士多德，人们还只是完全致力于内容，似乎他"完全没有形式"似的。希腊 **5**
修辞学狭窄的文学形式概念已经几乎使得我们丧失了亚里士多德的著作，并
且也要对斯多亚派和伊壁鸠鲁学派著作的消失负责，我们摆脱了它，发展历
史的问题自然就出现了。因为如果不假设亚里士多德著作也包括了发展的不
同阶段的踪迹的话，就不可能接受他的遗产的特殊状态。对著作的分析引导
我们到达这个结论，而亚里士多德遗失的文献的残篇也确认了这一点。这就
是这部书首要的以及不可拒绝的任务：借助于已经遗失的著作的残篇，并通
过分析最重要的论著，第一次表明，作为它们的基础的是一个发展的历程。

就像为了编辑《形而上学》而对著作和残篇进行解释，从而有了现在的这个作品。语文学批评是为了直接辅助哲学的追问，因为这里要做的不是对著作的外在形态进行解释，而是表明，亚里士多德思想的驱动力量是如何在其中揭示出来的。

9

第一部分

学园时期

第一章

亚里士多德加入时期的学园

根据传记的可信证明，亚里士多德写信给马其顿的斐力（Philipp von Makedonien）国王说，他曾在柏拉图身边生活了 20 年。因为他一直到柏拉图去世（公元前 348/7）都是学园的一员，那么他必然在公元前 368/7 年期间进入了学园。而那时他是大概 17 岁的青年。[①] 当他离开的时候，已经接近 40 岁了。如此不争的事实，却没有引起人们足够的惊叹。一个具有如此深刻的原发天赋的人在如此长的一个时期处于一个完全不同种类的、杰出的天才的影响之下，并完全在他的阴影下成长，这是在历史上绝无仅有的，具有独立的、首创的性质。除了他同一个伟大的导师的关系，再也没有更加可靠的标准来说明他内在的接受力以及他的创造能力的强大了，这个关系约束了这种能力，并由此释放它，达到一种通过他而起作用的客观的精神力量，这个年轻人奉献给了这个精神力量一个年轻人的热情和第一份爱，直到学生自身成熟到它的程度，并从它分离开来。这就是亚里士多德思想发展的主题。有赖于对柏拉图世界的体验以及在这里实现的向自身的突破，他的才智才有那么令人惊奇的上升的曲线，它的灵活和弹性使得他的思想达到了一个更加先进的水平，虽然有这样一个确定的区别：柏拉图的天才是无限的，而他的是有限的。从这样的水平上退下来是使得命运之轮倒转。

---

① 这封信在 Vita Marciana (Rose, Aristotelis Fragmenta)，第 427 页，I.18；也见 Ps. Ammon，同上书，第 438 页，I.13，以及拉丁翻译，第 443 页，I.12）。17 这个数字在这段没有出现，但是早在亚历山大派的自传中就和它联系起来了。参见 Dionys. Hal. Ad Amm.5 (R728)。

10　　　　人们不应该这样来理解亚里士多德同柏拉图在哲学上的关系，就像今天总是一再做的那样：他合乎理智地同他的导师的学说的某些部分衔接起来，而同他的教条的另外一些部分断裂开来，正如人们会认为的一个当代的学院哲学家同康德的关系一样。但是，恰恰是对柏拉图和他形象地做哲学的方式的洞察增加了人们的怀疑：亚里士多德没有理解他的原型。人们认为他丧失了柏拉图那里的构型的、直观的东西和神话色彩。因为忽略了这些基本的因素，他的批判几乎显得完全不在点子上。由于完全是抽象的，它们实际是向另外的种类转变（μετάβασις εἰς ἄλλο γένος）。这是多么短视和苛刻的批评！从几个段落就可以清楚地看出，在他批判柏拉图之前，亚里士多德非常明白柏拉图思想的这个特征。作为心理学的创始者以及将它运用到思想和美学历程中的人，他怎么可能忽视这一点？恰恰是亚里士多德第一个用简洁而贴切的语言描述了在柏拉图那里诗性的和预言性的因素，而现代人却认为是他们首先在柏拉图那里发现了这一点。他对对话的美学性质的定义比他们大部分人的都好。他从来没有认为，他对柏拉图学说的逻辑的和存在论的困难的批判已经竭尽了他学说的历史意义和全部内容。对于知道这样一件事的人而言，所有这些都是自明的，不需要通过引证来支持：亚里士多德从未用冷冰冰的批评的理智来探讨柏拉图的思想世界，而是多年来它巨大的人格整体印象的力量吸引了他。对于如此复杂的世界，就像柏拉图的，其精神力量如此多重而其表现方式又如此独特，去理解它是一回事，而在整体上去模仿它和继承它，是另外一回事。在这一点上，卓有成效的柏拉图主义和无成果的柏拉图主义被区分开来。没有成果的是对柏拉图精神进行一种"美学的"以

11　　及不真实的夸张模仿，玩弄它的脍炙人口的形象和表达。而富有成果的工作是处理它的问题；柏拉图自己也将这看作最重要的事情，而这必然导向对他的超越。同样富有成果的工作是，通过直观现代科学同柏拉图不可复原的思想整体的对立，同亚里士多德一起认识到我们现代思想的片面性，虽然这种片面性是不可避免的。亚里士多德对这个问题在各个时期有不同的态度。最开始的时候他天真地试图模仿和延续柏拉图的方式，在这个时候他学会了区分柏拉图遗产的永恒的本质和那些随时间变化的或者个别的不可重复的形式，他现在要剥除这种形式，而真诚地努力保留本质。对他而言，柏拉图哲学从一个完美的形式变成了一种新的和更高的东西的ὕλη（质料）。同他曾

经全身心地接受了的柏拉图的学说的斗争贯穿了他整个一生的工作，这也是他的发展的主导线索。它让人们分辨出这样一个渐进的过程，在它的不同阶段，我们可以清楚地看到他自己的核心本质的剥开。甚至他最后的著作也带有柏拉图精神的某种痕迹，只不过比早期的著作要弱一些。亚里士多德自己的发展观念可以运用到他自己身上：虽然"质料"具有巨大的特殊意义，但要变成的新的形式最终会胜利克服它的抵抗。这个形式在生长着，直到它根据其内在法则从内而外地塑造了它，将它自己的形式赋予它。就像悲剧"从酒神赞美歌"发展出来，通过引导它适应不同的形式，而获得自己特别的本质（ἔσχε τήν ἑαυτῆς φύσιν），亚里士多德也是从柏拉图哲学创造了自身。他发展的历史用它完全可以确定的材料直接描述了在这个方向上循序渐进的范围。在这些问题上，后来他的学生经常比他更好地理解了他自己；这就是说，他们删除了他里面的柏拉图成分，力图只保留纯粹的亚里士多德的部分。而专门的亚里士多德只是真实的亚里士多德的一半。这一点他的学生没有把握住，而他自己已经意识到了。

12

　　亚里士多德在公元前367年所进入的学园早已不是《会饮》时期的学园了，在会饮的桌边，柏拉图以高涨的热情设想艺术和科学的领袖们，以及希腊年轻人的代表齐聚一堂，从女先知的双唇中聆听思想从爱欲（Eros）诞生的伟大秘密。柏拉图哲学的本质已经早就不再和他早期著作所创造的那个标志一致了，其核心的哲学家形象是苏格拉底。它的内容和方法远远超出了苏格拉底的问题领域。在60年代的学园，对柏拉图以及他早期的弟子而言苏格拉底曾经意味着什么，亚里士多德只有通过阅读材料，而非通过苏格拉底精神的活生生的呈现，才能体验到。《斐多》和《高尔吉亚》，《理想国》和《会饮》，现在作为他的导师的生命中已经完结的阶段的经典证明，就像不动的诸神一样高耸在学园繁忙的现实之上。谁被这些对话从远处吸引过来，来享受柏拉图本人的在场，那么必然吃惊地发现，在哲学家群体中并没有庆祝什么密仪。从这些作品中辐射出一种变革的力量，一种新的危机。亚里士多德在学园中也发现了这一点；但是它们经典的关于理念(Idea)，关于一和多，关于快乐和痛苦，关于城邦，关于灵魂和德性的学说，在学生们的讨论中，绝非不可冒犯的圣殿。它们不断地在其概念的严格区别以及逻辑有效性的痛苦研究上被考验、辩护和改变。重要的是，学生们也参与到这个普遍思想工作中。对话的形象和神话还保留为柏拉图最具有特色的、不可重复的创造，而对概念的讨论以及学园的宗教特色却成为构成学派本质的原则，因为只有这两个因素在柏拉图思想中是可以让渡的。他吸引的学生越多，他们就越是压倒他本质中艺术的方面。在柏拉图作品中，诗人被辩证法家所压制，这自身恰恰奠基于这两个相反的力量混合的地方，但是首先是学派带着他不可阻挡地朝向这个方向。

13

亚里士多德的思想方向被这个事实所决定：当他进入学园的时候，正发生这个重大的变化，柏拉图后期的辩证法正好开始发展。借助于最近的研究进展，我们能够追随这个过程，并具有年代顺序上的精确性，这种精确性在柏拉图这些年所写的伟大的方法论对话中体现出来：《泰阿泰德》、《智者》、《政治家》、《巴门尼德》和《斐莱布》。这一组中的第一个对话《泰阿泰德》是在公元前 369 年，著名的数学家泰阿泰德去世之后不久写的，这篇对话就是为了纪念他而作。[①] 这篇对话对于亚里士多德进入时期的学园精神而言更加具有特色，因为学派默默的工作几乎完全已经隐匿在经典时期的著作之后了，而在这篇以及接下来的对话（《智者》和《政治家》）中，学派的工作开始迫使柏拉图整个写作活动都为它服务了，所以留下一幅没有主要人物的画面。[②] 为了理解亚里士多德和他同柏拉图的关系，重要的是，不是从模糊的"柏拉图"整体观念出发，而是代之以一个轮廓清晰的概念，这就是从

14 公元前 369 年以降抽象地致力于方法论的柏拉图的晚期形象。这给亚里士

---

① 对这个日期的外部原因的说明，参见 Eva Sachs, De Theaeteto Atheniensi Mathematico, Berlin, 1914, pp.18ff. 中总结性的论证。主要的证明当然来自对对话的风格和哲学的分析，这两点都确认了对晚期的外部论证。《智者》对《泰阿泰德》的问题进行了积极发展，保留了它的场景，就像《政治家》一样；今天没有人再认为《智者》是柏拉图发展的初期的一个"初级的"对话了，就像策勒(Zeller) 以及早于他的人所认为的那样。坎贝尔(Campbell) 的一些基本研究花费了一些时间才进入德国，但是自从进来以后已经被后来的研究各方面证实了。决定性的是，给出了柏拉图辩证法的发展历史，这是后加的；尤其见 J. Stenzel, Studien zur Entwicklung der platonischen Dialektik（Breslau, 1917），我从中多有受益。

② 在这部书的德文版本出现之后，Friedrich Slomsen 就力图更加精确地确定，这些辩证法对话所表现的画面多大程度上和学园的实际哲学活动相符，多大程度上不如它。见他的 'Die Entwicklung der aristotelischen Logik und Rhetorik'（Neue Philologische Untersuchungen, ed. By Werner Jaeger, vol. iv, Berlin, 1929），p.240。他的观察对以上所说的东西形成了有价值的补充。

多德指出了一个确定的方向，并为他特别的天赋开辟了他自己的硕果累累的工作领域。

苏格拉底的思想总是距离真实的生活很近，而早期的柏拉图是一个革新者和艺术家，与此不同，亚里士多德的态度是纯粹的科学家的态度，他的思想是抽象的，这和较早的柏拉图的艺术构型相对。但是这些特征不是他个人的特色。它们对于他所属时期的整个学园是共同的。《泰阿泰德》是柏拉图后期的这种非苏格拉底式哲学家类型的典范。这个对话所描述的苏格拉底——对话情节提示是苏格拉底说出的它——看起来同在《申辩》中的忠实于事实的他的特征不是一个人，而是像隐居世外的数学家；显然，它的特征已经确定了理论家新的理想。苏格拉底曾经仅仅考虑人，而不考虑那些天上的和地下的东西。《泰阿泰德》却说哲学的灵魂是 γεομετροῦσα（几何学化的）和 ἀστρονομοῦσα（天文学化的）。① 它对近在手边的东西无所谓；它恰恰蔑视那些实践行为和活动，而这恰恰是这样的人的生活：苏格拉底从中寻找到他最喜爱的听众；它在高远处漫步，就像品达隆重地引用的那样。

《泰阿泰德》明白无误地指涉到了《巴门尼德》的出现，后者完全可以肯定是写在前者的续篇《智者》和《政治家》之前的，也许当亚里士多德进入学校的时候，它已经完成了，不过不可能在太久以后发生。有人相信，亚里士多德在如此年轻的时候就把握了一个新的领域的革命性的首创，并将这篇对话的对理念论提出的反对意见归于他，这是不大可能的。这个对话就是一个证明，在亚里士多德之前学园早就已经开始批判理念的混合特征了——一半是实体的，一半是抽象的。这两方面的分离久久挥之不去。柏拉图自己虽然认为他能够克服这个困难，但是当他认识到，对理念进行艰苦的逻辑和存在论考察在原则上是正确的时候，他为所发生的一切准备下了道路，就像在这篇对话以及后来的对话中所作的那样。人们很难将亚里士多德的思考和《斐多》或者《理想国》以及在其中所出现的理念论联系起来。

在《泰阿泰德》中，泰阿泰德和泰奥多罗（Theodoros）是相反的数学家的代表，一个是数学家年轻一代的代表，对哲学充满兴趣；另外一个是老一代数学家的代表，他们是各自领域的好手，却不愿意对哲学有任何了

15

---

① 《泰阿泰德》173E-174A。

解。柏拉图同他的时代的这些著名的数学家的关系在这个时期在对话中留下踪迹，这并非偶然。因为大概在公元前 367 年左右，库齐库的欧多克索（Eudoxos von Kyzikos）和他的学派来到雅典，为了同柏拉图以及他的追随者讨论他们两派都感兴趣的问题。[1] 这是个激动人心的事件，从那时起我们经常发现，这个数学家和天文学家学派的成员，诸如赫利孔（Helikon）和阿特纳奥（Athenaios）等同学园联系在一起。早在《理想国》时期我们就发现了泰阿泰德发现的立体几何的影响。在他们同欧多克索交流之后，柏拉图和他的追随者对库齐库学派新的研究很感兴趣，他们试图通过简单的数学前提来解释行星的不规则运动。不过还从欧多克索那里得到了其他的激励：他极大地扩展了他们地理学和人类文化的视域。欧多克索带来了关于亚洲和埃及的详细信息，并且根据多年的实地考察谈到了在那些地方的天文学认识状况。他关于伦理学问题的贡献也非常重要。后来对亚里士多德的伦理学如此核心的快乐和痛苦的本质和意义问题，在柏拉图晚年导致了学园内部又一次大争论。塞诺克拉底（Xenokrates）、斯彪西波（Speusippos）和亚里士多德就此写了《论快乐》，柏拉图写了《斐莱布》。亚里士多德在他刚到学园的是时候就认识了欧多克索，许多年之后，当他回忆欧多克索所给予的激励的时候，仍然带着真诚的热情来描述他自己的个人印象。欧多克索还提出了关于理念的困难，并提出了对这个理论的修改。[2]

在各个领域，柏拉图学派开始吸引越来越多的有着极为不同的精神的外地人。柏拉图的旅行曾经使得他同聚拢在塔伦通（Tarentum）的阿契塔（Archytas）周围的毕达哥拉斯主义者有密切接触。他们的影响远达西西里，这个时候的西西里活跃着斐力司逊（Philistion）的医学学派，他们的重要

---

[1] Tannery 的猜测（Historie de l'astronomie, p.296, A.4）被《生平》（Rose, p.429,I.1）所确证，根据后者，亚里士多德跟随欧多克索进入学园。某个摘录者一定是误解了这个说法，将欧多克索当成了一个执政官。这个文本所告诉他的仅仅是，亚里士多德进入的时间和欧多克索的出现重合。参见 Eva Sachs（追随 F. Jacoby），a.O.p. 17 A. 2。

[2] 关于亚里士多德对欧多克索的性格和快乐理论，见《尼各马科伦理学》X.2。关于后者提出的对理念论的修改，见《形而上学》A 9, 991a17；以及在《论理念》第二卷中的长篇论述（Rose, frg. 189），由亚历山大在其对这段的注解中保存下来。欧多克索提出将分有看作理念在事物中的内在性，对此亚里士多德强烈反对。分有问题是当时最具有争议的问题，这从柏拉图后期的对话中就能清楚。

性如此巨大，我们必须将优卑亚卡律司托斯的狄奥克勒（Diokles von Karystos）这位作家兼医生算在内。柏拉图必然和斐力司逊有联系。伪造的第二封信的作者看来知道柏拉图拜访了斐力司逊，甚至似乎后者被邀请去了雅典。如果不是斐力司逊自己，无论如何也是他的学派的某个真实的成员隐藏在匿名的 ίατρος Σικελᾶς άπο γᾶς（西西里岛的医生）后面，他对学园中逻辑的繁琐表现的不耐烦被当时的一个喜剧诗人描述了下来。[①] 这个故事附带表明，虽然柏拉图习惯于同各个领域的专家对话，而结果往往是仅仅揭示出在伊奥尼亚或西西里科学以及柏拉图理解的这个词之间有着不可逾越的鸿沟。《蒂麦欧》大量地使用最新的医学、数学和天文学研究成果，这个事实不要蒙蔽了柏拉图在处理这个材料的时候是多么的独立，他从这些材料中构造出了他的创世神话。

柏拉图晚年的学园确实思考并讨论了非常丰富的资料，这个环境无疑使得一个亚里士多德可能通过自己的努力学习经验事实的意义，这在后来成为他的研究不可或缺的部分；但是人们不应该说学园是一个"科学组织"，就像现在普遍而言的那样。[②] 现代的学院和大学不能追溯至柏拉图是它们的模型。一个系统的各门科学的统一体对柏拉图而言是完全陌生的，更加陌生的是它落实在各个学科渊博知识的组织中，目的是为了教学和研究。医学、数学、天文学、地理学和人类学、历史科学、修辞学和辩证法艺术的整个系统，希腊思想的这些主要渠道，它们每一个都独立产生，虽然有时候有几个同时在一个人身上出现，却互不干涉地发展。对泰奥多罗或泰阿泰德而言，要将他们的数学和一些智者所提供给希腊文化或考古学的研究结合成一个普遍的科学体系，这是很特别的想法。医学家也相当独立。德谟克利特以及他之后的欧多克索——他在一定程度上预示了亚里士多德所体现的类型——是不同寻常的现象。欧多克索是非常多面的。他在数学和天文学中加入了地理学、人类学、医学和哲学，在前面四个领域他自己是富有成就的。

柏拉图唯一关心的是"存在者"（Seiende）。如果我们将他在希腊思想

---

①　伊庇克拉底残篇 287（Kock）。也见 M. Wellmann, Fragmente der sikelilschen Ärzte（Berlin, 1901），p.68，以及我的文章 "Das Pneuma im Lykeion"（Hermes, Bd.48），p.51, A.3。

②　自从 H. Usener 著名的文章在 Preussische Jahrbücher, Bd.53（1884）发表，在 Vorträge und Aufsätze 第 69 页重印之后，这已经被普遍认可。

传统中定位的话，那他就是思考实体（οὐσία）的代表之一，他通过理念论给了它一个新的转机，事实上他使得它重新焕发生机。从理念开始，他起先并没有来到多样性和经验的世界，因为只有同一性和超感觉的东西才是他寻求的。他研究的方向离开现象而朝向"上面"的东西。纯粹出于概念思考的必要性，他确实发展出了划分的方法，这在后来亚里士多德试图经验地把握动物和植物以及精神世界时变得至关重要。但是柏拉图自己却没有想将个体变成一个体系。它们处在理念世界的下面，并且完全是 ἄπειρον（无限定的），是不可知的。他对个体（ἄτομον）的观念是，它是最低的形式，不能够再进一步划分，它标划出了现象世界之后的柏拉图的科学以及实在概念的界限。对植物的许多分类，伊庇克拉底（Epikrates）曾经谈论过，一般认为这是在学园中延续的最有特色的和最特别的活动（甚至斯彪西波的巨著《相似性》显然也完全是在考虑这个问题），但它不是出于对物体自身的兴趣而探究，而是为了考察概念的逻辑关系，这表现在学派在这个时期出现的大量以"分类"为题名的著作中。在划分植物的时候，人们同样也很少看到一个实证的植物学，和柏拉图在《智者》中一样，很少对真实的智者进行历史的研究。①

从对实在的这种分类到包括许多分支科学—因为实在（ὄν）有不同的分支—的单一科学的观念，其间距离并不太远。但是实证科学的结合却只有当亚里士多德的现实概念取代了柏拉图的超越的存在之后才出现。② 对独立产生的各门分支科学进行体系化，这是后来的想法，只有通过阿提卡的概念哲

---

① 在前面提到的残篇中，伊庇克拉底并不是说柏拉图主义者以一种积极的精神进行植物学研究。他所嘲笑的是，他们对分类的热情引导他们认为，概念之间的关系比起事物自身更加重要。

　　"他们定义自然世界，

　　划分动物的生命（βίος）

　　和树木的本质（φύσις）以及蔬菜的种属；

　　在后者中他们考察南瓜的种属（γένους）。"

　　这里的 βίος 不是指动物的习性，那个词是 δίαιτα。φύσις（本质）和 γένος（种属）是一样的，这是柏拉图辩证法的真实术语，就像"定义"、"划分"、"考察"这些概念一样。斯彪西波的残篇《相似性》('Ὅμοια）由 P. Lang 收集，De Speusippi Academici scriptis（Bonn, 1911, Diss.）。题目自身就表明了书的目的。

② "有多少种实体就有多少哲学的部分"，亚里士多德《形而上学》，Γ2, 1004a2。

学和它分类的热情才发生。详尽地衡量这种做法的好处和害处，已经是不可能的了。这两方面大概都同样巨大。在研究活跃地发展的时期，从来不会有一个确定的哲学的普遍精神完全贯穿所有的科学，因为每门科学都有自己的形式原则和自己独有的精神。只有当哲学处于著名的研究者的领导之下时，他们用独一研究的一定分支的精神充实它，或者通过双重的本质，一种部分的贯穿才能发生。亚里士多德、莱布尼茨和黑格尔虽然是不同的类型，却都是最重要的例证。

柏拉图自己对数学问题有一些特别的理解，这使得他能够懂得当时科学的重要的发展。他也对天文学感兴趣，只要它能够被数学地处理。在晚年他很严肃地投入对元素本性的研究，希望能够对恩培多克勒所谓的元素的量上的不同给予数学的推导，而他将这些元素仅仅看作是混合状态。另外，对于现象自身，他唯一的兴趣在医学领域和伦理学—政治学领域。在后一领域，他收集了大量的材料，尤其是为了《法律》收集了刑事法和文明史的材料。在亚里士多德是学派成员的时期，他将注意力转向了个别事物。他收集的新的历史和政治材料给亚里士多德的刺激可以从《法律》和《政治学》之间大量的符合看出来。在另一方面，亚里士多德缺乏这样的气质和能力学习学园的主要科目——数学，只能对之有基本的了解；而学园则相反，不能在他真正有天赋的生物学领域给他以促进。

20

年轻的亚里士多德对各门科学的严格的、有法可循的思想方法的体验是成果丰硕的，而柏拉图的人格给他的印象是一切中最强烈的。柏拉图从他自己富有创造性的精神和内在洞察力这样一个有利角度考察了所有肥沃的土地，对他的研究从此令亚里士多德完全沉迷。

在这里讨论柏拉图的人格对他同时代人的影响，或者将他在科学史中的地位简化为一个公式，不是我们的目的。虽然对于具有像亚里士多德这样的精神的人，后面一个问题很自然地是整个内在争执所在。人们感觉到柏拉图同当时以及现在的知识的距离，从而称他为一个神秘主义者，并将他从本质问题历史的发展中割裂出来。如果这种简单的解决谜题的方式是正确的话，那么人们就不能理解，为什么他如此深刻地嵌入进了知识历史中。他的著作从中产生的因素既不属于伊奥尼亚的 ἱστορία（研究），也不属于智者的理智的启蒙，这两者尽管如此不同，却共同构成了当时最卓越的知识形式。

他的首要因素，苏格拉底的 φρόνησις（智慧），只是表面上和智者的理智主义相似，在本质上它立足于至此为止希腊科学和哲学尚未开发的领域，对绝对标准的伦理意识。它需要一个新的、超经验的内在直觉概念。柏拉图将苏格拉底的 φρόνησις（智慧）同一个作为对象的超感性存在联系起来，并将它理解为"型相"，这样他将另外两个因素引入到了苏格拉底的思想世界中，而它们对于当时的科学是陌生的。其一是理念，它是希腊精神在视觉和美学方面长期发展的结果，另外一个是对长久被忽视了的 οὐσια 或者实体的研究。柏拉图通过一和多的问题增加了新的材料，通过发明理念而给出了活生生的可直观的内容。除此之外，我们还将这作为第四个因素：奥尔弗斯（Orphisch）灵魂神话的二元论，柏拉图整个的生命状态都倾向于它，经过他丰富的想象力的浇灌，它坚实地立足在了存在的新概念中。当我们考虑这四个因素的时候，不难看出，他影响了他的时代普通受教育的人，作为诗人、道德教师、批判家和预言家的混合体。他将自己的新方法严格地用在自己身上，并不会影响这个印象。他就像太阳一样，周围围绕着诸如泰阿泰德、欧多克索和亚里士多德这样的人，也就是第四世纪所创造的最具天才的科学研究的先驱，这个事实足以击破那种廉价的智慧，它对精神道路的复杂性的观念如此不充分，甚至想要将最具创造力的哲学改革家从知识历史中删除，因为他发现的不仅仅是新的事实，而且还有全新的领域。

亚里士多德就像欧多克索一样清楚地看到，柏拉图在其哲学著作中融合了科学发现、神话因素和知识从未渗透进去的神秘的精神领域。这个融合绝非其创作者的主观倾向的结果，而是由历史条件必然地决定的，其中的因素后来由亚里士多德通过深刻地理解创造和创造者而得到分析。起先他毫无保留地将自己投入这个无可比拟的的世界，就像在他早期作品的残篇中所表现出来的那样，这恰恰是柏拉图哲学中非科学的因素，即形而上学和宗教部分，这给了他最长久的印象。恰恰是它们和他自己的科学以及方法论倾向的冲突，产生了他后来大部分的问题；它们的强度最完美地表现在这样一个事实中：他从未牺牲它们，虽然在科学问题上他在各个方面都超过了柏拉图。这个年轻人在柏拉图身上寻找并发现了一个引导他进入新生命的导师，这恰恰像在他的对话《奈林托斯》（Nerinthos）中，他让这位简单的科林斯农民被柏拉图主义的《高尔吉亚》迷住，放下自己的犁头去寻找和追随导师。

柏拉图在他的第七封信中解释了知道善和追随善之间的关系。苏格拉底所说的知识使得人变善，而这和一般而言的科学知识是不同的。前者是创造性的，只有那些同要认识的对象——善，正义和美——有本质关系的灵魂才能获得它。柏拉图直到晚年都强烈反对：灵魂是可以认识正义的东西，但它自己是不正义的。[①] 这一点，而非将知识体系化，是他创建学园的目的。直到最后这都是他的目标，就像他老年所写的信中所表现的那样。其目的是让那些精英共同生活 (συζῆν)，他们的灵魂一旦在善的氛围中生活，就能够通过自己较高的素质最终分享那种"就像被跳动的火焰所照亮的光"一样的知识。在他看来，对这种知识的追求并非为了大众的利益，而是为了少数人，他们凭着微弱的线索独立地去追寻它。[②]   **23**

---

① Ep. VII.344A.
② 同上书，341C-E。

第二章

早期著作

　　亚里士多德写了一系列对话形式的作品，可惜人们对它们的残篇考虑得甚少。这不只是因为，人们更愿意将这种麻烦的工作留给语文学家去做，也因为漫步学派一向就确信，真正的亚里士多德要在论文中才能找到。即使对于正确地理解论文以及它们的位置，我们也可以从遗失的对话的残篇中学到许多东西。如果我们不能够更多地确定这两种作品之间的关系，认识到这一点也是意义非凡的：这些以柏拉图对话为模型写出来的对话，几乎完全处于亚里士多德的早期，在他的后期他实际上已经放弃了著述活动。因为所谓的论文只是他的教学和授课活动非常大地扩展了的底稿，但是也有例外。《亚历山大》或《论殖民化》，从题目上来判断，是这样一个时期的对话，当亚历山大在亚洲的种族政策迫使亚里士多德发表公开的声明，不同意在希腊语文字世界颁行此项法令。这个掉队的对话在亚里士多德政治立场中有特别的原因。158 国宪法集的必要变通（Mutatis mutandis）也是这样，它的目的是为了发表，用清晰生动的风格写成，我们从雅典宪法部分就可以看出这点。除了这些例外，仍然可以说，在其发展过程中，亚里士多德就用文学形式表达科学的必要性以及文学和真正富有成果的思想工作之间的关系上，彻底改变了自己的观点。

24　　就柏拉图而言，首要的冲动最初是形式上的。他写作不是为了对一个学说进行内容描述。他的动机是将哲学人物放进寻求和发现的戏剧化的富有成果的时机中，使得困境和冲突栩栩如生。这不仅是在理智的运作中，而且在同伪科学、政治权力、社会和他自己的心的力量的斗争中展现；因为柏拉图的哲学必然同所有这些力量相冲突。根据他最初的想法，哲学不是理论发现的领域，而是对生活的所有基本成分进行重构。比如，考虑一下在《高尔吉亚》中苏格拉底和卡利克勒（Kallikles）之间的争论，后者代表了自我中心的强权政治的城邦和社会观念，或者考虑一下在《泰阿泰德》中矛盾的哲学家画面。这些对话除了名称之外，再没有什么和布鲁诺、休谟或叔本华的说教式的谈话相同的了。柏拉图所写的是哲学家的悲剧。他从未在一个风格面具下仅仅给出理论上的观点差异，不像他的模仿者们做过的那样。

在柏拉图的形式的发展中，以《泰阿泰德》这篇和亚里士多德进入学园的时间同时的对话为首的一组对话，通过一个裂痕和早期对话分割开来，在内容上它们宣告了他的哲学的重心转向了方法论和抽象的分析方面。① 在这组后期作品中，柏拉图心中艺术和哲学成分的和谐并重因为科学的内容而被破坏了。这种不协调开始出现在《泰阿泰德》中，那些敏锐的耳朵当然可以察觉。它们与其说是由于在形式上缺乏外在的修饰，倒不如说是因为柏拉图在方法上的对抽象的兴趣超过了他对戏剧的冲动，它们是对一个题目沿着一条轨道进行的连贯的探讨。谁能够在方法论和抽象的思想进展中觉察到剧情 **25** 突变和复杂的纠葛，那么他甚至在这里也可以发现柏拉图作为一个戏剧家。虽然有逻辑结构上的所有强化，对大多数现代哲学家而言，这篇对话仍然是柏拉图的"主要的科学著作"。它实际上非常接近于一篇批判论文；就在《泰阿泰德》的导言部分，柏拉图谈到了他到此为止一直使用的写作对话的方法，这是为了说明，它的动机是帮助科学的明晰性和表达的直接性获得自己的应有权利。这并非偶然。②

---

① J. Stanzel 是第一个对柏拉图哲学发展和其形式直接的关系给出彻底解释的人。见他的演讲 "Literarische Form und philosophischer Gestalt des platonischen Dialogs", Jahresbericht d. Schlesischen Gesellschaft für Vaterl. Kultur, 1916; 重印于 Studien zur Entwicklungsgeschichte der platonischen Dialektik, Breslau, 1917, p.123ff. 关于后期对话，见"新方法"一章，p.45ff.

② 《泰阿泰德》，143B.《泰阿泰德》中保留了苏格拉底对话的外在形式，并经常明确地提到苏格拉底的助产术。但是这个关于苏格拉底的方法的本质和局限的重点强调的反思表明，现在柏拉图有意使用老的诘难法，仅仅是为了为他关于知识的定义问题提供条件。Stenzel 正确地指出了《泰阿泰德》和《智者》的紧密联系，后者解决前者提出的问题。在那里没有用助产术这个词。参见苏格拉底在《泰阿泰德》210C 的最后的话，"这是我的技艺的界限，我不能再向前走了。"

《智者》和《政治家》更清晰地表现了柏拉图现在在对话形式上遇到的困难。划分的方法运用到个别的概念中，从一般一步一步下降到特殊，这个过程如此非戏剧化以及单调，以至于在《智者》的开头，讨论的引领者不得不告诉对话人，不要太频繁地打断他，如果要听到一个连续的演说的话。①这是由于他公开地放弃了苏格拉底的助产术讨论法，并宣称从现在起，对话形式只是一个不重要的风格上的装饰。《蒂麦欧》和《斐莱布》也不例外。**26** 它只是一个风格上的透明容器，被加在纯粹的学术内容上，这是在这里并非作为对话内容提供给读者的东西。《蒂麦欧》完全从另外的来源而非从对话过程创造了它的强有力的效果，《斐莱布》也可以毫无困难地转变为一个方法论的和统一的论文，就像亚里士多德的《伦理学》。在《法律》中戏剧形象的最后痕迹也消失了。对人物的描绘有意删除；它整体上是一个严肃的演讲或者宣言，不是苏格拉底式的，而是柏拉图自己的，即那个雅典来的陌生人。②苏格拉底这个人物在《智者》中被降格为次要的角色，此后，最终在《法律》中消失。在《斐莱布》中他又出现了一下，这是最后一次，因为这篇对话讨论的问题以前被真实的苏格拉底提出过。柏拉图用新的方法论思想工具来解决它，而苏格拉底对此一无所知。在这最后阶段，历史的苏格拉底和柏拉图自己的哲学活动完全分离了。这是他的科学、逻辑和信条的一般倾向寻求自我表达的另外一个标志。理念论的最后成果是划分和抽象的方法，这是柏拉图在后期作品中狭义的辩证法所指的东西。这些方法从内而外地革新了由苏格拉底的诘难而产生的论战的形式，使得它在心理学上变成空洞的，并几乎将它变成论文。在这条道路上再没有什么可能的进展了。典型的柏拉图戏剧这种伟大艺术的死亡只是个时间问题，因为它的根已经死了。就在这个时刻，年轻的亚里士多德开始参与进来。③

----

① 《智者》，217D。没错，他们还要"一点接一点地"讨论，前提是，回答都是肯定的；但是这完全不同于老的通过问答方式进行的助产术对话，在那里提问者保留自己的看法，只有被提问者才说话。

② 《伊庇诺米》的作者在 980D 正确地判断了事态。他让雅典人提醒另外两个人在《法律》中的一个著名的段落，所用的话放弃了任何戏剧场景的修饰：如果你记得，因为你确实做了记录（ύπομνήματα）。在这里，人们突然出现在一个课堂上了。

③ 迄今没有人试图将亚里士多德的对话和柏拉图的形式的发展联系在一起。R. Hirzel（Der Dialog, p.275）甚至没有提出这个问题。因为他用一种对柏拉图对话的俗常的图景只能看

学园的所有成员都写对话，但是没有人比亚里士多德写得多、份量重。
这个事实对于柏拉图和新一辈的关系而言意义重大。他们都将对话当作一
个给定的形式来使用，而不问自己的这种模仿在多大范围内是可能的。柏
拉图的对话在其经典的高度上是某种绝对不可模仿的东西，是个人创造力、
历史必然性和个体经验的独一无二共同作用萌发出来的奇葩，这一点他们
还没有认识到，尤其是因为希腊人自然地倾向于模仿任何东西，一旦它被
"发现"；对他的学生而言，对话只是一种形式，在它里面神秘的哲学获得
生命，所以每个人都期望看到，老师对他的影响通过这种标记而增加。但
是因为他人格、生活和作品的紧密的统一性，柏拉图是不可分割的庞然大
物，不可能将它整个地拿过来，除非建立一个死的经院哲学，或者是变成
浅薄的文学。人们越是认识到这一点，就越是有意识地从根本上为那种作
为在科学上可以转让的东西去寻找一种新的形式，使得这种东西从他身上
剥离出来。这种努力恰恰不是从对话开始，而是从柏拉图的口头教学开始。
由于年轻的亚里士多德对柏拉图内在的亲近，并且由于他还缺乏距离，所
以他没有马上转向这条道路，而是首先继续写对话。显然他发现柏拉图的
思想本质在对话中比在任何其他形式中都更加有生命力，更加强大，更加
客观。

他的对话的遗留下来的残篇，加上古代的报道和后来的作者的模仿（他
对西塞罗尤其有强大的影响），使得我们能够推断出，亚里士多德发明了一
种新的文学对话，即科学讨论的对话。他很正确地看到，助产术的问答法的
遗留必须被清除，因为它已经丧失了其真正的功能而变成了仅仅是"长篇演
说"的一件外衣。但是，当柏拉图在其晚年力图用教条式的单独的演讲来代
替对话的时候，亚里士多德针锋相对地反对他，这样再现了后期学园的真实
的研究生活。其中一个谈话者必须起头，给出题目，并最后把结果总结出
来。这当然是将狭窄的限制加在了角色特征上。编写演讲辞的技艺是从修辞
术借来的，并根据柏拉图的《斐德罗》中的要求发展而来的。在这里更大起
作用的不是个人的修辞，而是整个对话的特征；并且，由于它丧失了艺术的

到亚里士多德的类型同它相反。他认为，这两种类型仅仅由于两位作者的不同气质，没
有正确地看到实质的要素。

客观性，大概获得了统一地提示出的基调。亚里士多德最后自己来引导自己的对话，这是顺理成章的。

通过这个变化，对话虽然没有保存苏格拉底对话原初的目的——它在这种形式下不可逆转地丧失了——但是就像在它的开端一样，它被赋予了一个新的实质的意义，这同对话的变化相对应，在对话中，它从开头就有其根源。代替有着戏剧化的辩论的攻击和反攻击的论战的竞技场的，是漫长的理论考察和证明，它受到严格的方法的指导。人们可能会指责这个改变，但是它是不可避免的，就像柏拉图在放弃助产术会话和人物刻画的时候已经认识到的。文学史家没有看到这种正在运行的内在力量，而认为他们自己已经证明了，亚里士多德带来了对话的衰落。事实上相反，他只是完成了向另外一个阶段的不可避免的转变。论述的对话只是表达了这样一个事实，柏拉图里面的科学成分最终突破了它的形式并重塑它，使它适合自己。这不仅仅是美学的问题；这是哲学精神的进程，它必然内在地建立自己的新形式。

人们习惯于将后来的人关于亚里士多德对话的区别的偶然表达用到他所有对话上面，但是仅仅是题目就表明，这是不可能的。《欧德谟斯》或者《论灵魂》和《格律洛》（*Gryllos*）或者《论修辞术》同柏拉图早期对话如《斐多》和《高尔吉亚》没有很大区别。《欧德谟斯》的一个残篇还保留了苏格拉底问答的技艺。[①] 亚里士多德是否在这些对话中也是讨论的引导者，是值得怀疑的。那些已经向我们证明了他是引导者的对话，如《政治家》的两卷和《论哲学》的三卷，显然都接近于论文的类型了，所以是完全不同的。[②] 柏拉图的例子应该足以阻止我们认为，亚里士多德有一

---

① Arist. frg.44 Rose.（我给出的残篇的号码是根据 Teubner 所编 Rose, *Aristotelis Fragmenta*（《亚里士多德残篇》），1986。它们不同于更早的学院版。）它不是助产术问答法，而是学习者问问题，而另外一个人给他系统的说明。对话是由第三个人报告出的，就像在早期柏拉图那里一样。这样，亚里士多德没有用《泰阿泰德》开始所制定的原则。

② 亚里士多作为发言人的 frg.8-9 和 frg.78, Rose. 最后一段（Cic. Ep. Ad Quintum fr. III.5,1）似乎不仅仅指《政治家》（"de praestante viro"）而且也指《论正义》各卷（"de republica"，参见下注），西塞罗必定知道它。如果人们毫无预设地思考这些段落的时候，就会发现，试图解释西塞罗关于 mos Aristotelius 的说法中的"矛盾"这样的努力是无的放矢。Ad att. XIII.19, 4 处，他称这样的习俗是亚里士多德式的：作者自己来引导讨论，

个从未改变过的形式。事实上，作为一个对话作者他的发展包括了从助产术式的问答法到纯粹论文的所有阶段。这和他作为一个哲学家的发展是平行的，或者毋宁说是它的有机表达。

在特别的亚里士多德对话和柏拉图对话之间有一种明确的模仿关系，尤其是在内容上经常可以表现出来。《欧德谟斯》以这种方式和《斐多》相关联，《格律洛》和《高尔吉亚》相关，《论正义》和《理想国》相关。[①]《智者》同《政治家》，就像《会饮》和《美涅克塞努篇》，是由柏拉图同名对话自然地被提出的。《劝勉》不是一个对话，在其中，《欧绪德谟》中柏拉图式的规劝的影响可以被感受到，甚至在词语上都有回应。或许柏拉图在这些对话中还以讲话人的身份出现了。强烈的依赖性在风格上也表现了出来。确实，亚里士多德似乎很快就探索出了自己的语言，它具有一种这样的风格，其唯一的目的是要变得纯粹和清晰，就像自然地从一个纯粹科学家的精神所喷涌出来的那样。[②] 但是比方说在《欧德谟斯》中，还讲述神话，并且也不缺乏其他活泼的格调：大量使用的比喻，它们在近古是很有名的，其中一部分是依赖于柏拉图著名的模型。在地下的人上来进入光明并看到天空的比

30

在 ad fam.I 9,23 处他提出 De oratore 的对话风格是亚里士多德的，虽然西塞罗自己没有引导讨论。这两点都是正确的。亚里士多德在他自己所有的对话中都没有起引导作用；在《格律洛》和《欧德谟斯》中他确定完全没有出现。进行一系列长的演讲，这是亚里士多德式的；对一个对话的每一卷进行专门的介绍，这是亚里士多德式的；将自己放进对话中，这是亚里士多德式的。但是没有一处说，一个对话只有表现出所有这三个特征才是亚里士多德的。人们不应该将这些证明堆在一起以构成一个统一的类型。亚里士多德在对话中攻击了理念论，对这样的信息也要这样看。

① 《论正义》各卷以《理想国》为模型，这是可以确定地得出的结论。它们都有一系列对应的对话，西塞罗在他的 De Republica 中使用了这两个著作。在柏拉图的《理想国》中政治哲学从正义问题发展出来，这就和《论正义》各卷中一样。《理想国》必定在亚里士多德那个时候就获得了"论正义"这个副标题，这对柏拉图对话的副标题的来源的历史是一个重要的事实。

② 对于以前的修辞学家奠定的好的风格，亚里士多德的风格论所承认的只有清晰（Γ1404b1, 1414a19, Poet.1458a18，参见 J. Stroux, De Theophrasti virtutibus dicendi [Lips. 1912] p.30）。似乎在清晰性中包括了所有其他的东西。这个理想目的不是为了修辞实践，而是为了创造一个纯粹的和科学的精确的风格。但是塞奥弗拉斯特和所有后来的修辞学者都又放弃了它。他们跟随时代的口味，而对亚里士多德来说，科学是这样一种力量，它能够使得就连语言这样的东西都不会保持不变。

喻中，语言的力量令人倾倒。弥达斯神话（Midasmythos）回应了《理想国》最后一卷中关于命运的启示风格。西塞罗称赞亚里士多德对话中的辞章流金溢彩。人们在这里还看不到修辞术的做作；思想上清晰而准确，格调上高雅而流畅，这些作品吸引了近古最雅致的人。鞋匠菲利斯库（Philiskos）和犬儒克拉底（Krates）一起在店铺里阅读了《劝勉》，芝诺（Zenon）、克律西普（Chrysippos）、克林塞斯（Kleanthes）、波塞多纽（Poseidonios）、西塞罗和菲洛（Philon）都受到亚里士多德年轻时候的这些作品中宗教思想的强烈影响，奥古斯丁通过西塞罗的《荷滕西斯》（*Hortensius*）知道了《劝勉》，并由它带领着进入了宗教信仰和基督教，[①] 这是他们思想的广度的证明。新柏拉图主义者同样地以亚里士多德对话为准则，就和柏拉图的对话一样；波埃修（Boethius）的《哲学的慰藉》（*Consolatio*）似乎是早期亚里士多德的宗教成分在中世纪的最后回响。作为艺术作品，古代在高度评价亚里士多德的对话的时候，所用的口气和提到柏拉图对话的口气不同。但是在希腊化时代的宗教运动中，它们甚至比柏拉图的完全不令人振奋的、不可接近的和客观的艺术更加重要。

但是，在这些作品中，亚里士多德同柏拉图在哲学上的关系是怎样的？如果他的榜样的影响仅仅局限于主题、风格和内容的细节，而在其他方面对柏拉图的态度却是拒绝的，就像后来所变成的那样，那才是很奇怪的。《会饮》、《美涅克塞努篇》、《智者》、《政治家》——难道写它们真的是为了胜过柏拉图同名的对话，并表明这些对话里面讨论的问题应当如何被处理？学生固执且学究气地跟踪老师的步伐，难道就是为了将他的作品淘汰？在将这样一个病态的趣味和手腕归于他之前，人们应当更加严肃地考虑其他可能性，即这些对话的目的仅仅是为了追随柏拉图，无论是在哲学上还是在任何其他方面。

自从苏格拉底时代那些著作通过安德罗尼柯（Andronikos）被重新恢复后，对这些对话的理解就笼罩了一种奇特而不幸的命运。那个时候它们仍

---

① 《劝勉》在鞋匠铺，见 frg.50 Rose。奥古斯丁通过《荷滕西斯》而皈依，见 Confess. III.4,7："ille vero liber mutavit affectum meum et ad te ipsum, domine, mutavit preces meas et vota ac desideria mea fecit alia, viluit mihi repente omnis vana spes et immortalitatem sapientiae concupiscebam aestu cordis incredibili et surgere coeperam, ut ad te redirem"（同参 VIII,7,17）。

然有很高的知名度并且被广泛阅读；但是它们很快就衰退了，当博学的漫步　**32**
学派对被长期忽略的论文进行精确的介绍并一篇接一篇地给它们写注释的时
候。新柏拉图主义者将其中一部分对话和论文相对，看作未受玷染的柏拉
图主义的来源；但是诸如敏锐的阿芙洛蒂西亚斯的亚历山大（Alexander von
Aphrodisias）这样一个严格的漫步学派的注释家，他必定已经阅读了大部分
对话，但是却对它们束手无策。在哲学问题上比那个时代应有的更加幼稚的
是，他将它们和论文的关系解释为，后者包含了亚里士多德真正的观点，而前
者包含了其他人的错误观点！① 这两类作品的矛盾在那个时候就已经被认识
到了。后期漫步学派徒劳地努力解释这谜一般的情况，这也从这样一个臭名
昭著的传统中被发觉，即将作品分为公开的和秘传的。人们自然地在论文中
寻求亚里士多德对对话的解释，并在 ἐξωτερικοὶ λόγοι（公开的论述）这个偶
尔出现的表达中发现了它，它在某些段落可以很容易地被认为是指涉发表了
的对话。和这些针对外界的公开的论述相对，人们只有将论文设定为秘传的
秘密学说，虽然在亚里士多德那里没有这样的表达方式或者概念的任何踪
迹。这样，对话的内容和论文的内容之间的关系似乎就像 δόξα（意见）和
ἀλήθεια（真理）的关系。在一些段落，亚里士多德确实曾经有意地放弃了真
理，因为他认为大众不能把握它。甚至让后世学者极为头痛的论文中的那些
技术性术语的困难，也被迫服务于这种神秘的解释，在一封伪造的信中，亚
里士多德告诉亚历山大，术语被有意地弄模糊，以便误导那些未受启蒙的人。　**33**

　　更新的批评并不相信这种神秘化，它的晚出从其新毕达哥拉斯学派的
精神中一览无余，② 但是它并没有摆脱对对话的偏见。③ 当然，它比起古代情

---

① Elias 在亚里士多德，《范畴篇》，24b33："亚历山大有所区别地解释了备课记录和对话的
　区别，在备课中他给出了自己的观点以及真理，而在对话中他给出了其他人的错误的观
　点。"除了表达上的质朴外，这个注释者确实正确地体现了亚历山大观点的实质。两种作
　品的矛盾早在西塞罗那里就被注意到了（De Fin.V.5,12）。那个时候这被归于公开作品的
　文学形式。
② 对论文的研究的复苏是通过安德罗尼柯（Andronikos）开始的，他首先提出了这些"纯
　粹的"亚里士多德学说和公开作品的关系的问题，这几乎是到那个时候为止唯一的对亚
　里士多德的解读。这个复苏出现在新毕达哥拉斯主义的全面高潮的时候，它就其本质而
　言总是寻求在所有以前的思想家中的特别的秘密学说。这个观念是在那个时候运用到亚
　里士多德的作品中的。
③ 就在最近还有两部作品出现，它们第一次认识到了对话的内容是柏拉图式的。在《论亚

况更加困难，因为现在只有一些对话的残篇。与其相信这些少量但是珍贵的残篇，学者更加依赖于"权威"，尤其是两个说明，一个在普卢塔克（Plutarchos）那里，另外一个在普洛克罗（Proklos）那里，两个都来自同一来源，描述的是亚里士多德在其《伦理学》、《物理学》和《形而上学》以及"公开的对话"[①]中对理念论所作的批评。这些段落似乎提供了不可动摇的证据，说明亚里士多德在其对话中已经采取了他在批评作品中所采取的立场。这必然或者将他对柏拉图的"变节"放在早在他还在学园中的时候，或者将对话置后。不难发现另外的"权威"来证明第一个假设。第欧根尼·拉尔修说，亚里士多德在柏拉图还活着的时候就背离了他，因为柏拉图评论说，"亚里士多德踢我，就像小马驹在长大的时候对它们的母亲所作的那样。"[②]在这些证明的影响下，伯奈斯（Bernays）在其关于亚里士多德对话的丰富多彩的书中作了坚持不懈地努力改变残篇中每个柏拉图式的措辞的意思，将它们解释成抒情的情调的诱惑。相反，瓦伦丁·罗斯（Valentin Rose）好奇地研究它们，只是为了证明他的奇特的观点：所有遗失的对话都是伪造的。[③]这两个学者的共同之处在于，他们都感情用事地坚信，一个如亚里士多德这样有严谨而系统的思想的人不会放弃他一度形成了的观点。他们认为，他自己的作品从一开始就尖锐地批判柏拉图，说他经历了一个柏拉图阶段，对他们而言这样的看法似乎是和他自己思想的清醒、冷静、批判的本质是不可容忍地对立的。

结论是明显的：如果这个自身一贯的整体观念是站不住脚的，如果亚里

里士多德的发展》（*Über Aristoteles' Entwicklung, Festgabe für Georg von Hertling, Freiburg*, 1913）中，Dyroff 简短地收集了对话中大量的对柏拉图的模仿。他的观点几乎是系统的。他没有仔细分析每个作品，这就他的篇幅而言确实是不可能的。直到我的这些研究写成，我才看到他的论文。它确证了我的观点，但是我们现在需要精确的解释，就像 Dyroff 关于《论哲学》的观点所表明的。A. Kail 在维也纳的博士论文（Diss. Phil. Vindob. XI. 67）也是在我自己的研究之后被我看到的。他只讨论了《欧德谟斯》和《论哲学》。他一般的观点是 Arnim 的，是正确的，他的细节工作做得很好，但是在哲学上却不深刻。这两部作品都没有将对话问题和论文的发展史分析联系在一起。

① Frg. 8.
② Diog. L. V. 2.
③ J. Bernays, Die Dialoge des Aristoteles in ihrem Verhältnis zu seinen übrigen Werken, Berlin, 1863; Valentin Rose, Aristoteles Pseudepigraphus Leipzig, 1863.

士多德开头经历了一个柏拉图时期并历经多年，如果他用柏拉图精神写作并支持他的宇宙观，那么对这个人的本质的整个的、迄今为止都在起作用看法都被摧毁了，必须开拓一种新的观念的道路，无论是关于他的人格和他的内在的命运，还是他的哲学活动的推动力量。事实上，那种僵硬的、不变的、冷静的、没有想象、没有经验、命运不幸并纯粹批判的亚里士多德的神话，在事实的力量面前裂成碎片，而这个事实至今还人为地被压制着。古代的亚里士多德分子不知道如何处理这些对话，这并不奇怪，尤其是当他们的兴趣是在柏拉图和亚里士多德之间划出清晰的界限，使得后者的学说尽可能地被理解为一个整体的时候。对他们而言，论文集是一个单一的系统的统一体，没有年代差别。他们没有学会将发展的观念运用到哲学以及个人的历史上去，虽然亚里士多德自己可能已经给了他们这种发展观。这样就只能将对话当作非亚里士多德的观点而被放弃，并将它们解释为粗制滥造的流行的文学作品。无论如何，甚至在我们开始解释它们之前，就确定无疑的是，这些著作是非正统的。它们类同的地方表现在，新柏拉图主义者和其他的柏拉图宗教和哲学的崇拜者重视它们，并将它们放在和柏拉图自己的作品等同的地位。后面会给出这样的例子。现在剩下考虑普鲁塔克和普洛克罗的证据，它使得伯奈斯感到有义务先天地拒绝这些对话中所有的柏拉图主义的痕迹。

但是随着我们对它进行更准确的考察，即便是这个论证也会崩塌。首先，这不是两个不同的证据，词语表达的一致确定了，两个作者追随的是同一个来源，因为普洛克罗似乎没有追随普鲁塔克。这个证据表明，亚里士多德不仅仅在其《伦理学》、《物理学》和《形而上学》中，而且也在"公开的对话"中反对柏拉图的理念论。作为对此的证明，普鲁塔克和普洛克罗从同一来源引用了其中一个对话的一段，在那里亚里士多德作为参与讨论的人说，他不能同情理念的教条，即使他会被怀疑出于喜好争辩而不同意。① 这

35

① Arist. frg.8 Rose: Proclus（在他的作品《亚里士多德对柏拉图的〈蒂麦欧〉的反驳的考察》中，见 Joannes Philoponus 的 De Mundi Aetern. II.2, p.31,17 Rabe）："在柏拉图的学说中，没有什么比理念论被那个人［即亚里士多德］反驳的最坚决的了。他不仅在逻辑作品中称形式为声响，而且在伦理学中攻击善自身，在物理学作品中否认生成可以用理念来解释。他在《论生成与毁灭》中也这样说；在《形而上学》中更是这样，因为在那里他关注的是第一原则，他在这部作品的开头、中间和结尾都对理念进行了长篇的反驳。他在对话中也明白无误地宣称，他不能对这个学说有所同情，即使他或许被怀疑出于喜好争辩

36 表明，两个说明都建立在一个特殊对话中的具体历史场景中（最可能的是《论哲学》，我们知道，在其中亚里士多德攻击了柏拉图形而上学的其他部分）将这一点普遍化并运用到所有对话中是不合法的。它所证明的只是，我们已经知道的，有一两篇对话，在其中亚里士多德反对柏拉图。这无论如何不能使我们名正言顺地取消我们在其他对话中发现的柏拉图观点。相反，我们必须认识到，在这些对话内部以及在哲学问题上的发展，恰恰就像它们在形式上向我们表现出的那样。我们对留存下来的对话残篇的解释必定更仔细地为这个观点辩护，其中我们所提出的问题必须是关于实际保留下来的残篇的，而不能是泛泛而谈。首先我们必须将年代顺序和哲学问题看作通过残篇能够最终确定的问题。甚至对对话的早出也可以仅仅通过分别解释每个对话而充

37 分证明。

───────────────

而不同意。"

Plutarch adv. Colot.14（1115B）："亚里士多德总是喋喋不休地说理念，以此来反对柏拉图；他提出关于理念的各种各样的困难，在他的伦理学、形而上学以及物理学笔记中，并通过公开的对话的方式，因此有人认为他是好辩而非好哲学……这些教条，似乎他打算摧毁柏拉图的哲学"。两者都追随的古老来源，以及后来的作者普洛克罗对它更仔细的复制，分别列出了亚里士多德作品中所有攻击理念论的地方。所提到的这三个段落来自《形而上学》卷 A，Z 和 M，N。《后分析篇》I.22,83a33，就像《尼各马科伦理学》I.4 一样被提到，令人想起来源中的真实的词语。这同我用斜体标出的那个段落一样（来自《论哲学》）。这是作者能够在对话中发现的唯一的一段，虽然他的列表显然非常仔细和完全。这个表直接证明了，这个论战在对话中是独一无二的。

第三章

《欧德谟斯》

　　《欧德谟斯》这篇对话是以亚里士多德的塞浦路斯朋友欧德谟斯（Eudemos）之名命名的，它的日期通过对话的动机而被确定，而我们通过西塞罗对《欧德谟斯》的梦的说明，不难重构它的动机。①

　　柏拉图的这个学生从自己的祖国被放逐，在经过塞萨利（Thessalien）的旅途中病得奄奄一息。他病倒的地方斐赖（Pherai）的医生已经对他的生命不抱希望了，他做了一个梦，梦中一个外貌英俊的年轻人向他许诺，他会很快康复，而后斐赖的暴君亚历山大不久会死去，五年之后欧德谟斯会回到自己的故乡。亚里士多德明确地在导言中说明，第一个和第二个承诺如何很快实现了；欧德谟斯痊愈了，不久之后暴君被他的妻子的兄弟们暗杀（公元前359年）。被放逐者最热切的希望就是五年之后第三个诺言的实现，他自己回到塞浦路斯。在这期间，曾经被从叙拉古驱逐的狄翁（Dion）还在雅典。在学园的支持下他集结了一批坚定的志愿者，准备冒生命危险解放他的城邦。出于对柏拉图政治理想的热情，狄翁认为它能够实现。一些年轻的哲学家参加了远征，欧德谟斯就在其中；但是他在叙拉古城前的战斗中被杀，恰恰是在那个梦（公元前354年）的五年之后。这种出人意料的实现方式在学园中被解释为，神预言了灵魂的回归，不是到它地上的故乡，而是永恒的故乡。

---

①　Arist.frg.37R.（Cic.de div.I 25,53）。《欧德谟斯》在第三世纪的一个清单中（莎草纸）被作为必读书提到，Medea Norsa 编，*Ägyptus*, vol.ii（1921），p.16. 所以，无疑在那个时候它还在被阅读。

38　　在这个对话中，亚里士多德使得他对亲爱的朋友的纪念变成不朽，为自己的悲伤寻求安慰。他首先讲述了欧德谟斯的梦的故事，以便表明，在它实现的时候，神自己也确认了柏拉图学说的真理：灵魂来自天上，并在将来回到那里。这为形而上学对话"论灵魂"——其核心部分是不朽问题——提供了起点。《斐多》的概念，禁欲主义和练习死亡，在亚里士多德的这个早期作品中复活。灵魂在俗世中生活在肉体的锁链中，《斐多》将之同监狱联系起来，对他而言则是从永恒故乡被放逐的时期。流亡者在异国他乡，凝望他从那里被放逐的故乡的方向，在这幅画面中有着对天上国土的安全和宁静的渴望。《欧德谟斯》是一部慰藉之书。对于它独特的淡泊不应该不提，在这里可以看作是以《斐多》的方式呆板地练习一种风格。唯一真正给予安慰的是对生和死的价值的倒转的活生生的信念，柏拉图在《斐多》中就完成了这种倒转。《欧德谟斯》的作者完全立足于对来世的这个信念，以及相应的关于世界和灵魂的观点。所以新柏拉图主义者将《欧德谟斯》和《斐多》看作柏拉图不朽学说的同等价值的来源。

　　就像柏拉图在《斐多》中一样，亚里士多德在《欧德谟斯》中攻击了被认为是和不朽学说对立的唯物主义观点。他用和《斐多》中同样的形式攻击它，即，灵魂无非是身体的和谐，这就是说，它和身体是物质成分的总和不同，但是是这些物质成分的正确结合所产生出来的东西——这也是现代唯物主义者所解释的灵魂。在批评这个观点的时候，在《欧德谟斯》中有两个对立论点保留着。第一个是，"和谐有相反者，即不和谐。但是灵魂没有相反者。所以灵魂不是和谐。"[1]

39　　这两个概念的不相等通过其特征的不相同而被证明了。因为亚里士多德预设了一个重要的认识，对象的相等依赖于它们属性的相等。他在这里用来做对比的特征属于形式逻辑的可能性，对要考察的概念——灵魂和和谐——构造一个相对的对立。这在和谐那里是可能的，而在灵魂上则没有这种对立。亚里士多德简明而犀利地构造了他的三段论，并显然很满意它的简洁的说服力。是什么引导他恰恰选择这条论证路线，以证明两个概念和它们的内容的不等同，这一点不是立刻就很清楚了的；但是当我们考虑他关于范

---

①　Arist. frg.45R.

畴的学说中的如下假设的时候，就变得明白了："实体（οὐσία）不允许有相反者"，即，不可能设想任何与它相反的东西。① 实际上，这个三段论不仅包含了灵魂不是和谐的证明，它还暗含这一个设定——这对对话的哲学立场非常重要——灵魂是一个实体。对一个思想家而言，这是一个既定的教条，很容易看出，他如何被引领着使用上述形式逻辑的原则以攻击唯物主义的论点，这个原则无疑打击到了他的对手最脆弱的部位。

看一下亚里士多德的论证和柏拉图在《斐多》中的论证（93c ff.）之间的关系，是很有趣的。后者更加复杂。根据柏拉图的说法，灵魂或者是道德的、有理性的、善的，或者是不道德的、非理性的、恶的。他表明，这些相反的状态或构成是灵魂中的一种秩序和和谐或者混乱和不和谐。灵魂中的这些属性可以有不同的程度。所以和谐自身，或其相反者，可以是较大或较小程度上的和谐。如果对手的假设是对的，灵魂无非是某种状态的和谐，那么就可能直接将和谐概念和灵魂概念置换，那就很荒谬地得出，灵魂可以更多或更少地是灵魂。② 所以，和谐只可能是灵魂的一个属性，而非灵魂自身。亚里士多德对证明的改变——因为他的论证无非是对柏拉图论证的变形——清楚表明，他作为一个逻辑学家在对他的原型中的什么进行反对。《斐多》中的证明有自己的逻辑原则作为根据，这在亚里士多德范畴学说中可以表达为："实体（οὐσία）不允许程度的差别（τὸ μᾶλλον καὶ ἧττον）。我的意思不是说一个实体比另外一个实体不能更多或者更少地真实地是实体，而是说，一个实体不能更多或者更少地是其所是。例如，一个人不能现在比过去更高程度上是人，但他完全可以比以前更苍白。性质范畴就其本质而言允许有较多和较少，而实体范畴则不允许。"③ 从这个法则得出，如果和柏拉图一样相信灵魂是一个实体，那就在灵魂中没有程度的变化，而在和谐以及不和谐中可以有，就像在所有有相反者的关系中，例如德性和邪恶，知识和无知。④

40

---

① 亚里士多德，《范畴篇》，3b24ff。

② 柏拉图，《斐多》，93B-D。

③ 亚里士多德，《范畴篇》，3b33-4a9。

④ 亚里士多德，《范畴篇》，6b15："相关者有相反者是可能的。所以，德性有一个相反者，邪恶，它们两个是相关者；知识也有相反者，无知。"由此在 6b20 接着说："还表明，相关者可以允许有不同的程度"，就如实体和"较多与较少"不相容来自它同相反不相容。

这样柏拉图就从不能将同一个逻辑原则用到两个概念上，得出灵魂和和谐不等同；或者，用亚里士多德的术语来表达：因为它们属于不同的范畴。

我们现在可以很清楚地看出，为什么亚里士多德改变了《斐多》中的论证。在柏拉图看来，"较多或较少"，程度的变化，只能出现在不定者（ἄπειρον）上，而决不会出现在任何绝对确定者（πέρας）上。在任何有相反者的地方，就有一个"较多或较少"，程度的变化范围，两个极端之间的中间。这样《斐多》所使用的设定，即实体不允许有较多或较少，由《欧德谟斯》指涉到一个它赖以立足的前假设上，即实体不允许有相反者。这样就将证明简化为一个单一的、简单的三段论，亚里士多德用它达到了相同的结果。

同时，在抽出柏拉图的论证的核心之后，从剩下的东西中他获得了第二个反证。他用以下方式进行。"和身体的和谐相反的是身体的不和谐，而一个活的身体的不和谐是疾病、虚弱和丑陋。其中，疾病是元素缺乏匀称，虚弱是同类的（ὁμοιομερῆ）部分缺乏匀称，丑陋是在数量上缺乏匀称。如果不和谐是疾病、虚弱和丑陋，那么和谐是健康、强壮和美丽。但是我认为灵魂不是它们中任何一个，既不是健康也不是强壮也不是美丽。因为甚至赛尔西特斯（Thersites），虽然很丑也有一个灵魂。所以灵魂不是和谐。"[1]

这个论证直接来自柏拉图的人类学。柏拉图划分了灵魂的德性和身体的德性。灵魂的德性是智慧、勇敢、正义和节制，身体的德性是健康、强壮和美丽。和这些平行的是一系列相反的性质，身体和灵魂的恶。ἀρεταί（德性）依赖于和谐（匀称），κακίαι（邪恶）依赖于不和谐（缺乏匀称），在身体和灵魂方面都是这样。这种对疾病、虚弱和丑陋作为缺乏匀称，无论是身体还是其部分以及它们之间的关系的解释，是柏拉图从当时的医学中获取来的，他将自己整个的伦理学或灵魂治疗科学都建立在这上面，并且在这里他发现了真正的科学和严格的方法。柏拉图的德性学说是灵魂的疾病和健康的学说，以医学为范本，以尺度（μέτρον）和匀称或和谐概念为原则。但是如果一开始就确定了，和谐是身体德性的原则，健康、强壮和美丽，那么就不

——————————
[1] Arist.frg.45（p.50, 13Rose）.

可能同时将灵魂解释为身体的和谐。这个论证具有在其自身基础上打击唯物主义者对手的优势。将健康解释为身体的匀称，疾病是缺乏匀称，大概会获得自然科学代表的同意；但是将德性看作灵魂的匀称的说法却不会，而这是《斐多》的始点。柏拉图的灵魂和身体的德性学说，在这里被亚里士多德追随并仔细研究，却对论文完全陌生。这是在毕达哥拉斯数学精神中的。根据柏拉图，灵魂正确的伦理状态，就像身体的正常和自然状态，只是普遍的宇宙匀称法则的一个特例，就像它在《斐莱布》中被发展成为柏拉图后期事物本质观点的一部分。①

对这两个论证的分析得到双重的结果。首先，它表明在《欧德谟斯》中亚里士多德仍然完全依赖于柏拉图的形而上学，不只是在反对唯物主义上，而且也在肯定的东西上。人们迄今为止确实没有认识到，他的证明和柏拉图的形而上学以及不朽学说建立在同样的基础上，即柏拉图的实体和灵魂学说；但是这仅仅被归于缺乏透彻的解释。亚里士多德在这里仍然将灵魂看作绝对的实体，这可以从他后来的模仿者那里清楚地看到。例如，奥林匹俄多鲁（Olympiodor）以这种形式给出了第一个推论："和谐有一个相反者；但是灵魂没有，因为它是一个实体"（Arist. frg.45）。说在这个表述中有一个循环论证（petitio principii），这是正确的；但是对原来的形式而言同样正确，在那里循环被悄悄设定了。② 这回溯到柏拉图自己，就像我们已经表明的

43

---

① 身体的三种德性的学说，见柏拉图，《理想国》，IX.591B；《法律》，I.631c；以及《斐莱布》，25D ff（尤其是26B），各处。他乐于将这些同灵魂的德性并列给出。在《斐莱布》，26B 它们被回溯到数目确定的一些相反者的关系；这个理论的出发点从《欧德谟斯》才完全清楚了。这个对话也表明，μέτρον（尺度）伦理学是将当时的医学中的数学观念过渡到精神领域的结果。亚里士多德的中道（μεσότης）是有意地回到这个出发点，并更严格地贯彻了这个类比。医生的尺度是一个恰当的中道，需要主观地确定，并被"作为目标"；这是早在希波克拉底学派中就有的医学学说。身体的德性出现的另外一个唯一的地方是早期的《论题篇》（116b17; 139b21; 145b8）以及《物理学》的第七卷（246b4），它的成形众所周知是在亚里士多德在学园或紧接着的时间（参见 E. Hoffmann, De Aristotelis Physicorum L. VII Diss. Berlin, 1905）。这个画面的完成是在《劝勉》中的灵魂的四种德性的学说，它也是完全柏拉图主义的。此外，在《欧德谟斯》中健康的定义作为元素的对称和《论题篇》中作为冷和热的对称没有区别；因为元素来自热、冷、湿和干，它们是最基本的对立，亚里士多德经常称这些性质为元素，甚至是在论文中也是这样。

② Bernays, a. O.145, A.15.

那样，因为他在《斐多》中也作出了同样的设定。证明的教条化特征在普罗提诺那里更清楚地被给出，他直接说："灵魂是一个实体（οὐσία）而和谐不是。"①

亚里士多德后来的学说处于唯物主义观点——灵魂是身体的和谐——和在《欧德谟斯》中的柏拉图观点——灵魂自身是实体——的中间。灵魂是实体，仅仅是作为 ἐντελέχεια σώματος φυσικοῦ δυνάμει ζωὴν ἔχοντος（潜在地拥有生命的自然体的实现）。② 它和身体不分离，所以不是不朽的；但是在和身体的联系中，它是机体的构成的形式原则。对于在《欧德谟斯》中的灵魂，相反，可以用普罗提诺在他从柏拉图的立场出发反对亚里士多德的实现—灵魂观点时的评价："灵魂不因为它是某物的形式（εἶδος τινός）而具有存在；相反，它是绝对的现实（οὐσία，实体）。它不因为在一个身体中而具有了存在；它在属于一个身体之前就存在了。"③ 现在，由于在《欧德谟斯》中教导的预先存在的学说，这一点足以表明，灵魂在那里是一个实体（οὐσία）；所以这就不奇怪，普罗提诺挑战亚里士多德的灵魂概念，将《欧德谟斯》中的论证完全当成他自己的了；而相反，这个三段论被"真正的"亚里士多德的支持者所攻击，例如亚历山大和他之后的菲罗波努（Philoponos）。根据后者的观点，灵魂有一个相反者，即缺失，所以论证失败。这个观点预设了实现概念，并从它合乎逻辑地得出结论。在反对这个推论的时候，亚历山大将它同《斐多》中的论证联系在一起，它是从那里发展出来的。④ 区分出亚里士多德关于灵魂的早期观点的是，灵魂还不是某物的形式，而是自身就是形式（不是 εἶδος τινός，而是 εἶδός τι），一个理念，或者一个理念的本质。这一点

---

① Plotin. Enn. IV,7,8（133,19-134,18 Volkm.）很清楚普罗提诺使用了《欧德谟斯》而非《斐多》，因为他打破了《斐多》中的一个论证（93B ff.）而变成了亚里士多德从中获得的两个论证。他一声不响地将它们代替了柏拉图的证明，而毫不改变地复制了《斐多》中的前两个论证（92A-C, 93A）。

② De anima B1, 412a19ff. 在整个一章中亚里士多德都在考察他早期的观点，灵魂作为一个实体，并这样对它进行限定：灵魂和身体不分离，而只是"作为观念的实体"（412b10）。

③ Plotin. Enn. IV, 7, 8（Volkmann, 134, I. 19；尤其是 135, I. 31ff.）。

④ Alex. In Arist. De An. Apud Philop. Comm.. in Arist. De An., p.144, II. 25ff.（Hayduck）. 形式和缺失是对立，它们的基底是质料（参见《形而上学》，Λ2, 1069b3 ff.，尤其是 b32-34 以及 1070b18；各处）。这样灵魂作为亚里士多德的形式就像和谐一样有自己的对立者。

被明确地流传下来，现在才第一次被正确地理解。① 亚里士多德自己给我们留下了一个重要的证明，这给他的发展投射上了亮光。在他关于灵魂的著作中，在攻击和谐理论的时候，他引用了他早期的作品。他从《欧德谟斯》中拿出了第二个和科学的论证，做了某种发展，但是他悄悄放弃了从灵魂的实体性来论证。②

通过我们的分析而揭示出来的第二个事实是，亚里士多德在逻辑学和方法论领域完全不依赖于柏拉图。虽然在世界观上依赖于他，但是他在这里是完全自由的，也许甚至还有一点优越感。将柏拉图的证明向它的构成元素的还原，以及构建的两个证明在技术上的无懈可击，表明在这些事情上他有长期的经验；范畴学说的知识构成了他的改正的前提。这和这种情况并不矛盾：现存的范畴论著不可能在吕克昂时期之前写成，并且完全不是亚里士多德自己写的——它们的特征是自然主义和经验主义时期的，而这些是在他死后在他的学派里面兴起的——在范畴学说中包含的基本态度以及这个学说自身的主要部分，在亚里士多德敢于撼动柏拉图哲学的形而上学基础之前就发展起来了。③ 这表明在亚里士多德思想中逻辑学和形而上学之间的联系原来是多么薄弱，这和柏拉图相反。他是真正的逻辑学之父，为它奉献了大量的敏锐的思考。但是他从未认为它是哲学的一部分，拥有自己合适的对象；他

45

---

① Arist. frg. 46（52, 19Rose）："在《欧德谟斯》中他表明，灵魂是一个理念（εἰδός τι）。"重点是，这里缺乏一个第二格，诸如"一个身体的"或"某物的"；我们不要跟随伯奈斯（op. cit., p.25）给加上一个，并解释说这个表达有意模糊其词以掩盖对柏拉图的秘密的反对。辛普里丘认为这同亚里士多德通常的观点相反。

② 亚里士多德，《论灵魂》，I.4, 408a1 ff.。

③ 《范畴篇》不可能是一部早期的作品，因为它将吕克昂作为地点范畴的例子；它无疑是指这个学校，里面也很乐于将学校拿来作为逻辑概念的例子。只消想一想科里司库（Koriskos），他的名字经常被用来做例子，如果人们想象他就在阿索斯的课堂上，那么这一点就很清楚了。在《范畴篇》中，亚里士多德的第一和第二实体学说被变成唯名论的；这一点不能清除或者辩解；这个形式是非亚里士多德的。这些轻微的以及无意的用词的意义不能被低估。而且，作者预设了范畴学说已经被知道了，他只是拿出几个问题。但是所有这些都不能阻止我们看到，在内容上多数细节是亚里士多德的；《欧德谟斯》表明它们应该被放在他发展的多么早的地方。Ernst Hambruch 在他的 "Logische Regeln der plat. Schule in der arist. Topik" 中表明，《论题篇》中包含的大量重要的逻辑知识条目在亚里士多德学园时期就被发现了（*Wissenschaftliche Beilage zum Jahresbericht des Askanischen Gymnasiums*, Berlin, 1904）。

总是仅仅将它看作一个技艺或者功能（δύναμις），它有着特殊的形式法则，或多或少像修辞术。在从他新的抽象学说中推理出和理念论相反的结论之前，他已经成为了逻辑学的第一个专家。

他的逻辑研究的影响也可以在《欧德谟斯》中关于不朽的论证的其他残篇中发现，尤其是在他对所谓的辩证法（Dialektik）的偏爱中。和柏拉图的用法相反，亚里士多德用这个词表示所有那些仅仅立足于可能的前提并只有主观说服力的论证。柏拉图自己在他的对话中广泛地运用了它们。在严格的无可置疑的论证之外，它们用来支持证明，就像轻盾兵支持装甲步兵。（人们不要忽视柏拉图和亚里士多德逻辑学的有争议的方面）它们不具有完全的科学精确性（ἀκρίβεια）。但是谁会轻视亚里士多德从民族的宗教信仰、仪式习俗以及最古老的神话来做的死后生活的论证的力量呢？[1] 即使在他的论文中，他也经常从一般的看法或大人物的意见开始。他力图将理性的和纯粹哲学的知识同隐藏在这些来源之后的真理的核心结合起来。因为这个，他曾经被那些喜爱彻底和极端的人指责为"常识"倾向（由于浪漫主义的革命，我们通常将这些人看作最深刻的思想家，至少在精神领域）。实际上，在这种辩证法背后隐藏了一种特别的经验论，在这个词的历史和具体意义上。不是仅仅听他自己的理由，而且也倾听在历史上被信仰的那些东西，倾听人们集体的经验或者著名人物的看法，亚里士多德没有懒惰地依赖于一般意见，而更对各种仅仅是关于这些问题的各种理智论证的局限表现出洞见。

弥达斯和西勒诺斯（Silen）的神话引导人们进入《欧德谟斯》的形而上学深度。当国王问西勒诺斯，什么是最高的善（τὸ πάντων αἱρετώτατον）的时候，他不情愿地揭示出人的命运的悲惨和痛苦。其风格显示出《理想国》第十卷（617D ff.）中必然的女儿、少女拉赫西斯的话语的影响。西勒诺斯的话语和外形都散发出世俗的、天然的迟钝的悲惨气息。一个被巧妙地掩饰的柏拉图术语传达了二元论哲学的原则。"人获得最高的善是完全不可能的；他们不能分有最高的事物的本质（μετασχεῖν τῆς τοῦ βελτίστου φύσεως）。因为对所有的男人和女人的最高的善是不要出生（τὸ μὴ γενέσθαι）。但是，如果他们

---

① Arist. frg. 44（Rose, 48.11-22）.

出生了，最好的事情——这是人可以实现的——是尽可能快地死去。"①

　　这些高贵的话语——真正的神谕——的特别的诱惑，在于其有意的模棱两可。民众的智慧是迟钝的顺从；最好的事情就是去死。在这种幼稚的悲观主义中，没有任何对另外的、完美世界的希望，或者对死后有更高的存在的希望。亚里士多德，相反，在西勒诺斯的话语中加入了柏拉图形而上学的基本概念。τò μὴ γενέσθαι 不仅仅是"不要出生"，也意味着"不要进入生成"。《斐莱布》将生成和作为最高目的和完全相反的理念世界的纯粹存在的对立起来。所有有价值的、完美的、绝对的东西，都属于存在；所有邪恶的、不完美的和相对的东西，都属于生成。亚里士多德在他后期的伦理学中同柏拉图区别之处在于，他不寻求一个绝对的善，而是寻求对人而言最好的（ἀνθρώπινον ἀγαθόν），而在这个对话中，他是完全站立在柏拉图的基础上的。对他而言仍然自明的是，当我们讨论最高的价值的时候，我们必须考虑超越的存在或绝对的善，而非希腊人称为幸福的东西。没有什么俗世的行为可以分有绝对的善。我们必须尽快地从生成和不完美的世界回到不可见的存在的世界。

　　亚里士多德的柏拉图主义在对话的主题——不朽学说——中最明显地表现出来。后来他提出，心理学的首要问题是灵魂和机体的关系，他自称是第一个认识到心灵现象的心理—身体本质的人。这种心理—身体关系的发现的第一个结果就是不可避免地会毁坏对个体灵魂永恒的柏拉图信念，亚里士多德能够保留的他原初信念的唯一部分，就是相信纯粹的努斯是独立于身体的。灵魂的所有其他功能，比如思考、爱和恨、害怕、生气、记忆，都包含了心理—身体的统一体作为它们的承载者，并和它一起消失。② 对"灵魂整体"（这是唯一历史地描述现代经常根据年代学称个体不朽的方式）的不朽的怀疑很早的时候就在亚里士多德身上出现了。在《形而上学》的论文卷 Λ 中，他就倾向于局限于努斯的复活，而这是在柏拉图死后不久写的。③ 甚至在杨布利柯从亚里士多德的《劝勉》节录的一段话中，我们看到"除了一个

48

---

① 　Arist. frg. 44（Rose, 48,23-49）.

② 　关于灵魂功能和身体功能的不可分离，见《论灵魂》，I.1,403a16，各处。关于"分离的νοῦς"和心理—物理功能的区别，见 I.4, 408b18-30。

③ 　亚里士多德，《形而上学》，Λ3, 1070a24。

值得忧虑的东西，人没有什么是神圣和幸福的，这就是我们的精神和理性。我们所拥有的东西中，唯有它在我们死后是不朽的和神圣的。"① 这个限制使得他将 νοῦς（努斯）看作最高的；它实际上是我们身上的神——这令人想起 νοῦς θύραθεν εἰσιών（努斯从外面进入）的学说。他有关幸福的伦理学说以及他有关思想的思想的神学学说都依赖于这个观念。这就可以理解，早在新柏拉图主义者那里，人们就开始试图将《欧德谟斯》中的论述仅仅和 νοῦς（努斯）联系起来。塞米斯提斯（Themistios）将这个困难的问题和如何理解《斐多》中的灵魂概念问题联系起来，后者同样包含了一定的模糊之处。

的确，塞米斯提斯或者是他的出处，将这样神秘的目的归于《斐多》：证明只有 νοῦς（努斯）是永恒的，但是他在这里混淆了柏拉图论证的意图和它们的结果。② 死后惩罚犯罪和犒赏灵魂的神话不可避免地包含了"灵魂整体"的复活，如果用来指亚里士多德的努斯，就失去了所有意义。但是，不可否认的是，《斐多》中更加"诚挚"（用塞米斯提斯的表达）的证据证明了只有理性永恒，例如，从回忆和从灵魂和神的亲缘关系。事实是，柏拉图没有清楚地区分他对话中的这两个问题；只有在学园的讨论中，它们才首次被把握。当从它们里面产生了亚里士多德后来谨慎的形式的时候，在《斐多》中，那些统一于柏拉图的不朽宗教的源初思潮还是可以清楚地分辨出来的。一个是阿那克萨戈拉关于纯粹 νοῦς（努斯）的思考；这建立在科学理性的神化上，构成了第五世纪理性主义的高水准哲学。另外一个思潮是相反的来源。来自对来生的奥尔弗斯信仰，来自净化宗教，祈求忏悔和净化，以使得灵魂（ψυχή）在彼岸不会遭受最可怕的惩罚。在这里没有思考；它是对灵魂本质的独立和不可毁灭的伦理和宗教情感。在柏拉图那里，这两个思潮合并为一个表面上的统一体。而这个统一体却不是建立在它的成分的真正的接近上，而是建立在柏拉图自己灵魂中清晰的理性和热切的宗教渴望的神奇结合上。在分析理解的试探下，这个创造物又分裂成它原来的部分。

当亚里士多德在《欧德谟斯》中追随《斐多》中的观点，宣称"灵魂整体"

---

① Arist. frg.61R.

② Arist. frg. 38R.

是不朽的，在经过所有这些之后，对我们而言就毫不奇怪了。① 这个现实的
观点是唯一能够给人的心灵以宗教安慰的了，它不关心非个人的、没有爱也
没有对此生的记忆的理性的永恒。但是亚里士多德在和怀疑搏斗，这在他对
柏拉图回忆说的观点中留下了踪迹。我们知道，在他的心理学中，他拒绝回
忆说以及理念论和"灵魂整体"的复活。②《欧德谟斯》却还以这个理论为基础。
但是在写它的时候，亚里士多德已经决定并试图用柏拉图的方法来回答这样
的心理学问题：在人死后意识是否还继续存在。这是在《斐多》中的不朽后
来建立其上的问题。意识的继续依赖于记忆。虽然后来他拒绝了努斯具有
记忆的观点，在《欧德谟斯》中他试图为了回到另外的世界的灵魂而保留
它。他通过扩大柏拉图的记忆为意识持续的学说来做到这一点，在灵魂存在
的三种状态下——它的以前的存在，它在这个世界的生活和它死后的生活，
意识都在持续。同柏拉图认为的灵魂记得另一个世界一起，他建立起自己的
论点：灵魂记得这个世界。他通过一个类比来支持这个论点。当人生病的时
候，它们有时候会失去记忆，甚至忘记怎么阅读和书写；而在另一方面，那
些从疾病痊愈康复的人不会忘记他们在病中所遭受的东西。同样，灵魂下降
进入身体，忘记了它在前面的存在中获得的印象，而死亡使得它回到另一个
世界的家，这样的灵魂记得它在这里经历的和遭受的（παθήματα）。③ 没有
身体的生活是灵魂的正常状态（κατὰ φύσιν）；它在身体中的逗留是一种严重
的疾病。我们遗忘了前世知道的东西，这只是我们的记忆和我们的意识的持
续性的一个暂时的打断和遮蔽。因为在我们康复以后，即，当我们的灵魂从
身体脱离获得自由之后，这类的东西没有什么可怕的，这个看法似乎保证
了"灵魂整体"的不朽。证明的有效性建立在它的假设的正确上，这个假设
是，人的知识是"在那里看到的东西"（τὰ ἐκεῖ θεάματα）的回忆。《欧德谟斯》
所教导的个人不朽必然同意柏拉图的这个教条。柏拉图曾经用回忆神话来支
持自己伟大的逻辑学发现：先验（a priori）。起先年轻的亚里士多德追随这
个神话的线路，而我们没有证明这个思路是正确的，它是《美诺》和《斐多》

50

51

---

① 很清楚，从塞米斯提斯的话完全可以推出，灵魂的不朽只限于努斯的证明在《欧德谟斯》
　　那里需要"解释"。

② 《论灵魂》，III.5, 430a23 ；《形而上学》，A9, 993a1。

③ Arist. frg.41R.

中的基本教条，在学生看来仅仅是一个比喻。但是，当他清楚地把握了纯粹思想的特殊的逻辑本质，并认识到记忆是一个心理—生理现象的时候，他拒绝了努斯能够回忆，并放弃了前—存在和不朽。在《欧德谟斯》中，他却还没有达到柏拉图的现实神话分裂为它自己的两个成分——诗和概念——的那个关节点。

围绕灵魂的命运，柏拉图的思想封闭的圆环在《欧德谟斯》中还缺乏最后一个链条，即理念。一个清醒且不带偏见的批评者会相信，认为普洛克罗的解释——他是把它作为真实的亚里士多德学说来描述的——恰恰破坏了概念链条中的那个给出意义以及整个解释的逻辑关联环节，或者是将它仅仅看作解释者的添加，这是没有道理的。这就是理念。除了《斐多》中的理念，没有别的什么隐藏在 ἐκεῖ θεάματα（景象）背后了。和纯粹的柏拉图语言不同，亚里士多德从未以这种方式谈论他后期的心理学和认识论的基础。即使普洛克罗的引用没有明确保证理念在《欧德谟斯》中的出现，前—存在和回忆说的采用自身就足以使得它们成为必需的。就像柏拉图在《斐多》中说的，你可以承认或者拒绝理念，但是你不能把它们同回忆说和前—存在割裂开。它们同理念共存亡，两种假设具有同样的必要性。[①] 后来，当亚里士多德放弃了理念论的时候，他不可避免地一起放弃了回忆说。

这就是在公元前 354/3 左右亚里士多德同柏拉图之间的关系，他在这种关系下跟他学习了至少 13 年。他的柏拉图时期几乎持续到他的老师去世。

52 只要早期的著作给了我们任何关于作者的本质的信息，那么就非常可能指涉《欧德谟斯》中亚里士多德的一些典型的特征。很特别的是，当他还完全在形而上学上依赖于柏拉图的时候，他就已经是方法论和逻辑技术领域的大师了。这种依赖显然立足于他毫无理由的、深厚的宗教和个人感情中。他从事的对柏拉图的原型的修改是谨慎的和保守的。他甚至试图追随柏拉图自己最个人的途径，进入灵魂神话的领域。柏拉图最强大的构建世界观的力量在此扎根。在亚里士多德那里，这种力量即使在《欧德谟斯》中也表现得不那么

53 有创造力，不如在狭义的科学上有天赋，虽然他对它的内在需求如此强烈。

---

① 柏拉图，《斐多》，76D。伯奈斯证明，构成《欧德谟斯》框架的主要论证不能建立在理念学说上，这再一次见证了普洛克罗和普卢塔克所说，亚里士多德甚至在对话中也攻击了理念（op. cit., p.25）。

第四章

《劝勉》

1. 形式和目的

　　除了《欧德谟斯》之外，根据被保存的状况和实际的意义，对我们而言，亚里士多德写于柏拉图去世之前的最重要的作品就是《劝勉》了。但是首先需要证明，它确实属于这个时期，因为至今为止还很少有这样的证据出现。甚至它写作的文学形式问题，虽然在不久前就被摆到了台前，却没有被完全地解释，更别说试图确定它的哲学内容了。

　　《劝勉》在亚里士多德早期作品中有着特殊的位置。它是写给塞米松（Themison），一个塞浦路斯的王子的。虽然我们对这个人和他的背景一无所知，却可以很容易地想象在希腊化时代初期一个稍微被启蒙了的专制君主会是怎样的人。我们从伊索克拉底写给埃瓦哥拉斯（Euagoras）的颂词以及他写给埃瓦哥拉斯的儿子尼古克里（Nikokles）的公开信中知道另外两个塞浦路斯的王子。写给尼古克里的是一个劝勉，它向年轻的统治者规定了明智和正义的统治的最好的法则。在第四世纪，诸学派为了获得当权者的注意，并通过这种方式获取政治上的影响而竞争。我们不知道亚里士多德是否通过他的塞浦路斯朋友欧德谟斯知道了塞米松。但是无疑我们知道他的这封书信要实现的使命，它构成了那时学园影响深远的政治活动的一部分。

　　在导言部分，亚里士多德向塞米松致辞。他说，塞米松的财富和地位

54 使得他尤其适合哲学，这在亚里士多德的口中绝不是一个恭维之词，就像乍看起来一样。[①] 我们必须记住，在柏拉图看来，只有有希望在城邦中实现最大的善、为受苦的人类提供帮助的人才是哲学家，而这些人是获得了政治权力的人，或者那些严肃地致力于哲学的人。因此柏拉图也认为，财富和权力是理念重要的工具。[②] 塞米松应该帮助学园实现其国家学说。

作品的形式和它的目的紧密联系着，这是困扰我们的问题之一，因为这两个问题通常被分开处理。劝勉的形式来源是智者的新的教育方法。它不是产生自苏格拉底的方法，它绝不需要一个对话的外衣，虽然这个外衣经常被看作是对亚里士多德公开作品而言自然的东西。[③] 当西塞罗在其《荷滕西斯》中将亚里士多德的《劝勉》变成对话的时候，他认为这必然导致题目也要发生改变。现存的劝勉的形式虽然产生自帝国时代，它却使得我们得出结论，劝勉是一种规劝，类似于和它在形式和精神上都紧密联系的希腊化时代劝人皈依的布道词，它被基督教会吸收。大概劝勉的思想经常被转变成对话，就像在所谓的克贝（Kebes）的碑文中那样。是否在安提司泰尼（Antisthenes）的《劝勉》中情况是这样还不确定，但是谁都知道，柏拉图在《欧绪德谟》中这样处理了苏格拉底的讨论。在那篇对话中，苏格拉底用他自己

55 特别的问答形式，给了参加对话的智者和一些学生进行劝勉讨论的例子，就像他经常玩弄的智者的艺术形式那样。亚里士多德显然追随柏拉图劝勉的这种典型形式——但绝对只是在内容上。在形式上他采取了伊索克拉底的路径而非柏拉图的。

如果私人书信的形式是亚里士多德从他那里借来的，而规劝（parainesis）则属于伊索克拉底教育体系的固定成分。在各种道德箴言和说教中，向某个特别的人致辞是一种非常古老的风格媒介。在那个时代，当诗歌还是对人进行精神影响的既定途径的时候，我们可以追踪到从赫西俄德对波斯人的规劝

---

① Arist. frg. 50R.

② 柏拉图第二封信的作者表达了一个彻底的柏拉图观念，当他说（310E）："智慧和巨大的权力相互吸引，这是一个自然法则。它们总是追求和寻找彼此，并来到一起。"

③ 保留下来的亚里士多德著作清单中，无论是在第欧根尼还是赫西奇（Hesychios）或者托勒密（Ptolemois）的著作中，《劝勉》都被列在公开作品的首位。但是这并不说明它的形式是什么，因为很可能其他的含有对话的著作都是公开的。《劝勉》被算作公开作品，仅因它的形式是演讲或者是一封公开信。

直到恩培多克勒的说教诗以及塞奥格尼（Theognis）写给库尔努斯（Kyrnos）的格言这样一些给一个人的致辞；在苏格拉底和智者时代，各学派还仍然用后者来教育男孩子。智者用一种新的散文形式代替旧式的格言诗，这种散文同传统的方法竞争并取得成功。[①] 伊索克拉底在他的《致尼古克里》（Ad Nicoclem）中设立的王子范型是同智者设立的塞奥格尼的骑士范型相对的。它们都属于同类。亚里士多德的《劝勉》却不止是给王子们的哲学范型。它宣称一种纯粹哲学生活的新理念，这也是柏拉图对那些做实事的人提出的要求。因为招揽一个实干的政治家来过"沉思生活"（βίος θεωρητικός）是柏拉图的一个特征，而非后期亚里士多德意义上的特征。而且，这个作品不是亚里士多德在通常所说的意义上"献给"他的王子朋友的。题献对话和论文属于希腊化时代礼貌的文学传统；这种造作的用法恰好属于这个时期。对于亚里士多德而言，写致辞给一个特别的人还是真诚地进行道德规劝风俗的活生生的表达。这是劝勉风格自身的有机部分。

还有其他痕迹指示出对伊索克拉底的劝勉的模仿。给所有产生自亚里士多德的东西打上印记的特别的形式，即肯定的三段论的思想链的主导地位，恰恰在《劝勉》中并恰恰在这个地方轻松而巧妙地赢得胜利。人们必须学习哲学吗？这个问题统率了所有招揽人学习哲学的劝勉辞。亚里士多德的回答很巧妙。人们或者必须学习哲学，或者不必学习哲学。如果必须，那么必须。如果不必，我们也必须（为了论证这个观点）。所以在任何情况下人们都必须学习哲学。[②] 大部分残留的残篇都有类似的三段论形式。不过，旧的规劝思想经常透过这个辩证法的面纱照射出来。一个存留时期长到进入拜占庭文选的较长的残篇，它原始的没有被缩略的形式最近在奥克西林库斯（Oxyrhynchus）的莎草纸中被发现。在其中，人们看到旧的思想观念和新的、令人印象深刻的基本形式的相互作用尤其明显。[③]"人们必须相信，人的幸福不在于他财产的多少，而在于他内在的恰当状态。甚至也不因为穿上富丽堂皇的衣服，从而身体被称为幸福的，而是因为它是健康的，在良好

56

---

① P. Wendland 给出了《劝勉》的散文形式从"ὑποθῆκαι"（劝勉）的格言诗发展出来的正确解释，Anaximenes von Lampsakos（Berlin, 1905），81ff. vgI. Isocr. Ad Nicocl. 3。

② Frg.51R.

③ Frg.57R. 参见 Pap. Oxyrh., vol.iv, pp.83ff。

的状态下，即使它缺乏这些装饰。同样，只有有教养的灵魂可以被称为幸福的；只有这样的人，而非那种外面富丽堂皇地装饰着一些好东西、自身却没有价值的人，才是幸福的。人们不因为一匹劣马有黄金的嚼子和昂贵的马具而说它是有价值的，而是称赞那些有着完美状态的马。"又，"就像一个人如果在精神上和道德上不如他的奴隶，他就是一个令人耻笑的人，同样，如果一个人的财产比他自己还要有价值，人们必然也认为这样的人**57** 是不幸的。谚语说，温饱思淫欲。和权力以及财富相伴的粗俗产生蠢笨。"这些思想不是独特的柏拉图智慧，而其必然判断的阐述形式是新的。那句经常使用的"人们必须相信"自身就是智者规劝的技术工具。伊索克拉底在写给尼古克里（Nikokles）的信中，以及"致德莫尼科斯（Demonikos）"这篇劝勉辞的作者不下十五次以这种方式开始它们的格言。我们的哲学分析将会表明，亚里士多德不但有效地改变了古代希腊谚语智慧无穷尽的宝藏，而且也改变了柏拉图的伦理学和形而上学。他将《高尔吉亚》和《斐多》中吸引人的内容和伊索克拉底的劝勉的散文格式结合起来。这种综合是这个年轻的柏拉图主义者力图使得技术的修辞术作为学科在学园中扎根的努力的成果。

这样《劝勉》就变成了代表柏拉图的学派和它的生活和教育目标的宣言。伊索克拉底一向通过文体和演讲练习将正规的思维训练同道德和实践的统治才能的基本原则结合起来。他的圈子现在发现了一个新的竞争对手公开地和他们对立。《劝勉》用事实表明学园能够同样立足于修辞术界。此外，在伊索克拉底的追随者看来，它的内容必然是对他们的学派教育目标的公开攻击。伊索克拉底批判柏拉图的教育理念通过纯粹的哲学来教育年轻人，他自己提出了教育中平庸实用的观点，目的是适应一般庸人的心理——这些早就需要学园予以答复了。在《劝勉》中亚里士多德拒绝了根据在实践生活中的用处来衡量知识的价值的庸俗的法则。但是比起他精确的三段论更加令人信服的，是他在每一行中都用他精神的卓越带来的新的证明反驳了平庸的人。他表明，无论是一个好的阐述风格还是一个健康的生活样式，或者一个富有成果的统治术——伊索克拉底专职引导人达到这个目标，如果没有人的信念最终作为坚固的基础的话，都是不可能的。

58 似乎伊索克拉底学派没有对此不予回答，一个偶然的机会使得这个回答在伊索克拉底的讲演中保存了下来。这就是无名氏为德莫尼科斯（Demonikos）所做的规劝演说，这是一个低下的头脑所作的低劣的作品，透露出了纯粹的嫉妒和竞争之心。通过作者的精神兵器库——他从那里取得自己的武器——表明他是伊索克拉底的一个学生，演讲的论题和次序表明，它不可能是后来写的。大概仅仅因为受到学派的委托它才被保存下来。在导言中，作者用下面的方式解释了自己的目的。[1]"那些对他们的朋友写劝勉演讲的人，他们无疑进行着一个令人称赞的事业，但是他们并没有从事于哲学中最重要的领域。而那不是仅仅引导青年进行精神的逻辑训练，[2] 而是培养他们的性格的人，将他的听众带向更大的用处。因为，前者规劝他们论证上的熟练，而后者培育他们道德上的信念。"这似乎是从哲学的角度针对一个朋友而写的劝勉，它有意地理论化，并要求学习辩证法。当然，除了亚里士多德的《劝勉》，没有什么别的作品有名到能对伊索克拉底的圈子形成威胁。伊索克拉底分子所说的关于反对者的教育目标脱离生活和世界的倾向，同亚里士多德尤其相符。这是第一篇劝勉，也是至今为止我们知道的唯一的一篇，确定地提出了有争议的问题：人们是否真的应该仅仅为了"生活"而教育。和伊索克拉底的小市民世界相对，它提出了对"沉思生活"（βίος θεωρητικός）的大胆的要求。我们不需要满足于一般的原因，因为那部作品对亚里士多德的依赖可以更清楚地被确定。[3]

59

---

① [Isocr.] Ad Demon.3.

② φιλοσοφία 这个概念在伊索克拉底派的作者那里，更像我们所说的一般的教育。他所谴责的"论证的技巧"和对此的"培养"，就如 Wendland 所看到的，不是修辞学家的机智。他不是代表修辞学反对劝勉，而是反对逻辑的和辩证法的哲学；参见 Isocr. Hel. 2，在那里同样的东西又被描述为"对论证过分感兴趣"。在 Antidosis（258ff.）中，辩证法、几何学、天文学一起似乎构成了反对者的特色教育计划。就像在"致德莫尼科斯"（Demonikos-Rede）演讲中认为它们作为思想科目确实有用(265)，但是对伟大的行为和理想没有帮助。

③ P.Wendland 在其对"致德莫尼科斯"的杰出讨论中（同前，pp.92ff.）让人们注意它和亚里士多德的《劝勉》的关系，并指出文本上的平行。虽然他没有得出这样的结论，但是对我而言，这些考察的不可避免的结论就是，"致德莫尼科斯"主要针对的是《劝勉》，并实际上带着这样的目的而写的，就是要树立同那部作品不同的目标。当然它不必是紧跟着亚里士多德作品而出现的，但是确定是在他还活着的时候写的。在接下来的百年中，《劝勉》的影响逐渐增加（参见 Arist. frg.50R），这使得这样的一个批判完全可以理解。

Ad Demon.19 μὴ κατόκνει μακρὰν ὁδὸν πορεύεσθαι πρὸς τοὺς διδάσκειν τι χρήσιμον ἐπαγγελλομένους· αἰσχρὸν γὰρ τοὺς μὲν ἐμπόρους τηλικαῦτα πελάγη διαπερᾶν ἕνεκα τοῦ πλείω ποιῆσαι τὴν ὑπάρχουσαν οὐσίαν, τοὺς δὲ νεωτέρους μηδὲ τὰς κατὰ γῆν πορείας ὑπάρχουσαν οὖσαν, τοὺς δὲ νεωτέρους μηδὲ τὰς κατὰ γῆν πορείας ὑπομένειν ἐπὶ τῷ βελτίω καταστῆσαι τὴν αὐτῶν διάνοιαν.

cf.& 19 init. ἡγοῦ τῶν ἀκουσμάτων πολλὰ πολλῶν εἶναι χρημάτων κρείττω· τὰ μὲν γὰρ ταχέως ἀπολείπει, τὰ μὲν γὰρ ταχέως ἀπολείπει, τὰ δὲ πάντα τὸν χρόνον παραμένει. σοφία γὰρ μόνον τῶν κτημάτων ἀθάνατον.

译文：不要犹豫通过漫长的旅行到达那专门提供有用的指导的人那里去；因为，如果商人越过浩瀚的海洋为了增加他们的财富，而年轻人却甚至不能忍受陆地的旅行以增进他们的理解，这是一个耻辱。

参见这段话的开头："相信许多戒律比财富还要好；因为财富很快就用完了，而戒律却一直伴随着；因为只有智慧这种财产是不朽的。"

Arist.frg.52（Rose, p.62,1.7）. οὐ δὴ δεῖ φεύγειν φιλοσοφίαν, εἴπερ ἐστὶν ἡ μὲν φιλοσοφία καθάπερ οἰόμεθα κτῆσίς τε καὶ χρῆσις σοφίας, ἡ δὲσοφία τῶν μεγίστων ἀγαθῶν· οὐδὲ δεῖ χρημάτων μὲν ἕνεκα πλεῖν ἐφ᾽Ἡρακλέους στήλασ καὶ πολλάκις κενδυνεύειν, διὰ δὲ φρόνεσιν μηδὲν πονεῖν μηδὲ δαπανᾶν. ἦ μὴν ἀνδραποδῶδές γε τοῦ ζῆν, ἀλλὰ μὴ τοῦ ζῆν εὖ γλίχεσθαι, καὶ ταῖς τῶν πολλῶν αὐτὸν ἀκολουθεῖν δόξαις, ἀλλὰ μὴ τοὺς πολλοὺς ἀξιοῦν ταῖς αὐτοῦ, καὶ τὰ μὲν χρήματα ζητεῖν, τῶν δὲ καλῶν μηδεμίαν ἐπιμέλειαν ποιεῖσθαι τὸ παράπαν.

译文：我们不应该逃避哲学，如果哲学是如我们所认为的财产和智慧的使用，智慧是最大的善之一。我们不应该只为了财富而历经险阻航行到天边，而不为智慧付出任何劳动和金钱。渴望生活而不渴望好的生活，追随大众的意见而不要求大众追随我们自己，寻求金钱而对高贵的东西无动于衷，这其实是奴性的。

这两段话的相符不是偶然的，因为，在亚里士多德那里，水手渴望财富而冒着所有的危险，这为那种为了培养最高的善而必须做出牺牲的人提供了一个对照。伊索克拉底的学生却松散地引用了它，就像修辞学家在阅读中收集一些噱头，以后好利用它们。他没有能力用它达到恰当的效果。他的对照物看起来不自然而死板。和借来的航海的商人这个形象相对的，是越过陆地去雅典参加学园的学生的安全的旅行。他令人吃惊地警告，"许多课程"花费"很多钱"，这并非没有根据，因为在伊索克拉底的学派中，指导费用是很昂贵的。

60

2.《劝勉》的保存和重构

在 J. 伯奈斯关于亚里士多德对话的深入人心的书中，他将语文学家的注意力引向新柏拉图主义者的著作，他给出了几个例子说明他们对这些对话的偏爱。

1869 年英国人英格拉姆·拜沃特（Ingram Bywater）证明，在杨布利柯的同名作品中保存有亚里士多德的《劝勉》的很大部分，在那里，它们被埋藏在柏拉图对话大量的节录的下面。[①] 这使得这个成果更加丰硕。不幸的是，伯奈斯那个时候已经完成了自己的研究，他的结论是，亚里士多德从未有一个柏拉图时期，这阻碍了他理解这些新的发现。甚至拜沃特自己也完全信服了伯奈斯的论述。发现的喜悦促使他匆忙地发表了它，没有试图对新的残篇进行精心解释，或者对他拿到的东西进行确定。

杨布利柯的《劝勉》是给初学者的哲学读物，由这样一些哲学家的作品构成：他们的学说被波菲利（Porphyrios）之后的新柏拉图主义者看作是真正的毕达哥拉斯主义教条。除了他们自己的作品和大多数属于伪作的他们引用的老的毕达哥拉斯主义作品，还包括了柏拉图和亚里士多德的早期的作品，他们被认为是真正的秘传学派。这些作品的神圣性是书籍教育传统的巨大力量的一个例子，我们也可以在同时代的基督教和犹太教以及后来的伊斯兰教中发现这种力量。杨布利柯用松散地连接起来的柏拉图对话中的一些著名的段落，缝制了一条花花绿绿的毯子。转承的地方不充分并且老套，第一

61

---

①   Journal of Philology, Bd.ii, pp.55ff.

眼就会发现接缝到处都是。对话的部分被变为连续的散文，到处都是严重的不准确的地方。虽然它没有明确地说引用了柏拉图和亚里士多德，却也没有试图欺骗，因为每个学者都熟悉这些段落。即使如此，这也是一个令人遗憾的作品，证明文化和科学的独立性在那个时代已经衰落了。杨布利柯摘选亚里士多德的《劝勉》，因为它是这个类型作品的典范，由于他自己对它的学习而选取了它。新柏拉图主义者被此书的禁欲和宗教情绪所吸引。他们将它看作亚里士多德是柏拉图主义者的证明，或者无论如何调和了柏拉图和漫步学派思想的冲突。人们可以说，新柏拉图主义者造成了《劝勉》一书的复兴，因为他们中几乎每个人都提到过这个读物。①

我们现在来确定杨布利柯的摘录的范围，这个工作已经被拜沃特、希策尔（Hirzel）和哈特里希（Hartlich）努力做过了。② 这部书的主体部分，第5—19章，由从柏拉图的对话中引用的段落构成。在第6—12章，这个系列被亚里士多德的段落所打断。它们都来自一部遗失的著作，这就是首先被拜沃特自己辨认出来的《劝勉》。确认并不难，因为在西塞罗、奥古斯丁、普洛克罗和波埃修的著作中发现有出自这些章节的段落，完全或者几乎完全字句一致，它们或者归于亚里士多德名下，或者出现在明显劝勉的段落中，以及可以证明为使用了他的《劝勉》的作品中。出于对节录缺乏秩序的印象，希策尔和哈特里希声称，杨布利柯必然也使用了亚里士多德的其他著作；但是这并未被证明。除了柏拉图和亚里士多德，在第五章还使用了另外一个作者，将不能归于柏拉图的那一章的几个部分算作他的。它的结尾一般同明显是节录亚里士多德的段落的第六章的开头一起考虑［就像是皮斯特里（Pistelli）的最新的版本中］，但是我希望在另外的地方表明，它是来自波菲利的。这样波菲利也属于第五章另外三个未确定的章节的作者。

来自亚里士多德的节录以一些代表哲学价值的松散地联系起来的论述开头。它们以柏拉图的《欧绪德谟》（*Euthydemus*）为基础，多少是逐字逐句取自苏格拉底的劝勉式的对话（278E ff.），这个事实没有被注意到。更加重要的是，恰恰是《欧绪德谟》的这个部分，杨布利柯也用作他引用的柏拉

---

① 进一步的例证我将随后在另外的上下文中证明。

② Hirzel, Hermes, vol. x, pp.83 ff. Paul Hartlich, "De exhortationum a Graecis Romanisque scriptarum historia et indole"（Leipz. Studien, vol. xi, Part2, Leipzig, 1889）.

图的开头（第 22 页，11.22 ff.）。由于这个重复不大可能是一种疏忽，也由于其中的句子不是简单地从《欧绪德谟》摘引出来的，而是将柏拉图的陈述压缩进几个相当长的三段论中，并用了亚里士多德的术语，显然，杨布利柯不是直接地使用柏拉图，而是用了一个间接的来源。这个来源就是亚里士多德的《劝勉》。就像在《欧德谟斯》中亚里士多德以《斐多》为模型，在《劝勉》中他经常跟随包含了柏拉图对智者的劝勉的批判的著作，这就是《欧绪德谟》。

这将我们向前推进了一步。拜沃特将下面的段落对比：

Cic. Hortensius（Baiter 编）frg.26;（Mueller 编，frg. 36）: Beati certe omnes esse volumes.

Jambl. Protr.（皮斯特里编）p.24, 1.22: πάντες ἄνθρωποιβουλόμεθα εὖ πράττειν（所有人都希望过得好）.

西塞罗在他的劝勉对话中运用了亚里士多德的《劝勉》，这在别处已经如此无可争议，很少再需要这里字句符合上的支持了。拜沃特认为，在这里亚里士多德是共同的来源。杨布利柯的这段话，以及它的整个上下文（第 24 页 1.22 至第 27 页 1.10）都属于直接引用《欧绪德谟》；这使得拜沃特的推论对杨布利柯是无效的。另外，如果认为西塞罗也直接用了《欧绪德谟》，那么人们就将一个过于琐碎的工作方法归咎给它。这构成了一个三段论的开始的一句话，无疑真的取自亚里士多德的《劝勉》，是亚里士多德而非西塞罗从《欧绪德谟》中摘出的，连接我们在上面所发现的整个段落。他似乎不愿意遗漏《欧绪德谟》中劝勉式会话的这个著名的开场白。杨布利柯却在引用亚里士多德的时候漏掉了它，因为几页之前他已经直接从柏拉图那里复制来了。恰恰是这种摘录的方法造成了他取自《劝勉》的第一个论述系列完全缺乏联系（第 37 页，3—22）。

下面这段话更加决定性地揭示出杨布利柯的方法（frg. 52R.）。

这是一个完整的论证过程，篇幅有几页（37,22-41,5）。从第一眼看，似乎它是整体的。因为第 40 页 15—24 的句子也引自普洛克罗，并显然由他可归于亚里士多德，这已经推出，不只是这段，而且整个证明都从《劝勉》借来。那个作品必然已经讨论了哲学作为人类知识的部分的可能性，它对生活的重要性，以及它进步的速度。除此之外，整个证明在杨布利柯的另外一部

63

书中又出现了，在那里它不相称地被用来为数学辩护。在那里它前面是来自哲学的反对者——根本敌视所有纯理论的人——的一个批判，这段话也带着所有亚里士多德来源的标记。罗斯因此将两个版本联系了起来（frg. 52）。

内在的证明表明这种追溯的正确性无可置疑。唯一的问题是，是否杨布利柯将这个证明作为整体拿了过来，还是他自己用亚里士多德的材料拼凑起来的。首先，由于取自柏拉图的摘录完全是没有联系地并置着的，我们发现来自亚里士多德的摘录表明一种内在的联系。在其亚里士多德来源中，杨布利柯发现了一个完整的劝勉思想的序列，他当然要去模仿。但是如果希望他完整无损地为我们保留了亚里士多德《劝勉》的整个论证过程，这不幸是虚幻的。他的模型确实激励了他试图有联系地证明哲学的独立价值。但是，虽然他说明这个思想过程的章节被外在地润色了，却是相当粗糙和粗暴地把亚里士多德的材料联结起来。不能从它们外在的结合得出结论，认为它们是未被损坏的或内在地属于一体的。

残篇 52 将作为这一点的例子。三个部分组成的整体是对哲学的辩护，包含开始、结论和中间部分，这是亚里士多德在他的论文中的方式的残留。但是如果我们对比在第三卷中这个节录的另外一个版本，我们发现杨布利柯在那里完全忽略了介绍部分，并以另外的形式给出了结论。这说明，恰是他应该对证明的结构负责，并对说明它的词语负责。他利用亚里士多德的思想作为建筑材料，粗糙地迫使它们进入他自己的可怜的框架中。没有什么原来的结构的痕迹留下。从杨布利柯和普洛克罗都保留在残篇最后的话，可以得出相同的结论。从它们紧密的和详细的对应可以清楚，它们完全是亚里士多德的原话。唯一的区别在于，这则引用在两种情况下得出不同的结论。普洛克罗用它来证明，哲学自身是目的（δι αὐτὸ αἱρετὸν），这是在《劝勉》中得到详尽证明的论题。而杨布利柯希望通过它来说明，哲学不会是非常困难的研究，这当然不是亚里士多德的初衷。这就引起怀疑，这个证明的其他结构同样不是亚里士多德的。杨布利柯对他的材料的安排是肤浅的，在分析中我们如果将它分成章节，就会同样肤浅，如果我们将它们分派给亚里士多德的不同作品，则尤其如此。说他利用了亚里士多德的多个文本，是没有根据的。说某个章节不是出自《劝勉》，因为它提到的东西已经在另外一章部分地讨论了，这样的论述也是不能令人信服的。所谓"章"只是虚幻的。当人们击打它将各个部分脆弱地糊在一起的灰泥的时候，它们就会瓦解。只有脱离出来的各个部分能够经受住试探而不碎为齑粉。它们的黏合剂是亚里士多德的三段论逻辑。

通过西塞罗或奥古斯丁以及波埃修①的对照，下面的段落也证明是摘自《劝勉》：第八章第 47 页，5-48,21（frg. 59,60,61Rose）；第九章第 52 页，16-54,5（frg. 58）。还要加上第八章的开头第 45 页，6-47,4（frg. 55）。这整个部分都来自同一个来源。其特点是辩证法推理（"从对所有人都清楚的事情开始"），这是亚里士多德在其文学作品中尤其喜欢用的，还有 φρόνησις（智慧）概念的特别用法，这一点我们在后面会说。但是还有更多的摘录。我从第七章开始，它尤其重要，并且直到现在还被认为不是出自亚里士多德的《劝勉》。

开场的话是杨布利柯自己加上的（第 41 页，6-15）。他要表明，（1）思考（φρονεῖν）——这里是真正的柏拉图术语，表示纯粹的哲学——对于人而言自身就是有价值的；（2）它对生活是有用的，因为没有思想和推理，人不能获得任何有益的东西；（3）哲学对获取幸福是必需的，无论人们具有怎样的生活观念，无论人们将幸福理解为最大的感官快乐（ήδονή），还是完全渗透道德原则和实践的生活（άρετή），或者是纯粹的理智（φρόνησις）生活。这三点恰好和以下各章的结论相应：（1）第 7—9 章，（2）第 10 章，（3）第 11—12 章。这样就可以考虑，这些章在多大程度上复制自亚里士多德的来源（下面就表明，实际上它们都是《劝勉》中的节录）；但是没有人相信，在杨布利柯给出的顺序下，它们构成了亚里士多德的一个单一的连续的残篇。所以，杨布利柯自己必然为介绍负责，在这里宣告了下面六章的框架。他要做的就是采用这个提纲，并用他从他的来源中所选取的段落来填充（虽然无疑这个提纲的三个部分自身就是从同一个来源复制的）。开头部分同时表明：在宣布了他的计划后，他没有试图向着下面逐字逐句地引用亚里士多德做一个过渡，而是用亚里士多德示意性的短语 ἔτι τοίνυν 开始（41,15）。这样子开始的证明延续到 43,25，整体构成了一个统一的思路，虽然 42,5 无疑被缩略了。

66

---

① Usener 期望（Rhein. Mus., vol. 28, p.400）在波埃修那里发现《荷滕西斯》的实质部分，但是并没有实现。事实上波埃修完全没有能够使用《荷滕西斯》，就像 Usener 自己后来不得不承认的那样（Anecd. Holderi, p.52）。而奥古斯丁是这篇对话的勤奋的读者。

在 43,25 开始了更多的删减，但是前面部分的结论（43,22-25）表明，它本来同下面的论述的联系有多么紧密（43,27，直到第七章结尾）。很显然，所有这些由来自一个早期作者的不相联系的引用，每个转承处的风格和思想表明，这个作者就是亚里士多德。仅仅因为没有外在证据就排除这些页是非常不合方法论的，如果它们各个方面都被明显是亚里士多德的段落包围的话。

第一部分的（41,15-43,25）主要思想尤其是亚里士多德的，其中的方法论过程也是亚里士多德的。为了确定什么是对每个事物都有利的和有帮助的，作者用了 τέλος（目的）概念。一个事物的"目的"必须在一种有意义的活动中，在它所具有的富有活力的效果中发现。在它的众多效果或者功能（ἔργον）中，其中一个突出的作为它有别于所有其他个体或者种类的特别的优秀（οἰκεία ἀρετή）；这是它本质的活动，构成了它的 τέλος。每个事物的任务都由它天生的能力决定。按照其价值，功能的级别是天生赋予的，因为工具性的功能总是在生物学上较低的，而统治性的功能是较高的。比如说，这就是身体功能同精神功能的关系。在这个意义上，精神能力的 ἔργον 有着比身体能力的 ἔργον 更大的价值。最高的功能是灵魂的能力，它的价值不在于造成一个有别于它自己的活动（ἐνέργεια）的产品（ἔργον）。这种能力的目的不是任何外在的对象产品，在它这里，活动和产品是一个。它的名字就是 φρόνησις，它大概可以翻译为"纯粹理性"（Reiner Vernunft）。它只以自己为对象和目的，除了自己之外不生产别的什么。它是纯粹直观（θεωρία）。存在、活动和产品在直观概念中融为一体。生命的最高形式既不是一般的生产，也不是一般的活动，而是在生产和活动的精神的最高意义上的认知的观看。下面的因素一看即知在内容上是亚里士多德的：思考的快乐和无利益关系地使用看的能力的快乐相比较；功能和成果（ἐνέργεια, ἔργον）概念的重要性；存在在 ἐνέργεια（活动）中的 ἔργα（产品）和只有通过 ἐνέργεια 才能获得的 ἔργα 的区别；生产的、实践的和理论的活动的区别；在活动的精神中主体和客体的统一。① 在这里所设定的并在下面得到明确表达的等级原则中，我们获得了亚里士多德目的论的基本原则，即，在每个现实领域，较高的等

67

---

① Ergon 概念是亚里士多德价值理论中最重要的元素，在整个一段中都出现了。它在以下各处出现：p.42,II.5, 15, 19, 20, 22; p.43, II. 6, 9, 18, 21。

级包括了较低的等级。最后是亚里士多德熟悉的三种生活的原则和三种观点，快乐主义的—感官的，伦理的，精神兴趣的。

除了这个内在证据，我们还有一个令人信服的外部证明。在关于原初伦理学那一章中表明，《欧德谟伦理学》中一个很长的连续的部分在内容和语言上都和杨布利柯保存的节录完全一致。而《欧德谟伦理学》的作者明确表示，他是从 ἐξωτερικοὶ λόγοι（公开的作品）中采用的这些段落。那个地方和杨布利柯的节录相互对比，我们就会发现后者是范本。这说明，杨布利柯所引用的著作是亚里士多德遗失的作品之一，将"公开的"这个词用到它们一直以来受到争议，现在是无可置疑了。杨布利柯的第七章就是其中的一个节录。所以，它必然是亚里士多德的。同样确定的是，它必然来自《劝勉》，因为众所周知《欧德谟伦理学》中的其他段落被借来了，还有，整个的思维过程都是劝勉式的。 68

在其后期课程中，亚里士多德经常触及不同的生活方式的价值问题，并将选择放在听众面前。在这些地方他一成不变地区分了快乐和挣钱的生活、实践生活、研究的和哲学家的生活。纯粹认知生活比人类所有其他存在的形式都好，甚至从道德角度来看也是这样，《劝勉》是这种提问和回答的起点。

不过杨布利柯第七章中的引用的意义还没有被穷尽。

亚里士多德《形而上学》的每个读者都一再经历了开篇几页的冲击。在那里亚里士多德以不可战胜的力量展开了这样的观点，从事理论科学研究绝非和人的本质相反，看、理解、认识的快乐深深扎根在他身上，知识在他意识和文化的不同阶段的表现不同。这是人更高的意义的实现；它不仅仅是满足提高文化生活水平的手段，而是最高的绝对价值和文化的顶峰；在所有的学习中，最高的和最值得欲求的学习是科学，它实现了对最纯粹的认识的无利害关系的思考，并产生了最精确的知识。这些观念的劝勉的力量被所有为了这种活动自身而追求它，从而被感受这种活动的最高价值的人所感受到。知识从未被比这更纯粹、更真诚或更崇高地理解和介绍；而对那些还没有在 69 这种精神中追求它的人，甚至在今天它还只是一个僵死的词。教导我们在深刻的意义上理解这一点是亚里士多德《劝勉》的目标，《形而上学》的著名的导言本质上是他对这个问题的典型说明的缩略版本。通过和杨布利柯第七章的对比（第43、20页）表明，那里以更长的篇幅并更细致地讨论了这个思想。我们发现《形而上学》的导言篇章只是为了讲课而从这个来源摘录出来的材料，甚至都没有非常严密地粘合起来。

Protr.43,20:

τὸ φρονεῖν ἄρα καὶ τὸ θεωρεῖν...πάντων ἐστὶν αἱρετώτατον τοῖς ἀνθρώποις, ὥσπερ οἶμαι καὶ τὸ τοῖς ὄμμασιν ὁρᾶν, ὃ καὶ ἕλοιτό τις ἂν ἔχειν, εἰ καὶ μή τι μέλλοι γίγνεσθαι δι' αὐτὸ παρ' αὐτὴν τὴν ὄψιν ἕτερον.

ἔτι εἰ τὸ ὁρᾶν ἀγαπῶμεν δι' ἑαυτό, ἱκανῶς μαρτυρεῖ τοῦτο ὅτι πάντες τὸ φρονεῖν καὶ τὸ γεγνώσκειν ἐσχάτως ἀγαπῶσιν. ...ἀλλὰ μὴν τό γε ζῆν τῷ αἰσθάνεσθαι διακρίνεται τοῦ μὴ ζῆν καὶ ταύτης παρουσίᾳ καὶ δυνάμει τὸ ζῆν διώρισται...τῆς δὲ αἰσθήσεως ἡ τῆς ὄψεως διαφέρει δύναμις τῷ σαφεστάτη εἶναι καὶ διὰ τοῦτο καὶ μάλιστα αἱρούμεθα αὐτήν. ...οὐκοῦν εἰ τὸ ζῆν μέν ἐστιν αἴσθησις γνῶσίς τις καὶ διὰ τὸ γνωρίζειν αὐτῇ δύνασθαι τὴν ψυχὴν αἱρούμεθα, πάλαι δὲ εἴπομεν ὅτι [περ] δυοῖν ἀεὶ μᾶλλον αἱρετὸν ᾧ μᾶλλον ὑπάρχει ταὐτόν, τῶν μὲν αἰσθήσεων τὴν ὄψιν ἀνάγκη μάλιστα αἱρετωτέρα καὶ τοῦ ζῆν ἐστιν ἡ φρόνησις. κυριωτέρα ⟨οὖσα⟩ τῆς ἀληθείας. ὥστε πάντες ἄνθρωποι τὸ γὰρ ζῆν ἀγαπῶντες τὸ φρονεῖν καὶ τὸ γνωρίζειν ἀγαπῶσι.

译文：思想和沉思……对人而言是一切事物中最值得欲求的，（我想）就像视觉，人们会选择拥有它，即使除了视力之外它不产生别的东西。

再者，如果我们为其自身之故而爱视力，这足以证明所有人都非常喜爱思想和知识……而区分生命和非生命的是知觉，生命由这种能力的出现而决定……看的能力区别于其他感觉在于它是最清晰的，这就是我们更喜爱它的原因。如果生命由于知觉而被选择，并且如果知觉是一种知识，我们选择它是因为它使得灵魂认知，如果如我们上面所说，两个东西中更值得欲求的是那拥有更多相同东西的那个，① 那必然的结果就是，视觉是所有感觉中最值得欲求的和最尊贵的，但是智慧比这以及所有其他感觉更加值得欲求，甚至比生命自身更加值得欲求，因为它更好地把握真理。② 所以，所有人追求智慧甚于其他东西；他们爱智慧和知识因为他们爱生命。

---

① 读作 hoti 而非 hotiper。

② 读作 kuriotera ousa。

Metaph. A1, 980a21:

πάντες ἄνθρωποι τοῦ εἰδέναι ὀρέγονται φύσει. σημεῖον δ' ἡ τῶν αἰσθήσεων ἀγάπησις· καὶ γὰρ χωρὶς τῆς χρείας ἀγαπῶνται δι' αὐτάς, καὶ μάλιστα τῶν ἄλλων ἡ διὰ τῶν ὀμμάτων. οὐ γὰρ μόνον ἵνα πράττωμεν ἀλλὰ καὶ μηθὲν [25] μέλλοντες πράττειν τὸ ὁρᾶν αἱρούμεθα ἀντὶ πάντων ὡς εἰπεῖν τῶν ἄλλων. αἴτιον δ' ὅτι μάλιστα ποιεῖ γνωρίζειν ἡμᾶς αὕτη τῶν αἰσθήσεων καὶ πολλὰς δηλοῖ διαφοράς. φύσει μὲν οὖν αἴσθησιν ἔχοντα γίγνεται τὰ ζῷα...

译文：求知是人类的本性。我们乐于使用我们的感觉就是一个说明；即使并无实用，人们总爱好感觉，而在诸感觉中，尤重视觉。无论我们将有所作为，或竟是无所作为，较之其他感觉，我们都特爱观看。理由是：能使我们识知事物，并显明事物之间的许多差别，此于五官之中，以得于视觉者为多。动物在本性上赋有感觉的官能……①

　　《形而上学》第二句中的 ἀγάπησις（爱）这个简明的词所包含的意思是 **70** 爱一个活动，为它自身之故，它在节选自《劝勉》的相应的段落中得到了更明确的表达，就像在一个公开的陈述中应有的那样。显然这里每个词都是亚里士多德的；但是节选者将几个出自《劝勉》的不同段落放在一起，因为它们内容相似，由于结合的非常粗糙，就使得整体造成冗赘的感觉。但是假设我们在这里所有的仅仅是《形而上学》中段落的解释，这也不可能。这些节选肯定超出了在那个著作中所说的。对清晰的逻辑论证的强调，尤其和我们从《欧德谟斯》中所获得的关于亚里士多德早期的方式相符。还有从主题原则得出的结论：两个对象中有更高程度的价值的，是在更高程度上拥有有价值的性质的那个；② 以及从生活的概念通过定义推理出 φρόνησις（智慧）的价值。在《形而上学》和《劝勉》中，证明的方法是辩证法，这也符合我们 **71** 在《欧德谟斯》中的观察。

　　前面两章都是这种性质，由于它们所教导的是和《劝勉》中一样的基

---

① 译文参考，亚里士多德：《形而上学》，吴寿彭译，商务印书馆1985年版，第1页。

② 在《欧德谟斯》中，逻辑的假设——客体的同一依赖于属性的同一——用来反驳灵魂是身体的和谐这个学说。同样亚里士多德在这里也是这样做的，将对象的更高的价值回溯到更有价值的属性的出现（ὑπάρχειν）。

本原则，即纯粹理论知识的自足，这就和这个假设非常接近了：它们本质上或者整个地是从那里借来的。这可以很容易地详细说明。在两个作品中，纯粹知识的概念都是通过将它和实践的人的活动对比发展出来的，而后者是建立在经验或习惯基础上的。不是实践者和经验者，而是认知者和理论者站得更高；因为经验主义从未获得详细的原因和根据的洞见，而理论者由于把握了普遍规律而拥有它。越是经验的，就越是依赖于知觉（πρόθεσις），知识就越不精确。唯一真正精确的知识就是关于那最可知的东西的知识，即那最普遍的原则（τὰ πρῶτα），它构成了最高的理论研究的对象。很可能，那在生活中仅仅是遵从习俗的人会比没有实践经验的理论者获得更好的结果，但是实际的行为从来不是出自对事物的必然性的洞识，并根据确定的原则而来。他还是个粗人。粗人之庸俗和他的理论思考之间的被掩盖的争执在《形而上学》的第一章一直持续着，其范型就是《劝勉》，在那里亚里士多德仔细反驳了经验主义者的攻击。幸运的是还有一个残篇被保存下来，它更切近地详细解释了反对者的根据（frg. 52，第 59、17 页，Rose）。"哲学对实践生活没有用处，人们可以从下面看出。我们具有的最好的例子是理论或者纯粹科学（ἐπιστῆμαι）与隶属于它们的应用学科（ὑποκείμεναι δόξαι）之间的关系。因为我们观察到，几何学家不能将他们的科学证明运用到实践中。当需要划分一片土地或者在处理有关大小和空间的其他事务中，测量员因为有经验而能做到，而那些数学家和研究这些东西的原因的人，因为不知道应该如何去做，而不能做到。"在科学知识中对精确性（ἀκρίβεια）的要求是《劝勉》中极力强调的另外一点，并和这一定义联系起来：科学是关于原因和第一原则的知识，因为只有普遍和原则才会被精确认识。在一些段落甚至有语词上的对应。在较高的和最高等级的知识来自较低的和素朴的知识上，这两个作品也是完全平行相符的。但是人们不能期望亚里士多德机械地一页接一页地重复自己；语词的呼应只是例外。最决定性的是，这个思想原始地并就其完全的倾向而言是属于《劝勉》的，并为了它而考虑的。而在《形而上学》课程中，它只是为了介绍的需要而被拿来，被武断地删减了。

在被罗斯指认为《劝勉》的杨布利柯第三卷的一大段话之后，紧跟着一个同样来自《劝勉》的说明，关于哲学从其他 τέχναι（技艺）中逐渐发展出来（frg. 53）。和柏拉图的净化学说相连接，这个作品提出在大洪水灾难之后，人们首先必须寻求食物和生存必需品（τὰ περὶ τήν τροφὴν καὶ τὸ ζῆν πρῶτον ἠναγκάζοντο φιλοσοφεῖν）。当情况改善以后，他们发明了娱乐的艺术，比如音乐等。再后来，当他们对生活必需品（τὰ ἀναγκαῖα）的需要完全满足了后，他们开始转向自由的学习和纯粹哲学。当亚里士多德说最近（即在柏拉图时代）纯粹科学所作的巨大进步的时候，无疑他想到的主要是数学学科。同样的思想在《形而上学》（A1,981b13-982a2）中再次出现，但是奇怪的是，在那里是突兀地出现的，而在《劝勉》中它是用来证明，一旦给出了对哲学研究的激发，它就对人形成不可抗拒的吸引力。起先对数学所考虑的，在《形而上学》中依然还有。在这里他将埃及祭司的数学研究看作数学发展的第三个阶段的开始。必需的和自由的艺术的区别也出自《劝勉》。实际上，《形而上学》前面两章的内容都是从那里取得的。我们也必须假设，那个关于柏拉图的卓越的神学部分，982b28-983a11，也是这样，虽然我们还缺乏材料证明。①

　　至于杨布利柯的第九章，它的结尾部分（第 52 页，16-54,5 frg. 58R.）确定出自《劝勉》。在内容上它构成了亚里士多德对哲学对生活无用的指责的答复。我们通过西塞罗知道，他运用了对善的划分——分为必需的和自身有价值的（ἀναγκαῖα 和 δι'αὐτὰ ἀγαπώμενα，或者 ἐλεύθερα），以及无忧岛的描述，那里的居民没有物质需求，只是过着纯粹思考的生活。② 但是杨布利柯极大地削弱了这个段落的力量。亚里士多德不只是描绘了一个快乐的画面，他还要表现脱离了生活需要（χρεία）的人类。这种直观方式的原型是柏拉图的《理想国》中的古格斯故事（Gygesring），在那里它是用来观察一个人的行

73

74

---

① 在他称赞纯粹的哲学沉思的神圣性的两个著名的地方（《形而上学》，A2, 982b28，和《尼各马科伦理学》，X. 7,1177b31），亚里士多德勉励人们不要害怕思考不朽的和神性的事物，从而违反古老的希腊戒律。众所周知的是他在这两个地方都借用了《劝勉》中很多思想和描述形式；他对古代的勉励的反转是最高水平的劝勉。劝勉"致德莫尼科斯"的作者（如上所示）在几个地方有争议地使用了亚里士多德作品，在 &32 写道："通过灵魂成为崇高的而思考不朽的事物，通过享受你所拥有的相应数量的善来思考可朽的事物。"虽然他在这里理解的"思考不朽的事物"不是思辨的而是纯粹道德的含义，但是他无论如何给了它一定价值；这表明他已经被亚里士多德诱导着纠正传统的规劝形式，后者完全没有这样的高尚思想。所以那著名的激励"尽可能地使得我们自己不朽"（《尼各马科伦理学》，1177b33）可以肯定原本是在《劝勉》中出现的，后来被《伦理学》以及《形而上学》的序言借用。

② Frg. 58R.

为，他可以做任何他喜欢的事情，而不必顾忌别人和他们的评价。通常认为杨布利柯的节录比西塞罗的更真实，这是错误的。西塞罗说，假设我们在无忧岛上，我们还有什么演讲的需要呢？因为那里没有人打官司。我们还需要正义、勇敢、节制甚至道德审慎这些美德做什么？只有知识和纯粹直观还会被欲求。这表明，我们为了知识自身之故而爱它，不是因为它的用处或者我们的任何需求。杨布利柯略掉了这些，就使得画面模糊了。西塞罗相当精确地整体保留了原文的要旨。他唯一的改变是在《劝勉》给出的四主德中加上了雄辩。这显然是因为《荷滕西斯》，他认为最高的善不是哲学而是雄辩。

《尼各马科伦理学》第十卷也提供了证明。在这里，亚里士多德早期著作的残留也影响了他的行文。[1] 其主题和《劝勉》一样，都是纯粹思辨。他对比了它和实践的生活。后者要求许多外在的帮助以实现道德信念（ἡ ἐκτὸς χορηγία ἡ ἠθική）。慷慨需要金钱，正义也是一样，如果人们以对等的归还对等的。勇敢需要强壮。只有那些有机会放弃自制的人才能够考验节制。如果不实施，怎么能够实现一个好的品性呢？而求知者却不需要任何外在的帮助以实现自己的德性；相反，这样的东西只会阻碍它。在这里亚里士多德还将 θεωρία 表现为孤立的和不依赖于生活的必需的。这个思想被变成另外的样子，柏拉图的四个德性被有意识地消除了，通过加进慷慨，重新强烈地给予整体在它删除无忧岛的故事中丧失的激情。除了这个润色，原来的画面还可以辨识，因为旧的表达思想的方法还保留着。这里以及西塞罗那里的本质要点是在属于理智直观的纯粹幸福中"道德德性"的消失。这就证明西塞罗的版本是更加完整的。

第九章的第一部分也是来自《劝勉》。这无论在内容还是风格上都清楚地证明了。亚里士多德以划分变化的原因为自然、技艺、偶然开始，这个区分他在别处也做了，虽然别处都没有像这里那样意味深长。[2] 这样的观点是

---

[1] 《尼各马科伦理学》，X.8, 1178a24-b5。

[2] 对生成的原因的这种三分我们将在《论哲学》对话中重新遇到。在那里它的真实性被怀疑，但是事实上这是在柏拉图之前就有的机械物理学的一部分。在《法律》X. 888E，柏拉图就已经恰如亚里士多德在《劝勉》中所作的那样使用它了，表明 φύσις（自然）在精神和技巧上不是后于 τέχνη（技艺）的，并用这种方式发展了他自己新的 φύσις 概念。在《劝勉》中思想现实地实现的方式表明，亚里士多德多么紧密地追随后期的柏拉图，甚至是在他的自然哲学中。

有亚里士多德特色的，认为自然是在目的上比技艺更高的等级，统领手工制作——无论是艺术还是工艺——的目的性无非是对自然的目的性的模仿。对这两者关系的同样的看法通常也在《物理学》第二卷被简要地表明，后者是亚里士多德最早的作品之一。它在其他的地方也被偶然提及，但是都没有像这里一样这么好地展开和说明。下面的这种说法令人注目地原始：μιμεῖται γὰρ οὐ τὴν τέχνην ἡ φύσις, ἀλλὰ αὐτὴ τὴν φύσιν, καὶ ἔστιν ἐπὶ τῷ βοηθεῖν καὶ τὰ παραλειπόμενα τῆς φύσεως ἀναπληροῦν.（自然不会模仿技艺，[①] 而技艺模仿自然；技艺的存在是为了帮助并弥补自然遗漏的地方。）（第 49、1、28 页）。介绍这个观点的方式无疑又是亚里士多德式的。他从农业，从较高级的有机体在出生前后所要求的照料给出了例子。他以人的身体和自我保护的机能为例设定了这样的原则：在有机自然中有普遍的目的性。[②] 任何事物的生成都是为了一个目的。目的就是那总是表现为发展的最终结果的东西，按照自然发展并通过连续的过程，这个过程在目的中达到完成。所以，在生成过程中，精神是晚于身体的，在精神领域，理性成分以及其纯粹形式则更晚。所以毕达哥拉斯有理由将纯粹的 θεωρία 作为人的最终目的，即作为人的本性的完成，这是正确的。对于我们为何而生这个问题，他回答说，"为了凝视

76

① 这确实是前苏格拉底的智者的观点，他们浸透了理性精神，并教导在自然中有一种机械的目的性，尤其是在人类有机体中。这样的一个体系的痕迹被保存在 Xen. Mem.I.4.6 ff.，以及亚里士多德的《论动物的部分》，II.15 中。亚里士多德的自然哲学来自一种完全不同的精神：目的论。并非自然表现出同我们的机械技艺抗争的"初步的"倾向，所有的技艺都是人类试图同有机的和创造性的自然竞争的结果；这个竞争必然发生在另外一个中介中（人造的结构），在这里从来不可能在最高的或有机的意义上说一个 τέλος（目的）。

② 伯奈斯（Gesammelte Abhandlungen, vol. I, 23）相信赫拉克利特是这个命题的肇始者：技艺模仿自然，因为 De Mundo（5,396b7ff.）的作者解释自然生成的过程是相反者和谐地混合，并从技艺的例子来证明这一点，他声称技艺无法就是对自然的模仿；但是 De Mundo 在这个上下文中从赫拉克利特那里引用的东西（"那一致的和那相区别的，那制造和谐的和那制造冲突的"）没有表现出这样的观点的痕迹。涉及从技艺到自然的推理，以及后者是范型的结论，这个观点是漫步学派的，同以弗所的圣人无关。德谟克利特有一个类似的但是有区别的学说，他称人类是动物的学生，跟蜘蛛学习编织和修补，跟燕子学习建筑，跟鸣禽学习歌唱（frg.154）。[后者参见 Lucretius V.1379。卢克莱修也从模仿自然中推出烹饪（I.1102），播种和移植（I.1361），他当然是通过伊壁鸠鲁从德谟克利特那里获得的]。但是亚里士多德所思考的是全新的东西。技艺模仿自然这个命题他指为所有人类创造的目的论特征，并将它奠基在自然的目的论观点上。

天空"。阿那克萨戈拉也表达了同样的意思。阿那克萨戈拉的格言重新出现在《欧德谟伦理学》中，并且字句非常符合，或者杨布利柯就是从那里摘取的，或者他为我们保留了《欧德谟伦理学》的来源。通过后面对《伦理学》的整个思路的分析，表明后者是事实。所以，在这里《欧德谟伦理学》再次复制了《劝勉》，这证明后者是杨布利柯的来源，不仅仅是阿那克萨戈拉的格言，而且整个的证明都属于它。

对此还有间接的证明。技艺模仿自然的学说被波塞多纽（Poseidonios）的关于文明起源的理论进一步发展。这一点在塞内卡（Seneca）的第九十封信中给出了轮廓；波塞多纽认为，文明道德进步是哲学的发现。他做了大量的工作在近古推广亚里士多德关于技艺阶段性提高的学说，首先是那些对生活必需的技艺，然后是快乐的，最后是纯粹的 θεωρία。有很好的理由假设，波塞多纽的这个看法在他的《劝勉》中就表达过了。[①] 如果这个假设是正确的，那么他在这一点上也和亚里士多德的同名著作紧密联系着。他插入亚里士多德学说中的细微差异在这里暂且不论，重要的是，将文明进步作为哲学的发现这个学说追溯到波塞多纽的《劝勉》，通过亚里士多德的范型给了本质的支持。

杨布利柯的其他来自亚里士多德的节录（第 10—12 章）也是出自《劝勉》，这不需要做过多说明。第十章从一个设定开始：技艺（τέχνη）是对自然（φύσις）的模仿，这已经表明是来自《劝勉》了。由此推出，甚至政治学也需要哲学基础，因为它比医学等更需要从恰当意义上的自然开始，即真实的存在。除了关于它的知识没有别的能够给政治家以最终标准（ὅροι）的洞见，他必须根据这个标准指导自己的活动。政治学只有完全变成哲学的时候，它才成为精确的技艺。就像上面所说的（第 71 页），这个关于纯粹科学的精确性理想的段落是《劝勉》的部分之一，被《形而上学》第一卷所复制。杨布利柯那里的柏拉图色彩在《形而上学》中被有意地去掉了，这种色彩很符合《劝勉》，对残篇的哲学解释（第 92 页）会仔细地表明这一点；希策尔和第尔斯（Diels）认识到，这种色彩构不成将这个段落归于新柏拉图主义的节录的原因；对它来说，这个思想太原始了。这个建议尤其适合一个

---

① 参见 Gerhäuβer, Der Protreptikos des Poseidonios（a Heidelberg thesis），Münch. 1912, 18ff。

写给实践政治家的作品：只有当政治学在科学的地基上运作，并且被看作是一个标准的学科的时候，它才能从现在的毫无成果和不稳定中脱离。在证明政治学最终的理论特征中，这个思路达到顶点。不是纯粹的经验的类比，而是对最高标准的理论知识，才是创造性的政治学的唯一基础。在这里，亚里士多德的主要目的又是拒绝经验主义者，他们除了所谓的斯巴达和克里特宪法模型之外，一无所知。（他似乎指伊索克拉底和智者的国家理论。）由此我们知道，对三种理想国家（斯巴达、克里特、迦太基）的批评后来构成了《政治学》的第二卷，它的内容要追溯到亚里士多德的学园时期。从而我们获得了他早期政治学观念的一个非常有趣的残篇。它所有的柏拉图预设，其他的柏拉图主义者都没有能够写出来，因为它有着强烈的方法论兴趣。这表明，《劝勉》直接解释了学园的政治目标。第十章在内容上是"政治学的"，人们曾经认为，这证明了它必然出自亚里士多德的某个纯粹政治学作品；但是这种看法是肤浅的。决定性的不是内容而是它所表达出来的观点；这个残篇的观点——强调规范政治学的理论特征——表明它属于《劝勉》中对纯粹 θεωρία 的赞扬。

第十一章考虑的是 φρόνησις（智慧）和快乐的关系。人们以前认为这一章对一个劝勉而言不适合，因为这个 τόπος（地方）在后来的劝勉中都没有出现。但是这样的论证方法本身就是不正确的。什么内容属于柏拉图学派的劝勉，这不能从后来的帝国时代的陈词滥调中推理出来。这种在文献研究中被非常热衷地使用的方法，如果用于诸如柏拉图和亚里士多德这样的作者身上是不会成功的，他们的有机形式是来自事实的必然性。关于 φρόνησις（智慧）和 ἡδονή（快乐）的关系这个在学园中讨论的传统题目，放在一个试图说明真正的幸福是柏拉图的知识（φρόνησις）的劝勉中，这是自明的，这个论题用别的方式不能证明。亚里士多德不能在考虑幸福的时候不提快乐；这就必然要求研究，φρόνησις（智慧）能够提供什么类型的快乐。如果纯粹沉思的理想被确立，这个问题就要被面对。这早在《理想国》中就讨论过了，[①] 然后在《斐莱布》中更加彻底地被讨论。《尼各马科伦理学》在第十卷再一次说明 θεωρητικὸς βίος（沉思生活）是真正的幸福，也考察了快乐和完美

79

---

① 柏拉图，《理想国》，VI. 506B。

活动的关系，更特别地说明了伴随知识的纯粹快乐的感受。我们已经表明，第十卷的这个部分在内容上部分地依赖于《劝勉》，有着同样的题目。沉思的快乐是《劝勉》主题的必要部分，这在我们表明《欧德谟伦理学》使用了《劝勉》的时候，会被再次证明。在《劝勉》和《伦理学》中，φρόνησις、ἡδονή、ἀρετή（智慧、快乐、德性）都被列为三种可能的幸福。在《劝勉》中的证明在这里达到顶点：纯粹沉思的生活能够完全满足这三种理想的要求。沉思在那里不但被看作哲学知识的顶点，也是人的道德发展的完成，是不被干扰的理智享受的纯粹幸福。这个结构的任何因素都不能被去掉，否则会毁坏整体。这说明第十二章的第一部分也是从亚里士多德的著作中摘录出来的。

80　　　设定《劝勉》就像后来的这类文献一样以描写 vita beata（幸福生活）为高潮，当然就不算过于冒失。在这种结构中有着内容上的和形式上的必然性，由此从后来的结论和向前面的推演就没有危险。人们提供了多少东西以达到这个结果，在这里亚里士多德达到了他最终确定性的高峰！但是，如果人们将杨布利柯所追随的结论说成是亚里士多德的，那么就是让这个过强的希望压倒了批判的思考。① 句子可能是热切的，甚至是有启发的；但这不是亚里士多德有所控制的热切，他从不放弃他无可置疑的思想进步的严格节奏，因为对他而言，严格性比最高的热情都要重要，虽然他的许多证明都是从后者流淌出来的。杨布利柯的大部分段落细节很可能都是来自《劝勉》，大概我们世俗的和肉体的存在是反自然的，我们所有的知识和认知是微小的，我们现在不稳固的居所和我们所来自并追求的处所的对比，获得生产的必需品所要求的劳动和我们能够奉献给那唯一有价值的、永恒的事物的时间之间不成比例。但是这样一些观念的松散的、仅仅是联想式的结合成为向另外一个世界的教诲的召唤，在其中有明显的观念的混淆，作者在介绍柏拉图的一些仪式性的话的时候所涂抹的祭司的油膏，所出现的一些确定无疑的柏拉图的句子，诸如"天上的路"，"诸神的国界"，最后是结尾的过分饶舌，而不能达到结论——所有这些都暴露了是由杨布利柯润色过的。然后接着就是出自柏拉图的节录。

_____

① Hartlich，同前，254ff。

3.《劝勉》中的哲学

《劝勉》所处理的不是单一的问题，它超出了作为专门学科的哲学的意义，更多地在意生命问题的普遍性，它提出的是关于哲学的意义和存在的理由以及它在人类生活中的地位问题。[①] 并非柏拉图哲学第一次把人置于这个问题之前；它一直出现在关于泰勒斯、阿那克萨戈拉、毕达哥拉斯和德谟克利特的传说中。每一代真正的知识分子都复活它，并热切地和大众争论它。因为在其决定性的形式中，θεωρητικός βίος 仍然是天生的研究者的一个假设，虽然它被一再体验，但是却从未在一般大众那里成为确信无疑的。它属于一种对知识的力量坚定的和充分的信念，它提升发现它的人，超过人们以另外的方式所能期望获得的。出于这种和行会学徒的理智高傲完全不同的信念，亚里士多德写了这部作品。它用来进行证明的那种经验，不是学者的平庸的田园诗，而是那些已经学会通过柏拉图的眼睛看世界的人的至福。所以，它成为柏拉图生活和通达它的路径以及柏拉图哲学的宣言。对我们而言，它具有这样的长处，它是从亚里士多德自己的口中说出的我们正在寻找的坦白。

学园更年轻的一代中的一个人从事向外面的世界论证科学的生活的理想的工作，这并不是偶然的。这一代经受着理论和实践之间旧有的冲突，而且更加剧烈。柏拉图甚至在他最理论化的时期也从未否认，他在苏格拉底身边进学，苏格拉底因为良知和生命的困境而向自己的同伴提出他的那些令人

81

82

① 关于《劝勉》的哲学，我必须不但反对 J. 伯奈斯的和谐化解释，而且也反对 H. 第尔斯在 *Archiv füer Geschichte der Philosophie*（Bd. i, 493）中表达的观点，他在那个时候要将残篇中明显的柏拉图主义的痕迹弱化为仅仅是风格修饰。真实情况已经由希策尔（Hermes, Bd. x, 98）说出，虽然是非常胆怯地说出的。但是他不敢逻辑地反对主导的偏见，被第尔斯无声地否认了。第尔斯后来改变了关于亚里士多德发展的观点，这在 *Zeitschrift für vergleichende Sprachforschung*, Bd. xlvii, 201, A.4 表现得很明显。他在那里认识到，我的 *Entstehungsgeschichte der Metaphysik* 已经表明，亚里士多德有一个柏拉图主义阶段。但是公开的作品部分地仍然早于论文中最早的部分，在内容上它们构成了那些作品中批判地修改柏拉图主义的阶段。

痛苦的问题。柏拉图自己的哲学也同样立足于时代的困境和实践生活的困境；只是它的顶点，理念知识，达到了纯粹理论知识的领域。苏格拉底的对德性知识的探讨成为创造性思维的首要原则，它思考纯粹的存在并根据它来重构生活。其他的生活方式都基于这个原则而受到挑战。这并不是要向那些顽固的实用主义者证明，理论"天赋"具有和其他活动一起存在的理由，因为它对谁都没有任何害处；而是涉及这样一个大胆的信念：除了关于最高真理的知识，没有什么可以构成一个能配得上作为生活的名称的基础的了。柏拉图从未放弃这个诉求，甚至当他已经完全投身于研究中，不再涉足对现实的改革的时候。但是年轻一代有义务重新问自己这个问题，仅仅因为，除了沉思生活之外，他们从来没有经历过别的什么。他们必须根本上内在地、在 θεωρία 的纯粹幸福中、在理智和永恒的结合中发现这种生活的价值。那原来如此充满改革的热情的柏拉图理想，进行了沉思的—宗教的转向。

　　表示实践行为和理论认识的统一的概念，是 φρόνησις，只有通过这种统一，那热情洋溢的科学理想才可以被确证。Φρόνησις 是《劝勉》的核心概念，这部著作是关于这种认识方式得可能性、对象、使用、发展和快乐的。它可以被解释为通过灵魂内在的直觉进行的对纯粹的善的创造性的理解，同时也作为对纯粹存在的理解，也作为从灵魂的同一个基本能力中产生的有价值的活动和真正的知识。这是希腊精神的一个 ideae innatae（固有理念）。它经历了漫长的发展，但是没有一个时代能够使它比从苏格拉底到亚里士多德这个阶段更接近完成。在《劝勉》中，它的意义是纯粹柏拉图式的。在很长的时期它被分成两个系统，一个是经济的—实践的，另外一个是道德的—宗教的。通过这种划分它达到了苏格拉底思想的结晶点。它被柏拉图拿过来。柏拉图强烈强调它里面的理智知识的成分，并考察了这种"知识"的特殊本质。Φρόνησις 现在将理念、标准型相作为自己的对象。对善和美自身的理智直观由它而来。理念首先在道德领域占了统治地位，这也是柏拉图首先在苏格拉底的问题中对它豁然开朗的地方；但是当它范围扩大，直到最终成为所有存在的一般原则的时候，φρόνησις 获得了越来越多的内容。它成为埃利亚学派的存在科学。成为阿那克萨戈拉的"精神"。简言之，它成了纯粹的理论理性，它曾经是苏格拉底实践领域内的东西的相反者。这时柏拉图将它的系统分成了辩证法、伦理学和物理学。从此以后就有几种 φρόνησις。这个词经常意味着"专门科学"——体育学和医学，诸如此类的学科都是 φρόνησις。这个法则只能通过柏拉图哲学整体的发展以及它最终分为三个哲学门类来理解。同时，在第一原则理论中进行了一次发展，在此过程中理念变成数学化的，并最终成为神学和单子论。在《劝勉》中，φρόνησις 的意义完全是 νοῦς（努斯），我们身上真正神圣的东西、和灵魂的其他功能完全不同的一种能力；就像在《蒂麦欧》、《斐莱布》、《法律》或者《伊庇诺米》中一样。

虽然在《劝勉》中 φρόνησις 还完全是柏拉图主义的，作为哲学的认识，但是《形而上学》就不再有这个概念了。《尼各马科伦理学》也展示出完全不同的画面。在这个作品中，《劝勉》中的 φρόνησις 被完全拒绝。在第六卷用一定的篇幅考虑了 φρόνησις 在理性功能中的位置。字里行间透露出冲突。亚里士多德将这个词的意义缩小到日常用法，即柏拉图之前它所具有的意义。他剥夺了它所有理论意义，并将它的领域和 σοφία（理论智慧）以及 νοῦς（努斯）的领域严格地区分开。[①] 在一般语言用法中，它是一种实践能 **84** 力，所考虑的既是对个人利益的精明算计，也是对道德上值得欲求的东西的选择。这是亚里士多德后期的术语。当他现在也赋予动物以 φρόνησις 的时候，他已经远离了他早期的立场了。[②] 和道德相关，它现在意味着一种习惯的精神状态，实践地思考任何和人的祸福相关的东西（ἕξις πρακτική）。[③] 他现在强调，它不是思想，而是审思，它关涉的不是普遍的东西，而是生活中飞逝的细节，所以它不以宇宙中最高贵和最有价值的东西为对象，实际上它不是一门科学。[④] 这些都意味着公开地否认在《劝勉》中的柏拉图主义观点。他在那里将形而上学描述为 τῆς τοιαύτης ἀληθείας φρόνησις οἵαν οἵ τε περὶ Ἀναξαγόραν καί Παρμενίδην εἰσηγήσαντο（由阿那克萨戈拉和巴门尼德以及他们的追随者所提出来的那类 φρόνησις 的真理），而在这里明确他表示，诸如阿那克萨戈拉和巴门尼德这样的人不被称为 φρόνιμοι，而是 σοφοί，因为他

---

① 《尼各马科伦理学》，VI.5ff.，语言用法在 1140a25, 29, b8, 10, 11, 1141a25, 27, b5 被强调。

② 《尼各马科伦理学》，VI. 7, 1141a27。

③ 《尼各马科伦理学》，VI.5, 1140b4, 20。

④ 《尼各马科伦理学》，VI.8, 1141b9, 14. 1141a21, 33ff. 1142a24。

们所理解的不是自己的利益，而是探求一切的永恒法则。①

在这种术语改变后面隐藏着亚里士多德形而上学和伦理学基本原则的转变。对苏格拉底而言，φρόνησις 意味着道德理性能力，这个意义以亚里士多德在《尼各马科伦理学》中恢复其权利的日常用法为范型。柏拉图更加仔细地分析了这个道德洞见的本质，并将它从对永恒规范的思考中、最终从 ἀγαθόν 中衍生了出来。这就将它变成了对客观对象的科学认识了；但是柏拉图有权对这种理论认识保留 φρόνησις 的名称，因为对真实存在的认识也同样是一种对参照它来生活的纯粹规范的认识。在对理念的直观中，存在和价值、知识和行为融合在一起。当理念论被放弃的时候，存在和价值分离，辩证法也失去了在柏拉图那里的对人生的本质的直接意义。形而上学和伦理学之间的区分变得比以前更加明显。② 对于那些从这个观点往回看的人，柏拉图似乎是一个"理智主义者"，因为他将道德行为完全建立在对存在的认识上。亚里士多德在两者之间划了一条线。他发现了道德行为和性格（ἦθος）评价的心理学根据，这项研究现在就占据了从此称为伦理学思想的前沿，并逐出了超越的 φρόνησις。其结果是理论和实践理性之间富有成果的区分，它们曾经在 φρόνησις 中融为一体。

从这个发展的视角来看，在《劝勉》中亚里士多德必然立足于一个完全不同的形而上学。同柏拉图的道德生活的单一的理论根据的分裂，以及在《尼各马科伦理学》中完成的同柏拉图的 φρόνησις 首要原则的分裂，是对理念论放弃的结果，所以还完全在旧的意义上的 φρόνησις 概念的统治下的《劝勉》必然是以柏拉图的伦理学形而上学为基础的，即，在存在和价值的统一上的。它所有本质的部分都是柏拉图的，不只是语言上，而且在内容上也是如此。亚里士多德在任何地方都没有承认学园对哲学的划分——分为辩证法、物理学和伦理学（除了在《论题篇》，但是在那里只是捎带提到，而

① Frg. 52（p.59, 3Rose）.《尼各马科伦理学》，VI.7, 1141b3-5。

② 这对所有特别的人类价值都有效，但是对绝对的价值或者善无效。亚里士多德像柏拉图一样相信，在绝对意义上的存在和价值存在于神的概念中，在这方面他还是一个柏拉图主义者，直到去世。最高的存在也是最高的善。在最远离人的事务的点上，形而上学渗透进伦理学，伦理学渗透进形而上学。而视角完全改变了。只有在远距离中，不动的标杆才在存在的地平线上出现，指示出最后的方向。形而上学同个别的 πρᾶξις（实践）的关系过于松散，以至于不能称得上是 φρόνησις。

《论题篇》大概是他最早的作品）。① 而关于由心理学扩充出来的伦理学的德 **86**
性学说，第一个现实的道德现象学，人们在这里还没有发现其踪影，反而在
这里看到了柏拉图关于四德性的建设性的学说。② 但是，决定性的是《劝勉》
关于伦理学的和政治学的方法所说的东西。

在那里出现的哲学的反对者称，伦理学是一种在柏拉图意义上的关于正
义和非正义、善和恶的知识，就像几何学和其他与它相关的科学。③ 好像这
是自明的。亚里士多德在这里让人们注意一个已经明显引起严重批判的观点，
即，伦理学是精确的科学。在别的地方他将政治学（他认为它和伦理学不可分）
作为一种寻求绝对准则（ὄροι）的科学。他将哲学的政治学和"技艺"（τέχναι）
相对，后者只有一种衍生的知识。他也将其他的经验的政治学算作一种技艺，
因为它只是根据经验的类比来做判断，所以不能产生创造性的行为。哲学的
政治学具有对其对象的"精确性自身"。它是一种纯粹的理论科学。④

这种数学的精确性是和亚里士多德在他的《伦理学》以及《政治学》中
所教导的关于这些研究的方法相反的。在《尼各马科伦理学》中，他明确地
反对对精确方法的要求，因为这和对象的性质不合。在这方面，他将伦理学 **87**
和政治学等同于修辞术而非数学。⑤ 它们只能达到有代表性的一般性，它们
的结论不是毫无例外地有效，而是最多在原则上有效。对于他在《劝勉》中
所持的理想方法，亚里士多德后来在《伦理学》中评判说，越是一般，就越

---

① Frg.52（p.60, 17R）在证明我们可以获得真正的知识中，亚里士多德清楚地将知识区分
　　为：1）"关于正义和有益的科学"；2）关于"自然"的；3）"其他的真理"。他还没有对"第
　　一哲学"的表达（参见，p59, 1-4 Rose，在那里这个概念又同关于正义和非正义的知识、
　　关于自然的知识联系起来，并再次迂回地表达出来。）无论如何柏拉图的"辩证法"一词
　　对他而言不够有特色；它没有从伦理学和政治学中区分出存在论，并且它不涉及任何对
　　象。由于后一个原因亚里士多德将它局限于没有对象的形式逻辑。同哲学的三分相应的
　　是证明，1）关于实体（p.60.21-61, 1Rose），2）关于灵魂的德性（p.61,2-8Rose），3）关
　　于自然（p.61,8-17Rose）。在《论题篇》I.14, 105b20ff.，亚里士多德区分了伦理学的、物
　　理学的和逻辑学的前提；在这里 διαλεκτικαί（辩证法的）再次被避开，参见 Xenocrates
　　frg. I（Heinze）。
② 柏拉图的四德，见 frg.52（p.62, 1Rose）和 frg.58（p.68, 6-9）。
③ Frg.52（p.58,23Rose）。
④ Jambl. Protr., p.55,1 和 55,6ff.（Pistelli）。
⑤ 《尼各马科伦理学》，I.1, 1094b11-27; I. 13, 1102a23。

是空洞无效。①《尼各马科伦理学》中差不多每个字都是带着争论的附带目的的。在《劝勉》中他认为，哲学的政治家通过关于准则的知识的精确性，和一般的政治家区别开来，因为他是事实自身的思考者，不会满意各种各样的经验事实的形象。在这一段话中，有意地几乎逐字地让人联想到《尼各马科伦理学》中的话，但是在那里的观点恰恰相反。人们必须区分几何学家和木匠（即，一个经验主义者）测量直角的方式。前者是真理的思考者，而后者只在对他的实践目的必要的范围内探求直线的本质。而恰恰是同木匠而非同几何学家，亚里士多德将伦理学—政治学科学与之相类比！柏拉图据几何学原则（more geometrico）建立的伦理学方法理想在这里被严词拒绝了，而在《劝勉》中它仍然是无可置疑的；② 当亚里士多德强调，对于政治家甚至对于伦理学课程的听众而言，实践经验比起理论素养更加重要时，这也和他自己早期的柏拉图观点相悖。③ 后期还产生了这样的说法：对一个国王而言哲学不是必需的，它毋宁是一个阻碍；不过，他应该倾听真正的哲学顾问的说法。这似乎出自一篇写给亚历山大的主张，关涉的是一个特别的处境，时间大概是在亚洲远征时期。④ 在给塞米松的信中，他要将他变成理论的理念政治家的时候，和当亚里士多德写下这篇劝导的时候，这期间他的根本思想发生了变化。

几何学的伦理学理想只能在后期的理念论基础上来理解。对柏拉图而言，知识就是尺度。他理解的精确的科学就是按照绝对的和完全确定的尺度来衡量事物的科学。因为不确定（ἄπειρον）的东西，杂多的感觉世界从来不是纯粹科学的对象。《斐莱布》表明，在柏拉图的晚年，他多么想以数学为模型通过界限（πέρας）和尺度（μέτρον）的方式将伦理学变成精确的科

---

① 《尼各马科伦理学》，II. 7, 1107a29。

② 《尼各马科伦理学》，I.7, 1098a26："我们必须记住前面说过的话，不能在所有探索中要求同样的精确度，讨论的主题不同，所要求的精确度也有变化。应当根据与探索相适合的精确度来做要求。木匠和几何学家都考虑一个直角，但在不同的意义上考虑：前者只考虑到对他的工作有用的程度就行了，而后者则要探求它是什么或它是"哪类"，他的目的是沉思真理。在其他情况下，我们必须也以同样的方式处理，不使细枝末节取代主要工作。"参见 Jambl. Protr., p.55,II. 1-14, in Pistelli。

③ 《尼各马科伦理学》，X. 10, 1181a1, 10; I.13, 1102a19ff。

④ Frg.647 Rose。

学。在那篇对话中尺度观念经常出现，这是理念论的数学阶段的标志。因为所有好的东西都是可以测量和确定的，而所有恶的东西都是不可测量和不确定的，无论是在宇宙中还是在灵魂中，柏拉图后期的政治学和伦理学无非就是关于尺度和准则的理论科学。在其遗失的《政治家》的第二卷亚里士多德写道："善是最精确的尺度"。[①] 柏拉图主义者绪里亚努（Syrian）引用了这句话来反对亚里士多德。他想用它证明，亚里士多德在另外的时候曾经更加理解柏拉图的学说。在《劝勉》中亚里士多德所说的精确的研究和将政治学描述为纯粹准则的科学，所指的是一样的东西。这就是《斐莱布》的哲学，它将善的列表中的第一位给予了尺度（μέτρον），第二位给了可测量的东西（σύμμετρον），第三位的是懂得测量的理性（φρόνησις）。[②] 在《理想国》中，善的理念曾经是存在以及整个真实世界可知的基础。根据《斐莱布》和亚里士多德的《政治家》，何以如此的原因是，它是最高的和最普遍的尺度，是绝对统一性，通过它，理念世界才是确定的"对称的"，从而是真实的、善的和可知的。所有不确定的东西都被排除在它之外。现在还不需要考虑，柏拉图后期作为数的理念的概念在这个学说中起了什么作用。亚里士多德在《劝勉》中经常提到它。他后来的伦理学认为，没有普遍的标准，除了个体的活生生的存在于自主的道德的人身上的规则之外没有别的标准，φρόνησις 考虑的不是普遍的东西（καθόλου）而是个别的东西（καθ᾽ ἕκαστον），[③] 这是

89

---

① Frg. 79Rose. 没有被罗斯收录的绪里亚努的话很重要，因为它们表明他完全知道在它和亚里士多德后来的观点之间的矛盾。

② 《斐莱布》，66A 。

③ 《尼各马科伦理学》，III. 6, 1113a29ff. ："好人对每种事物的判断都是正确的，在每种里面真理向他显现……大概好人同其他人最大的区别在于，他看到每类事物里面的真理，无论它是一个标准还是尺度。"IV, 14, 1128a31 ："文雅的和有良好教养的人，似乎这对他是一个法律。"X.5, 1176a18 ："如果有德性的好人是一切的标准，对他显得快乐的和他所享受的令人愉悦的事物，也是真实令人愉悦的。"顺带说一句，如果我们在《劝勉》的背景下看这些著名的句子，再次证明了，亚里士多德的伦理学研究源始地完全受到柏拉图尺度性和道德现象的尺度问题的统治；他的改变仅仅在于拒绝了普遍标准，认识到除了受到道德教育的人（好人）的自发的良知，就没有别的尺度，这个尺度不能要求认识论意义上的"精确性"。这样他使每个人都指向自身，认识到个人道德行为条件的不可穷尽，而不破坏内在标准的不可侵犯。德性作为过与不及之间的中道这个著名的观念也被当成是一个持续的量的衡量问题（II.5, 1106a26）来处理；这个处理给了所用的方法以意义，这个事实经常被完全误解，因为大家都忽视了亚里士多德问题产生的实际的历史关联。

有意地和这里以及《政治家》中表达的观点作对。"善是最精确的尺度"，这个法则意味的恰恰和老年柏拉图在《法律》中的声明一致："神是一切的尺度"。这是针对普罗泰戈拉的名言，人是万物的尺度，要将绝对的准则放到宇宙的宝座上。① 因为柏拉图的这个神是善自身，那纯粹的单子，尺度的尺度。这样政治学和伦理学变成了神学，站在理论科学的顶端。存在和应该在绝对的意义上是同一的，人的行为直接参照世界的最高价值和意义。《尼各马科伦理学》拒绝了政治学的这种主导地位；政治学不再是最高的智慧，而是人类生活能够追求的最高的善的目标，只有有智慧的人在对神性的直观中能够瞥见它。②

《斐莱布》探究的是将哲学提升为精确的、数学化的科学，③ 这不但影响了《劝勉》关于伦理学和政治学的本质的看法，也是对经验科学和纯粹科学关系的说明的基础。在柏拉图后期学说中，无论是精确性理想以及尺度的概念，还是纯粹科学和应用科学划分的问题，都是来自数学。在《劝勉》中哲学和科学的反对者将这样的对子并列起来：几何学和测地学、谐音学和音乐、天文学和水手关于天空和天气的知识，以便证明理论实际上在任何实践活动中都是障碍，因为它阻止学习者实践并经常损害他自然直觉的确定性。④ 人们希望知道，亚里士多德对此有何想法，但是可惜的是他的回答遗失了。将纯粹科学和经验科学作为对子放在一起，这个原则当然不是那些反对者发明出来的，而是首先被柏拉图使用的。《斐莱布》区分了哲学家的算术和大众的算术；⑤ 根据它所运用的是相等的或不相等的同一性，它是较高或较低等级的科学。事实上，有许多这样的 τέχναι 都以这种孪生关系存在着，甚至在名称上都不区别。⑥ 真正的哲学家所从事的是远远超出它们的，

---

① 柏拉图，《法律》IV. 716c："神应当是对我们而言的一切事物的尺度，而非人，就像人们常说的。"

② 《尼各马科伦理学》，VI. 7, 1141a20ff。

③ 精确性（ἀκρίβεια）作为一个学科的科学特征的尺度，见《斐莱布》，56 B-C, 57c-E, 58C, 59A, 59D，等等。

④ Frg.52（p.59, II. 18ff., in Rose）.

⑤ 《斐莱布》，56D。

⑥ 《斐莱布》，57D，参见《伊庇诺米》，990A，在那里数学天文学家被同经验主义者以及精通气象的人相对照。

因为他们在尺度和数字方面具有精确性和真实性。大概亚里士多德对经验主义者的回答和柏拉图在《斐莱布》中相似：用哪种技艺能做最多的事以及哪种最有用，这无关紧要，重要的是哪个以最大的精确性、清晰性和真理为目标。"一小片的纯白比起一大片混杂的白更白、更美丽、更真实"，所以纯粹颜色的爱好者会无条件地倾向于它。① 知识以其有用性为代价而带来精确性，这个观念也是《劝勉》的信念。它产生自对数学的艺术的态度，而这是柏拉图后期理念论的特征。没有这种对方法的艺术感觉，亚里士多德是不可想象的。

在《劝勉》中用清晰的语言本质性地描述了理念论。② 就像在手工技艺中，人模仿自然制作了他最好的工具，人们用它们来测量和核准感觉可以观察的事物的直或者圆，而根据亚里士多德，政治家也有确定的准则（ὅροι），他从真正的现实性和真理自身（ἀπὸ τῆς φύσεως αὐτῆς καὶ τῆς ἀληθείας）获得了它，根据它来判断什么是正义的、高贵的、善的和有利的。就像从自然而来的工具是最优秀的，最好的法律是那种最符合自然的法律。但是，如果不先通过哲学认识存在和真理，就不可能制造这样的法律。无论是其他技艺的工具还是它们最精确的计算都不是直接来自最高的原则（ὀκ ἀπ' αὐτῶν τῶν πρώτων）；它们来自一倍、两倍或好多倍远的来源，它们的法则只是通过经验获得的。只有哲学家的模仿（μίμησις）是直接朝向精确自身（ἀπ' αὐτῶν τῶν ἀκριβῶν）；因为他是事情自身而非它们的模仿物的直观者。

92

这一段的语言和哲学内容都是纯粹柏拉图式的，这个事实早在亚里士多德有一个柏拉图主义时期这个观点还被认为是不可思议的时候就被注意到了。③ 如果孤立地看它，或许这样解释是充分的：它是对柏拉图风格的模仿，学生自己的观点被谨慎地、小心翼翼地藏在了后面；但是这些话的意思只能参照它们同《劝勉》的有机联系而被真正理解，后者必须以二元论的理念形而上学作为上述价值原则的理论基础。亚里士多德《形而上学》和《分析篇》中所说的 πρῶτα 和这里所说的不是一个东西。在《形而上学》中也说，哲

---

① 《斐莱布》，53A。

② Jambl. Protr., p.54, I.22-p.55, I.14（不见于 Rose）。

③ 在 Hermes, X.99，希策尔正确地比较了这个残篇——统治者和政治家要求去学习哲学——同柏拉图要求王做哲学或者只有哲学家才能做王。希策尔还说杨布利柯的第十章不属于《劝勉》而属于亚里士多德早期的某个纯粹的政治学著作；但是我们已经表明这是错误的。

学家认识最高的原则，那最普遍的东西（πρῶτα）。① 我们也已经表明，它的前两章紧密地依赖于《劝勉》；但是这使得这一点更加有意义：亚里士多德在那里通过删除"自身"（αὐτά）有意避免了柏拉图的表达"首要事物自身"（αὐτὰ τὰ πρῶτα），也就是说，删除了那使得《劝勉》中的"首要事物"是一个专门的柏拉图术语的表达。即使除去这个，"首要事物"这个表达在这里也不会指亚里士多德后来意义上抽象的一般，因为抽象的一般并不和任何"模仿"（μιμήματα）对立。"模仿"又是一个专门的柏拉图术语，它不能脱离理念是范型（παραδείγματα），感觉事物分有它这个原则而有意义地被使用。认为像亚里士多德这样一个敏锐的逻辑学家和文体家会仅仅在"可感事物"的一种苍白的意义上使用"模仿"，这是不可能的。②

但是这种从矛盾中寻求出路的努力令人失望，里面必然纠缠了亚里士多德对这段的每个解释，它也分开了那在术语上等同的柏拉图表达和"自然自身和真理"（ἡ φύσις αὐτή καὶ ἡ ἀλέθεια）这个说法。这不可能是亚里士多德的自然概念。首先，加上"自身"是没有理由的。第二，这个自然是政治学和伦理学绝对的和精确的标准的来源，而亚里士多德的不是。③ 最后，亚

---

① 《形而上学》A2,982a25。

② "模仿"这个表达用来强调原型的更大的真实性。当理念不再是实体而仅仅成为最高的普遍性的时候，它就不能再被使用了。更不能说，在亚里士多德看来，由质料和形式构成的可见的个别事物是在它们里面起作用的实现或形式的"模仿"。"模仿"预设了柏拉图的超越，原型和复制品的"分离"。这个问题由这个事实所决定：亚里士多德在后期作品中批判理念的时候也使用柏拉图的术语；他经常简单地称它们为"它们自身"（αὐτά）而不伴随另外的词，就像他在这里所说："因为他是一个它们自身的而非它们的模仿品的思考者。"（Jambl. p.55,I.13）在这里这个代词不是指任何前面所提到的东西；它是被绝对地使用的。除非理念被用来和相应的可感现象或复制品相比较，否则这种行文方式是不清楚的，所以我们只在这样的时候才发现它。参见《形而上学》991a5，"在其自身以及在个别中"；a30 "不仅是可感事物，而且是它们自身也如此"；b30 "在这里的事物和它们自身之间"；997b14 "除了它们自身和可感事物"；b24 "在它们自身和可朽事物之间"。柏拉图的这种特殊的用法显然被学者们忽视了。

③ 政治家不是创造性地根据永恒标准而是根据俗世的原型以及根据写下来的宪法和法律来行为，作为"模仿"和"真理的复制品"，这个表达的来源是柏拉图的《政治家》297C和300ff.。在那个对话中它经常出现，就像在真实的政治家和舵手之间的比较一样（参见297E）。问题自身也来自同一个地方。在308C柏拉图的理想政治学被称为"政治家才能的真实而自然的艺术"。

里士多德不会说，哲学家考察自然是考察"首要事物自身"，而其他技艺只是考虑两倍、三倍或许多倍远的副本，因为它们的工具和法则都是从可见的自然获得。如果两者都在相同的意义上以自然作为模仿的对象，那么有什么特别的地方可以区分开哲学和其他 τέχναι？这个在思考事物自身的哲学和仅仅模仿副本的技艺之间的对比带我们走得更远一些。它来自对《理想国》第十卷中的理念论的说明。①

对比参照项（Tertium comparationis）在于，它们两者都在某种客观的和外在于它们自己的东西中有其范型，它们一向从中获得它们的对象的法则。对技艺而言，可感的自然是其范型。对哲学家而言，这种范型是"自然自身"，只有在纯粹的思想中才能把握它。它是真实的存在，也可以被描述为"首要的事物自身"（αὐτὰ τὰ πρῶτα）。② 这些"首要的事物"不可能意味着最高的普遍的东西，因为后期的亚里士多德否认普遍有客观的现实性。而恰恰是现实性通过"自然自身"这个表达被附加进了 πρῶτα。从这些事实得到的唯一可能的结论是，在这里，最普遍的东西以及逻辑最"精确的"东西还等同于本质上现实的东西，而这只同柏拉图的理念符合。人们只能就理念说它是自然自身，是神圣的东西，是不变的稳定性，持存的和永恒的，哲学政治家在注视它中生活，在它前面停歇，就像好的舵手停泊住自己的船。③

在《劝勉》中理念首先作为认识理论的基本柱石，作为一种纯粹知识的精确对象以及道德标准出现，这就是后期柏拉图发展的方向，亚里士多德对此赞同。它导向对方法的更大的强调和对理念的存在特征的压制，如果不是拒绝的话。理念拥有真实的存在，对此的证明现在主要依赖于概念知识的要求和前提。如果感觉现象是唯一真实的对象，那么概念思维——只有它是精确的——就没有真实的对象了；那样，对于那时的希腊人来说，它就不算是知识了。纯粹的至善是精确的，这个观点成为柏拉图后期思想中真正最重要的一点。理念是由精确思想揭示出来的纯粹对象。这是学园的主要论点之

①　柏拉图，《理想国》X. 599A, 600E, 602C, 603A, 605B。

②　柏拉图，《巴门尼德》132D："理念是，并一直是嵌在自然中的型相。"将自然、存在和真理等同，是柏拉图主义的。

③　Jambl. Protr., p.55, II. 21ff. (Pistelli)。

一。亚里士多德在他已经轶失的著作《论理念》中重塑了它，阿芙洛蒂西亚斯的亚历山大（Alexander von Aphrodisias）由此保存了它。① 这就解释了，为何《劝勉》称理念为"精确的事物自身"。甚至在学园中使用的证明的术语"绝对确定者"（τὰ ὡρισμένα）也在这里重新出现。②

　　在后来的日子中，这是对亚里士多德而言最艰难的问题之一：我们是否能够对超感觉的事物有任何科学知识；如果柏拉图的理念不存在，那么就不清楚人们怎样能够通过一般概念把握事物的本质。而《劝勉》却在为这样一种科学的可能性进行证明，它认识正义和善，自然以及"其他真理"（即"真正真实的"，ὄντως ὄν），并有着引人注目的结论性，明显是从完全不同的前提出发的。对于它的作者而言，在存在上第一位的，在认识的等级上也是最高的；而它同时也被称为确定的和有序的，同善以及原因一致。③ 确实，诸如 πρότερον φύσει（自然上更在先的）和 πρότερον πρὸς ἡμάς（就我们而言更在先的）以及"最终的依据"意义上的 πρῶτα（首要的事物），这样的表达在亚里士多德哲学中的其他地方也出现过。但是无疑，它们首先产生自柏拉图对理念的论证。它们最适合理念论证，必然是首先为了它们而发明出来的。只有在运用到诸如柏拉图所信仰的超越的现实上的时候它们的意义才会清晰；当人们用它们来指涉内在本质的时候，它们就变得含糊其辞了。所以，它们的意义在亚里士多德那里总是需要区分并需要附加别的东西 [φύσει（自然上）和 πρὸς ἡμάς（就我们而言）]。它们不能被独立地使用，就像在《劝勉》中一样，除非真理和存在以及价值在最可知的东西，比如在理念那里，达到一致。伦理学和存在论的合一也出现在这个论证中，这只能在这样的假设上才可以解释：只有当理念在"在先"和"善"的意义上被理解的时候。

96　　《劝勉》的学说给出了关于存在的成分（στοιχεῖα）的分歧之点，这个观点是《形而上学》仔细反驳过的。④ 在早期的著作中，亚里士多德这样写道："在先的比在后的在更大的程度上是原因，因为当它被摧毁的时候，获得它

---

① 　Frg. 187.

② 　Frg.52（p.60,I. 21, in Rose）. 参见 On Forms, frg. 187（p.149,I.22, in Rose）。

③ 　Frg.52（p.60, II.17ff., in Rose）.

④ 　Frg.52（p.60, I.26, in Rose），参见《形而上学》Δ8, 1017b18; N3, 1090b5。

们的实在（τὴν οὐσίαν）的东西也一起被摧毁了，线随着数，面随着线，体随着面被摧毁。"《形而上学》却拒绝了数学对象，数、点、线、面、体的实在性；因为它提到，柏拉图主义者持这种观点。在那里说，"我们称那些东西为实体（οὐσία）……它们的毁灭带来整体的毁灭，线的毁灭带来面的毁灭；一般而言一些人认为数就有这样的本性"。在《形而上学》最老的部分中，对柏拉图主义的批判主要针对这种理念论的最终形式，按照它来说，理念或者有数学对象作为实体和它们一起存在，或者理念自身就是数。亚里士多德在那里称这是 λόγος λίαν μαλακός（一个相当弱的论证）。这只会使得这一点更加突出：他自己以前曾经持有他在这里攻击的观点。它支持或者同意柏拉图理念和数学对象超越存在的学说，同意柏拉图的存在概念。

亚里士多德使得这一点被理解：在学园中存在着关于存在的成分的争执。"如果我们不知道事物的原因和原则，无论它们是火或者气（即物理学家的元素）或者数以及其他本质（φύσεις，即理念），那么我们就不可能知道任何别的。"[1]柏拉图自己在他后期的对话中也给出了类似的暗示，虽然没有真正地揭开面纱。在《斐莱布》中他在提到理念论的时候，公开地说到同它相连的 πολλὴ σπουδή（强烈感受）和 μετὰ διαιρέσεως ἀμφισβήτησις（划分的争论）。[2]亚里士多德积极地参与到这些讨论中。值得注意的是，在《劝勉》中他使自己的个人观点服从于学园的主导学说。有两点可以确定：首先，甚至在早期亚里士多德也没有将理念论看作固定的教条；他追随它，但是在提到它的同时完全意识到它的困难。这些困难——这是第二个结论——对他而言不足以使他最终拒绝柏拉图的学说，就像他在自己的作品《论哲学》和稍后公元前 348 年的《形而上学》中所做的那样。也许人们可以说，无论在《劝勉》中还是在柏拉图后期对话中，学园对自身的文学描绘还没有揭示出它的秘传讨论的真实状态。在亚里士多德作品以及在他的老师的晚期作品中，最有趣的东西常常恰恰是那些他们没有说的东西。

甚至比柏拉图自己在他的作品中学园精神的体现更有价值的，是学园年轻一代的代表的表白。我们从中认识到，在学园作品中，什么对他是重

97

---

① Frg.52（p.61, I. 13, in Rose）.

② 《斐莱布》，15A. 参见 Parm. 139B ff。

要的。

当他激动地提到最近同精确科学一道进步（ἐπίδοσις）的哲学的时候，人们感受到自己直接被置于柏拉图的研究团队中。在学园中，人们感觉自己游弋在发展的洪潮中，与此相比，其他的 τέχναι 只是死水。亚里士多德谈到这个运动的步伐，并相信知识的完成已经近在咫尺了。这种信念来自对创造力以及无可比拟的进步的应有意识，他们那一代人充满了这种意识。他们对这种极乐的力量的信念不是产生自任何书本上的证明，而是来自一个被如此升华了的实存的幸运，这种力量内在于真正的研究中，如果是这样的话，那么这种信念就在那时是真实。外人也许认为这是徒劳无功的工作，亚里士多德喊道，但是那些一旦尝到它的滋味的人，就永远不会餍足。① 这是人类唯一的不会限制于任何时间或地点或工具的活动。它不要求任何外在赢获的鼓励。谁把握了它，就被它所掌握；从此以后他就感觉到没有什么比"端坐于此"（προσεδρεία）更加快乐的了。恰恰是这个研究者圈子促发了亚里士多德的 θεωρητικός βίος（沉思生活）的理想，这就是说，不是《吕西斯》或《卡尔米德》中活跃的体育馆，而是在学园与世隔绝的花园的小木屋（καλύβη）中促发的。它的安宁是《劝勉》中无忧岛的真实来源，那个哲学彼岸的梦乡。② 新型的哲学家不再以苏格拉底为模型，而是以毕达哥拉斯或阿那克萨戈拉以及巴门尼德为范型。《劝勉》称这三者为始创者。

就这个重要的转变，我们必须还要作进一步说明。

这个时候，在学园中柏拉图的苏格拉底和历史的苏格拉底的问题首次被提出来，因为人们越来越意识到自己同苏格拉底的方式的距离。当然，在他们最早将苏格拉底的成分从柏拉图区分出来的尝试中，他们起先几乎否认了在柏拉图的对话中所有归于苏格拉底的哲学知识。后来，针对这种极端主义产生了一种相反的效果，这样亚里士多德获得了下面的结果："有两样事

---

① Frg.52（p.62, I.20, in Rose）。

② Frg. 58（p.68, I.3；69, I.1, in Rose）。对此文学上的范型是柏拉图，《高尔吉亚》526C，和《理想国》VII。540B。在学园中，柏拉图主义者将这两段和存在联系在一起。《伊庇诺米》（992B）采用了这个观念。

物必须公正地归于苏格拉底，归纳论证和普遍定义。"①无论如何，在《劝勉》的理论哲学和苏格拉底之间没有关联。在那部作品中，形而上学还没有获得"第一哲学"的名称，被描述为"由阿那克萨戈拉和巴门尼德引入的那种类型的沉思"。而柏拉图哲学的始祖被认为是毕达哥拉斯。②甚至在《形而上学》的第一卷亚里士多德仍然认为，柏拉图的学说从起源上来说本质地是毕达哥拉斯主义的，虽然它增加了"一些它自己的特别的东西"。③这种观点必然经常令读者吃惊，却并不是要贬低柏拉图。这是学园正统的看法；亚里士多德在大约公元前348/7年写这些话的时候，仍然持这种观点。柏拉图的苏格拉底是艺术家构型冲动的产物；学园的毕达哥拉斯崇拜是那里曾经有的宗教自我暗示的最明显的例子，是学园以及它的数的形而上学在毕达哥拉斯半神秘人格中的反射，柏拉图主义者尊毕达哥拉斯为"沉思生活"的奠基者，并且很快就将自己时代和学派的观点归功于他。

在《劝勉》中的毕达哥拉斯的故事虽然本身不重要，却使得我们能够亲眼看到，话语结构是如何发展并对希腊哲学的历史产生了致命影响的。人们问毕达哥拉斯，什么是人类生活的目的。他回答，"沉思宇宙（星星、月亮和太阳）"。④对于进一步的提问，他描述自己是这样的沉思者（θεορός）。带着这个故事我们提出在西塞罗的《图斯库兰的谈话》（Tusculanen）中对"哲学家"这个词的来源的解释，它来自亚里士多德的一个同学，本都斯的赫拉克莱德（Herakleides Pontikos）。⑤在这里，毕达哥拉斯又一次被提问。他称自己为一个哲学家，在解释这个新名字的时候，他说了以下的故事。他将人生比作盛大的奥林匹亚盛典，全世界的人都纷繁嘈杂地来到这里。有

①　《形而上学》M4，1078b27。这个谨慎的说法在我看来仍然是对历史事实最公正的解释。Maier（Sokrates, Tübingen, 1913, pp.77ff.）否认苏格拉底有任何关于普遍的逻辑理论和归纳，他无疑是正确的；因为人们已经太长时间在亚里士多德观点的基础上将苏格拉底视为第一个逻辑学家。而亚里士多德的行文并没有提出这样的观点；他只是描述苏格拉底所做的逻辑活动。他从他自己的观点来看待苏格拉底。他的目的完全不是给出一个"苏格拉底画像"，而是在他那里发现逻辑方法的最初起源，就像在德谟克利特和毕达哥拉斯学派那里一样（参见1078b20）。

②　Jambl. Protr., p.51, II. 8; 11. Frg. 52（p.59, I. 4, in Rose）.

③　《形而上学》A6，987a30。

④　Jambl. Protr., p.51, I.8. 在 I.13 的阿那克萨戈拉的格言是它的变种。

⑤　Cic. Tusc. V. 3, 8.

些人是在集市上做生意并娱乐；另外一些人希望获得竞赛的桂冠；还有的人只是静观者；最后一种人是哲学家，这种人只是少数。在读了《劝勉》之后，在起先的两种人中，人们发现了"享乐的"和"实践的"生活（βίος ἀπολαυστικός, πρακτικός）的代表，快乐和德性（ἡδονή, ἀρετή）。哲学家完全为了 θεωρία（理论），为了纯粹的 φρόνησις 生活。这个故事虽然吸引人，它却既不统一也不是本来的面目。赫拉克莱德（Herakleides）这个在所有的柏拉图主义者中最勤奋的毕达哥拉斯分子曾经明显地受到《劝勉》的激发。他将三种生活的区分放置到遥远的过去。这个故事的起因是必然有双重意义的 θεωρία（理论）这个词。将哲学家对存在的观看和奥林匹亚神圣的凝望的比较在《劝勉》中就出现了，它在那里紧邻着毕达哥拉斯问题的故事。[1]赫拉克莱德将这两个成分结合成一个小故事，并对它稍加修饰。这个亚里士多德仅仅用作风格媒介的对比现在变成了三种生活的比喻［因为并非每个去奥林匹亚的人都是一个 θεωροί（观看者）］，并归于毕达哥拉斯自己。实际上这个故事预设了柏拉图后期伦理学和形而上学的基本观念。

最后，我们必须对《劝勉》作为亚里士多德早期道德生活感受和宗教态度的表达作出估价。在这个方面，它是补充《欧德谟斯》的，因为它表明，从亚里士多德在那里所奠立的彼岸信仰的立场来看，对此岸世界的观点已经完全改变了。在这两个作品中，亚里士多德都对俗世生活以及暂时的善和利益完全悲观。他召唤我们出于自己的决断抛弃生活，以便获得更高的和更纯粹的善。不过，如果说《欧德谟斯》因为其灵魂和不朽学说而完全是沉思的，而《劝勉》却将我们置于一种更加人性的氛围中。

从柏拉图的榜样和学说中，亚里士多德确信，有更高的、不朽的价值，并且有一个更加真实的世界，真正的科学是导向它的。为了这个善，他放弃了所有表面善的东西：权力、财产和美貌。[2]所有世俗的东西的无价值从未被如此轻蔑地拒绝过。至于 18 世纪的美学梦想——晴朗的宁静、和谐、美的愉悦，我们在这里除了发现对此的最深切的厌恶，就没有别的了。大概它从未真正地同完全的希腊本质相符。有一些时期，比如在第四世纪，美学的

---

① Jambl. Protr., p.53, I.19.

② Jambl. Protr., p.53, I.19.

态度似乎在生活和艺术中取得了胜利；但是它们迅速地被"力量、美和高度只是笑料，没有任何价值"这样的反思所取代。身体的美以其高度的严格性早已经去掉神性；那应当解释它的艺术只靠空洞的形式崇拜的美学表象存活。在《劝勉》中亚里士多德攻击俊美的阿尔基比亚德（Alkibiades）。他是那个时代的偶像，在他夺目的精巧姿态中，它高兴地发现了自己的形象。亚里士多德指出了时代的弱点，说，如果谁能够"用林叩斯（Lynkeus）的眼睛"看穿那个受到如此崇敬的身体，那么他就会发现一个丑陋的和恶心的画面。[1] 这恰是对另外的生活感受的林叩斯的眼光，它将明显的围绕人们的事物的物质的隔板墙穿透，并在现象的舞台后面发现了新的、迄今为止没有被看到的世界——柏拉图的世界。

按照这种观点，人类生活的所有不完满的完善必定在于超越的世界。这样，活着就成了灵魂的死亡，而死亡就是逃进更高的生活中。亚里士多德借用了《斐多》的话并声称，真正的哲学家的生活必然是不断地练习死亡。[2] 这对他并不困难，因为对他而言，灵魂囚禁在身体中是非正常的状态，灵魂充满了不可名状的痛苦。[3] 这描绘了类似伊特拉斯坎人（Etruscan）海盗的悲惨画面。为了折磨他们的囚犯，这些海盗将囚犯和尸体面对面绑在一起。在这种强迫的生命和腐朽的结合中，他们让他们的牺牲品逐渐地消亡。年轻的亚里士多德同样陷入了人的二元存在的痛苦中，这是柏拉图和奥尔弗斯在他之前就感受到的，带着一种神经质的热情，除了一种明显的可以感觉到的青年人的鲁莽和自我折磨，它有着真正的个人体验的踪迹。这绝对是不可忍受的、亵渎的想法，说这种柏拉图主义的标志只是一个脸谱化的面具，在它后面遮挡住了一个事实上舒适的和玩世不恭的家伙。我们必须重新学习。事实是，有这样一段时间，彼时这些观念对亚里士多德而言是他的自我的不可

102

_____

① Frg. 59 (p.70, I.11, in Rose; 参见 II. 7 ff.)。

② 见 Diels, Archiv für Geschichte der Philosophie, Bd.i, p.479。

③ 《劝勉》节录的最后一段被杨布利柯加工过（见 p.80），同新柏拉图主义混合了；但是下面的一段在我看来不会有错。"但是在这里，因为大概我们的族类在这里是不自然的，很难学习和考察任何东西，一个人很困难地才观察到任何东西，因为我们生活的不适和不自然；但是如果我们可以安全地回到我们所从来的地方〔又是《欧德谟斯》！〕，显然我们会更加高兴和容易地做这件事。"（Jambl. Protr., p.60, II. 10-15）。All' entautha men…Para physin 的重复在这里也表明，原文被粗陋地缩略了。

分割的部分。他用了越来越新的变化和比喻来培育它们。他乐于从神秘的东西中取得词汇，因为只有通过宗教他才能理解并克服人的二元存在的限制。就像古代的神秘学说流传的，人的整个一生就是为了某种沉重的罪孽而受的惩罚，这种罪孽是灵魂在前一个存在状态中所犯下的。

灵魂的回家的超感觉过程也包括了人的道德要求。伦理学就这样被剥夺了它的绝对的有效性和独立价值。虽然亚里士多德远非将实际道德生活的各个方面分解成了一种唯一的神秘的凝视，也没有导向宗教狂热，但是他确实无条件地将意志和行动的领域交给了对永恒的善的沉思。

哲学家应当尽可能地远离实际生活的散逸。《劝勉》警告我们不要过深地陷入可朽的事物中，也不要在人类的错误道路上迷失自己。所有这些只会令我们的向神的回归变得困难。我们唯一应当努力的是，有一天平静地死去，从这严酷的监禁中回到我们的家。我们或者跋涉向真理并将自己奉献给它，或者扔掉这个生命；因为所有其他的都只是废话和完全的徒务虚名。①

---

① Frg. 61 (p.72, I. 20, in Rose). 西塞罗将这一段放在他的《荷滕西斯》的结尾，和其他来自《劝勉》的相似的思想一起。大概它们原来就在结尾。

第二部分

游历时期

第一章

亚里士多德在阿索斯和马其顿

公元前 348/7 年柏拉图的死和几乎同时的，斯塔吉拉被马其顿的斐力攻打商业城市卡尔西迪（Chalkidike）的战火熊熊所毁灭，突然地夺走了亚里士多德的旧的父母之邦和第二故乡：因为雅典曾经令他接近柏拉图。只要柏拉图还活着，他思想的独立发展便不会使得他要离开柏拉图。但是，一旦柏拉图的眼睛永远地闭上，那联系他和同学的纽带很快就断开了。在同一年亚里士多德直接离开了雅典以及那里的朋友圈子，离开了他 20 年献身其中的工作团体和最高体验之地，到小亚细亚去了。① 作出这一艰难决定的内在原因没有流传下来，也许在柏拉图死之前就确定了。有着各色各样的关于他的动机的联想，并且因为亚里士多德在自己的著作里面对柏拉图的学说进行了大量尖锐的批评，所以就不难发现有人相信这样的猜测：亚里士多德已经和柏拉图决裂，他从雅典的出走就是这个分裂的表现。人们还在亚里士多德的性格中寻找内在的原因。除了在谈到柏拉图的时候表现出极大的尊重外，他对待他人的嘲讽的方式，在精神上触怒了那些敏感的人的神经。他尤其不为那样的人所喜，他们将他充盈的才智和顽强的逻辑纯粹性作为一种破坏性的精神的标志。亚里士多德自己偶尔会抗议那些看法，人们认为他本质上合情合理的批评有着私人的动机。后来的谣言则公 **106**

---

① Apollodorus in Diog. L. V.9（参见 V.3，在这里年代可怕地混乱）；Dionys. Hal. Ep. Ad Amm.5。

开地谴责他恶毒和不知感恩。世俗的怀疑的迷雾在近古已经弥漫在他的出走的动机之上，虽然现在我们对通俗的社会道德已经变得更加怀疑，但是明确地驱散这些谣言也并非多余。尤其是在他走这一步的原因还没有明了的时候。①

　　一个聪明而有教养的帝国时期的学者，麦撒那的阿里斯托克勒（Aristokles von Messana），用道德的力量撕下这个传说的面纱。他通过回到原始的来源，说明流言所依赖的基础极其不充分，这样就结束了编译者那个持续不断的传统。我们感谢有这样的机会，替我们保存了他批判的研究的那个部分，在对这个漏洞百出的谎言胜利地摧毁之后，他表明，亚里士多德叛离柏拉图的谣言建立在对亚里士多德的学生塔壬同的阿里司托森（Aristoxenos von Tarent）一段话的可悲的误解上。② 极其可能的是，阿里斯托克勒在推翻了这些伪造的故事后，将那些珍贵的个人材料大白于世，这些材料比起所有的淡漠的恶意的猜测，即，认为那是献给欧德谟斯的祭坛挽歌，都更好地展示给我们亚里士多德对他的老师的态度。③ 反之，如果人们总是记得，这块稀有的宝石的重新发现只归功于一个批判的传记作家对原始文献的寻找，从而意味着，在诗中包含着亚里士多德关于他自己同柏拉图关系以及他对那些恶意批判这种关系的答复的明确说明，那么，说亚里士多德在残篇中如此热切地证明的是苏格拉底而非柏拉图，在心理学上就是不可能的，而且也是内在地冲突的。④ 后期新柏拉图主义者从一本关于亚里士多德和柏拉图关系的博学的研究著作

---

① 亚里士多德在《尼各马科伦理学》I. 6, 1096a11-16 和 frg.8 抗议由柏拉图的学生圈子发起的谴责。我们关于各学校中的流言蜚语的信息由 Stahr 批判的检查过了（Aristotelia, Halle, 1830, vol. I, pp.46ff.）。他的材料来自 Franciscus Patritius（Discussiones peripateticae, Basle, 1581）。后者是文艺复兴时期的一个柏拉图主义者，他被对亚里士多德的仇恨所蒙蔽，绝对相信任何无论多么荒谬的谴责。

② Aristokles bei Euseb. Praep. Ev. XV. 2, 3.

③ 这是 Immisch 的观点（Philologus, Bd. lxv, p.11）。这大概由这样的事实所导致，就像 Stahr 所展示的（同上书，Bd. i, p.61），阿谟尼乌斯（Ammonius）亚里士多德的生平告诉我们的关于他和柏拉图的关系，根据它的用词，必须参考保存在由欧塞比乌（Eusebios）保存的阿里斯托克勒（Aristokles）的残篇。

④ Bernays, Gesammelte Abhandlungen, Bd. I, pp.143ff. 正确地被维拉莫维茨反驳（Aristoteles und Athen, Bd. ii, p.413），最近则被 Immisch 反驳（同上）。

中节录了这首诗，在这本著作中仅仅引用了那些直接说明这个问题的诗句。这就很清楚，在挽歌中所说的"坏人甚至没有权利来赞美他"，这个人不是别人，正是柏拉图；而"坏人"，亚里士多德认为他们的赞美会损害老师，不是随便什么"可怜虫"（misera plebs），而是那些错误的崇拜者，他们认为有责任保护柏拉图免受亚里士多德对他的学说的批判。[①] 这些诗句原文如下：

ἐλθὼν δ' ἐς κλεινὸν Κεκροπίης δάπεδον

译文：来到雅典卫城这著名的地方，

εὐσεβέως σεμνῆς Φιλίης ἱδρύσατο βωμόν

他虔诚地筑起神圣友谊的祭坛。

ἀνδρὸς ὄν οὐδ' αἰνεῖν τοῖσι κακοῖσι θέμις,

献给那个人，坏人甚至无权赞美他。

οἰκείως τε βίῳ καὶ μεθόδοισι λίγων,

在有死者之中，他是唯一的或者是第一个，

ὡς ἀγαθός τε καὶ εὐδαίμαων ἅμα γίνεται ἀνέρ.

用自己的人生和自己的语言，清楚地揭示出，人只有善才能幸福。

οὐ νῦν δ' ἔστι λαβεῖν οὐδενί ταῦτα ποτέ.

这样的事情，而今已无人能够。

在这里用第三人称所说的祭坛的奉献者，我们对他一无所知。那种认为这首诗是献给欧德谟斯的说法也对我们毫无帮助，因为我们不再能够确定，到底是说的塞浦路斯的欧德谟斯还是罗得斯岛的欧德谟斯。最晚期的新柏拉图主义者在对亚里士多德的生平的混乱描述中，能够说出祭坛上的献词的意义，他们认为，这个奉献者是亚里士多德。但是不能将这作为解释的出发点。幸运的是，传记传统所保留下来的不同版本使得我们能够如此清晰地追踪这个传说的发展轨迹，我们能够在这个所谓的献词的逐步发展中辨别其

108

---

① 只有这样，这个对亵渎的愤激的否认才获得了具体的意义。对于亚里士多德的语言而言，空洞的修辞夸张是不可想象的；而联想到犬儒学者第欧根尼（就像 Gomperz, Griechische Denker, vol. ii, p.539; 以及 Immisch, 同上，p.21 所作的那样），因为他也教导德性的自足，就太勉强了。此外，第欧根尼最多可能引证苏格拉底，而不会引证和他距离如此遥远的思想家，诸如柏拉图。

各个阶段。①

　　虽然亚里士多德所描述的外部环境还不是完全清晰，但是内部的情况却更加清楚，而这正是我们所要关注的。第一行是说一个人，大概是柏拉图的一个学生，来到雅典并在那里筑起一座祭坛。说他筑起一座柏拉图的祭坛，即，柏拉图被致以神圣的荣誉，这个我不同意。祭坛（βωμός）统辖着两个第二格的词，φιλίης 和 ἀνδρός，初看起来这可能会让我们迷惑不解，但是，对于希腊人这样理解毫无问题：他筑起了一座祭坛献给最值得尊敬的朋友，纪念那个人的友谊，坏人甚至不可以去赞颂他。② 形容词 σεμνή（神圣的）排除了一切疑问，说明友谊就是那神圣的东西，以它的名义这个祭坛被筑起。第二格使得这件事同样确定：这座友谊的祭坛不是奉献给任何理性的象征，或者任何没有血性和生命的抽象物的，而是献给那个人，在他的人格和行为中，女神已经向着这个年轻人展露出了自己。③ 对人的神化在柏拉图的宗教概念中是不可能的，亚历山大、吕珊德尔（Lysander）和伊壁鸠鲁（Epi-

109

----

①　Immisch 认为铭文是真的（同上，p.12）；但是在 Vita Marciana 中，伪作六音步的诗"亚里士多德为柏拉图竖起这座祭坛"作为真的被它引用（p.431 in Rose）；然后我们读到，"在另外的地方他说他，'坏人甚至无权赞美他'"。第二行是一个五音步的诗，所谓阿谟尼乌斯的《生平》的编辑者粗心大意地将六音步的诗和五音步的诗放在了一起（p.439 in Rose），假设"人"和"柏拉图"是同位语，这两行构成一个单独的对句，虽然它们在来源上是不同的。不可能是另外的样子，比如 Vita Marciana 的作者所看到的对句是个整体，他拆开它们，然后说五音步诗来自另外一首诗。大概这个引用本来包括挽歌的整个残篇，因为很明显它是从阿里斯托克勒获得的（参见 p.106 Anm.3）。

②　Wilamowitz（同上，pp.413ff.）将 ἱδρύσατο βωμόν ἀνδρός 放在一起（"为一个人筑起祭坛"，即柏拉图），并将 σεμνῆς Φιλίης（神圣友谊的）看作一个原因性的第二格，或者作为一个伊奥尼亚风格（Ionicism），虽然他认为这不太好；在简单的散文体演说中——它对自厄文努斯（Euenos）和克里底亚（Kritias）时代的挽诗是固定的规则——这两者都是勉强的。Immisch 感觉到了这个，但是要保留献给柏拉图的祭坛，将这段文字改成 εὐσεβέων σεμνὴν φιλίην（"为了敬奉神圣的友谊，他筑起一座祭坛给那人"，等等），但这是不可能的。（在对赫西俄德的《工作与时日》的注解中，维拉莫维茨称一个名词统治两个第二格为 Ζηνὸς φύλακες ἀνθρώπων（v.253）'a locus classicus）。

③　在学园中，亚里士多德、塞诺克拉底，斯彪西波和奥布斯的菲力浦（Philippos von Opus）都写过 περὶ φιλίας（论友谊）。这个主题的整个文献都是围绕柏拉图晚年而产生的。虽然"爱的论题"还以传统的方式被讨论，但是爱欲已经不再是这个圈子统一的标志。亚里士多德将它投射进形而上学中，作为 amor dei（对神的爱）继续存在，推动着整个世界。"它由于被爱而推动着世界"中性是值得注意的变化。

kur）的例子在这里不适用。① 只有理念的本性享有完全的神性。对于这种特殊的柏拉图主义的宗教感情，一个例子是亚里士多德写给赫尔米亚的颂歌（第 118 页）。它既不针对死去的人，也不将抽象的德性概念人格化。他将德性看作追求最高的存在价值的人的德性的神圣原型（他两次说到了 μορφή），就像亚里士多德和他的朋友在赫尔米亚（Hermias）的生和死中所体验到的那样，即，作为 ᾿Αρετὰ Ἑρμίου。不朽的、从来不为人所见的女神被歌颂，但是敬献给他们在人世看到的她的最后一个载体。那么，站在祭坛上的就是一个词 φιλίας，亚里士多德以一个对神圣的宗教对象的虔诚的 ἐξηγητής（注释者）的身份解释这个铭文，那么它恰当地意味着 Φιλία Πλάτωνος（柏拉图的友谊）。因为友谊要有两个名字，我们不会忘记加上其中一个的名字。谁是 φίλοι 群体（学园中的人如此自称）中那独一无二的一个，他可以声称居有这个地位？对他们所有人来说，柏拉图的友谊是神圣的，因为这是他们这个团体连接起来的最内在的力量。

在结束的诗句中，以颂歌形式献给柏拉图的修饰语同献词有着密切关系。真正的朋友——这是柏拉图关于友谊的学说以及学园的共同生活的基本思想——是那种全善的人。所以，最后几句称赞柏拉图是那实现了这个热情洋溢的理念的有死之人。因为他是唯一的或者第一个这样的人，向我们展示出如果人是善的，那么他对任何命运而言都是自由的，并且是自己的生命的主人。他不仅在理论上教导他们，而且他自己就是一个活生生的例子。再没有人能够做到了——亚里士多德要这样写，这是从强硬的"他是有死者中唯一的"中得出的结论，但是谁又能够知道未来并且说出，什么是对人而言可能的？所以，亚里士多德用 ἤ πρῶτος（或者是第一个）来限制 μόνος（唯一的），在最后一行用 νῦν（现在）来限制 οὔποτε（从来）：至少对现在的人而言，不可能做到和他一样。② 在现在的一代人和超越人的尺度的领导者之间的对

110

———————

① 维拉莫维茨认为祭坛是献给柏拉图的神的概念的（同上书，vol. ii, pp.413ff.），这当然不错，但是却不符合柏拉图圈子里的严峻而虔敬的人的脾性。对亚里士多德而言，柏拉图确实在"有死者"中占有一个特殊的地位（v.4），但是他还仍然是一个引导向神圣目标的有死者。

② 整首诗的理解依赖于对最后一行的理解。在内容上它是无懈可击的。它的解释者没有注意到 οὐκ ἔστι λαβεῖν（"不可能达到"）是一个固定的表达，在亚里士多德的论文中表示理想难以达到。在《政治学》，VIII.1332b23 他说到一个政治学理想，"因为它不容易达到"

89

照中有一种悲剧性的服从，这使得这首纪念诗从一个仅仅是高度的赞美变成

111 了一个扣人心弦的自白。亚里士多德的《伦理学》拒绝了柏拉图的学说：人的幸福仅仅依赖于他灵魂的道德力量。相反，它反对任何闲谈者重复这个崇高的法则。[①] 但是对柏拉图，这个法则的创始人，它却是绝对的真理。哪儿还有一个人能够追随他这条陡峭的道路呢？

> 那不充足的
>
> 在这里已经发生，
>
> 那不可企及的，
>
> 在这里已经做到。

但是，亚里士多德离开雅典是他生活中的内在危机的一种表现。事实依然存在着：他再也没有回转到他的母校。这样的决绝大概和柏拉图的继承人问题相关，这个问题必然在很长时间内决定学园的精神，它的解决却完全没有获得亚里士多德的赞同。这个选择，无论是柏拉图自己作出的或者是其他成员作出的，落在了柏拉图的侄子斯彪西波身上。他由于年长而不能被绕过，但是亚里士多德的卓越也是所有人有目共睹的。这个决定大概也考虑到了一些外部因素，比如将学园交给一个外乡人的困难，虽然这一点后来被克服了。选择斯彪西波，使得财产的所有权保留在柏拉图家族中。除了这种外在的权宜之计的原因外，是否还有个人好恶也起了一定作用，已经不可考

（ἐπεὶ δὲ τοῦτ' οὐ ῥάδιον λαβεῖν）。III.1286b7,"贵族制比君主制更值得欲求……如果找到这样多同等贤良的好人是可能的"（ἂν ᾖ λαβεῖν，即在现实中发现，或实现）。有对"再次"和"现在"的并列的反对。这种说话的方式是因为将两种可能的表达压缩进一个紧凑的结果，即"从未或至少现在不是"和"现在活着的没有一个"（οὐδενὶ τῶν γε νῦν）。亚里士多德使用他自己的语言，而它不能归为一套规则。他感兴趣的只是他要传达的在理智上有细微差别的精确性，而非措辞的流畅；比如，第四行的"活着第一"的精确性差别对讲课比对挽诗更合适。老师已经给我们指出了目标——这就是结论的意思——但是我们这些现在的人不能飞得那么高。这说明这首诗也是在柏拉图去世之后写的，并且是致罗得斯岛的欧德谟斯的。如果它是在亚里士多德的最后的时期写的，那感情也太直接了。它似乎是强烈的情感和内在冲突的产物。如果是在阿索斯时期，就像我相信的那样，塞奥弗拉斯特和欧德谟斯已经成了亚里士多德的学生，那么挽诗大概是在柏拉图去世之后不久写的。在亚里士多德放弃了老师的学说的时刻，他内心的冲动促使他以私人告白的形式宣布他同他内在的关系。

① Immisch 正确地强调了这一点，同上书，p.17。

了。但是这自身几乎是不言自明的了。人们可以对一件事情确定无疑：不是因为亚里士多德对柏拉图基本观念的批评使得他被排除在学园领导的继任者之外。斯彪西波自己在柏拉图在世之时曾表明理念论是站不住脚的，并且也放弃了老年柏拉图意义上的理念数论设想。并且在其他根本问题上他也和柏拉图相左。在离开雅典的时候，亚里士多德不是被唾弃而是被高度尊敬，这一点也由他的同伴塞诺克拉底（Xenokrates）所证明，他是柏拉图所有的学生中最保守地反对改变学说的人，但是同时也是一个完全正直的人。亚里士多德和塞诺克拉底相继离开。[①] 他们去了小亚细亚，确信斯彪西波所继承的仅仅是学园的校舍，而非精神。他们离开这里，是为了给已经失去家园的精神建造新的居所。后来几年他们的活动的地方是特罗亚（Troas）海岸的阿索斯，在那里他们和另外的两个柏拉图主义者，来自伊达的斯凯帕西斯（Skepsis am Ida）的厄拉斯托（Erastos）和科里司库（Koriskos）一起工作。

112

这个时期的重要意义至今还没有被认识到。柏拉图的第六封信——这封信的真实性已经由 Brinckmann 令人信服地证明了[②]——是写给当时在小亚细亚的柏拉图以前的两个学生厄拉斯托和科里司库以及他们的朋友阿塔纽斯（Atarneus）的王赫尔米亚的。柏拉图告诫这两个哲学家，虽然他们在道德上完美无瑕，但是缺乏社会经验，所以要受到赫尔米亚的保护，而赫尔米亚这一方则要学会欣赏他们的忠诚以及值得信任的友谊。关于柏拉图的两个同伴和阿塔纽斯的国君之间罕有的关系通过首先由伯克（Boeckh）发表的的一则铭文表达了出来，[③] 在这里，"赫尔米亚和同伴们"（在原文中，Ἑρμίας καὶ οἱ ἑταῖροι 这个短语正式出现了五次）同埃律特莱伊城邦中的民众建立了

---

① Strabo XIII.57, p.610.

② Rheinisches Museum, N.F., vol. lxvi, 1911, pp.226ff. 就同赫尔米亚相关的外部事件而言，我们几乎完全同意（见我的 Entstehungsgeschichte der Metaphysik des Aristoteles, 1912, pp.34ff.）；这是一个更强的证明，因为 Brinckmann 从一个完全不同的出发点，同我们达到了相同的结论，彼此完全独立地完成。虽然我的书直到 1912 年才出版，但是当 Brinckmann 的文集出现的时候，我的研究已经在柏林作为一个论文呈送给了哲学同僚。

③ Boeckh, "Hermias von Atarneus", in Abhandlungen der Berliner Akademie, 1853, Historisch-philosophische Klasse, pp.133ff. (Kleinere Schriften, vol. v, p.189). 铭文出现在 Dittenberger, Sylloge, Bd. I, p.307.

联盟。根据新近发现的狄底谟斯（Didymos）对德谟斯提尼（Demosthenes）的《斥斐力》做的注释，毫无疑问，这里和赫尔米亚一道出现的作为法定的协约一方的同伴不是别人，就是来自邻近的斯凯帕西斯的两个哲学家，也是柏拉图的信所期待的那两个人。

113　　赫尔米亚是一个出身卑贱的人。他曾经是一个太监，这无可争议。甚至在早年他曾经受雇于一个银行在柜台上给人兑钱，这个故事是有事实根据的，虽然这是泰奥彭波(Theopompos) 说的，而他尽可能把他描述的可恶。[①]他最初在伊达地区占有了一些村庄，[②] 后来，他从波斯政府那里获得了外部的承认，并且被允许使用君主的称号，大概是因为付了足够数目的钱。他的住处在阿塔纽斯。通过稳步增长的政治影响，他所统治的地区达到了一个令人吃惊的面积。最后他必定拥有一个庞大的雇佣兵团，因为他通过军事袭击使得叛乱地区臣服，并且后来他经受住了波斯总督的一次围攻。

　　厄拉斯托和科里司库曾经很长时间生活在学园，然后回到了他们的母邦斯凯帕西斯。赫尔米亚最初肯定不是出于对柏拉图哲学理论的热情而同他们建立联系。他们必定是这个小地方举足轻重的人物，它为这两个博学的子孙而自豪。对于希腊小城邦而言，让成名的公民撰写法律，这并非罕见。数学家欧多克索作为一个伟大学者回到母邦克尼杜（Knidos），在那里受到高度的尊敬。他被选为荣誉执政者，委以为城邦撰写法律的重任。[③] 厄拉斯托

114　和科里司库肯定试图在斯凯帕西斯实现从学园中带来的各种政治改革，就像柏拉图的其他学生在其他地方所做的那样，一些人是作为独裁者或者执政者的顾问，有的人作为共产主义者和弑杀僭主者。大概柏拉图想在这两个同伴以及他们的"邻居"赫尔米亚之间建立友谊，因为，虽然他知道他们有着高贵的品质，他也担心他们会有些教条。这封信就是真实的政治（Realpolitik）

---

① 他当然是一个希腊人，否则亚里士多德在他的颂诗中不会将他表现为希腊德性传统的支持者，和那些背信弃义地杀害了他的那些野蛮人相对（参见 *das Epigramm frg.*674 Rose）。在泰奥彭波给斐力的信中说（*Didymus in Demosthenem*, col.5, 24, Diels-Schubart, Berlin, 1904）："虽然他是一个野蛮人，他却跟柏拉图主义者学习了哲学，虽然他曾是奴隶，他却在集会中同贵重的战车竞赛。"在这里的第一个说法至少或者是修辞对立法的饰词，或者指他是阉人这件事。

② *Didymus in Demosthenem*, col. 5, 27, Diels-Schubart.

③ Diog. L. VIII. 88.

和理论的改革计划之间罕见的联合的庄严证词。柏拉图的精神盘桓在这个机构的上空，虽然他和赫尔米亚并不熟识，① 他认为后者是一个非哲学的、纯粹实践的人，他鼓励三方在聚首的时候一起读这封信，如果有意见不一之处，就向作为仲裁人的雅典学园进行咨询。改革的尝试作为哲学的—政治的系统的结果出现，它应该在凡是有机会的地方都被实行，而学园要在其中把握领导权。

当这个寡头和聪明人站稳了之后，哲学家们当然要求赫尔米亚学习几何学和辩证法，② 就像柏拉图曾经要求狄奥尼索斯，他的学生欧福莱乌（Euphraios）要求马其顿的国王佩尔狄卡（Perdikkas），亚里士多德要求塞浦路斯的塞米松所做的那样。就像在一个开明而繁忙却内在动荡的世纪中其他那些渴求知识的人一样，赫尔米亚以日益增长的热情来用知识充实自己，并且进而将自己的生活建立在道德的基本原则上，这一点大概泰奥彭波说的没错，称他在登基之初的那些年从来没有这样做过。希埃尔（Chiers）认为他是一个绝对无法无天的人，而柏拉图主义者亚里士多德和卡利斯塞尼（Kallisthenes）却真诚地尊敬他，③ 从两种相互矛盾的判断来看，他是一个不 **115** 同寻常的人，一个混合了自然理智、实干的精力和巨大的毅力的人，但是同时也充满了不可消解的矛盾。无论如何，斯凯帕西斯人不仅仅使得他的灵魂康复，他尊敬他们，就像我们从狄底谟斯那里知道的，因为他们向他提出了正确的政治建议，他为此将阿索斯城赠送给他们。在他们的建议下，他主动将自己的暴政改变为"温和的宪政形式"。这一举措安抚了滨海的伊奥里斯人（Äolisch），结果是，从伊达山区到阿索斯海滨的地区都自愿地归顺了他。我们认识到，柏拉图和狄翁的想法以更加温和的宪政形式表现出来，他们要

---

① 参见柏拉图《书信》VI, 322E。而斯特拉波 [Strabo（XIII. 57, p. 610）]，错误地将赫尔米亚当成了一个哲学家，并曾是柏拉图的学生，以便解释他同学园的联系。由于某个无法理解的原因，这个矛盾以前被认为是证明了书信是伪作，虽然斯特拉波的说明包含了其他的不精确性（Brinckmann，同上，p.228）。

② 柏拉图，《书信》VI.322D。

③ 将有利的和不利的判断的并列，*Didymus*, col. 4, 60ff. 他反过来引用了泰奥彭波的《斐力王纪》的第 XLVI 卷，他给斐力的信，卡利斯塞尼（Kallisthenes）给赫尔米亚的颂诗，亚里士多德给他的诗，赫尔米波斯（Hermippos）的亚里士多德生平，以及阿那克西美尼（Anaximenes）的《斐力王史》的卷 VI。

通过采取宪政的政府形式来稳固叙拉古的专政，然后在对外政策上将西西里诸城邦国家都统一到它的严格的寡头领导下。在西西里没有能够实现的东西，在小亚细亚以微缩的形式成了政治现实。[1]

厄拉斯托和科里司库的改革必定在柏拉图去世前发生，因为公元前 347 年亚里士多德已经去阿索斯而非斯凯帕西斯去找他们了。赫尔米亚的馈赠在那时已经是既成事实了。狄底谟斯明确地告诉了我们人们以前所不知道的一件事，赫尔米亚听说了这两个哲学家并和他们一起共同生活了很久。事实上，如果柏拉图不是知道这三个听众都对此感兴趣，他不会在第六封信中提到诸如理念学说这样的纯粹的理论问题（322D）。狄底谟斯的话迫使我们想到，这不只是一个普通的哲学对话，而是现实的一堂课。在这个团体中，亚里士多德自然是领导者，因为赫尔米亚尤其感激他，这似乎说明，他在这个圈子中是领导者。这无异于雅典学园在阿索斯建立的一个分院。这为亚里士多德的学派奠定了基础。

只有在这里卡利斯塞尼才能享受他叔叔的指导，因为他没有在雅典听他的课。无论如何我们必须设想，他同赫尔米亚熟识，因为他为他写了一篇颂词。后来科里司库的儿子奈琉斯（Neleus）是最活跃和最重要的亚里士多德分子之一；而塞奥弗拉斯特（Theophrastos）来自邻近的莱斯博斯岛(Lesbos)上的埃雷索斯（Eresos）。在阿索斯逗留了三年之后，亚里士多德离开这里去了莱斯博斯岛上的米提利尼（Mytilene），这大概是出于塞奥弗拉斯特的安排。[2]

----

[1] Didymus, col.5, 52, Diels-Schubart。我在开头增加了一些实验性的修复。这个文本加上修复，可以翻译如下："到了周围的乡村；他进行远征，并同科里司库、厄拉斯托、亚里士多德和塞诺克拉底交朋友；所以所有这些人都同赫尔米亚生活在一起……然后……他倾听他们……他给他们礼物……他真的将专政变为温和的统治；从而也统治了远到阿索斯的邻近地区，由于非常感激以上所说的哲学家，他将阿索斯城分配给他们。在这些人中，他最接受亚里士多德，同他非常亲密。"

[2] 塞奥弗拉斯特至少在马其顿时期就加入了亚里士多德，这通过他对斯塔吉拉的私人认知所证明，也通过他在那里拥有财产的事实所证明（Diog. L. V.52; Historia Plantarum, III. 11.1; IV.16.3）。这只能通过相当长期地在那里生活才能获得，这样的居留只能建立在雅典的学校之前发生（公元前 335），当亚里士多德和追随他到马其顿的一小伙人经常从宫廷出来做长时间的休息；尤其是在亚历山大继位之前，已经参与国家事务的时候。如果是这样，这说明塞奥弗拉斯特同亚里士多德相识要在后者在小亚细亚的时候，塞奥弗拉斯

通过塞奥弗拉斯特这一点为人所知，亚里士多德的藏书和手稿遗作遗赠 **117**
奈琉斯，而后者又留给了他在斯凯帕西斯的亲戚。通过亚里士多德和他的朋
友们在斯凯帕西斯和阿索斯的亲密的哲学研究关系，最终那经常被怀疑的故
事——在斯凯帕西斯的奈琉斯的后裔家的地窖中重新发现他的著作——也去
掉了所有的传奇色彩。① 现在清楚了，在亚里士多德的课上经常使用做例子的
科里司库的名字追溯到一个时间，当其拥有者真实地坐在阿索斯的课堂长椅
上的时候。从各个方面来说在小亚细亚的逗留的经验对亚里士多德的后来的
生活都是有决定意义的。赫尔米亚将自己的侄女兼养女皮提娅斯（Pythias）给
了他作妻子。我们对这段婚姻一无所知，只知道他们有了一个女儿，取了和
她母亲同样的名字。在遗嘱中，亚里士多德指示将先他而死的妻子的骨骸放
置在他自己骨骸的一侧，这是她的最后的愿望。斯特拉波（Strabon）的报告
通常被浪漫地夸大了。他说了一个感人的故事，亚里士多德同僭主的女儿一
起逃跑，他认为这发生在赫尔米亚被俘虏之后。在这里，如同在别处一样，
狄底谟斯的发现纠正并拓展了我们的知识。在阿索斯活动了三年之后，亚里
士多德去了莱斯博斯的米提利尼，他在那里执教到公元前 343/2 年。然后他
接受了斐力王的邀请，去马其顿的宫廷做王子的教师。②

特追随他去了马其顿。这也不是不可能的：他甚至听过柏拉图的讲课，走过了同亚里士多
德的发展历程同样的道路（Diog.L.V.36），并同他一起离开了雅典；不过这是非常难以置
信的。他在第 123 次奥林匹克运动会时去世。如果他在公元前 348/7 年 20 岁时来到阿索
斯追随亚里士多德，那么他死的时候至少 80 岁了，即使认为这是运动会的第一年（公元
前 288），也许他已经 84 岁。所以鲜有可能他是柏拉图的长期的学生。认为他从莱斯博斯
岛被亚里士多德以及其他的学园的成员的授课被吸引去了邻近的阿索斯，这更自然。他
同卡利斯塞尼的友谊（塞奥弗拉斯特在卡利斯塞尼死后写了《卡利斯塞尼》或《论悲痛》
献给他，Diog.L.V.44）必然也属于创建在雅典的学校之前的时期，因为后者随亚历山大
在公元前 334 年去了亚洲且一去不返。

① Strabo XIII. 54, p.608.
② 参见我的 *Ent. Met. Arist.*, p.35. 作为错误的观点的例子见 A. Gercke in *Realenzyklopädie der
klassischen Altertumswissenschaft*, Bd. ii, col. 1014. 他认为赫尔米亚的垮台是亚里士多德"逃
走"的原因，所以将这件事放在公元前 345 年，因为可以确定的是，亚里士多德只在阿
索斯逗留了三年（公元前 348—345）；但是狄底谟斯已经表明，他离开阿索斯的时候，赫
尔米亚还活着，他直到公元前 341 年才垮台。其中有些人（包括 Gercke，同上）猜测亚
里士多德之间在雅典有一个短期的逗留，在吕克昂教学；但是这是建立在对 Isocrates
XII. 18 的轻率的误解上的。

在开始这个新工作不久，他就接到了关于赫尔米亚悲惨命运的消息。波斯将军门托尔（Mentor）将赫尔米亚包围在阿塔纽斯并攻占不利的情况下，奸诈地引诱他和谈，将他带到了苏萨（Susa）。在那里他遭到严刑拷打，并追问他和斐力王的秘密计划。他坚定地保持沉默，最终被钉在十字架上。在酷刑下国王使人问他，他要求什么样的最后的光荣。他回答说："告诉我的朋友和同伴（πρὸς τοὺς φίλους τε καὶ ἑταίρους），我没有做任何配不上哲学或者有失哲学身份的事情。"这是给亚里士多德和在阿索斯的哲学家的临终问候。[①] 亚里士多德对朋友的死的哀伤和他对他的依恋直到今天还刻在德尔菲的纪念碑上，他为此撰写了献词，将优美的颂歌献给赫尔米亚。当雅典的民族主义党派在德谟斯提尼的带领下，诽谤死者的时候，当全希腊的公共舆论对他都持怀疑，反对斐力以及他的派别成员的情绪在整个大陆都达到了最高的程度的时候，亚里士多德发表了这首诗，满怀激情地表明自己同死者站在一起。

Ἀρετὰ πολύμοχθε γένει βροτείῳ,
θέραμα κάλλιστον βίῳ,
σᾶς πέρι, παρθένε, μορφᾶς
καὶ θανεῖν ζηλωτὸς ἐν Ἑλλάδι πότμος
καὶ πόνους τλῆναι μαλεροὺς ἀκάμαντας·
τοῖον ἐπὶ φρένα βάλλεις
καρπὸν ἰσαθάνατον χρυσοῦ τε κρείσσω
καὶ γουέων μαλακαυγήτοιό θ' ὕπνου.
σοῦ δ' ἕνεκεν φιλίου μορφᾶς καὶ Ἀχιλεὺς Αἴας τ' Ἀίδα δόμον ἦλθον·

译文：德性对于有死的种族是辛苦的，
它是生命中最美丽的奖杯，
为了此型相甚至可以去死，
少女，希腊遭受嫉妒的命运，
承受着强烈的无止境的劳作。
这个果实你赠给了精神，
就像给了诸神，比金子还宝贵
更甚于祖先和眼睛倦怠的睡眠。
为了它，宙斯的儿子赫拉克勒斯和勒达的儿子们
忍受千辛万苦
寻求这种能力。
在寻找你的过程中，阿喀琉斯

---

① Didymus, col. 6.15.

σᾶς δ' ἕνεκεν φιλίου μορφᾶς καὶ
Ἀταρνέος ἔντροφος
　ἀελίου χήρωσεν αὐγάς·
　τούγαρ ἀοίδιμος ἔργοις
　ἀθάνατόν τέ μιν αὐδήσουσι
Μοῦσαι,
　Μναμοσύνας θύγατρες,
　Διὸς ξενίου σέβας αὔξουσαι φιλίας
τε γέρας βεβαίου.

和埃阿斯到了冥府地狱，
　为了你亲爱的身影，阿塔纽斯
的孩子
也凄凉地离开太阳的光明。
是以他的作为会被歌颂传扬，
他会被缪斯——记忆女神的女儿
宣布为不朽，
就如她们慷慨地增加对不渝的
友谊和对宙斯的敬奉的报偿

　　这首诗对于我们认识亚里士多德的哲学成长的不可替代的价值还没有被领会。反而大多数时候它被看作是个人资料。它表明，在亚里士多德完成了他对柏拉图的理念的批判性破坏之后，精确的思想和宗教感情走上了不同的道路。当他写这几句诗的时候，在科学上理念对亚里士多德已经不再是现实存在的，而在他的心中，理念还作为宗教象征而存在，作为理想。他将柏拉图的著作像诗一样来理解，就像他在《形而上学》中将理念和可感世界分有它的存在解释为沉思的想象诗意的创造，所以这首诗中，理念重新出现，变形为一个少女，在希腊，为了她仍然值得去赴死。"在希腊"这个词不能被忽视。卡利斯塞尼也同时在他写给赫尔米亚的颂词中将赫尔米亚的英勇就义看作是同野蛮人的德性（ὁ τῶν βαρβάρων τρόπος）相对照的希腊德性的写照。[①] 亚里士多德在德尔菲的献词表现出对那些米底亚人的蔑视和憎恨，他们没有在公开的战场上战胜赫尔米亚，而诡诈地食言并残忍地杀害了他。将赫尔米亚、赫拉克勒斯和狄奥斯库里（Dioskur）、阿喀琉斯以及埃阿斯并列，这并非颂词体的花招；亚里士多德没有打算用荷马的英雄那套行头来装饰自己的朋友。相反，所有希腊的英雄品格，从荷马的素朴的那种到哲学家的道德英雄的那种，在他看来都是一种独特的生活态度的表现，只有在它征服了生活的高度的地方，才能攀爬上它。他在这种柏拉图式的德性或英雄品格中发现了希腊灵魂的力量，无论是战场上的英勇还是痛苦时的坚韧的沉默；他

119

———————

① Didymus, col. 6. 10-13.

将这一点灌注进了倔强的亚历山大心中，在这样一个启蒙的世纪，他长久地感觉自己像阿喀琉斯一样，并像阿喀琉斯那样去战斗。在他的石棺上，雕刻家表现了在希腊人和亚洲人之间决定性的一场战斗，作为同样的对照的例子——在东方人的画面上，是深刻的身体和精神折磨的标记，而在希腊人的形式中，则是英雄的不间断的精神和身体源始能力。

120

在那个时候，亚里士多德和他的同伴对波斯人的敌视情绪在马其顿宫廷中是普遍的。通过由狄底谟斯修复的德谟斯提尼的《斥斐力》IV 我们确切地知道，早在公元前 342/1 年斐力就已经严肃地考虑对抗世仇敌人的民族战争的计划，就像伊索克拉底和他的圈子的人早就酝酿的泛希腊宣传那样的战争。只有这个才能解释马其顿国王用粗暴的力量征服自由的希腊城邦。通过间谍德谟斯提尼知道，赫尔米亚已经同斐力订立合约，这样就将他自己和波斯置于危急的境地。这个军事条约为马其顿攻击波斯打开了通道。作为一个有远见的政治家，赫尔米亚完全明白让斐力来保护他自己在西北小亚细亚来之不易的地位的时机已经成熟。波斯王国和马其顿的军事力量的冲突在他看来是不可避免的，他希望通过给斐力以亚洲桥头堡并保证他在伊奥里斯（Aiolis）有强劲的后盾来保持独立。我们不知道谁告诉波斯人这个计划的。但是当波斯将军囚禁了赫尔米亚的时候，大概德谟斯提尼很高兴地认为，伟大的国王将用酷刑使他很快坦白，透露斐力的密谋，并使波斯和雅典结盟，德谟斯提尼为此所做的努力都是徒然。①

很难想象亚里士多德对这个具有高度政治意义的事情一无所知，这是斐力——他生活在他的宫廷中——和他的朋友以及岳父所安排的。他在公元前 342 年搬来佩拉，而赫尔米亚在公元前 341 年遇难。我们不知道密谋合约

121

是否在这一年订立，还是在亚里士多德去马其顿的时候已经存在了。但是大概没有保密很长时间，所以不久后灾难就发生了。无论如何亚里士多德去佩拉是在赫尔米亚赞同下的，并且也不是没带着某种政治使命。传统说法是，斐力王正在到处寻找一个人来教育自己卓越的儿子，所以找到了那个时代最伟大的哲学家。但是当亚里士多德在阿索斯和米提利尼授课的时候，他还不

---

① Demosthenes, Orations, X.31. 参见 die Scholien z. St.，它们同给赫尔米亚的第四 Philippic 的神秘暗示相关，这一点被狄底谟斯的注解所证实。

是希腊的精神领袖，而亚历山大还不是一个历史性的人物。这个决定也不是取决于这样一个事实：亚里士多德的父亲尼各马科（Nikomachos）曾是马其顿宫廷阿敏塔斯（Amyntas）王的私人医生，因为自那以后，已经有四十年过去了。所有的一切都指示出，是赫尔米亚和斐力之间的关系才真正说明这个世界历史标志性的事件：思想家和伟大国王建立了联系。仅仅充当家庭教师不适合亚里士多德的男子气概，就像柏拉图在狄奥尼索斯的宫廷中以及亚里士多德自己对他的阿塔纽斯的王者朋友所扮演的角色，这样的场面在马其顿从开始就很少。所以，当我们分析《政治学》的时候，观察到从柏拉图的道德极端主义，从他对理想城邦的空想到真实的政治（Realpolitik）之间有一个逐渐的过渡，这一点很重要。我们得出结论，这种变化主要是在有经验的政治家赫尔米亚的影响下完成的。亚里士多德没有向亚历山大推荐柏拉图的小城邦国家的理想，就像在他的《政治学》最早的部分中所看到的那样。虽然这个理想仍然对法定地保持为自治的各希腊城邦有其重要性，并且虽然后来当他在雅典授课的时候又重新认识到了它。他很清楚地知道——他承担这项工作，比起他所有的政治理论对他的性格更有意义——他正在塑造希腊首要城邦的继承人的思想，这是当时欧洲最强大的王国，他同时也是斐力和赫尔米亚的外交联系人。赫尔米亚的死使得一切有了未曾预料的变化，但是就此被毁掉的同盟的反波斯情绪却成为亚里士多德情感生活的一个部分，在那样的气氛下亚历山大成长起来。

对亚里士多德来说，希腊如果在政治上统一的话就能够统治世界，这是一个信念问题。作为一个哲学家他认识到这个民族的文化领袖地位，一旦它发现了自己，就以惊人的力量渗透和支配周围的民族。城邦希腊在精神上的封闭类型没有什么种族能够与之匹敌。无论在战争中还是在商业上它都仅仅通过自己技术上的优势和人格上的独立而获得胜利。另一方面，传统的在自治的城邦国家中的狭隘的政治生活使得任何有机的统一都困难重重，这使得出生在卡尔西迪的亚里士多德难以认同阿提卡民主长期存在的对自由的热情。作为生活在马其顿宫廷中家庭的儿子，对他而言很容易习惯于希腊统一在马其顿的领导下的想法。但是在国家的这样一个不稳定的形式下，不可避免地存在家族或农业的王权和城市民主制之间的对立。这会造成内部分裂，只有通过一个真正的王的杰出人格才能克服，希腊在他身上可以看到自

122

己的化身。亚里士多德知道，这样的一个人是诸神的礼物。他绝非一个寡头制的支持者，希腊思想实际上也从来没有——或者只是第四世纪的时候没有——认可正统性及其固定的继承人的价值的法理学根据。希腊人越是少地将一个寡头看作有我们意义上的法定权利统治，他们就越是容易——甚至在最伟大的启蒙的世纪——顺从于一个杰出人物的自然天生的君威，他看起来像乱世的救主，并且在他们的过时的政治形式上施以不可动摇的历史命运（Ananke）的法律。

亚里士多德希望在亚历山大身上发现这样一个天生的王者，而年轻的君主虽然总是在现实的真实政治上依赖他可靠的家族部队，他的赫拉克勒斯的血统，以及作为总指挥官的地位，但是他已经偶尔真诚地感受到了他的希腊事业的历史使命。他和斐力的极大区别在对希腊的态度上最明显地表现出来。斐力知道如何聪明地使用希腊的文明，就像他给亚里士多德的任命中所指示的。没有希腊的技术和军事科学，没有希腊的外交手腕和修辞术，他就不能想象一个新式地统治的国家。但是他本性上仍然是一个狡猾的野蛮人。他的血统的力量只是使得情况更加野蛮，更加无礼。在本性上亚历山大是这个野性血统的真正子孙。他的希腊同代人被他出色的教育欺骗，认为可以用希腊标准来衡量他，他们永远不能理解他混合了疯狂的不可捉摸，对快乐的狂热欲望，以及在最后的日子里日益增长的残酷和残忍。他高度的个人和历史的自我意识是亚里士多德影响的明显标志。他最喜欢的想法，作为阿喀琉斯第二去亚洲，是那个特别的混合的标志，也是他清楚地知道这一点的标志。他在他的文学和道德教育上是希腊人。他在追求 ἀρετή（德性）上是希腊人，即追求更高的和更和谐的人格。但是他倔强地生活在阿喀琉斯的感觉中，这表达了他浪漫和热切的信念，在他自己和第四世纪富有智慧的文化和政治之间有一个对比，也许也表达了某种半野蛮的骑士精神，这使得他不可能把自己和希腊启蒙融为一体。他在历史学家和学者的围绕下行军到亚洲，在伊利昂（Ilion）他找到阿喀琉斯的坟墓并赞扬他是幸运的，因为他有荷马作为自己事迹的传达者。对于这样的一个年轻人，亚里士多德或许期待，他会领导希腊达到统一，并在东方在波斯帝国的废墟上建立他们的统治，这两件事对他来说是不可分开的。这两个人的思想关联显然是非常紧密的，不仅仅是当亚里士多德生活在马其顿的时候，而且直到波斯战争开始很久之

后。只有当亚洲远征极大地扩展了英雄的伊利亚特的版图的时候，亚历山大 **124**
才开始把阿喀琉斯风度与其他的东方角色调换了。他的希腊使命让位于新的
调和人民和平衡种族的目的，亚里士多德非常强烈地反对他。他们的亲密关
系的终结却必定没有给这样的一个时代撒上阴影：亚历山大作为马其顿的王
位继承人在亚里士多德的指导下奠定了自己政治思想的基础，后者和安提帕
特（Antipatros）建立了亲密的友谊，这在一定程度上代替了和赫尔米亚的
友谊，并且这种友谊一直持续到哲学家去世之后。当斐力死的时候，亚历山
大实现了他老师的最大的愿望，重建了他的出生地斯塔吉拉（Stagira），这
个城市在卡尔西迪（Chalkidike）战争中被斐力的部队毁坏。塞奥弗拉斯特
的母邦，莱斯博斯(Lesbos）的 Eresus 也在马其顿人占领该岛的时候被赦免。
卡利斯塞尼（Kallisthenes）作为一个历史学家伴随亚历山大去了亚洲。

第二章

《论哲学》的写作计划

至今为止的对亚里士多德的认识，从他离开学园到他自马其顿回到雅典，直到建立漫步学派（公元前347—前335年）这段时间，也就是他37—49岁这段精力最旺盛的时期，在这位哲学家的生平中却成了空白的一页。他的"游历"和前此在学园的生活没有什么内在关系。无论如何他们似乎对理解作为思想家的亚里士多德没有更大的兴趣。由于他的作品不能被精确地确定时间，他在学园期间和吕克昂阶段之间的写作就显得是一片空白，人们认为他的学术作品都出于后面一个时期。由于只有从学校建立之后人们才更详细地了解了他的教学和写作情况，所以可以理解，人们将他想象为完成了的，他的思想被认为是达到了最终的形态，而他的著作是他思想的系统而固定的表达。在这个系统中，《形而上学》占据了最终的和最高的位置。它是关于纯粹存在的知识，是一切知识分支的穹顶，它统领着一切并且似乎其余的一切都被聚集在它里面，因为它预设了一切。

现在狄底谟斯的发现告诉我们，亚里士多德的教学活动在公元前347年之后就迅速恢复了，他的第一次独立的活动是他在阿索斯的时候。我们所知道的关于他这段时间的活动表明，他有新的发挥长期的公共影响的冲动，同时一切都指示出，他同柏拉图的事业以及他的学派的内在关联一直持续着，没有被破坏。他继续在这些学者之间教学和生活。就如我们看到的，他离开雅典的母校绝不是同学园的团体决裂。如果认为直到柏拉图去世他在他身边都只是忍耐，只是为了最后断绝追随者的这种忠诚，这是不可理解的，自相矛盾的。他的发展带着越来越多的曾经决定柏拉图的性格和影响的广泛特征。他在不同的地方撒下了哲学的种子，并且建立了学校。他介入了国家事务中，就像柏拉图曾经做的那样，并且在当时最有权力的统治者的宫廷建立了影响。我们第一次在他的学生中听说了重要的人物。

大概不言自明地正是这个时候，他第一次作为柏拉图的批判者在公众面前出现，因为现在他出于自己的责任，根据自己的概念来表现柏拉图的哲学。从这里开始，我们必须继续深入到这个决定性的年代的神秘的黑暗中去。在这几年中，他自己的观点首次达到全面的形成。在他精神发展的第一个教条的—柏拉图主义时期和他思想成熟时期的最终形式之间，有一个过渡时期，它的性质将在许多细节中被最终确定。这个时期是他解脱、批判、重建的时候，也是至今不为人所知的、和他哲学的最终形式清楚地分开的时期，虽然它在所有本质的特征上揭示出了后者的实现（Entelechie）。对这个关系的研究并非仅仅用于观察亚里士多德的原则的逐步的成长。只有当人们看到，随着时间发展他强调的是什么，压制的是什么，什么是他新增加的，人们才能清楚地认识到那积极地构成他新的世界观的决定性的力量。

我将对话 περὶ φιλοσοφίας（《论哲学》）置于这个发展的最高点上。通常人们将它列进更早期的对话作品行列，[①] 但是这个对话的哲学思想显然是属于过渡时期的。比起他任何其他轶失的作品，本对话大量的、并且部分是篇幅相当大的残篇使得重构的努力更加有希望。我们这次也必须进入细节解释，以便从少量的可以理解的残留中把握其本质特征。通过风格、倾向和内容，将这个作品放到一个位置，这个位置保证了它在亚里士多德的哲学发展中具有独特的地位。

《论哲学》这个对话由于驳斥理念数的学说而明确地被提及，并且它是我们所知的唯一的文献作品，真实地证明了反柏拉图的内容。这个批判似乎是和一个一般的对理念论的反驳连在一起的，因为它关涉的不是斯彪西波的作为自为存在的实体的独立的数学的数，而是关于理念论的后期形式，将理

127

---

① 伯奈斯和 Heitz 在这个著作和其他公开作品之间看不到任何区别，因为他们认为亚里士多德在所有这些作品中都批判了柏拉图。而 Dyroff（见前，p.82）则相反，普遍化了他的正确观点：对话和《劝勉》的内容大多数是柏拉图主义的，并认为这一点对《论哲学》也是对的。

念解释为数，这出自柏拉图自己。"如果理念是另外的数，不同于数学的数，我们就不能对它有正确的理解。因为，谁能够，至少我们这些人里面的大部分，理解另外的数呢？"绪里亚努（Syrian）为我们保存了这个对话第二卷的这些句子。① 说这些话的就是亚里士多德本人，他半是申明，半是嘲讽地表达了自己对柏拉图学说的困惑。

在我看来，出于同一态度的还有另外一个对理念论批判的残篇，它的来源没有明确地流传下来，但也大致能够确定。这就是普洛克罗和普鲁塔克从同一个来源摘取的一段话，以证明亚里士多德不但在论文中，而且也在对话中驳斥了柏拉图。② 由于除了《论哲学》之外没有别的对话传统地被确定为对柏拉图的批判，并且这个没有给出题目的批判同以这篇对话之名被引用的残篇令人吃惊地内在地符合，如果不将这两者归于同一个作品，是不正常**128**的。这个作品的题目对一个对话而言非常具有纲领性，它表明了对哲学基本问题的透彻考察。在这里，亚里士多德依然是讲述人。我们不知道他用的确切的词，但是两个陈述都保留了那鲜明的表达"他不能同情理念论，即使人们认为他仅仅出于好辩而不同意"。这个声明比另外一个残篇更清楚地说明了他的真实处境，在此处境中亚里士多德在对话的执着的观点对立中表现出了自己。需要找到出路。最终他求助于这样的观念，所有的研究者都应该有诚实的和理性的信念。他强烈地为自己辩护，反驳那种对他的不同观点的恶意的曲解，这种曲解在学园中可能就有。这显然是他发表自己的批判的主要原因，这种批判无疑在柏拉图的窄范围的圈子中早就是讨论的对象了。在这样的时刻，他向世界宣布：我只能坚持自己的反对，他不再过多考虑重新获得他以前的朋友、现在的反对者那群人了。现在他将自己的辩解置于大众的评判之下。③

在形式上，就其题目和残篇而言，这篇对话也有着特别的地位。当西塞罗将亚里士多德指定为他自己的对话技巧的楷模的时候，他告诉我们，亚

---

① Frg. 9.

② Frg. 8. 参见以上 p.35。

③ 这一段的保存得益于它在亚里士多德对柏拉图的批判态度的发展中有特别的意义。它是独一无二的。所以，将这样一个个别的和、不可重复的境况普遍化，并将它应用到所有的对话，是一个自我矛盾的做法。

里士多德在自己的对话中作为引导者出现。但是事实将表明，这个说明仅仅在几个对话中是有指导意义的和可能的，即，只有在《政治家》和《论哲学》中。① 在《论哲学》中，当他如此强烈地突出自己的时候，这是和冲突的纲领性和完全个人的特征联系在一起的。这个题目使人猜测有一个相当系统的论文，而残篇证明了这一点。柏拉图哲学的支持者无疑发表了长篇演说来反对亚里士多德。从学术结构上而言，西塞罗进一步告诉我们，亚里士多德在他多卷本的对话的每一卷之前都写了介绍，由此我们可以推断，每一卷都是完整的，就像在西塞罗的对话中那样。② 这样这个作品无论从形式上还是从思想上都是出于早期柏拉图式著作和论文之间的半途中，而在思想上和后者接近。

129

　　这里对理念论的批判和《形而上学》第一卷中的批判之间的关系指示出了确定写作日期的道路。在少数几个能够为论文提供年代考证的确定的点中，其中之一是，在柏拉图死后不久，亚里士多德就创作出了关于在学园中进行的对理念的大量讨论结果的一个精巧的概要，在这里面他试图概括自己改进了的新的柏拉图主义体系。其成果是那个早期的计划，我们在《形而上学》第一卷中看到了它的导言。③ 难以想象的是，亚里士多德在这个秘传的讨论之前，就在《论哲学》中以文献的形式公开地开始了这个批判。批判不是第一步，而是最后一步。为了学园的利益，亚里士多德不到最后关头都避免公开处理他的学派在逻辑和形而上学问题上的分歧，对这个分歧仅有少数人能够做出判断，保存下来的残篇证明，他仅仅是为了自我辩护而被迫这样做的。这说明，这篇对话是和《形而上学》中对理念的批评同时写的，或者稍后一些，当然是在柏拉图死后。他不仅拥有否定性的批判，而且也有他自己的观点。直到安德罗尼柯出版了《形而上学》，这篇对话在古代一直是了解亚里士多德哲学世界观的主要来源，斯多亚派和伊壁鸠鲁派的人就是通过

130

① 参见 p.29。

② Cic. *Ep. Ad Att.* IV. 16.2 ；"quoniam in singulis libris utor prooemiis, ut Aristoteles in eis quos ἐξωτερικοὺς vocat." 这个介绍必定非常松散地同后面的东西联系着，就像普洛克罗（in *Parmen.* I. 659, Cousin）对塞奥弗拉斯特和本都斯的赫拉克莱德的对话所做的说明一样，它们以亚里士多德的对话为范本。而在《欧德谟斯》中，讨论自然地从序言的框架中产生出来，就像在柏拉图那里一样。

③ 参见，*Ent. Met. Arist.*，pp.28ff.，尤其是 p.33。

它来认识他。但是它还是一个未完成的亚里士多德，他们只能对此感到满足。

亚里士多德以哲学的历史发展开始。他不像在《形而上学》中那样，限制在自泰勒斯开始的希腊哲学家，在这些哲学家中，有一个真实的内在的延续，他们是没有预设的，沿着一条确定的路线追求纯粹研究的目标。相反，他回到东方，并且带着尊重和兴趣提到它古老的以及巨大的创造。在《形而上学》第一卷中，为了说明哲学的闲暇和沉思的范例，他只是稍微触及到了埃及的祭司和他们为数学所作的贡献，作为他们为希腊人做出的关于哲学的闲暇和沉思的范例。在这个对话中，亚里士多德深入到最古老的时代——如果我们跟随他自己的年代观念——并且描述了麦琪（Magi）以及他们的教导。①然后是最古老的希腊智慧的值得尊敬的代表，神学家，就如他称他们的。奥尔弗斯（Orphiker）的教条，无疑还有赫西俄德，虽然他没有在残篇中出现。最后是被人们归于所谓的七贤的语言智慧，它的传承由德尔菲的神专门关照。这就有机会提一下古老的阿波罗崇拜。值得注意的是，亚里士多德是柏拉图之后第一个摆脱了柏拉图对智者的蔑视以及对智者的名称的看法的人。他恢复了这个名称充满敬意的真实意义，并且他有着一种历史的敏锐目光，将七贤放在这个统领精神的线索的头上，他们对希腊思想的发展的影响，在亚里士多德看来意义如此重要，所以他将他们包括进了哲学智慧的发展中。②

131　　这一大堆事实被批判地筛选并理出头绪。在奥尔弗斯宗教问题上，他提出了保存下来的诗是否真实的问题，他否认奥尔弗斯（Orpheus）曾是一个诗人并且写过诗。他区分了他们的文献中的宗教思想和其形式，并正确地将后者归于一个相当晚的时间，大概在公元前 6 世纪末。由此产生了至今仍然有价值的观念：奥尔弗斯的诗的神秘化是由俄诺马克里托斯（Onomakritos）——对奥尔弗斯神秘主义感兴趣的庇西斯特拉提得（Peisistratid）党人的宫廷神学家——肇始的。③亚里士多德还追问 Γνῶθι σεαυτόν（认识你自己）

---

①　Frg.6.

②　在对话《论哲学》中对此的直接证明，除了麦琪教的年代学开端，只有计算德尔菲铭文"认识你自己"的年代（frg. 3 Rose），它导向七贤的时代问题。他将铭文定在早于奇伦（Chilon）的时间。这样残篇 4 和 5 就属于这个文本。神学家们必然被提到，这从这样一个事实可以很清楚地看出：在《形而上学》中他也从他们开始哲学思考。

③　Frg.7.

这个古老格言的年代，这个格言被题写在德尔菲神庙的入口上面。亚里士多德试图通过论证德尔菲神秘的建筑史来解决这个问题。[1] 同样他也试图就埃及人的智慧和伊朗人的宗教进行考察，不是天真地惊叹它们的古老，而是要尽可能地确定他们的年代。[2]

这种严格的年代学不仅仅是古文物研究兴趣的结果，有一个哲学原则隐藏在它的后面。他教导说，同样的真理在人类历史中重复出现，不是一次两次，而是无限多次。[3] 这样他奠定了收集希腊格言的基础，因为他认为在这些简洁有力的经验法则中存活着前文字时期的哲学，它们因其意义深远并且简短而经历了民族精神的一切变化，保存在了口头语言中。他以敏锐的眼光考察了格言和格言诗在发现道德反思的开端中的价值。对于有教养的希腊人，这种琐碎的收集工作显得机械呆板，亚里士多德的这种努力就引起了伊索克拉底圈子里的人的公开嘲讽。[4] 在考察德尔菲格言"认识你自己"的年代的时候，他力图从它来自七贤中的哪个人来解决这个问题。在他的建筑史论证的基础上他用所罗门的判断调解了那个相当无的放矢的争执。因为这则格言比贤人喀隆（Chilon）还要古老，它不是来自任何一个贤人，而是由皮提亚（Pythia）自己发现的。如果我们考虑普鲁塔克的说明，这个论证的目的将会变得清晰，根据这个说明，亚里士多德"在柏拉图式的著作中"认为，"认识你自己"是德尔菲最神圣的格言，并且恰恰是这条格言给苏格拉底带来麻烦。那个特别的称呼 ἐν τοῖς Πλατωνικοῖς（在柏拉图式的作品中）和 ἐν τοῖς Σωκρατικοῖς（在苏格拉底式的作品中）相互平行，后者指柏拉图的苏格拉底式的对话。那么它必然指那种形式，而非内容，它一定是指亚里士多德的柏拉图式的对话。在这里建立的老的德尔菲格言和新的苏格拉底对道德知识的探求之间的关系，比起其他地方更好地和对话《论哲学》相符合。这是这个信条的例证：哲学真理会在历史进程中重新被发现。这样苏格拉底就成

132

---

[1]　Frg.3.

[2]　Frg.6.

[3]　《论天》，I. 3, 270b19; Meteor. I. 3, 339b27;《形而上学》，Λ8, 1074b10; pol. VII. 10, 1329b25。

[4]　关于亚里士多德对铭文的兴趣，参见 Bonitz, Index Aristotelicus 中的 παροιμία 条。关于铭文是"古代哲学的残留"的观点，见 frg. 13。关于铭文集，见 Diog. L.V.26 和 Athenaeus II. 60D。

了阿波罗宗教的道德原则的恢复者。事实上，就像亚里士多德试图通过苏格拉底造访德尔菲所表明的，正是从这古代的天启之地，苏格拉底获得了导向那些问题的外在动力，这些问题激起了他对那个时代道德困境的思考。①

133 这里所展示出来的宗教和哲学之间的关系贯穿了整个对话。柏拉图在《申辩》中就已经触及到了苏格拉底的阿波罗使命，在这里通过轮回理论，将它深化为德尔菲智慧的复活。阿波罗主义和苏格拉底主义是希腊伦理学发展中的两个焦点。对奥尔弗斯宗教的起源时间的探索具有同样的意义。亚里士多德从未怀疑奥尔弗斯的历史性，他强调文献形式的晚出，只是为了要用一个希腊早期的真实的先知代替庇西斯特拉提得时期（Peisistratidenzeit）利用诗句制造神谕者。奥尔弗斯诗的晚起在他看来是毫无疑问的，但是这不妨碍它的宗教教谕是相当古老的。使得他探究它的起源的机缘，当然是它在柏拉图的精神化的彼岸信仰和神秘的灵魂学说中的回归。

这个方法的另外一个例子可以在以下残篇中发现。普林尼（Plinius）在他的《自然史》中说（30，3）："欧多克索希望人们认为，最好的和最有益的哲学宗派是麦琪的，他告诉我们，这个琐罗亚斯德（Zarathustra）生活在柏拉图去世6000年前。亚里士多德也这样说。"众所周知，欧多克索是天文学家，也是柏拉图的朋友，对他曾逗留过的东方和埃及的学说感兴趣。那是一个对希腊而言还相当封闭的的世界。他从那里的思想代表获得这些信息，并将之带到希腊。

在那个时候，学园是一种东方化潮流的焦点。这种东方化潮流作为亚历山大远征的标志，以及这次远征的结果——希腊与亚洲精神相互接近的标志，具有巨大的意义，虽然这种意义还没有被充分地认识到。东方的渗透所经由的通道我们所知甚少。根据保存在赫库拉尼姆的莎草纸上的学园的学生名单的残篇，我们偶然地发现一个迦勒底人是学校的固定成员。② 这是在柏

134 拉图最后十年的时候。东方影响的其他标志也指向同样的时间。比如在《阿

---

① 残篇1、2和3属于一体，这是不可怀疑的，只要人们发现，整个的关键是一切知识周期回返的理论。我们在这里不考虑德尔菲戒律是否真的属于阿波罗的伦理学，或者是外来的智慧，人们再将它放在神的保护之下。苏格拉底和德尔菲教条的平行也在柏拉图，《阿尔基比亚德》，I. 124B 出现："接受我的建议和德尔菲的教条，'认识你自己'。"

② Index Acd. Herculan. Col. Iii, p.13（Mekler）.

尔基比亚德》I 中，柏拉图的四德性和琐罗亚斯德的伦理学对应，柏拉图的学生和秘书奥布斯的菲力浦（Philippos von Opus）在他写的《法律》的附言中将星体神学提出来作为最高的智慧。他推荐新的宗教观念，并真诚地"向希腊人"宣传。在这样做的时候，菲力浦公开地求助于东方的来源。[①] 这些倾向无疑产生在欧多克索出现在学园的时期，虽然不幸我们的材料不允许我们全面地评价这个人给予柏拉图主义者们的巨大影响。这种东方倾向部分地同对迦勒底人和"叙利亚人"的天文学以及他们对星空的古老的经验知识的崇敬相关，学园从中获得了对运转周期计算和七个行星的知识，这些知识通过奥布斯的菲力浦第一次在欧洲出现。再者，部分地，这些倾向同帕西人的宗教二元论的诉求有关，它似乎支持了柏拉图晚年的二元论形而上学。《法律》中恶的世界灵魂和善的世界灵魂相对抗，这是向琐罗亚斯德致敬，柏拉图因为他理念论最终设想的数学阶段以及在里面包含的强烈的二元论而受到后者的吸引。[②] 从那时起，学园对琐罗亚斯德以及麦琪的教条强烈地感兴趣。柏拉图的学生赫谟多洛（Hermodoros）在他的 Περὶ μαθημάτων（《数学》）中讨论了星体宗教（Astralreligion），他根据词源从中推出了琐罗亚斯德的名字，宣称它的意思是"星体崇拜者"（ἀστροθύτης）。[③]

由于这些激发，产生了亚里士多德在《论哲学》中对麦琪的兴趣。甚至确定琐罗亚斯德的年代也已经由另外一个学园弟子做过了。赫谟多洛，比如说，将他放在特洛伊陷落 5000 年前。当亚历山大学者索提翁（Sotion）写他的哲学学派的历史的时候，柏拉图主义者的研究仍然还是这个问题的主要权威。除了赫谟多洛，他提到了克珊托斯（Xanthos）的观点，后者认为，琐罗亚斯德生活在薛西斯（Xerxes）入侵前 6000 年。[④] 亚里士多德和欧多克索所给出的年代，根据普林尼的报告，因为其特别的参照点而与传统的年代不同。如果我们对照"柏拉图去世之前 6000 年"和从特洛伊陷落算起或者

135

① 《伊庇诺米》，986E，987B 和 987D-988A. 柏拉图，《阿尔基比亚德》，I. 121E-122A。

② 《法律》X.896E. "雅典人：由于灵魂统治着并居住于一切运动的事物中，那么我们不是必须说它也统治着诸天？克利尼亚：当然了。雅典人：有一个灵魂还是多个？我替你回答，不止一个；无论如何我们不能假设少于两个——一个是制造善的，另外一个起相反作用。"

③ 赫谟多洛（Hermodoros）的《论数学》被 Stion 在 Diadoche 中使用，见 Diog. L. I. 2 和 8；参见 Schol. [Plato]，Alcib. I. 122A。

④ Diog. L. I.2.

从薛西斯的远征算起的时间（后来代之以亚历山大的远征），就很明显，这种陈述的方式不是出于年代的方便，而是为了将琐罗亚斯德和柏拉图作为两个本质上类似的历史现象联系起来。亚里士多德对他们进行比较以及对两者之间相隔几千年感兴趣的原因，显然在于《论哲学》中所阐述的观点：所有的人类真理都有其本质必然性和周期重现的特性。在被认为是属于这篇对话的第一卷的一个残篇中，亚里士多德谈到麦琪的教条，即伊朗的二元论，根据它的观念，存在着两个原则，一个善的精神和一个恶的精神，欧马兹特（Ormuzd）和阿里曼（Ahriman），他将它们等同于希腊的神宙斯和哈德斯，天界的光明之神和冥界的黑暗之神。普鲁塔克也比较了柏拉图的善的世界灵魂和恶的世界灵魂同迦勒底人的和麦琪的二元论。认为亚里士多德在他将琐罗亚斯德与柏拉图的对照的残篇中也进行了这种考虑，就很自然。[①] 这个设想被他提到麦琪的唯一的另外一个段落确定了，即在《形而上学》最古老的部分之一，这个段落的年代由于其他的一些原因必须归于写作《论哲学》的时间。这里的论题又是柏拉图的二元论。亚里士多德提到了希腊的斐瑞居德（Pherekydes）和亚洲的麦琪是这个观念的最早的先驱。[②]

136　　学园对琐罗亚斯德的狂热是一种迷醉，就像印度哲学经由叔本华被重新发现。它提高了学派的历史自我意识，认为柏拉图的善的学说作为神圣和普遍的原则在几千年以前就已经由东方的一个先知揭示给东方人了。

这个解释被数字 6000 所证实。我们从泰奥彭波知道——他或许从欧多克索本人那里得知——欧多克索和亚里士多德那一代人知道伊朗宗教中的大循环，以及欧马兹特和阿里曼之间战争这样的世界史戏剧。[③] 欧马兹特和阿里曼轮番统治（ἀνὰ μέρος），每个 3000 年。在另外的 3000 年他们相互战斗，都要打败对方并摧毁对方所建立的一切。但是，最终善的精神胜利了，并在一个时间长度中没有异议地统治人间。6000 年这个数字，即神圣的整体戏剧

---

① Frg.6. Plutarch, Is. Et Osir. 370E.

② 《形而上学》，N4, 1091b8。

③ Theopomp, frg.72（Mueller）. 参见 Jackson, "The Date of Zoroaster", Journal of the American Orient. Soc., vol. xvii（1896）, p.3; F. Cumont, Textes et monum. De Mithra, vol. I, p.310, A.6; 以及最近的 Gisinger, Erdbeschreibung des Eudoxos（Leipzig, 1907）。由于善神的创造是在 6000 年中完成的，基督教教父和历史哲学家将这个时间等同于摩西创世故事中的六天的工作。

的两个三千年幕剧是有意选择的，并且在此之后在柏拉图之前可以计数的年数可以被 3000 整分。从柏拉图开始了一个新的永恒。琐罗亚斯德站在两个时代的分割线上，而柏拉图恰恰在世界轮回的 12000 年的中间。[①]

　　将普林尼的残篇归于《论哲学》对话的第一卷的原因在于，只有在这个思想整体中它才能被完全理解。因为 Val. 罗斯将它包括进了伪作《贤人》（Magicus）的残篇中——并没有什么值得称道的原因——或许那些由此落在它上面的怀疑的阴影会被明确地排除。[②] 普林尼不是从阿皮翁（Apion）的著作《论麦琪》中获得的这个信息，就像罗斯无端猜测的那样，而是从赫尔米波斯——卡利马科（Kallimacheer）的追随者——同名的博学的研究中获得。他在下一行中就明白无误地指出了赫尔米波斯是他的来源，并且对他博览原始文本表达了天真的惊奇，这是非常恰当的，鉴于他自己对此的缺失。不是普林尼而是赫尔米波斯查阅了欧多克索和亚里士多德。我们可以通过将这段和残篇 6 对照来确认这一点，残篇 6 是关于麦琪的一个说明，确定地属于《论哲学》第一卷。这也来自赫尔米波斯，在这里他又提到了欧多克索和亚里士多德作为他的来源。我们将两个节录并列来看。

137

---

① 在这部著作的最初德文版中，我试图更准确地确定琐罗亚斯德和柏拉图在伊朗宗教中的大概位置。自此，我的说法——将琐罗亚斯德放在早于柏拉图 6000 年的时间意味着在他们之间，或毋宁说在他们的原则之间有某种内在的关联——已经被很多东方研究学者接纳并且大概被普遍地接受了。根据最近的伊朗研究，我现在却倾向于不将希腊和波斯传统调和起来，因为对我的目的而言，唯一重要的是确定这样的一个事实：在他去世之后不久，甚至在他还活着的时候，柏拉图已经被同琐罗亚斯德以及伊朗关于善的本原和恶的本原战争的说法联系了起来。关于柏拉图作为宗教的创立者，就如亚里士多德的祭坛挽诗看待他的那样，见我的文章"亚里士多德赞美柏拉图的诗"，The Classical Quarterly, vol. xxi (1927)，p.13。

② Arist. frg.34. 参见 Rose, Arist. Pseudepigraphus, p.50. 为何罗斯将这个残篇归于《贤人》的原因大概是，在第欧根尼·拉尔修（I. 1,8）中这部作品作为亚里士多德的一部作品被引用，同《论哲学》中的麦琪引用直接毗邻。但是仔细的考察表明，第欧根尼在引用这两部作为亚里士多德作品的著作的时候，没有遵循同一个来源。伪《贤人》作为主要的来源由 Stion 和赫谟多洛给出，因为第欧根尼提到了所有这三个名字，无论在 I.1-2 还是在 I. 7—8（摘录直到"赫谟多洛在这一点上同意他"）；而来自亚里士多德的《论哲学》和欧多克索的信息则从赫尔米波斯获得，如上所示。

普林尼，《自然史》，30，3

Sine dubio illic orta in Perside a Zoroastre, ut inter auctores convenit. Sed unushic fuerit an postea et alius, non satis constat. Eudoxus, qui inter sapientiae sectas clarissimam utilissimamque eam intellegi voluitm Zoroastrem hunc sex milibus annorum ante Platinis mortem fuisse prodidit. Sic et Aristoteles. Hermippus, que de tota ea arte diligentissime scripsit et viciens centum milia versuum a Zoroastre condita indicibus quoque voluminum eius positis explanavit, praeceptorem...tradidit Agonacen, ipsum vero quinque milibus annorum ante troianum bellum fuisse.

译文：无疑这是从波斯的琐罗亚斯德开始的，就如权威们所同意的那样。不清楚的，是只有一个叫这个名字的人，还是后来还有一个。欧多克索认为他是所有哲学派别中最卓越和最有价值的一个人，他说这个琐罗亚斯德生活在柏拉图去世前六千年。亚里士多德也说了同样的话。赫尔米波斯（Hermippos）写了大量的关于技艺的事情，并评注了琐罗亚斯德两百万行的观点，给每一卷都制定了索引，他说……他的老师是阿戈纳塞斯（Agonaces），他自己生活在特洛伊战争前五千年。①

第欧根尼．拉尔修 I，开场白 8.

Ἀριστοτέλης δ' ἐν πρώτῳ περὶ φιλοσοφίας καὶ πρεσβυτέρους εἶναι τῶν Αἰγυπτίων· καὶ δύο κατ' αὐτούς (sc. τοὺς Μάγους) εἶναι ἀρχάς, ἀγαθὸν δαίμονα καὶ κακὸν δαίμονα· καὶ τῷ μὲν ὄνομα εἶναι Ζεὺς καὶ Ὠρομάσδης, τῷ δὲ Ἅιδης καὶ Ἀρειμάνιος. φησὶ δὲ τοῦτο καὶ Ἕρμιππος ἐν τῷ πρώτῳ περὶ Μάγων καὶ Εὔδοξος ἐν τῇ περιόδῳ καὶ Θεόπομπος ἐν τῇ ὀγδόῃ τῶν Φιλιππικῶν.

译文：亚里士多德在他的对话《论哲学》的第一卷就表明，麦琪比埃及人更加古老。进而，他们相信两个原则，善的精神和恶的精神，其中一个称为宙斯或欧马兹特，另外一个称为哈德斯或者阿里曼。这一点被赫尔米波斯在其关于麦琪的著作的第一卷中证实，欧多克索在他的《周游世界》中，以及泰奥彭波在他的《斐力王纪》第八卷中证实。

---

① 关于"Agonaces"这个名称的正确形式，参见 Fr.C. Andreas in Reitzenstein, "Die Göttin Psyche"，Sitzungsberichte der Heidelberger Akademie der Wissenschaften, Philosophisch-historische Klasse, Bd. viii (1917)，Abh. 10, p.44. 关于亚里士多德对琐罗亚斯德教导的东方传统和它的年代，以上讨论的意义见 Reitzenstein-Schaeder, Studien zum antiken Symkretismus aus Iran und Griechenland (Leipzig, 1926)，p.3.

显然，赫尔米波斯两次对麦琪的说明中引用了同样的来源，即欧多克 **138**
索的 Περίοδος（《周游》）和对话《论哲学》。他必然在两个地方都准确地引
用了这些书。第欧根尼完整地保存了他的引用，而普林尼的则如往常一样，
仅仅说出作者的名字而不说书名。这个残篇恰恰同《论哲学》第一卷的年代
研究相符，这一卷也是以另外的方式处理麦琪的，残篇也和轮回理论非常好
地符合。所以，它在未来也被包括进这个对话的残篇中。柏拉图和琐罗亚斯
德在轮回中的平行地位在柏拉图活着的时候并没有被发明出来的迹象。它确
定还不存在于欧多克索的《周游》中，他在柏拉图去世之前很久就死了。欧
多克索的原始性仅仅在于将琐罗亚斯德放在"6000 年以前"，只有亚里士多
德根据他的关于人类所有知识周期性恢复的学说，将这个数字和二元论的回
归联系起来，从而给了柏拉图一个位置，这和他对柏拉图的高度敬意相配。
在这篇对话中，他将几个世纪的光芒都集中在他的老师身上，无疑是在后者
死后写的。[①]

真理每隔一段时间就会重新归来，这个学说设定了，一旦它被发现了，
人类不能够永久地保有它。但是这并不意味着，人类不能长久地保持在一个
很高的精神水平，并因此总是遗失那些即使已经知道了很久的真理。这个学
说同传统和文明整体周期性地被强力的自然事件所摧毁的假设一起被奠定，
这无异于将柏拉图的灾难学说运用到哲学史上。拜沃特给出了令人信服的理 **139**
由，试图证明这个学说出现在亚里士多德的多个对话中。[②] 在《蒂麦欧》中

---

① 如果普林尼的话"sex milibus annorum ante Platonis mortem"不是来自中间来源赫尔米波
斯的话——"ante mortem…"在年代学术语中仅仅意味着"ante aliquem"，对此 Eduard
Fraenkel 已经正确地指出了——而是来自赫尔米波斯的展示，那么它们只能来自亚里士多
德，因为欧多克索在柏拉图之前去世。[Gisinger（同上，5 A.1）在普林尼的一段话的基础
上认为欧多克索在柏拉图之后去世，但这是不可能的。] 从纯粹内在原因来看，在柏拉图还
活着的时候，这样的比较不可能产生，这篇对话对柏拉图及其哲学的态度也不会这样。

② 拜沃特（Journ. Of Philology, vol. vii, p.65）将 Philoponus 的 in Nicom. Arithm. 的部分划
归《论哲学》。大灾难理论在那里同知识的增长联系在一起，这是亚里士多德从柏拉图那
里获得的观念，并加以发展。但是拜沃特分析的理论在这种形式中是斯多亚派的，尤其
是技艺的发展的思想和由此造成的 sophia（智慧）意义的不断改变。参见我的 Nemesios
von Emesa, Quellenforschungen zur Geschichte des älteren Neuplatonismus und zu Poseidonios
(Berlin, 1914), pp.124ff. 并见 Gerhäusser, Der Protreptikos des Poseidonios (Herdelberg the-
sis, 1912), pp.16ff。

认定，希腊所有的更加古老的传统都已经被巨大的自然事件所消灭。这种神话就像法厄同（Phaethon）神话以及大洪水的神话一样，都被解释为人类记忆中关于这类事件的痕迹。在《法律》中这种解释神话的方法也被用在最古老的文化史上，就像亚里士多德在《形而上学》中将诸神的神话解释为一种古老的、在传统中湮没的天体推动者理论的残余。① 这种处理神话的理性的方法当然不是出自柏拉图富于想象的大脑。它带有伊奥尼亚人科学的印记，大概连同灾难理论一起来自欧多克索本人。亚里士多德自由地运用了它。比如，在《气象学》中，他从神话传统出发，得出了以太假设在史前存在的结论，而这实际是他自己发明出来的。② 一切精神存在物都会复活的观念当然不是欧多克索的。这个观念更加清楚地展示了当时的自然科学的影响——在文化史思想上，在对神话的判断上，以及对人类精神的本质概念上，人类精神就像自然一样，带着巨大的力量，总是将那些隐藏在自身中的东西重新推出来。

140　　在第一卷中柏拉图表现为一个排除了任何细微的矛盾的世俗精神，迄今为止的哲学活动在他这里达到了最高点，这样，在这个背景下，下面几卷的批判就有了恰当的着眼点。第二卷是对理念的摧毁性的批判，接着的第三卷就给出了亚里士多德自己的世界图景。这是一种宇宙论和神学，它同样被展示为处于和柏拉图持续的争执中，而这恰恰因为它在每一步上都是紧紧依赖于柏拉图的。这一卷的一般内容由伊壁鸠鲁主义者在西塞罗的《论神性》（De Natura Deorum）中表述了。在这里，亚里士多德在重要的地方采用了柏拉图晚期的星体神学。在这个学说中他发现了形而上学思想向着理念论的瓦解前进的出发点。在柏拉图这里，他晚期的恒星神话背后是理念的超感世界，可见的世界只是它的摹本。亚里士多德涉及的却完全是这个二元世界中的宇宙论的一面，而柏拉图的另外的一个弟子，奥布斯的菲力浦在《伊庇诺米》中所说的是另外一个方面。他由此成了希腊哲学宇宙宗教的真正的创始人，它从大众信仰中解脱出来，而只在天体中寻求自己的崇拜的对象。这个

---

① 柏拉图，《蒂麦欧》22A—C，《克里底亚》109D ff.，《法律》III. 677A；亚里士多德，《形而上学》Λ8, 1074b1-13。

② 《气象学》，I.3, 339b20 ff.，《论天》，I. 3, 270b16ff.，《论动物的运动》，3, 699a27，《政治学》，VII. 10, 1329b25。

线索一头将亚里士多德的星体宗教和学园联系起来，另一头将斯多亚神学和亚里士多德的早期观点联系起来，这一点还没有被揭露出来。尤其是亚里士多德在这个关联中的意义还不为人清楚地认识，因为人们总是太绝对地从他的论文开始，而在希腊化时代这些论文还完全不为人们所知。

根据西塞罗批判性的说明——它来自也曾被菲罗德谟（Philodem）引用过的某个伊壁鸠鲁主义者——亚里士多德在《论哲学》的第三卷一会儿将神解释为精神，一会儿解释为世界，一会儿解释为以太，一会儿又解释为别的什么，世界从属于他，他指挥世界进行一种向后的旋转运动（replicatione quadam）。① 在运用伊壁鸠鲁学派的观点中，这位批判者发现在这些表述中有一些显著的矛盾。这种判断也许肤浅，不过，他的报告自身是不容怀疑的。神，被称为世界臣服于他，是超越的不动的推动者，他作为目的因统领着世界，因为他纯粹的思想是完美的。这是亚里士多德形而上学的核心。除此之外，亚里士多德将以太描述为一个神性的事物或者比在他的论文中更神圣的体。不过他从未将它称为神。② 以太的神性似乎不适合一种严格的超越的一神论，但是在不动的推动者下面的是星体诸神，他们的材料是以太。当亚里士多德在这里说世界是神，在那里说以太是神的时候，并不存在真正的冲突，即前者他说的是整体，后者是部分。"世界"在这里并不是伊壁鸠鲁主义者所意味的意思。并非像伊壁鸠鲁主义者所说的，希腊的世界概念是充满生物、无所不包的宇宙，而是被理解为天空，是纯粹的球形圆周。这是老学园对这个词的用法，就如《伊庇诺米》一样。人们管最高的神，天空，叫做 Uranos，Olympus 或者 Kosmos 都没有区别。在另外一个地方，我们发现他对他的最真实的描述为 Kosmos。③

不过，亚里士多德的对话《论哲学》不仅仅在术语上以后期柏拉图为基础。亚里士多德的作品和《伊庇诺米》的神学的符合也从根本上可以理解了。

---

① Frg.26 (Cic. De Natura Deorum I. 13, 33)．

② 西塞罗习惯用 caeli ardor 来翻译"以太"。他将它描述为神圣的，这同样证明了，亚里士多德对以太的假设是将它作为第五元素。（参见 Cic. De Natura Deorum I. 14, 37; ardorem, qui aether nominetur，这是 Plasberg 在评论这一段的时候所指的）。亚里士多德必定还在学园的时候就使用了这个假设。在那里它就非常普及了，虽然也进行了一些删减和调整。它第一次呈现给公众，无疑是在《论哲学》中。

③ 《伊庇诺米》，977A, B 和 987B。

值得注意的是，寻隙进行攻击的伊壁鸠鲁主义者完全没有提到后期形而上学的 55 个天体神。在这篇对话中，亚里士多德显然还没有采用那个宇宙观。

在《论世界的永恒》这部著作中，一个伪菲洛（Pseudo-Philon）的报告证实了这一点，在那里亚里士多德指责那些哲学家是可怕的无神论者（δεινήν ἀθεότητα），他们宣称世界有开头和终结，这就意味着，这个如此伟大的可见的神（τοσοῦτον ὁρατόν θεόν）并不比一个手工制作的产品更高明。他称宇宙是一个万神殿，容纳了太阳、月亮，恒星和行星。至此为止他仅仅担心，自己的房子只会由于风暴或使用或营造不善而坍塌，现在却更担心，整个世界会有一天被那些学者的仅仅用语词构造的假说弄塌。①

我们熟识这种语气：在亚里士多德攻击物理学家的世界毁灭学说的时候，他更加尖刻，而当他反对柏拉图在《蒂麦欧》中的创造理论的时候——因为这就是"用手制作的产品"所指的——就更加温和和更加充满敬意。在第二卷中对理念的批评中，我们发现了同样的个人气息。第三卷也是，就如我们从西塞罗的陈述中知道的，亚里士多德将自己的宇宙论和柏拉图的宇宙论直接对立起来。这必定主要和世界的永恒相关，因为这是亚里士多德最大的创新。② 由于这一段话不是出自任何现存的论文，那么就其风格而言无疑是出自一篇对话，除了《论哲学》再也没有什么别的对话论及这个问题了。这篇现在轶失而在古代被广泛阅读的著作，包含了两个被认为是最具亚里士多德特色的哲学观点：吸收以太作为天的成分，以及宣称，宇宙是不可毁灭的、非被创的。古希腊哲学论述的编集者通常将这两点一起提及，作为他对柏拉图宇宙论的特别的增益，这是正确的。

除了在一些细节问题上的冲突，这篇对话的学说就其中亚里士多德的肯定的观点而言，还完全是柏拉图主义的，尤其是在将神学和天文学混淆上。柏拉图的《法律》开始了谴责那些天文学观念是非正统的人的无神论。在那篇著作中，通过柏拉图，这种原先是无神论的科学直接变成了神

---

① Frg. 18. Ps.-Philo, De Aet. Mundi 3, 10（p.53 Cohn-Reiter）.

② Frg. 26（Cic. De Natura Deorum I. 13, 33）"Aristoteles que in tertio de philosophia libro multa turbat a magistro suo Platone dissentiens"．马努修斯（Manutius）在 dissentiens 前加了一个 non，罗斯追随 Lambin 采纳了这一点；但是这事实上是不可接受的，并且 Vahlen 已经表明，这在风格上也是不可能的（参见 Plasberg，大开本，p.218）。

学。① 这也和西塞罗的说明一致，以上提到的伪菲洛的段落也在天空的意义上用了"宇宙"。因为，"在自身内"包含了太阳、月亮和星体的宇宙学说何异于《蒂麦欧》（30D）中反映的世界图景呢？"为了使得天空在有理智的存在物中近似最美的和最完善的，神塑造了一个可见的生物，它包含着所有本质上同源的其他生物。"当然，在亚里士多德那里，天不再是最高理念的可见的图像，在自身内包含着所有其他的理念以及整个可知的宇宙。理念世界已经陨落，同时陨落的还有以此来创造了可见世界的造物主。但是这只是增加了这个图像的形而上学—宗教的价值，即天体和作为世界的可见统一体的宇宙自身，它是柏拉图要求的唯一的经验保证：在流动和变化中总该有某种永恒和持存的东西。"可见的神"这个表达自身就是柏拉图式的；诸天和包含了所有个别的神的万神殿这个对比，虽然大概在词语上不属于亚里士多德而是属于菲洛，却在意图上是亚里士多德式的，并且，在《伊庇诺米》中当天空被描述为奥林帕斯（Olymps）的时候重新出现。② 老的奥林帕斯理论给这样的感觉留下了位置，在宇宙中有神性，这个词也是在希腊宗教史上决定性变化的标志。星体是有理性、有生命之物，它们以神圣的壮美和不变居于宇宙中。这是希腊以及近古的诸神的谱系，而柏拉图是其源头。

在亚里士多德后期的形而上学中，据我们所知，不动的推动者的原则 **144** 不再是孤立的了；每一个周天都指定了一个个别的超越的推动者，由他们产生了天体运行中的前进、倒退和静止。这个观点在这篇对话中还没有出现。不动的推动者统御一切其他诸神，它是非质料的，并作为纯粹形式和世界隔离开来。世界的统一维系于那个形式。星体和诸天自身有灵魂，自动地并有意识地遵守它们自己内在的法律。这种内在的星体—灵魂理论排除了其他的解释方法。天体运动的原因很久以来就在学园讨论着了。在《法律》中柏拉图提到三个合理的假设，但没有最终确定他倾向于哪一个。它们对所有天体都无一例外地有效。我们或者必须认为，星体是自身内有灵魂的物体（对柏拉图而言，灵魂是自动的运动的原则），或者灵魂不处在星体里面，而是使自己成为外在的火或气，用它们来推动星体，最后，或者灵魂完全没有形

---

① 《法律》，821D-822C，898C 和 899A。天文学和无神论的关联在 967Aff. 消失了。

② 关于诸如奥林帕斯等诸天，参见《伊庇诺米》，977B；关于它里面的像 ἀγάλματα（诸神形象）的星体，参见《伊庇诺米》，984A。

体，而是"用某种超常的奇妙的力量"来引导星体的运动。① 柏拉图自己的观点大概是内在的星体灵魂说，因为这最符合那种他的思想可塑性的简单和富有生命的力量，也符合他认为灵魂是一切运动的原则的观点。他将第二个描述为"某个人的观点"（λόγος τινῶν），大概是天文学家的圈子；人们认为是欧多克索的领域，但他很难认识到周天具有灵魂。第三个假设的无形体的灵魂显然是一个超越的形式，作为目的因推动星体，作为被爱者推动爱者。这就是不动的推动者的原则。柏拉图所说的它惊人的力量或许可以理解为类似于可感事物对理念的渴望，或者亚里士多德的 ὄρεξις（欲望）。

145   对我们而言，这或许成了一个无解的难题：是否亚里士多德自己或者其他的学园成员第一个把握了不动的推动者理论，并将它运用到星体运动问题上去。他们研究的共有性质使得区分他们各自的研究成果成为不可能的。根据其精神，这是一个柏拉图主义的思想，也就是说，它是从柏拉图宇宙观念中产生出来的，而不可能是自己生发出来的，无论谁是第一个具体想到它的人。亚里士多德将它仅仅用作最高的原则，和世界有别并绝对不会运动；星体和诸天却由内在的灵魂推动。我们不仅从菲洛的段落中知道这一点，而且首先从西塞罗所保存的亚里士多德的论述中知道了它，现在必须对他进行考察。对柏拉图而言，三个假设之一必须毫无区别地对所有天体运动都是真实的。亚里士多德将第一个和第三个连接起来，这大概说明，他是从另外的人那里拿来的这两个假设。

西塞罗在他论诸神的著作的第二卷，除了给出了克林塞斯、克律西普、色诺芬（Xenophon）的诸神存在的证明，还给出了几处来自亚里士多德的证明，这些显然不是出于他自己的阅读，而是来自一个完成了的汇编。② 证明中有许多都只是重复那里已经说过的话。这个来源自身也没有全部从第一手资料而来，更不用说塞克斯都·恩披里柯（Sextus）了，他也收集了关于诸神存在的证明，在内容上和这一个大体相似。③ 西塞罗的陈述必需被批判地使用，但在本质上它是真实的。两个都可以从第一个论证推理出来：生命体在所有的元素中都有本源，有的是出自土，有的出自水，有的出自气。如

---

① 《法律》X.898E。

② Cic. De Natura Deorum II. 15, 42-44（部分地被罗斯复制为 frg. 23 和 24）。

③ Sext. Emp. Adv. Phys. I.49.

果那就其纯粹和运动能力而言最适合创造生命的元素，即以太，中会没有生命，这对亚里士多德来说是荒谬的。在以太领域，星体存在着。大概它们是有着最敏锐的理智和最迅速的运动的生命体了。

这个论证有理由被归于对话《论哲学》，但是在那里它不是以现在的这个形式出现的。我们看到，亚里士多德在那里已经将以太当作第五元素。西塞罗保存的论证只设定了四个。它不会早于第五元素的引进的时间，所以也不能归于亚里士多德更早期的主张。它吸收了他的论证到斯多亚学派的元素理论中，后者是传统和亚里士多德观点的调和，认为火和以太是单独的元素。西塞罗的斯多亚权威唯一正确地再现的是推理的形式上的类比性质。亚里士多德开始已普遍有效地设定：在我们能够经验的所有元素中都有生命。由此他推出，在以太中也有生命，虽然对这种元素不能直接进行科学研究。原来的论证必定是这样的：因为能够证明在所有元素中都有生命，在土元素里是一种，在水里是一种，在气里是另外的一种，在火里又别的一种，所以在以太中当然也有生命。由于星体是在以太里，所以，星体是生命。这个证明和《蒂麦欧》（39E）相关，在那里，四元素用许多种神性的事物人格化。《伊庇诺米》考虑了在这个时候出现的亚里士多德的这个对话以及以太理论，它设定了五个元素，而非《蒂麦欧》中的四个。但是通过对诸种元素的排列顺序，作者表明，他目的不是暗地里追随亚里士多德，而是对《蒂麦欧》的假设做一个保守的修改。按照亚里士多德，以太占据着世界的最高位置，然后是火、气、水和土。菲力浦将火保留为最高的，然后是以太和气，再次是水和土。这样柏拉图学说中唯一被改动的就是气的位置，它居有最高的和最纯粹的位置，柏拉图自己就已经将它称为以太了。① 以太被设置成了两个分别的元素。② 这样《伊庇诺米》虽然外在地接受了以太理论，却有意地避

146

147

---

① 《斐多》109B；《蒂麦欧》58D。

② 《伊庇诺米》，984Dff. 展示了五种元素在世界中的顺序，981C 亚里士多德式地称以太为"第五种体"，但是在这里它只是意味着第五个及最后一个加入的元素，而非离地球最远的体。在《论哲学》中以太被称为"第五种体"或者"第五实体"，这是追随古希腊哲学家论述的编集者的做法，他们普遍地用这种表达来指亚里士多德特别的元素，而他们的来源总是这个对话。论文著作将它称为"第一体"。《伊庇诺米》是第一个依赖于《论哲学》的著作，它使用了"第五元素"这个表达。作者还对这个来源做了多重改变。因为伊索克拉底（V. 12）在 346 年提到了《法律》，亚里士多德的对话在 348/7 年必定已经出现了。

免了亚里士多德思想的本质因素。亚里士多德的论证不同于柏拉图的，它和被神秘地思考的神性的或者精神性的东西无关，而是被认为是严格的经验证明，所以它设定了，亚里士多德相信他能够经验地证明他的火—生命的存在。直到在后期的《动物志》中，他仍然对昆虫感兴趣，认为它们从火中飞过而不受伤，并谈到在塞浦路斯人们对这种生物的观察。① 最意味深长的一段却是在阿普列乌斯（Apuleius）那里，它没有被收入残篇集。在那里，"火生的生命"学说被明确地归于亚里士多德。这一段值得仔细看，不是因为那神奇的火中居民，而是因为它们使得我们能够追随思想的轨迹。

在这个关于苏格拉底的神性的著作中，阿普列乌斯做了一个看起来类似于亚里士多德的论证，但实际上在目的和前提上都非常不同。因为在土和水中有生物；又因为在火中（就像亚里士多德说的）有出生于这种元素并一直保留在里面的生物；最后，因为在以太中也有生物，即星体——它们拥有灵魂在这个时候已经变成了一个如此确定的教条，可以把它作为一个经验事实了——那么，在气中也存在着生物，虽然它们是不可见的，即气的精神。② 在这个论证中唯一的亚里士多德因素是火中生物，这是阿普列乌斯追随他的来源，直接归于亚里士多德的。并非阿普列乌斯而是他的来源重构了论证，这一点在菲洛的几个段落中表现出来，在那里同样的推理是为了证明气中精神的存在，即天使。菲洛认为，顺便插一句，这种火中生物在马其顿可以看到；这就是说，他避免让自己的读者知道他异教徒的来源，不说这个人，而只说国家。③ 这两个在时间上跨度很大的作者的一致表明，某个斯多亚派的哲学家生活在基督教或者菲洛之前，将真实的亚里士多德论证从对宇宙的神性的证明改变成了对天使的存在的证明。这两个形式在塞克斯都·恩披里柯的相应段落中完全地、无可救药地混淆起来了。④ 如果不进一步探询，这个改变是谁做出来的，那么人们可以满足于这样的结论，这对西塞罗所保

---

① 《动物志》，V. 19,552b10。

② Apul. De deo Socr. VIII .137（p.15, I. 12 Thomas）。

③ Philo, De Gig. 2.7-8; De Plantat. 3.12; De Somn. I .22, 135. 在最后一段中他忽略了火中生物；它们在变形了的菲洛和阿普列乌斯的论证中，事实上只是干扰性的东西。

④ Sext. Emp. Adv. Phys. I.86, p.410, I.26. 在那里同时提到，在空气中有精神和星体具有灵魂。混淆了亚里士多德的和天使学的论证。

留的论证是唯一重要的东西，即，它最初包含火中动物和五个元素，而这些后来被西塞罗的斯多亚权威压制了。①

无论如何，火中生物和整个证明都来自一个对话。将阿普列乌斯的段落解释为《动物志》中所说的飞过火的昆虫，这是不可能的，虽然一些注释者这样做了，因为在《论哲学》中的证明所需要的本质之点，即动物在火里产生并整个一生在里面生活，仅仅在阿普列乌斯和菲洛那里出现，而没有出现在《动物志》中。这一段的来源著作，希腊化时期哲学家和哲学著作编集者用的比亚里士多德其他的著作还要多。

这也使得这一点展示出来：论证的原来的形式如何影响了由《论哲学》激发出来的关于世界的永恒问题的文献。我们可以逐步逐步地跟踪这个文献从亚里士多德的对话的兵器库中获得其武器的过程。我们已经提到了与此相关的传统上归于菲洛的关于世界永恒的著作，它不仅使用亚里士多德做范本还使用了其他优秀的漫步学派的作者，就像塞奥弗拉斯特和克里托劳斯（Kritolaos）。自从亚里士多德的书出现以后，斯多亚学派就提出了自己的学说，认为世界是不断地毁灭和重生的，漫步学派的观点需要针对斯多亚派的

––––––––––––––

① 菲洛和阿普列乌斯的来源第一眼就可看出。为了证明空气中精神的存在而改造了亚里士多德的推论，作者根据的是《伊庇诺米》984D ff., 在那里设定了星体灵魂的存在，并首次证明了气中生物的存在。而亚里士多德在说气中生物的时候，必定指某些经验可知的动物，否则他的类比就不成立。他大概指的是鸟类。如果是这样，它就非常好地契合了阿普列乌斯的权威详细地反对这个命题。他正确地说明，鸟类是"陆地生物"。而且它们仅仅占据空气的较低领域。他对奥林匹斯山的数学计算证明（很可惜，距离的数目在手稿中残缺了），没有鸟类能够飞越它，而空气要远高于它，"从月亮最低的旋转处到奥林匹斯山的极颠"。这个区域不可能完全没有生物。再者，为了获得斯多亚派的四元素而非亚里士多德的五元素，作者认为火中生物和星体都是火中生存者。他唯一向亚里士多德让步的，是将以太不是作为一个独立的元素，而是仅仅作为火的最纯粹的上层等级。这种天使学、经验观察和准确的科学思维的奇异的混合物，我认为与波塞多纽相应，他已经被 Rathke 认为是阿普列乌斯的来源（De Apulei quem scripsit de deo Socratis libello, p.32; thesis, Berlin, 1911）。但是 Rathke 没有看到，波塞多纽在论证中使用了《论哲学》这个对话，并将它和《伊庇诺米》结合起来。Reinhardt 关于波塞多纽的很好的研究著作（Munich, 1921）在我看来对他思想中的宗教和神秘因素太过怀疑了；例如，它错误地否认了他相信火中生物。今天我们普遍低估了老学园以及亚里士多德早期对波塞多纽和斯多亚学派的影响。在 Doxographi 432.4 中，只有四种生物既归于柏拉图，也归于亚里士多德，这只是这本教科书智慧的许多混乱中的一个（参见 Diels Proleg.64）。

反对理由进行辩护。这个作者生活在基督教时代的开端并具有当时的调和柏拉图和亚里士多德的倾向，他使用亚里士多德的论证的时候没有提到原来的作者名字，并极大地改变了论证的结构，所以我们决不能将残篇中所包含的东西都归于亚里士多德。另一方面，就像在阿普列乌斯和菲洛中遗漏了火中动物，罗斯在这部著作中也遗漏了一个论证，这个论证虽然不是亚里士多德的，但是借用了亚里士多德的"动物学的"论证，即使用了在《伊庇诺米》中的表达。根据我们的假设，亚里士多德用类比的方法从可知的元素中的生物，论证在以太中有星体灵魂存在，伪菲洛书预设了这一点并将论证转向反对世界的暂时性。如果在各种元素领域中的所有生物有一天都会消失，无论是在土里的，还是那些在水里的，或者在气里的和火里的生物（πυρίγονα），那么根据类比（κατ' ἀναλογίαν），诸天也会消灭，太阳、月亮以及所有其他的星体（即在以太中的生物），都注定毁灭。但是这和它们的神圣性相冲突，而它们的神圣性和它们的永恒性是共存亡的。① 显然在这里合并了亚里士多德《论哲学》中的两个论证。他从天的神圣性推理出它的永恒性，并机械地运用到所有的天体上，这是在用词上模仿亚里士多德的那个地方，称天为 ὁ τοσοῦτος ὁρατός θεός（这个伟大的可见的神），天体被描述为 ὁ τοσοῦτος αἰσθητῶν θεῶν εὐδαίμων τὸ πάλαι νομισθείς στρατός（古人已知的可见的诸神的伟大而幸运的军队）。② 这样作者就合并了动物学的论证：如果在四个已知的元素中所有的生物都会消灭，那么通过类比，在以太中的生物也会消灭。这个内容空洞的饶舌并不仅仅是一个老生常谈，只有当人们看到作者力图将某种看似新颖的和源初的东西混合进它的范本的论证中的时候，它才可以被理解。对我们而言，它有助于确定我们通过考察西塞罗而发现的亚里士多德对火中动物的证明，五个元素，以及类比的推理。令这种证明更加有分量的是，在伪菲洛作品的另外的地方，显然是出自斯多亚学派的来源的论证中，作者只认识到四个元素。③

如果不深入到对话的历史影响中去，那么就不可能将真本和后来的多重修饰区别开来。对于那些首先被西塞罗引用的并似乎和原来的文本紧密

---

① Pseudo-Philo, De Aet. Mundi 14.45（Cohn-Reiter）.

② Frg.18.

③ Pseudo-Philo, De Aet. Mundi 11.29.

联系着的关于星体的神圣性的论证，区别原本和后来的赘加以及歪曲的问题最近已经被首次提出来了。人们认为只有最后的论证（&44）——它明确地这样说了——才是亚里士多德的。① 严格地说，它的开篇语（"Nec vero Aristoteles non laudandus est in eo, quod…"）表明前面的也属于亚里士多德，但是出于需要，人们可以将它理解为返指第一段，它明确地被归于亚里士多德。中间的内容就属于另外的作者，它被塞进这里，仅仅因为和亚里士多德的论证相似。人们相信在这里可以看出波塞多纽的热学理论，根据在第一个证明中所说的一切，斯多亚学派的色彩的可能性就不能被排除了。不同的论证构成了这样一个完全是有意的、阶梯状联系的证明，人们不应将它们撕裂开来。思维的路线如下所示。

首先表明，以太不可能是唯一没有生命的元素，那么处在它里面的星体就必然是生物，并且同以太的精细以及运动相应的，它们是最高理智以及速度的生物。如果人们将元素和在它们里面生活的生物的质料进一步引申去，那么在星体的精神结构和以太的生命特性之间的关系就类似于理智和人的性格同他们居住的地方的气候和营养之间的关系。在纯粹和稀薄的空气中居住的居民比起居住在有着沉重、浓密的大气的区域的居民更加聪慧、思维敏捷和深刻，这在较轻和较重的营养对人精神的影响方面也一样有效。星体必然有着最高的理智，因为他们生活在以太这种一切元素中最精细的元素的区域里面，并且由于它们被大地和海洋的蒸汽所营养，这些东西在穿过巨大的中间空间的时候变得非常精细。这个推理的正确性也由一个外在的经验所证实：星体运动不被打乱的秩序和有规律性。它们并非由于自然而如此，因为自然的活动不像是有意识的理性，而它们也不能由偶然来解释，因为不可预测性和仅仅是平均的结果排除了任何恒常和设计。这必然是一种有意识的意图和内在目的的结果。所以，循环轨迹的圆形预设了自由意志，因为物体的自然运动总是直线地向上或向下，而这里也没有什么统帅性的外在力量干扰。

在第一个论证中，西塞罗明确地将这个陈述归于亚里士多德：由于生物出现在所有其他的元素中，那么不设想它们也出现在以太中就是荒唐的，因

152

————————

① K. Reinhardt, Poseidonios, pp.228ff.

为以太是"最适合""产生有生命的事物的"。根据亚里士多德，生命的普纽玛（pneuma）类似于星体的元素，它以最纯粹的形式包含了对生命而言最重要的热气。① 在这个论证中，被认为是斯多亚学派的热学学说的活力论，其来源是亚里士多德的普纽玛学说，它是斯多亚观点的历史源头。星体被灵魂推动的理论被小心地发展到它最远的结果。论证严肃地运用了柏拉图的半神话观点以及有意地使用了心理学、动物学和物理学的范畴，表明它的作者是早年的亚里士多德。他非常虔诚并十分教条，以至于不会去怀疑这个观点的正确性。但是他越是严肃地对待它，越是敏锐地把握它，就越是很快地放弃了它。气候和营养对人的精神和身体的影响的学说是柏拉图式的，同《法律》的一个段落在语句上都相似。《伊庇诺米》也在地上生物的物质属性和它们运动的无理性、无秩序之间，在星体的以太质料和它们的形体的美丽以及精神的完美之间，发现了一种因果关联。这或者是追随亚里士多德的作品，或者反映了一般的学园观念，前者恰恰出现在《伊庇诺米》之前。②

对话《论哲学》更仔细地进行了类比。星体是由最纯粹的气体环绕的。它们的食物是大地和海洋的精细的蒸发物——亚里士多德在这里使用了这个古老的物理学说来支持天上的生命以及它们的生理过程的学说，后来他就放弃了。从这篇对话，克林塞斯（Kleanthes）将它以及整个亚里士多德早期的神学都拿了过来，并将它变得适合斯多亚学派。③

从运动的规则性和秩序来论证星体灵魂的存在，这在《伊庇诺米》中也有，虽然更加冗长但缺乏辩证法的力度，并且就像在亚里士多德那里一

---

① 《论动物的生成》，II. 3, 736b29ff.。

② 《法律》，V.747 D；《伊庇诺米》，981E。

③ 《气象学》，B2, 354b 33ff. 中，亚里士多德反对物理学家的理论：太阳受到海洋的蒸汽的滋养。这个理论必定是非常古老的，因为在它基础上，一些物理学家素朴地解释至日为"牧场"的改变。虽然亚里士多德对这个观点大概会不以为然，但是他自己的观点——冷滋养热——却和它非常一致（如，《形而上学》，A3, 983b23）。当他谴责这个理论的代表，他们不但应该考虑太阳，也要考虑星体的时候（355a19），这也是他自己以前在对话《论哲学》中得出的结论。Cleanthes 从这部著作中取得它（Cic. Nat. Deorum, II. 15, 40. Arnim, frg. 504）。他也侵占了关于至日的解释（Nat. Deorum, III. 14, 37. Arnim, frg. 501）。同亚里士多德达到的水平相比，斯多亚学派的物理学家表现出许多返祖现象的例子，即，将亚里士多德的早期宇宙论同前亚里士多德的理论合并。

样直接同动物学联系。我们必须从这个迄今为止尚未被注意的对应得出结论，菲力浦（Philippos）和亚里士多德两个都表现了有效的学园的学说。[1]亚里士多德的结构是直接由柏拉图激发的。在《法律》中，[2]人们从看到的星体有灵魂的证明是这样开始的：有人说，一切事物的变化——无论现在、过去还是将来——都或者通过自然或者通过有意识地制造或者通过偶然而发生。那些元素以及从它们而来的事物——大地、太阳、月亮和星星——都是通过自然和偶然生成，而没有一个是通过有意识的制作生成的，因为它们似乎是完全和绝对地没有灵魂的。柏拉图所攻击的物理学家所谓的自然就像亚里士多德在这些论证中所意味的，因为他在这里用他们的三分法并用他们自己的武器来反驳他们，自然就是无精神、无灵魂的质料的堆积。而柏拉图却将灵魂作为变化的原则，所以需要一个新的自然概念。[3]但是在亚里士多德那里，有无数地方都毫不犹豫地使用了这个变得习以为常的较低的自然概念，就像在下一个论证中，火和气的倾向是向上，土和水的倾向是向下，被认为是自然的运动。将所有的生成分为自然的、偶然的和有意识的也出现在《劝勉》中。论证的方法，即通过消除其他的可能性来确立一种可能性，也同柏拉图后期的划分的辩证法有关，这是亚里士多德的特色。

154

同样的方法也用在最后一个论证中，它是对前一个的提炼，它明确地被证明为亚里士多德的。所有的运动或者出自自然，或者出自强迫，或者出自自由意志。如果它是自然的，那么物体的运动就总是直线地向上或向下，不会像天体一样做圆周运动。这种圆周运动也不能被解释为通过外力发生，因为何种力量会比那强有力的物体的力量更大呢？唯一的可能性是通过自由意志运动。这个推理在《伊庇诺米》中也有对应，在那里提到，在星体灵魂中有一个最完美的审思（ἀρίστη βούλευσις）。[4]这是那统帅群星循环的不可移易的必然性的根据。它们的完美在于圆周循环的数学上的理想形式，这也是星体精神所思考并意愿的。它不会改变自己的意志，因为所有真正的完美

---

[1]　《伊庇诺米》，982ff。

[2]　《法律》，X.888 E ff。

[3]　《法律》，X. 892 c, 891 c。

[4]　《伊庇诺米》，982C。

155 都排除了退化的倾向。星体意志是星体精神强加给质料的法则的必然的基础。① 为了这种活动而设的反思，设定了自由意志的存在。至此为止，亚里士多德的自由意志观念是对《伊庇诺米》中最完美的审思观念的恰当补充，它们是一个思想结构中相邻的元素。② 星体运动的自由意志学说同亚里士多德后期的观念如此明显地冲突，这迫使那些否认他的发展的人做最绝望的猜测和诡辩，称西塞罗只是草率地误解了他的来源。③ 仔细反驳这些冒险是不值得的，因为我们对星体灵魂理论的分析似乎已经弄清楚了，即使这个过渡阶段在亚里士多德的发展中不是那么毫无问题地流传下来，人们也必须优先地重构它所有的部分。

最后一个论证也说明了亚里士多德的天体物理学，即他的以太学说。

156 在这篇对话中已经预设了以太，这一点在上面已经被证明了。否则人们可能会对此怀疑，因为亚里士多德只是将重的物体的向下的运动和轻的物体的向上运动称为"自然的"，而星体的圆周运动不是出自它们的质料结构，而是出自自由意志。相反，他在《论天》（*De Caelo*）中说，有五种元素，它们每一个都有自己的特别的运动方式，向下的运动归于水和土，向上的运动归于火和气，以太做圆周运动。④ 他明确地称后者为圆周运动的物体，这样将这种属性算作它的本质。在这里，那些否认他的发展的人有一种可疑的

---

① 《伊庇诺米》，982B。

② 星体运动出于自由意志，只有它以有意识的意愿（προαίρεσις）为基础，但是后者是"审思的欲望"（βουλευτικὴ ὄρεξις），所以预设了审思（《尼各马科伦理学》，III.5）。在 1112a21 亚里士多德明确否认了 βούλευτισις περὶ τῶν ἀϊδίων（永恒的事物的审思）。这样他拒绝了早期关于星体有意志的学说。在他的后期，旧观念的唯一的残余是"行动"（πράττειν）这个词的使用同天体运行联系在一起。星体具有有意识的意志的早期学说不能和后来的这个观点混淆：神作为目的因，通过一切事物追求它的欲望而推动世界（参见 Zeller, Bd. ii.2, p.375A.3）。后者既不包括质料是追求形式的活动的独立的本原，也不包括无机世界在内的一切事物都有灵魂。对亚里士多德而言，一切事物都寻求完美地完成自己的功能，那是它的善（καλόν）。因此之故，它同一切别的事物联系着（参见《形而上学》Λ10, 1075a16，"一切事物以某种方式被安排在一起"）。一切事物同其他事物的联系就是世界的秩序（τάξις），它的"目的"是神，最完美的存在。这样一切事物，只要它实现自己的"目的"，就追求神。

③ Bernays, *Die Dialoge des Aristoteles*, p.104.

④ 《论天》I. 2-3.

方法，将《论哲学》中的描述消解为仅仅是诗意的游戏。① 但是亚里士多德在这个证明上是非常敏锐和严肃的，并且人们似乎没有看到，这两种观点是相互排斥的。从以太的质料本性推出圆周运动表明了这样一种意图，通过质料的自然法则来解释所有的运动现象。但是这样做的代价是要有双重的物理学，一个是地上的，另一个是天上的。后者不遵从地上的重力法则。现代物理学也没有废除这种双重的解释。但这是对早期亚里士多德和学园的研究的在科学上的进步，它通过引入心理学的类比在拟人的意义上解决星体的数学法则和没有生气的质料之间的关系——《伊庇诺米》甚至将立法的功能归于星体的意志。② 我们现在认识到，以太本来不是为了这样的目的而被采用：从星体的质料的本质来解释天体的运动，而是出自另外的考虑。在它被赋予圆周运动的属性之前，它已经是一个现成的假设了。促成这样的假设的，显然是欧多克索学派和奥布斯的菲力浦所采用的一种新的和精确的对太阳、月亮和其他天体的大小以及距离的估算。老的物理学认为上界的诸天以及星体完全由火构成，这已经不能被相信了，因为地很小而宇宙无限延展，在火的数量和其他元素的数量之间就不复有任何比例了，所有其他的元素都会被它烧毁。新的发现推翻了各个元素之间的相互转变，这样就摧毁了那时候的宇宙论的一个基础。③ 后来亚里士多德用他的以太假设构造了一个没有星体灵魂以及神秘的附加物的宇宙物理学。在《论天》的第一卷——它是令人印

157

---

① 伯奈斯（同上，p.104）不能想象，亚里士多德在对话《论哲学》中怎么能完全否认他的宇宙论的基本思想（大概是所有的生成都是来自"自然的"原因），并且毫不犹豫地接受了"恶俗地将天体赋予人形，并将之神化"。这种错误判断只能在这样的时间才可能，当柏拉图的《法律》和《伊庇诺米》还没有被充分重视，在策勒对前者的拒绝还在发生影响的时候。柏拉图的星体灵魂学说同流行的素朴的太阳神和月亮女神信仰无关。从一个非质料的原因推理出星体和天空的圆周运动，对一个柏拉图主义者来说是最自然的事了，因为柏拉图认为 νοῦς 是一个圆周运动，并且因为新发现的天体运动的规律性和简单有利于这样的说法：它们是被一个数学理智创造的，参见柏拉图《蒂麦欧》34A，37C，以及其他各处。根据《蒂麦欧》，νοῦς 和必然性分享了宇宙的创造（47E）。在《论灵魂》，I.3，406b26ff. 亚里士多德详细反驳了 νοῦς 的连续圆周运动的学说。在他放弃了柏拉图的观点以及转变到 νοῦς 的心理学功能观念的同时，不可避免地带来了内在的星体灵魂理论的坍塌。

② 《伊庇诺米》，982B，"属于灵魂的必然性拥有理智……它是统治者而非被统治者"。

③ 亚里士多德，《气象学》，I. 3, 339b2ff.，尤其是 340a1 ff。

象深刻地以新的以太学说开头的——我们发现后一个观点得到全面发展。如果人们宣称，这个课程经过了亚里士多德后来的加工，它最初的形式属于以太假设还是新的时期，这并非草率。与此相符的是，在内容上它考虑的几乎

158 完全是柏拉图后期的宇宙论并仅仅对此提出批评，它的几个部分还是非常具有神学色彩的，并且它很大一部分是逐字逐句地取自《论哲学》的第三卷。

    星体诸神以及宇宙，即天的神圣性的学说首先在亚里士多德对话中获得完整的说明，它和柏拉图的宇宙论一起，通过新的天文学发现，构成了给予第四世纪哲学界巨大的理性刺激的永恒表达。行星的运动是圆周形的并具有完美的秩序，整个天空的原来的构型会在大年① 完成的时候周期性地恢复，这些假说给柏拉图的基本原则——可见世界的物质现象被心灵和秩序所控制——投上了最令人惊异的亮光，并在这些和事实研究之间开辟了富有成果的关联。大规模地描述"理性对质料的统治"的第一个努力是星体灵魂学说。这远远超出了自然科学的需要，但是它的灵魂神话为构筑一种世界观提供了不可预料的机会。很清楚，对柏拉图而言，这个观点中的神话的—精神的因素具有重要意义，而它对年轻的亚里士多德承诺了更多，因为虽然人类精神不能一劳永逸地避免沉思的不可解决的问题，在这里沉思却能够树立在坚实的经验事实上，尽管这些事实不是明白无误的。所以，虽然两个观点在内容上一样，但是从亚里士多德的严格一贯的论证中透出了一种新的科学精神，对它而言，所有的神话虽然流溢着情感的价值，却仅仅是方法论研究的材料。这个精神在他积极地不知满足地欲求证明中最明显地揭示了出来。如果我们对比在《伊庇诺米》中的说法——在那里亚里士多德充满了对宗教和

159 秘密的东西的神秘教诲的乐趣，教条地吞下柏拉图的天体学说——那么人们更清楚地感受到，在学院地或者科学地和批评地认识柏拉图的神话之间，必须做出选择。柏拉图自己是这样理解自己的，并且给了他的学生运用这个标准到他自己身上的权力，他引入自己的神话的时候只是说它是几种可能的假

---

① 亚里士多德，Frg.25 提到了"大年"。罗斯将这个概念包括进《论哲学》中，大概是错误的，因为 Tacitus（Dial. 16, 10ff.）告诉我们，在西塞罗的《荷滕西斯》中提到了它。西塞罗大概从主要来源中获得，这就是亚里士多德的《劝勉》。不过此处的归属问题不在我们的考虑之列。

说中的一个。① 但是有什么伟大的思想家曾正确地理解自己呢？关于亚里士多德是否理解柏拉图这个古老的争论表明了一种完全的缺乏理解。他站在同样的基础上为了更好的见解而同柏拉图较劲，但是他的胜利不是在于反驳了他，而在于在他接触到的每个柏拉图的东西上都打上他自己的本质的烙印。

这对对话的第二个部分——宗教哲学也有效。因为亚里士多德在这部作品中不仅仅是希腊神学的创立者，② 而且也是对内在的宗教生活进行理解的同时也是客观的思考的发起者，对此古代还没有在形而上学之外另有名称，也没有独立的学科。只有到了近代，它才有了宗教哲学这个名称。这是亚里士多德早期的另外一个方面，虽然它对人类心灵史极其重要，却直到现在都被忽视或漠视了，这大概由于它会破坏那个传统的画像——作为纯粹的概念形而上学家或者理智主义者——如果事实表明，在理解的辩证法背后，作为内在动力的是一种活生生的宗教，并且它贯穿和渗透进了他哲学逻辑有机体的每个毛孔中。宗教哲学的历史，在这个词语的现代意义上，开始于智者以及他们首先要对它的本质和起源给出心理学解释的伟大努力。理性主义却仅仅只在这条路上前进了一小点，因为它缺乏恰当地观察宗教生活现象的工具。在其古典时代，宗教哲学才与年轻的亚里士多德以及后期柏拉图学园相遇。在这里一个同时是心理学追忆和宗教生产的宗教思考所必需的两个条件被提供了：对精神的所有现象不断增长的理论洞见和虔诚，它产生自柏拉图构建神话和象征的力量，向一个浸透了对生活价值的新感受的社会开启了宗教灵感的新鲜来源。这是一个事实，虽然通行的哲学史也忽视了它：后来

160

---

① 柏拉图，《法律》X. 898E。

② 他在这个名称之下作为独立的学科建立起来的，在内容上恰恰来自晚期柏拉图的世界图景。但是他创立了一个单独的学科，这表明他在对神的问题上精神的专注，它是一个全新的东西，对希腊哲学而言也具有划时代的意义。斯多亚神学发展了亚里士多德的神学。确实，由于它的一元论倾向，它放弃了亚里士多德的超越的神，但是内容上的符合并非评价他的影响的决定性因素。决定性的是，新的时代对神学问题的整体的内在态度，以及赋予它的在哲学中的核心位置。在内容上，亚里士多德的神学同其在最高的神和星体诸神之间严格的区别直到基督教时代才充分发挥影响。这个时代需要一个 deus exsuperantissimus（最高的神），他是不可见的，从一个远远高出星体路线的远方的崇高的宝座上对世界发号施令。亚里士多德对当时的柏拉图主义有强烈的影响，他的观点有时和东方的宗教信仰结合在一起，有时和所谓的消极神学结合在一起，后者是希腊东部宗教体验的高峰，无论是异教徒还是基督教徒。

以及今天的宗教哲学的几乎所有思想观念都来自这个圈子。

它处理的首先是关于宗教对象的内在确定性的基础和自然来源，关于神性的现实性。对于素朴的宗教意识来说，这完全不是问题。只有当大众信仰被瓦解，当科学被特别地运用到宗教观念的世界中的时候，它才成为问题。这样就开始了证明神的时代。在批判带着其破坏性的理想主义仓促地取得胜利之后，变得无家可归但是又不能根除的宗教情感在它的征服者那里寻找支持。色诺芬对神的论证就是产生自这种理性的需要。对柏拉图而言，在**161** 他盛年时期对神的问题还没有一种宗教哲学的、客观的理论的态度。他自己是新世界的缔造者，这个世界只有在虔诚的直观中才能遭遇。善的理念不仅给了柏拉图的城邦一个永恒的目标，而且对他而言它也成了一个新的对神的意识的标志。它实际上就是宗教。有了柏拉图的哲学，宗教进入了沉思的阶段，科学进入了创造宗教理念的阶段。直到在后期柏拉图那里我们才发现对信仰的根源以及它和自然科学的和谐一致的反思。柏拉图晚年神学中的主导思想是灵魂对身体的优先，精神和法律对盲目的质料的优先。伊奥尼亚学派的物理学中机械的因果作用的自然概念对一种观念让步：它从灵魂的力量中推演出一切，对它而言又是"一切都充满了神灵"。①

真正的神的存在的证明只有在年轻的亚里士多德那里才第一次出现。他率先在《论哲学》第三卷中通过三段论的形式证明了一个最高的存在者的实存，并由此给了这个问题一个无可置疑的鲜明的形式，这一直激励着所有后来的世纪的宗教思想家敏锐的感觉，努力使得热情奔放的经验对我们理解的研究也变得可见。"人们可以说，在每个领域，凡是有等级的地方，就有完美程度上的高低，那么必然也就有一个绝对的最完美者。由于在存在的事物中有这样较高和较低完美性的事物的等级，那么也就存在着一个最完美的存在者，它应该就是神。"② 我们在这里遇到了存在论证明的根源，虽然根据亚里士多德的物理学，它是和目的论论证联系在一起的。凡是在一系列可比较的事物中表现出价值等级上差别的地方，就总是有一个最完美的事物或者最大者，即使我们考虑的不仅仅是想象的系列，而是在现实中从低到高的完美的实际系列，也是这样。在

---

① 柏拉图，《法律》，X. 899 B;《伊庇诺米》，991 D。

② Frg.16. 这个论证在伟大的经院学者那里再现，作为 argumentum ex gradibus（事物等级的论证）。

自然中，亚里士多德认为有一个形式或者目的内在地起作用或者创造，一切都是有等级的，每个较低级的事物总是关系着某个较高的和统治性的事物。对他来说，这个目的论的秩序是自然的法则，并可以被经验地证明。这说明在存在的事物领域中，即在自然的真实的形式中，有一个最完美的事物，它自然也是一个真实的形式，它作为最高的目的因，是一切其他事物的原则。这是最后一句话的意思，最完美的存在者等同于神。在亚里士多德的观念中，自然是严格地划分了等级的形式的领域，对它而言这个论证是有效的。它避免了后来的错误看法，认为最完美的事物的存在是包含在完美概念中的谓词，所以仅仅通过分析这个观念而不借助于经验，就能获得它。一切真实的形式的形式必然自身是真实的。当亚里士多德将它等同于神的时候，他当然没有证明流行的神的观念的真实性，而是从目的论世界观念的精神出发，将它重新解释为就像一切属人的事物一样，都是会发生变化的。除了这个证明之外，还有在论文中为人熟悉地从运动的永恒性来论证，以及为避免无限后退，在原因系列中设定一个终点的必然性来论证。这是第一次伟大的尝试，将神的问题放在自然解释的一个确定的系统的基础上，并用辩证法的严格推论科学地进行处理。这样的任务已经向亚里士多德提出来了，但是只有那一切时代中最伟大的逻辑建筑师会敢于将他整个巨大的奋斗成果压缩进这几个听起来简单的句子中去。将它们从亚里士多德物理学的整体中分离出来，对它们进行单独考察，这样是不允许的。它们是一种细致入微地构建起来的理念自然体系的必然结论，它们使得我们确信，亚里士多德在写这篇对话的时候，他的物理学原则上已经完成了。它是在学园的基础上产生的。

但是，亚里士多德在这部作品中也考察了对神的信仰的心理学源泉，不是出于冷冰冰的科学好奇心，而是为了让其他人也可以体验到他所体验到的东西。他很清楚地知道，即使最天才的逻辑也不能达到内在信念的无法抗拒的力量，它是产生自灵魂的神灵的预感。[①] 古代没有什么人比亚里士多德

---

① 《论天》，II. 1, 284b3 也说到科学思考和对神的内在感受（manteia peri ton theon）的结合，后者依赖于当下的感觉，所以它明确地区分了二者。大概是柏拉图第一个采用了内在先觉（manteuesthai）的观念，这个观念早被诗人使用，表示对外在事物的预感，并将它打上先觉的哲学意义，不是对未来的，而是对隐藏的、深沉的关系的先觉。亚里士多德第一次将它用在信仰和知识问题中，并将知识和先觉当成宗教意识的两个彼此相称的、共同作用的形式。

更美好或更深刻地阐述一切宗教生活的情感和经验方面了，当宗教问题还占据着他思想的中心位置的时候。在《论哲学》这个对话中，当他打算讨论星体的神圣性的时候，他说到了在比人更高级的东西出现的时候，人会有敬畏的情感。他认识到，内在的精神专注是一切宗教崇拜的实质。[1] 就像我们只有在集中了感情的时候才敢进入神庙，同样，他要求，当我们研究星体和它们的本质的时候，我们也应该虔诚地踏进宇宙的神庙。这些话当然应该是为了谴责无神论而准备的，这是他针对那些否认天和星体的神圣性和不可摧毁而说的。[2] 在《论祈祷》的结尾他说，"神是精神，如果不是比精神更高的话。"如果不是为了表明下面一点，一部关于祈祷的作品就没有意义：对一个哲学家而言，虔诚地接近神性并非不值得，只要人们留心到，神是精神或者高于一切理性，只有在精神中有死者才能进入他的领域。[3] 无论是康德还是叔本华都没有比这位思辨地证明神的发起者更明确地划分知识和信仰、理智和情感，用他典型的表达：那些热衷献祭的人，不会用理智把握（μαθεῖν）任何东西，而是内在地体验到什么（παθεῖν），从而被置入一种特别的内在的状态中，前提是，他们能够拥有这种状态。[4] 将这个划世纪的认识同神秘的宗教联系在一起，这并非偶然。老的诸神宗教崇拜中缺乏那种人和神的私人关系，而神秘的东西通过他的排他性而将这种关系推上了前台，并且通过献祭的不同等级以及热忱的差异——个体的信奉者通过它来分出等级——鼓励了这种关系。在这种精神因素的基础上，而非在它们的内容的"理智意义"上建立了那种热切的兴趣，这是自 5 世纪末期以来所有的宗教活跃的地域都展示出来的。神秘主义的语言和符号多么经常地给了柏拉图以及亚里士多德早期作品中的新宗教的表达以色彩和形式！在神秘宗教中赢获了这样的见识：对于哲学家而言，宗教只有作为个人的祈祷和敬畏，作为一种特别的、与之

---

[1] Frg.14.

[2] 参见上文，p.142。

[3] Frg. 49. 在一部论祈祷的著作的末尾强调神的超越性的目的，逻辑上必定是将它用在我们应该如何祈祷问题上。我们应当向精神和真理祈祷，这是产生在柏拉图的团体中产生出来的要求，通过它阿提卡的哲学精神将宗教归还给了第四世纪的人。通过将 νοῦς 改为 πνεῦμα，福音书根据圣约翰赋予了它新的内容(iv. 24)（当然并不知道亚里士多德的著作），这个事实绝不会改变这个事实的精神史的意义。

[4] Frg. 15.

相适的本质的体验，作为心灵同神的精神沟通才是可能的，这恰恰表明了一个新的宗教精神的统治的时期。这种思想对希腊文化以及那正在形成的精神领域的影响是不可估量的。

亚里士多德从两个来源获取了神的存在的主观的确定性：来自灵魂神奇的能力的体验，当在睡梦中或者濒临死亡的时候灵魂从身体脱离出来，获得了它"真正的本质"，并预先窥见未来；来自对缀满星辰的天空的凝望。[①] 这种推演不能历史地理解，它和原始时期的人没有关系，而是富有创造性地将两种伟大的惊异并列了起来，没有什么对可理解的东西的理解能够解释它，它是物理学理性主义不可消解的残余。在学园中，人们总是对预言和心灵生活中非理性的、模糊的部分表现出高涨的兴趣，这里也是热情洋溢的宗教的宇宙体验的来源。这无非是柏拉图的圈子里面对世界的宗教情感，而亚里士多德将它言简意赅地表达了出来。但是就是这个表达也依赖于柏拉图的范型。他在《法律》中从两个来源推理出了对神的信仰，从灵魂的内在生活的一直流变的存在（ἀέναος οὐσία）和对星体永恒秩序的观察。[②] 没有任何别的说法能够更加令人印象深刻地表达出柏拉图主义的宗教内容的无时间限制的真理，而且不带任何可变的教条的成分。在精神历史中，它一再地出现，作为精神最后的、无可争议的位置的标志，以对抗物质和偶然性的无情的力量。这使人回忆起康德在《实践理性批判》结尾的话："有两样事物，越是经常地和持久地思索，它们就越是给人的心灵灌注更新的和不断增加的赞叹和敬畏：我头上的星空和我心中的道德律。"第一个来源，就像柏拉图所称的灵魂的永恒流变的存在，变形为道德法则，对于柏拉图和康德的精神的区分是很有特色的，虽然这种变化的来源要追溯到斯多亚学派那里。康德没有明确地说出这一点，但是从他的话可以清楚，这种"赞叹和敬畏"是宗教性质的，并且最初就是作为对上帝的存在和统治的信仰的来源被引入的。

在亚里士多德那里，第二个论证也保持未变，但他没有说灵魂生活的精彩，而是说在灵魂中沉睡的那种预感的能力，只有在它脱离身体的时候，这种能力才会苏醒。这种灵魂观念是柏拉图的。而且那种玄妙的、科学所不

---

① Frg. 10.

② 《法律》XII. 966D。

166　能达到的现象的实际认识，也和亚里士多德后期的观点相矛盾，他在自己论睡梦的著作中仔细批驳了这种观点。① 人们难道会将这一切解释为对对话风格的妥协吗？这和对占卜的态度是一样的，就像在《欧德谟斯》中一样。没有什么比这更清楚地表明亚里士多德多么深地立足于唯灵论的了：甚至在他放弃了理念论之后，他仍然在一段时间中保留了柏拉图的灵魂观念，无疑还有他的不朽学说。波塞多纽也从这一段的语词中读出了这一点。② 神的信仰的两个来源也是斯多亚学派从这个对话中借用的；克林塞斯将它们和普罗狄

167　科（Prodikos）以及德谟克利特的关于宗教起源的假说并列在一起，这说明他在历史的意义上错误地理解了它们。③

　　这部著作对希腊化时代的巨大影响也在所有的斯多亚学派的神学中间接着出现的一个著名的段落中表现出来，这个段落是西塞罗保存下来的，确

---

① 亚里士多德，《论睡眠占卜》，c. I, 462b20; 不存在神托梦告诉实情的事情；参见 462b12. 在《蒂麦欧》71A-E 和《伊庇诺米》，985C，位置和《论哲学》一样，frg. 10。

② 波塞多纽在他的书《论预感》中采用了关于灵魂的预言能力（frg. 10）的这一段，西塞罗将这部书作为他解释《论睡眠占卜》I.63 的基础，就像他在这部作品中经常做的那样。

　　Sextus Empiricus, *Adversus Physicos* I.20-21 (p.395, 6)：

　　亚里士多德说，诸神的观念来自两个本原……来自灵魂在睡梦中经历的狂喜和预言能力这种精神生活现象。（21）因为，他说，当灵魂自身在睡梦中的时候，那么它就发挥它预见和预言未来的能力。同样的事情也发生在死亡令肉体分离的时候。无论如何他相信诗人荷马已经观察到了这一点，当他让帕特洛克洛斯在将被杀之前预言赫克托耳的被杀，而赫克托耳则预言了阿克琉斯的死。

　　Cicero, *De Divinatione* I. 63.

　　（63）当睡眠将精神从社会和身体的接触移开时，它就回忆起了过去，看到现在并预见到未来……这样当死亡来临的时候，它就更加神圣了。（64）将死的人有预知能力，这也被波塞多纽给出的例子所证明……一个例子是，……荷马的赫克托耳，在将死的时候宣布了阿克琉斯将临的死亡。

　　亚里士多德的表达 προμαντεύεταί τε καὶ προαγορεύει τὰ μέλλοντα（预见和预言未来）被波塞多纽在他对预言的定义中采用："praesensio et praedictio futuri"。他还从他自己准确无误的丰富学识中增加了许多例子。欧德谟斯的梦包括在其中（53）。如所预料，柏拉图、毕达哥拉斯和本都斯的赫拉克莱德受到特别关注（46 和 60-62）。在这里波塞多纽极大地受到早期亚里士多德的影响。

③ 在 De Natura Deorum II.5, 13（frg. 528, Arnim）中，西塞罗报告说，克林塞斯给出了对神的信仰的"本原"的四个理由。第一个和第四个来自亚里士多德的《论哲学》，其他两个来自德谟克利特和普罗狄科。

定属于《论哲学》第三卷中的神的论证。[①] 为了说明它体现宇宙的神圣性的势不可挡的体验的力量，兹录如下：

"如果有这样的一些人，他们一直生活在地下舒适的、华丽的住处，这地方饰以雕刻和图画，并配备了一切那些被认为是幸福的人大量拥有的东西，如果他们从未走出地面，而通过传闻知道，有一个更高的、神圣的存在和力量，如果有一天地峡被开启，他们能够从藏身之所离开并来到我们所居住的地区，当他们突然发现大地和海洋以及天空，当他们知道云的伟大和风的力量，当他们凝视太阳并认识到它的伟大、美丽和强大的效能——当它将自己的光芒遍洒整个天空的时候，就带来了白昼，当黑夜遮蔽了大地的时候，他们又看到整个天空缀满各种各样的星辰，月亮的光此时明转而晦，所有的这些天体永恒地升起和落下，沿着亘古不变的轨道——当他们看到这一切的时候，他们会真诚地相信，诸神是存在的，这一切都是诸神伟大的工作。"

第一件引人注意的事情就是它对柏拉图的《理想国》中洞穴比喻的依赖。就像这个比喻将柏拉图哲学的那种基本体验，即从光明的世界下降到仅仅是阴影的世界，以及那将哲学家和他的弟兄们分离、使得他变得孤独的对真实的存在的看都精彩地展现出来，亚里士多德的比喻中也注入了一种对世界的新的感受。他的那些人从未在洞穴中生活过，他们是被教育坏的、过于饱足的文明人，他们就像鼹鼠一样将自己掩埋在悲惨的、暗无天日的奢华中，在那里他们寻找自己可疑的幸福。他使得他们有一天上升到光明中来，在那里看到他自己看到的景象：现实的无尽精彩，宇宙的运动以及它神圣的结构。他教导他们，不是思考超自然的世界，而是思考那每个人都看得见但是却尚无人看到的东西。亚里士多德意识到自己是第一个用柏拉图的眼睛看到真实世界的希腊人，他有意地改变了柏拉图的比喻，这就是他对自己的历史使命的认识的标志。他代替理念论给我们的，是对宇宙神奇的形式和秩序的思考，这种思考一直加强直到它成为宗教，它导向对它的神圣统治者的直觉。

168

———————
① Frg. 12.

《伊庇诺米》也同样强调将神学问题放在哲学的中心位置，我们知道这些崇高的想法在希腊人那里遭到强烈的反对。对神性的认识，那种东方人的知识，对希腊的一般看法而言，是一种对有死者永远都不可触及的东西，那种绞尽脑汁寻求禁果的人是不幸的。亚里士多德自己在《形而上学》的开头反对了希腊根深蒂固的对思想的奇异（περιεργία）和大胆的不喜。他经常反对那种古老智慧，说一个有死者就应该考虑有死的东西，他最热忱地邀请我们生活在永恒中。① 只有当天体运动中的法则的发现导向星体灵魂的假说，当对"可见的诸神"的确定的认识使得一种建立在经验上的精确的、天文学的神学的可能性可以触及的时候，对希腊人而言神学才是可能的。对此，我们必须加上东方的影响，就像《伊庇诺米》告诉我们以及其他的证据所证实的。苏格拉底的"认识你自己"，阿波罗智慧的典范，现在变成了它的对立面。漫步学派的阿里司托森（Aristoxenos）在他的《苏格拉底的生活》中谈到，一个印度人在雅典遇到苏格拉底，询问他的哲学。当苏格拉底回答说，他力图理解人的生活的时候，那个印度人向他表示，这种理解是没有希望的，因为人不可能理解自己，直到他知道神。② 这听上去像是假的，但是这

169

---

① 《伊庇诺米》，988A："让任何希腊人都不要害怕，有死的人考虑神圣的事情是不对的；他们必须持完全相反的观点"；988B，神圣的能力不会嫉妒。同样的观点在亚里士多德的《形而上学》A2,982b28ff. 中有语词上的重现。同参见《尼各马科伦理学》X.7, 1177b31；"我们不要追问那些人［比如 Epicharm.（frg.20, Diels）和 Eurip.Bacch. 395 和 427ff.］，他们告诉我们，作为人要思考人的事情，而是必须尽我们所能，使我们自己不朽。"

② Aristoxenos, frg. 31 Müller. 印度人访问雅典在亚里士多德残篇（frg.32）中出现，保存在第欧根尼·拉尔修 II.45 中。如果这是真的，它大概应该属于对话《论哲学》第一卷；但是罗斯将它归于伪《贤人》的残篇，大概是对的，因为它的内容同亚里士多德不符。同这个所谓的印度人的神学（它实际上是后期柏拉图的）最符合的是亚里士多德的《劝勉》（它要求人的行为基于对神的认识，这在《尼各马科伦理学》VIII. 3, 1249b13-21 重现）和《大阿尔基比亚德》，最近 Friedländer 试图修复它，并将它归于柏拉图早期（Der grosse Alcibiades ein Weg zu Plato, Bonn, 1921）。这篇对话以这样一个精致地并有些学究气地构建起的论点为目标：德尔菲的格言"认识你自己"只有通过在对神的知识的镜子中 νοῦς 的自我沉思达到（132E -133C）。达到这一点从而成了柏拉图学派从苏格拉底继承而来的一切伦理学、政治学、教育问题的核心。《伊庇诺米》也支持将所有的伦理学问题，无论是幸福还是德性都归为对神的认识的问题。《阿尔基比亚德》显然是一些和上述作品同时的学生试图将神学运用到柏拉图的早期，并将它们确定为教条，以证明柏拉图晚期的 νοῦς 学说的神秘主义。

只是对后期学园中一直留下的看法的传奇表达，它在《伊庇诺米》中被总结为一种宗教改革的计划，未来希腊的德尔菲宗教不得不和东方的星象学和神学结合，如果希腊人要有宗教进步的话。[1] 作者给了我们学园中的主导趋势，他很难将纯粹的个人意愿表现为柏拉图《法律》的结论，根据他的观点，这条结合的道路要通过神秘主义来完成。亚里士多德同意他以及所有持这种观点的学员，只有当神自身认识自身的时候才可能认识 Cognitio dei（认识神）这个观念。

170

他将这种活动描绘为某种超越的以及超出人的标准的事情。自我是我们的精神，它"从外面进来"（θύραθεν εἰσιών），并是"我们身上的神"（τὸ θεῖον ἐν ἡμῖν），通过精神，神的知识进入我们。《伊庇诺米》的作者甚至说一个沉思者分享一个精神，而亚里士多德更强调神的超越，而非他和人的精神的统一。[2] 无论如何，除非我们认识到亚里士多德生活在这样的氛围中多年，他的形而上学就是立足于此，虽然它在逻辑学方面的发展超出了它，我们就不能理解亚里士多德对后世的影响。星体不局限于一地一国，而是遍照大地上的所有人，[3] 对星体以及笼罩在它们上面的超越的神的崇拜的建立，开启了宗教和哲学普遍主义的时代。在这最后的沸腾的浪潮的顶点，阿提卡文化涌入人类的希腊化海洋。

---

[1] 《伊庇诺米》，987D-988A。

[2] 在《形而上学》A2，983a5-11，对神的知识被等同于神的知识。关于人的精神和神的合一，见《伊庇诺米》，986D。

[3] 《伊庇诺米》，984A。

第三章

原初的《形而上学》

1. 问题

　　对话《论哲学》的意义并不止于为我们活生生地展示出了从学园到吕克昂之间的这段时间，它还第一次在亚里士多德的世界观的发展史中给了我们一个坚实的立足点，并为分析形而上学的学术著作提供了历史的恰当的着眼点。早期的作品立足于完全不同的根基上，但是那个经典对话中的学说——在这个对话中他同柏拉图的决裂公开地表现出来——同传统的亚里士多德形而上学有什么关系呢？我们当然不能将我们在残篇中获得的东西解释进论文中，虽然它们也是片段式的，但是它们是无可比拟的独立的文本，只有对形而上学的分析由自身出发而引导到这条道路上的时候，对那个轶失的著作的重新获得的画面才变得重要起来。

　　在亚里士多德写这篇对话的时候，无疑他形而上学的基本概念已经确立了。当我们仅仅知道，在那里面有不动的推动者的学说的时候，由此可以确定，亚里士多德的质料和形式、潜能和现实以及实体概念已经固定了下来。甚至构成对话的三条研究线索——历史的线索、理念批判的线索和思辨的线索——也在《形而上学》中重新出现，第一条在第一卷，第二条在末尾各卷以及贯穿始终，第三条在 Λ 卷。更加困难的是回答这样的问题，那发展出实体和潜能与现实学说的几卷，即所谓的《形而上学》的中心卷，在多大程度上在这篇对话中有其对应部分。人们可以认为，或者亚里士多德发现这种研究对于发表而言太难了，也太神秘了，或者出于偶然这个部分的残篇没有被保存下来。但无论如何它们不会和在《形而上学》中占有一样大的篇幅，尤其是当人们忽略掉引言（A-E）部分的时候，它们的分量远远超过了所有其他的部分。相反，比起 Λ 卷，在这里神学得到远为透彻的描述，因为我们从那些关于它的报告中得知了很多我们从《形而上学》中无法获知的东西。关于星体灵魂的学说将我们完全置入一个更为古老的发展阶段中。很多迹象表明，我们从对话中获知的越多，那区别就越是清晰地暴露出来。这大概是《形而上学》是后来的作品的一个证明，它必须被归于后期。这和迄今为止的观点完全符合，因为自罗马的凯撒时代就有这样的一个广为流传的观点，《形而上学》是一个未完成的后期作品。

但是，当我们引入《形而上学》的分析成果的时候，这个画面就从根本上改变了。承载着这个名字的这部书的产生的历史，现在对于思考形而上学本身变得意义非常。[①] 将统一在《形而上学全集》（*corpus metaphysicum*）之下的多个片段看作一个整体，并且为了进行比较而从完全异质的材料中抽取出一个平均的观点，这是不被允许的。就像我在另外的地方曾经证明过的，由内在的根据而来的分析导向这样的观点，存在着不同的年代层面，而传统证实，现存的以《形而上学》命名的文集只有在亚里士多德死后才编辑出来。以前的研究只涉及《形而上学》文本在亚里士多德死后的历史，即，他遗留的文献的历史。无疑，对它们进行澄清是必须要进行的第一步。但是它只有对亚里士多德的影响史而言才是直接地至关重要的，而与此相关的工作却和认识亚里士多德思想自身以及哲学家的人格没有任何关系。只有试图从他思想的内在形式[②] 来有机地理解《形而上学》的流传情况的时候，批判的工作才重新获得意义和重要性。这马上就将问题从《形而上学》现存文本的外在的、文献的统一性引导向了内在的、哲学的统一性，从而导向对年代学和发展的分析。在这条道路上我已经在《〈形而上学〉产生的历史》（*Entstehungsgeschichte der Metaphysik*）中迈出了第一步，但是在那里我还深受老的语

172

173

---

① 参见本人的 *Entstehungsgeschichte der Metaphysik des Aristoteles*, Berlin, 1912.

② 参见 *Entstehungsgeschichte der Metaphysik des Aristoteles*, pp.150, 161.

文学问题的影响（追问传统的编排和各卷划分的正确性），所以不能追随自己的研究结果以达到其逻辑结论。年代学问题，在那个时候在一个点上就已经达到了一个确定的结论，但是现在必须在亚里士多德哲学发展的视野中重新考虑，这就不可避免地会有一些重复。研究的进程自身必定会证明此为正当。

在我们进入年代学考察之前，要再次简短地提醒自己，在现有的亚里士多德《形而上学》遗著的状态中，什么应该归于它的编辑者。对于这一点我们有理由不需要再操心了。只是立足于前面的研究成果就可以了。

对于古代的编辑者而言，现代的语文学的观点——将属于同一时间的东西外在地归拢到一块儿，甚至以牺牲事情的整体印象为代价——是非常陌生的。那些整理遗著的人是哲学家。他们在这一点上付出了很多：从所发现的珍贵的文稿中构造出一个尽可能真实的第一哲学的总体画面，就像亚里士多德所意图的那样，如果这个愿望不是被材料的不完整和分散的性质所否定了的话。因为有一件事情是毫无疑问的：编辑者自己都不相信，他们所确定的顺序会给后代留下形而上学的完整课程。他们知道他们所作的只是权宜之计，是如此不令人满意，只能就资料的情况所允许的来做。介绍部分后缀的附言，即所谓的小 α 卷之所以跟在 A 卷之后，就是因为他们不知道还能将它放在别处哪里。这是巴雪克里（Pasicles）的一个课堂笔记的残篇，他是亚里士多德的学生罗得岛的欧德谟斯（Eudemos von Rhodos）的一个侄子。[1]ABΓ 是一起的，而 Δ 则在亚历山大时代还被看作是一篇独立的著作，就如很好的书目传统所确证的。E 是一个短篇，向 ZHΘ 过渡。这三卷构成了一个整体，但是它们和前面各卷的联系似乎成问题。I 是完全独立的，它处理的是存在和一的问题。从这里起，任何内在的和外在的关联都消失了。K 所包含的只是 BΓE 各卷的另外的形式，又在结尾附加了来自《物理学》的某个段落，这个段落自身就像这部手稿集中任何其他的段落一样都是亚里士多德的，但是和相邻的各段却没有关

---

① Asclepius 在他对《形而上学》的注释（p.4, 20 Hayduck）中将这个信息——它来自漫步学派的传统——同 A 卷联系起来，但是这是一个混淆。他的说明必定来自阿谟尼乌斯的解释课程的笔记。正确的说明在 Parisinus 手抄本中由注释者给出，是小 α 卷（参见 *Entstehungsgeschichte der Metaphysik des Aristoteles*, p.114）。

系。同样来自《物理学》的一段也被插入了 Δ 卷。Λ 是独立的一篇讲演，它对整体的形而上学的系统给了一个概览，它自身是完全独立成篇的，并且同其他的各卷没有表现出任何联系。结尾两卷 MN 和前面没有关系，这一点在古代就被提出来了，这导致了在许多手稿中将它们安插在 KΛ 前面，但是这样做并没有造成一个更加可能的关联。它们和头两卷的关系最密切。

　　这些材料的产生属于什么时间以及有什么关系，如何在重构亚里士多德的哲学中使用它们，这只有通过仔细的研究才能确定。无论如何人们不能因为设定了他哲学的同质性而遮盖了问题，这些问题是它每一步在内容上也都提出了的。必须拒绝任何这样的试图：通过对现存的材料进行重新排列或删减，以便从中制造一个整体文献。不过也要谴责这样的做法：以牺牲现存单个文献的个别特征为代价，仓促地设定它们哲学上的统一性。每一个文献都是数十年持续不断地对同一个问题进行艰苦思考的结果，代表了一个富有成效的瞬间，一个发展的阶段，一个解决的时段，朝向新的表述的一步。恰恰是所有的个别材料都由那总体思想的潜在的统一性支撑着，这种思想在哲学家所有个别的陈述中都有效。但是那些想止步于此的人，却不能说他们已经看到了亚里士多德精神的现实性。亚里士多德有着一种朴素的、严格的形式，人们用舒适的、享受的感觉，或者粗略的浏览是无法进入他的。他很少提供一篇赏心悦目的东西。只有在具体的细节中，通过紧张地全神贯注于此，他的本质才能被把握。"因为努斯的实现是生命"（ἡ γὰρ νοῦ ἐνέργεια ζωή）。

2. 最早的理念批判计划和《形而上学》中的导言

　　虔诚的编辑者保存了对柏拉图理念论批判的两个著名的版本，在 A 卷第 9 章和 M 卷的 4-5 章。这两个版本几乎逐字逐句都相符合，所以不可能都是为了《形而上学》的这同一个草稿而作。M 中的导言版本和这一卷的整体论证过程几乎完全契合，如果它应该保留在原处不动，这只能是因为，亚里士多德或者打算写一个新的导论，或者至少要删去在我们现有的导论的

176 结尾重复的部分（A8-10）。由于在 M 卷中许多引文都出自头两卷，[①] 这说明它以某种方式在某处要追随它们。因此，亚里士多德必定打算删除第一卷末尾的那个批判部分。这证明他是将 A 卷的一些部分当作后来重新勾画的原材料来用的。

　　两个版本在时间上有差别，这个结论被它们语言上的不一致的一些地方所证实。如果不考虑后来的一段是反对理念论的一个新的论证，[②] 它们唯一的区别就在于后者系统地删除了第一人称复数，而在早期版本中一直用它来表示理念论的支持者。这个标志性的"我们"表明，第一卷是写在当亚里士多德还能够称自己为一个柏拉图主义者以及这个理论的支持者的时候。[③] 因此这两卷之间的时间间隔必然相当地大，因为在 M 中，他从柏拉图团体脱离是一个既成的事实。另外，同在第一卷中富于谅解的处理方式相对，它同柏拉图主义者论战的口吻经常是尖锐的或者简直是傲慢的。

　　老的版本的写作时间在亚里士多德的生命中只能是在那个确定的、不可重复的一瞬。柏拉图的去世。这从他陈述中多次重复的未完成时中体现出来。[④] 总体而言，这个批判没有造成这样的印象，似乎亚里士多德是第一次在学园中发表这样的声明。柏拉图论证"分离的"理念存在的方式在这里被

177 提到——大多是缩略的术语表达——说明听众经常考虑这个问题。亚里士多德甚至假设他们熟悉对理念的反驳。如果阿芙洛蒂西亚斯的亚历山大的注解没有为我们保存亚里士多德轶失的《论理念》[⑤] 中的观点，那我们就很难理解他的说明，或者从他的话语中推出他确切地是批判哪个论证。当他提到"从科学来论证"、"一对多"论证、"第三人"（这个反驳不是出自他自

---

① M2, 1077a1（=B2, 997b12-34）；M9, 1086a34（=B6,1003a6）；M9, 1086b2（=A6, 987b1）；M10, 1086b15（=B4, 999b24, B6, 1003a6）.

② M4,1079b3-11; 参见 *Entstehungsgeschichte der Metaphysik des Aristoteles*,pp.29-30。

③ 这样我们对《欧德谟斯》和《劝勉》的学说的研究结果就无可置疑了；直到他对理念论第一次进行批判，亚里士多德自己还是支持这个理论的。段落的收集在 *Entstehungsge-schichte der Metaphysik des Aristoteles*,p.33。"我们"还出现在第一卷重复部分之外的地方，在任何提到理念论的地方。比如 A9,992a11，"我们说明"，25"我们已经放弃了它"和"我们说"，27"我们宣称"，28"我们的说明"，31"我们宣称"。

④ A9, 992a20"他过去反对"，21"他过去称"，22"他过去经常认为"。

⑤ Frgs,187-189.

己，而是来自智者波吕克塞努 （Polyxenos），① 柏拉图自己在《巴门尼德》中就已经对此感到困惑了）；还有"更加精确的论证"，其中一些设定了相对者的理念，"即使一个事物已经消灭，还有思想的对象"论证②，他用的仅仅是套语。因此，批判的最初形式预设了一批柏拉图主义的哲学家，亚里士多德以概括的形式又为他们总结了所有对已逝的老师学说的反驳，它们在若干年的历程中引起了学园的思索，以便在这些批判的基础上推出完全重构柏拉图主义的必要性。成为孤儿的学派现在站在了自己历史的决定性的转折点上。在柏拉图死后，亚里士多德很快就离开了雅典，只有在雅典之外的阿索斯，亚里士多德才被这样一个柏拉图主义的圈子所包围，并且再也没有这样过。在离开雅典之前，他很难找到内心的平静以写出一个新的演讲，这包括了对柏拉图学说的所有的批判，以及他自己对形而上学问题的反思。在阿索斯他却不但有必要的闲暇，而且还有具有正确的哲学判断的听众，包括柏拉图的一些最著名的弟子，他们或者足够客观，能听取反对者的意见，像是塞诺克拉底，或者他们自己就对柏拉图的学说充满怀疑，诸如厄拉斯托、科里司库 (Koriskos)，以及他们的皈依者赫尔米亚。无论如何柏拉图自己在他给他们的信中，就已经认为有必要解释，"甚至在他的老年"他也不能放弃理念论。他设想阿索斯那里的人也对"这个高贵的知识"抱有争议，或许他们已经在某个点上向他请教了。他鼓励他们就每个困难向学园求助，如果有争议威胁，他会消除它们。③ 在他死后，阿索斯的人邀请了保守派和批判者的两个代表分别访问他们，这些人就是《形而上学》最初的版本的聆听者。它和对话《论哲学》是同时的。

178

---

① A9，990b12ff.

② 根据 Phanias "ἐν τῷ πρὸς Διόδωρον"（在答复狄奥多罗斯的讲演中）(frg.24, Mueller)，Alex. Aphr. In Arist. Metaph., p.84,16 Hayduck。

③ 柏拉图，《第六封信》，322D："除了对理念的热爱（一个高贵的知识，就如我认为的，甚至在我的老年）厄拉斯托和科里司库还缺乏自我防卫的智慧，以对抗卑鄙和邪恶，以及缺乏一种自我保存的能力。"括弧中的词（τῇ καλῇ ταύτῃ, φήμ᾽ ἐγώ, καίπερ γέρων ὤν）是一起的。通常认为 φημί（说）和 προσδεῖν（缺乏）在一起，这使得中间插入的让步分词变得没有意义。所以我们必须将 προσδεῖν 改成 προσδεῖ。当我们将这个陈述恢复到它原来的意思的时候，它对柏拉图最后阶段中学园内部对理念的反对意义非凡，对他自己的观点也意义非凡。

人们在第一卷中还注意到，它是一个概括性的即兴之作。著名的开头一章本质上就是从他那个年轻时期的作品《劝勉》中借来的，就如我们对后者的考察所表明的。[①] 易言之，亚里士多德对知识的基本态度从未改变。随后的原因学说，四因论，和其他主要概念一样——形式、质料、潜能、现实——都是取自《物理学》。亚里士多德明确地提到了这部作品是他在这里所说的东西的基础。当他从早期的哲学史中发生学地发展出他的原因学说的时候，它还是新的，柏拉图作为这个历史的完成和新的开端出现。对理念的批判自身也是匆忙地凑在一块的，它铺就了他自己在第二卷中形成的问题的道路，这同样以我们所说的情况为条件，不能够脱离这个历史背景而被充分理解。

这个结果完成了我们从对话《论哲学》中获得的关于亚里士多德和柏拉图以及他的学派关系的画面。它确证了这个观点：他的批判的发布是一个漫长过程的最后一步，它的开端被遗失在学园秘传的集体研究的黑暗中。已经不可能从其他的批评中区分出亚里士多德自己的特别的反驳来了，因为他在《形而上学》中给出的显然是所有重要的论证的集合，无论其来源是什么。同时，通过公开攻击学园的学说，他试图通过在阿索斯进行的关于形而上学的秘密授课，使得那些更加理解他的批判的思考方式的朋友们相信，人们只有坚决地放弃理念的"分离"（χωρισμός）和二元论，才能挽救柏拉图遗产的本质核心。他所提供的，就他自己的理解而言，是纯粹的柏拉图主义的，并且不想要任何别的什么。这是柏拉图在科学上所意愿的，但是却没有完成的东西。他对自己的立场——虽然对柏拉图的学说进行强烈的改变，但仍保持对他的尊敬——的评价最引人注目的是他意识到自己有责任对学说进行有机的发展。他的同学对他的评价却是别样的。他们在那保守的外壳下看出了对世界的一种新的、革命的精神，因此他们不再把他看作一个柏拉图主义者。但是他自己还没有同自己的发展保持足够的距离以发现他们的看法是正确的。只有在他的最后阶段，他才变得完全自由和独立。人们是更多地看到他的哲学的历史预设，还是更注重他看和思的个人的方式，据此人们判断他早期还是晚期的自我评价更加真实。人们必须记住，柏拉图多

179

----

① 参见 p.68。

么困难地从他和苏格拉底的同一中脱离出来，这样就可以从他对柏拉图的学生关系的 irrationale（非理性）来理解亚里士多德谦逊地拒绝任何原创性的声明。

下一个问题是关于最老的《形而上学》版本的范围以及关于它的从属部分。在最老的草稿中，除了理念批判（里面的"我们"很明确地说明它属于过渡时期），它还包括了整个第一卷，由于这一卷的整体性是不容置疑的，而年代学的推论对其中一部分所作的结论也必然适用于整体。事实显示，亚里士多德经常将自己表示为一个柏拉图主义者，在古代这就是一个绊脚石了。阿芙洛蒂西亚斯的亚历山大和绪里亚努通过一些古代学者说明这卷书是伪作。根据大阿尔伯特的一个说明，中世纪有时把它归于塞奥弗拉斯特，而在阿拉伯的翻译中显然没有它。[①] 这两个事实都被解释为出于古代的学者传统；显然某个后来的编辑因为它被称为伪作而删除了它。亚历山大对第二卷的一个评注表明，这种断言恰恰是由于第一卷中那有异议的"我们"引起的，这使得它从其他各卷中划分出来。亚里士多德说（B2,997b3）："在介绍中已经说过，我们认为（λέγομεν）理念既是原因又是独立的实体；但是这个理论在许多方面都有困难，最荒唐的莫过于，我们宣称在天体之外还存在着某些东西，它们和可感事物一样，只是它们是永恒的，而后者是可朽的。"从这个段落亚历山大推出，拒绝第一卷是错误的，因为在这里显然指涉到了它，并且它的"ἦθος"（特质）恰恰和这一段的相一致；在两个地方亚里士多德都将理念论作为他自己的。这个论证假设，是那种"ἦθος"令第一卷遭到怀疑。在那个时候没有人理解亚里士多德何以称理念论是他自己的学说，甚至亚历山大也只能认为，这只是令行文生动的手段。[②] 所以，判断为伪作必然出自凯撒时期正统的漫步学派学者，他们消除了所有亚里士多德和柏拉

180

181

---

① Albertus Magn. I.525b："et hanc probationem point Theophrastus qui etiam primum librum qui incipit' omnes hominess scire desiderant' metaphysicae Aristotelis traditur addidisse; et ideo in Arabicis translationibus primus liber non habetur."

② Alex. Aphrod. In Ar. Metaph. B2, 997b3 (p.196,19 Hayduck)："说到［理念］，他首先提到他在第一卷中的说法，提醒我们这个学说是什么。由于很多原因，很清楚这一卷也是亚里士多德的，并且属于同一个论文。而且，他在那里述说它们的'习惯'同他在这里提醒我们的方式是一样的。在两个地方他写得似乎他自己也持有理念论。"参见 Syrianus, Comm. In Metaph.（同上，p.23,9, Kroll）；他大概只是追随亚历山大。

图之间联系的痕迹，因为理念是一种异端邪说，他们的老师不会同意它。对我们而言，这种批判只是再次表明，当涉及亚里士多德的发展问题的时候，漫步学派的传统是多么的不可信。事实是，我们的这个主要证据完全是一个有偏见的消息来源。上面展示出（s.32），那些疾声抗议对事实的扭曲的对话是如何最终归于沉寂的。第二卷的那一段——亚历山大用它来反对对第一卷的怀疑——表明两者在起源上有多么近的关系。除了第二卷开头他已经选取的这一段，他还可以加上末尾的一段，这一段同样也还没有做年代学的考察，所以显得不可理解（B6,1002b12）："一般而言人们会怀疑，为什么人们在可感事物以及数学的居间世界之外还要寻求另外一种存在物，就像我们所设定的理念。"这两段使得我们将整个第二卷确定地归于《形而上学》的最早的版本。它以同第一卷一样的口气写出。后面还会表明在它的内容上也会得出同样的结论。

3. 对学园的数论最早的和较晚的批判

人们大都认为 M 和 N 卷是一个整体，主要是因为它们内容的统一性，即都是对学园的理念论和数论的批判。在导言性的一章 M1 中，亚里士多德解释了研究的目标。他提出了这样的问题，是否在现象世界的事物之外，还有一个另外的存在，它是不动的和永恒的。首先需要对那些声称有这样的存在的思想家——柏拉图和他的学派进行考察。他确立了一个计划，希望根据它来采取行动，这个计划的方法论结构引起了人们极大的兴趣。首先他要思考纯粹的数学结构，即不考虑和它们相关的形而上学观点，比如这样的看法：它们是否是理念或者它们是否是一切事物的原则和本质。其次，考察理念，同时完全不涉及柏拉图后来赋予它们的数的意义，而只是在它们的历史本来的和真实的形式中考察。最后是对斯彪西波和塞诺克拉底的数学哲学的批判考察。

这个计划的头两个部分是对数学对象的存在的讨论和对原始理念论的批判，我们从柏拉图的对话中对它们已经很熟悉了，它们没有任何独立的意义。它们只是亚里士多德对作为它们的历史后果的东西，亦即斯彪西波和色

182

诺克拉底的学说的方法论上阐述的两个阶段。最后一个部分才是研究中主要的兴趣对象，正如单从处理它们的篇幅长度就可以看到的那样。当亚里士多德写 M 卷的时候，它们才是实际的问题，而柏拉图的理念论仅仅是为了结构系统的完整才被提到。在将理念论放进本卷的计划的地方，亚里士多德明确地说到了这一点。并非因为它在学园中还有支持者，而是因为 ὅσον νόμου χάριν，即出于形式的考虑，[①] 他将它列入了考察的范围。斯彪西波完全放弃了理念，而用作为最高实在的数来取代它。塞诺克拉底保守地试图保留柏拉图的后期理念数理论，并将数学的 οὐσία 等同于被柏拉图解释为数的理念，也就是说，他调和了柏拉图和斯彪西波。亚里士多德称这种学说形式为 τρίτος τρόπος（第三种模式）。它自然必定是三种里面在时间上最后出现的。

因此 M 卷的写作远远后于最初的几卷。亚里士多德确实在非常早的时候就有了对数的思考，在《劝勉》中就提到了，但是在柏拉图刚刚去世的时候，对理念论的批判的方式——原始的形而上学就在这里产生——是完全相反的。在第一卷和第二卷理念论还无可置疑地处于哲学兴趣的中心。在那里，它对亚里士多德而言还是形而上学和逻辑学总体思考的出发点。而在 M 卷中，可以明显地发觉亚里士多德的批判在学园造成的反应。他在这里能够将柏拉图形而上学的经典的形式理所当然地作为已经过时了的。对它他只是求助于他自己较早的、详细的理念论批判，不是第一卷中的，而是他公开的 λόγοι（著作）中的，这些作品已经广为人知，他不需要在这里重复了。[②] 我们在这个引用中辨识出了《论哲学》这部对话，它在第一卷的理念论批判中还没有被提到，大概是随后不久写成的。自那以后很长时间——大概十三年或者更长时间——过去了。环境的变化与此相应，亚里士多德同理念论的斗争也不再是最重要的了，而在柏拉图刚刚去世的时候，它在学园中还是有很多追随者的。这就是为何他在新的修改版本中将第一卷中对柏拉图的批判——这是他最早的形而上学最热烈的问题——完全地删除了的更深的原因。他对它进行了必要的改变——这又只能和改变了的外在的和内在的情况相关[③]——以对付斯彪西波和塞诺克拉底的数学哲学，作为它的早期阶段

① 《形而上学》，M1，1076a27。关于表达，参见 Bernays, *Die Dialoge des Aristoteles*, p.150。

② 1076a26-31.

③ 参见 p.176。

的理念论，对现在而言只有一种历史的兴趣了。这些早年的同学遭到尖锐的攻击，他们的数论被解释为一种幻觉。

所有这一切都指向一个时间，当漫步学派还对柏拉图主义敌意地对立的时候。首先列出这一卷的结构概览：

A 导言：M1,1076a8-a32

B 第一部分：περὶ τῶν μαθηματικῶν（关于数学对象）（纯粹就其自身）1076a32-1078b9

    I ἔν γε τοῖς αἰσθητοῖς εἶναι ἀδύνατον（它们不可能存在于可感事物中），1076a33-b11

    II παρὰ τὰ αἰσθητὰ εἶναι χωριστὰ ἀδύνατον（也不和它们分离），1076b12-1077b11

    III ὁ τρόποε τοῦ εἶναι ὁ τῶν μαθηματικῶν ἴδιός τις（它们存在的方式是特别的）[ἡ ποσὰ（它们是作为数量的可感的事物）]，1077b12-1078b9

C 第二部分：περὶ τῶν ἰδεῶν（关于理念，纯粹理念，而不涉及数），1078b9-1080a11

    I 对理论的来源的历史分析，1078b12-32

    II 辩证法的反驳，1078b32-1079b11

    III 通过物理考察进行的反驳，1079b12-1080a11

D 第三部分：περὶ ἀριθμῶν ὡς κεχωριόμένης οὐόίας（数作为分离的实体），1080a12-1085b34

    I 这个理论所有可能的衍生形式，1080a12-b36

      1. 可以想象的三种形式，1080a18-b5

        a) οἱ ἀριθμοὶ ἀσύμβλητοι（数是不可互通的）

        b) συμβλητοί（数是可以互通的）

        c) οἱ μὲν ἀσύμβλητοι, οἱ δὲ συμβλητοί（有的数可以互通，有的不能互通）

      2. 三种情况都有支持者（除了 I），1080b6-36

        a) 理念数和数学数——柏拉图

        b) 只有数学数——斯彪西波

        c) ὁ εἰδητικός καὶ ὁμαθηματικός ἀριθμός ὁ αὐτός ἐστι（理念数和数

学数是同样的）——塞诺克拉底 [ἄλλος τις（另一个思想家）]

II 对这些形式的反驳，1080b37-1085b34

   1. 对柏拉图的反驳，1080b37-1083a17

     a）πᾶσαι μονάδες συμβληταί εἰσι（如果所有的单位都可以互通），
      1081a5-17

     b）πᾶσαι ἀσύμβλητοι（如果它们都不可互通），1081a17-b35

     c）αἱ μὲν ἐν ἄλλῳ διάφοροι αἱ δ' ἐν τῷ αὐτῷ ἀριθμῷ μονάδες ἀδιάφοροι
      （那在不同的数中的单位是有别的，而那在同一个数中的单
      位是无差别的），1081b35-1082b1

     d）不可能有差异的单位，从而没有什么使得它们成为理念，
      1082b2-1083a17

   2. 对其他数的形而上学家的反驳，1083a20-1085b34

     a）区分三种可能的形式，1083a27-b18

     （α）斯彪西波，1083a27-b1

     （β）塞诺克拉底 [ὁ τρίτος τρόπος（第三种模式）]，1083b1-8

     （γ）毕达哥拉斯主义者，1083b8-18

     b）对这些学说的反驳，1083b19-1085b34

E 结论，1085b35-1086a20

  I 这些学说的代表的矛盾使得他们的学说可疑。

  II 这些学说的现在的代表相对柏拉图而言并没有进步。

  III 他们失败的原因是他们的前提的错误。

    这个思路表现出一种在纲要上的严格性，这在亚里士多德那里我们不是经常能够遇到。他的备课本处于经常的改动之中，所以不能期望一种太完善的形式。但是这一卷却显然是仔细地考虑过了，并且有一个贯穿始终的计划。它是一个包含了开头（ἀρχή）、中间（μέσον）和结尾（τέλος）的整体。它的独创性不在于细节，而在于总体思想。亚里士多德希望总结他对超感性的实存，即理念和数的所有思考，使之成为一个大的批判性的清算。他用这个表现出他的证明才能的计划，不仅来攻击当时在学园中占统治地位的观点，而且来系统地发展以及反驳学园中所有可能的 πλάσματα（虚构）的形式。历史上不同的理念论和数论的形式都被安排在这个框架

185

里面，并且被追溯到少数的几个基本前提上，而它们被证明是错误的。在导言中，尤其是结论部分，行文被仔细地修饰了，最后的理性的语言几乎被涂上了修辞学的色彩。它的结尾却不在这卷的末尾，而在 M9,1086a20。接下来的话开始了一个新的讨论，就像古代的解释者就已经看出来的，以及我追随施韦格勒（Schwegler）已经仔细阐明的。[①] 这尤其在前面的结束语（M9,1086a15-20）中表现出来，它完全是一种结束语的形式。亚里士多德喜欢用诗句结束一个课程，就像在《形而上学》的 Λ 卷，以及后来被采用到《尼各马科伦理学》中的《论友谊》（Περὶ φιλίας）（第八和九卷）中那样，所以在这里他用引用厄庇卡尔谟（Epicharm）的一句话作为结束。类似地，就像他在 Σοφιστιλὶ ἔλεγχοι（辨谬篇）的结尾向听众告别，或者在关于理想城邦的演讲的结尾他再次谴责了那些还有怀疑的听众，[②] 所以他在这里对公众做了一个收场白，这些人似乎包括了对立方的学生，他们还没有对自己的信念产生动摇。"那些已经信服的人会通过进一步的讨论而更加信服。而那些还没有信服的人，仍然会不信服。"——到这里思路就中断了。

此外，这个讲座的原发性在其方法论，它所使用的材料则没有什么新的。亚里士多德早先对这个问题所做的笔记，似乎全部在这里被借鉴了。因为他不大可能仅仅从旧的《形而上学》版本采用了第四章和第五章的理念批判；整个一卷都是匆忙草拟，到处都带着不同的工作方法的痕迹。它显示出，完美无瑕的平稳顺畅只出现在引言、结论、详细的计划和过渡部分，简言之，出现在所有专门为现在的这个总结而写的地方，即必然晚出现的地方。来自老的计划的理念批判，风格完全不同于这个框架，从而暴露了它异质的特征。完全不能想象，用独一的 ἔτι（再者）（D II2b）连接在一起的那串长长的反驳——在上面的分析中我没有试图仔细地列举——是为了现在的这个文章而写的。它们似乎是没有做任何改动地从一个老的作品中拿来的。

这一卷的产生方式还由那作为附录放进去的一段给出一个清晰的证明（M9,1086a21-M10 结尾）。古代的解释者就已经要将它包括进下面一卷中，

---

① *Ent. Metaph. Arist.* pp.41ff.

② 《政治学》VII.1, 1323b36。

因为他们正确地认识到，它是一个序言。^① 他们以如此外在的方式要将它和 **187**
N 卷统一起来，而我们这个手稿传统的编辑者则表现出更加敏锐的洞察力。
他们发现，不存在一个直接的过渡，所以他们就像在其他类似的情况下所做
的，将这个单独保存下来的序言松散地附在 M 卷。这样他们就表达了这样
的观点，这一段和它所附着的这一卷有着紧密的联系。当我们将这个序言和
M1 的序言相比较的时候，这种关系就清楚了。

　　M1，1076a8 序言

περὶ μὲν οὖν τῆς τῶν αἰσθητῶν οὐσίας εἴρηται τίς ἐστιν, ἐν μὲν τῇ μεθόδῳ τῇ τῶν φυσικῶν περὶ τῆς ὕλης, ὕστερον δὲ περὶ τῆς κατ᾽ ἐνέργειαν· ἐπεὶ δ᾽ ἡ σκέψις ἐστὶ πότερον ἔστι τις παρὰ τὰς αἰσθητὰς οὐσίας ἀκίνητος καὶ ἀΐδιος ἢ οὐκ ἔστι, καὶ εἰ ἔστι τίς ἐστι, πρῶτον τὰ παρὰ τῶν ἄλλων λεγόμενα θεωρητέον,... δύο δ᾽ εἰσὶ δόξαι περὶ τούτων· τά τε γὰρ μαθηματικά φασιν οὐσίας εἶναί τινες, οἷον ἀριθμοὺς καὶ γραμμὰς καὶ τὰ συγγενῆ τούτοις, καὶ πάλιν τὰς ἰδέας. ἐπεὶ δὲ οἱ μὲν δύο ταῦτα γένη ποιοῦσι, τάς τε ἰδέας καὶ τοὺς μαθηματικοὺς ἀριθμούς, οἱ δὲ μίαν φύσιν ἀμφοτέρων, ἕτεροι δέ τινες τὰς μαθηματικὰς μόνον οὐσίας εἶναι φασι, σκεπτέον πρῶτον μὲν περὶ τῶν μαθηματικῶν, μηδεμίαν προστιθέντας φύσιν ἄλλην αὐτοῖς, οἷον πότερον ἰδέαι τυγχάνουσιν οὖσαι ἢ οὔ,...ἔπειτα μετὰ ταῦτα χωρὶς περὶ τῶν ἰδεῶν αὐτῶν ἁπλῶς καὶ ὅσον νόμου χάριν.

译文：在有关物理学的论文中处理质料问题以及后来论及具有现实存在的实体时，我们已经说明，什么是可感实体。由于我们探讨的是，在可感实体之外是否存在任何不动的和永恒的东西，如果存在，它是什么，我们必须首先考虑其他人的说法……对这个论题有两种意见：有人说数学对象，即数、线等等是实体，也有人说理念是实体。由于有的人认为理念和数学的数是两种不同类别，而有的人将二者看作具有同一性质的，还有的人说数学实体是唯一的实体，我们必须首先考虑数学对象，而不用其他的特征来给它定性，比如，不问它们是不是理念……这样之后我们必须以一般的方式分别考虑理念自身，在已经被接受的处理方式所要求的限度内。

---

① Syrian *In Ar. Metaph.*, p.160, i.6, Kroll.

M9,1086a21 序言

περὶ δὲ τῶν πρώτων ἀρχῶν καὶ τῶν πρώτων αἰτίων καὶ στοιχείων ὅσα μὲν λέγουσιν οἱ περὶ μόνης τῆς αἰσθητῆς οὐσίας διορίζοντες, τὰ μὲν ἐν τοῖς περὶ φύσεως εἴρηται, τὰ δ᾽ οὐκ ἔστι τῆς μεθόδου τῆς νῦν: ὅσα δὲ οἱ φάσκοντες εἶναι παρὰ τὰς αἰσθητὰς ἑτέρας οὐσίας, ἐχόμενόν ἐστι θεωρῆσαι τῶν εἰρημένων. ἐπεὶ οὖν λέγουσί τινες τοιαύτας εἶναι τὰς ἰδέας καὶ τοὺς ἀριθμούς, καὶ τὰ τούτων στοιχεῖα τῶν ὄντων εἶναι στοιχεῖα καὶ ἀρχάς, σκεπτέον περὶ τούτων τί λέγουσι καὶ πῶς λέγουσιν. οἱ μὲν οὖν ἀριθμοὺς ποιοῦντες μόνον καὶ τούτους μαθηματικοὺς ὕστερον ἐπισκεπτέοι: τῶν δὲ τὰς ἰδέας λεγόντων ἅμα τόν τε τρόπον θεάσαιτ᾽ ἄν τις καὶ τὴν ἀπορίαν τὴν περὶ αὐτῶν.

译文：关于首要的本原、首要的原因和元素，那些只讨论可感实体的人的看法，部分地已经在我们的物理学著作中说明了，而部分地不属于我们现在的研究。但是那些声称在可感实体之外还存在其他实体的人的看法，必须在我们已经提到的这些东西之后进行考虑。由于一些人说，理念和数是这样的实体，它们的元素是真实的事物的元素和原则，我们必须就此考察他们说的是什么，他们以什么特别的形式这样说。那些只设定数，并且是数学的数的人必须稍后被考虑；至于那些相信理念的人，人们可以同时考察他们的思维方式和他们所陷入的困境。

188　　M9 序言中的话所表现出来的，恰恰就是这一卷前面部分所处理的主题。将数表达为 ἀρχαί 或者 στοιχεῖα 是学园的术语，在亚里士多德那里可以发现自《劝勉》就开始用了。这不能理解为，他在 M1-9 中已经将数看作独立的实体，而现在要将它们作为一切存在的原则和元素。[①] 后面清楚地表明，在 M9 中恰恰像在 M1 中，他指的是理念、数以及其他数学的量——点、线、面和体——的分离的存在（χωρισμός）。现在人们阅读下面的话

——————————

① 古代的注释者这样解释两个处理方式的差别，在 M1-9,1086a20，亚里士多德将柏拉图的实体看作分离的本质，而从 M9,1086a21 到 N 结尾，他将同样的本质看作现实的本原和元素；而第二个研究无论如何以及无论在哪点上也不是以第一个为基础的，并且完全没有意识到它的存在。它事实上一起处理两个问题，批判柏拉图的超感性本质既是分离的实体又是"现实事物的元素和本原"。在我们研究的过程中就会发现，它同亚里士多德的形而上学观点的历史相符，在这里重点在于这些本质作为现实的元素的意义，而非在它们的实体性。

（M9,1086a26）："由于一些思想者认为理念和数是这样的实体，它们的元素是真实的事物的元素，我们必须就这些人进行考察，第一，他们说的是什么，第二，他们这样说的特别的形式是什么。"这恰恰是 M 卷的内容。如果 M 卷已经在前了，亚里士多德不可能这样说，他不可能重新讨论理念和数，就像以前对此未曾说过什么一样。进一步，他在 M9 说到了柏拉图学说的 τρόπος（方式）和 ἀπορία（困境），人们必须将它们分开。这种区分基于同样的方法：批判地考察别的哲学家的观点，这种方法在 M1-9 中就用了。首先是对学说的描述，然后是一个批判，将它的困难发展出来。它们的一致甚至达到了词语相同的程度。所以，两个序言对于可感实体的学说都首先求助于《物理学》。两个都有这样的表达，我们必须首先"考虑"被"其他"思想者"声称"的超感本质（τὰ παρὰ τῶν ἄλλων λεγόμενα ~ ὅσα δὲ οἱ φάσκοντες εἶναι κτλ., θεωρητέον ~ θεωρῆσαι）。这样，无论就内容还是就用词来说都很清楚，有两个平行的对学园的形而上学的批判的序言版本流传给了我们。

那么这两个版本在时间上的关系是怎样的？人们首先试图假设，M9 只是亚里士多德后来放弃的另一个演说方式。

但是仅仅是风格的差异的可能性被排除了，因为两个序言虽然有很多一致之处，却在一个决定性的地方出现分歧：对那些作为所计划的作品的基础的材料，有不同的编排。在 M9 说，"那些只设定数，并且是数学的数的人必须稍后被考虑；至于那些相信理念的人，人们可以同时考察他们的思维方式（τρόπος）和他们所陷入的困境(ἀπορία)。"[1]M1 的序言在对同样的对象的安排上却更为仔细。亚里士多德在那里不但列举了理念和数，而且还有它们的分支，并将数学的大小自身放在它们前面。在这里的导言中，那种层级式地仔细构建起来的方法就展现了出来，我们已经就全卷整体证明了这一点。在 M9 的序言中，考察还处于一种初步的阶段，所缺乏的恰恰就是这种对问题鲜明的、精细的划分。

这绝不仅仅是一种风格上的对偶，而是指示出一种更加古老的对学园的数的形而上学的批判，它就其对象而言所处理的是一种本质上尚未完善的方法。[2] 就像已经说过的，或许这个更加古老的作品还有其他部分也作为原材

189

190

---

① M9,1086a29.

② 在我的 *Ent. Metaph. Arist.*, pp.42 ff., 我认识到，从 M9,1086a21 到这一卷的结尾是后来增加的内容，编辑者将它赘在 M1-9,1086a20 完整的讨论后面。但是奇怪的是，我没有看到

料被嵌入了新的结构——现在的 M 卷中，但是我们已经不能分辨出它们了。

为了确定较早的版本的日期，我们必须绕一个弯，解释一个迄今尚未被正确理解的段落。在这里人们同样很少认识到那种可以给出确切年代的线索，就像在 A 卷和 B 卷的决定性的部分中一样。

在 M10,1086b14 中，亚里士多德以他曾在 B6,1003a6 中阐述的一个困境开始对理念论的反驳：

ὃ δὲ καὶ τοῖς λέγουσι τὰς ἰδέας ἔχει τινὰ ἀπορίαν καὶ τοῖς μὴ λέγουσιν, καὶ κατ' ἀρχὰς ἐν τοῖς διαπορήμασιν ἐλέχθη πρότερον, λέγωμεν νῦν. (I) εἰ μὲν γάρ τις μὴ θήσει τὰς οὐσίας εἶναι κεχωρισμένας, καὶ τὸν τρόπον τοῦτον ὡς λέγεται τὰ καθ' ἕκαστα τῶν ὄντων, ἀναιρήσει τὴν οὐσίαν ὡς βουλόμεθα λέγειν: (II) ἂν δέ τις θῇ τὰς οὐσίας χωριστάς, πῶς θήσει τὰ στοιχεῖα καὶ τὰς ἀρχὰς αὐτῶν;

（1）εἰ μὲν γὰρ καθ' ἕκαστον καὶ μὴ καθόλου, τοσαῦτ' ἔσται τὰ ὄντα ὅσαπερ τὰ στοιχεῖα, καὶ οὐκ ἐπιστητὰ τὰ στοιχεῖα... （2）ἀλλὰ μὴν εἴγε καθόλου αἱ ἀρχαί, ἢ καὶ αἱ ἐκ τούτων οὐσίαι καθόλου ἢ ἔσται μὴ οὐσία πρότερον οὐσίας: τὸ μὲν γὰρ καθόλου οὐκ οὐσία, τὸ δὲ στοιχεῖον καὶ ἡ ἀρχὴ καθόλου, πρότερον δὲ τὸ στοιχεῖον καὶ ἡ ἀρχὴ ὧν ἀρχὴ καὶ στοιχεῖόν ἐστιν.

译文："现在让我们提出一点，它不仅对那些相信理念的人构成了困难，而且对那些不相信理念的人也构成了困难，它在前面已经被说明过了，在开始的时候，居于诸问题之中（I）如果人们不认为实体是分离存在的，就像个别事物被认为的那样分离存在，那么人们就毁灭了那种意义上的实体，即我们柏拉图主义者所理解的实体。（II）但是如果我们认为实体是分离的，那我们如何想象它们的元素和本原呢？"

"（1）如果它们是个别的而非一般的，真实的事物就会和元素的数量一样多，元素就会不可知。（2）但是如果本原是一般的，[或者由它们构成的实体也是一般的，或者] 非实体会先于实体，因为一般的东西不是一个实体，而元素或者本原是一般的，元素或者本原先于它们所构成的事物。"

M1 和 M9,1086a21ff.，无疑构成了一个对子，它的两个部分在巨大的时间差距中产生。这个发现改变了我对 M 和 N 卷的整个处理方式，就如下面所展示的。

就在这一段之前（1086a35-b13）亚里士多德对理念论会带来的困难从它产生的历史进行了说明。主要的困难是，人们既将理念看作一般的（καθόλου），又看成是自在的存在者，从而在一定程度上作为一种新型的个别的东西（τῶν καθ'ἕκαστον）。这种特别的双重性的原因本质上在于这样的事实，柏拉图宣称现象事物是不真实的，因为他受赫拉克利特影响认为，所有的可感事物，感性个别事物都是恒常流逝的，没有持续的存在。另外一方面他从苏格拉底的伦理学考察中间接地得到了一种新的、重要的认识，只存在关于一般的科学。虽然苏格拉底还没有从现实的对象中抽象出那些概念，并分别进行解释。柏拉图进一步——根据亚里士多德回顾式的说明——假设了作为真实存在（οὐσία）的一般概念。

这里就接上了那决定性的一段。亚里士多德在这里发展出了这个问题：本原是一般的还是在某种意义上是特殊的？这个问题连同它的困难不但是针对理念的支持者的，而且对其反对者也是这样。他试图表明，两种回答似乎都必然导致荒谬。如果本原是个别的，那它们就是不可知的，因为只有一般是可知的。而如果它们是一般，则非实体就会先于实体，我们需要从一般中衍生出以它为本原的实体，这是不可能的。因为一般从来都不是实体。亚里士多德继续说，如果人们从元素中推出理念，并且认为在事物之外有同类的超越的个体，就像理念存在，这就是逻辑的结果。这个总结自身足以表明，他所想到的是理念论，而不是像在导言中表现的那样，也指其反对者。这两个他都需要，是为了将问题以困境的形式形成。他将这个困境——元素和本原是个别的还是一般的——看作一个更普遍的困境的一部分：如果我们不认为实体（τὰς οὐσιας）分离地存在，就像我们看到的个别事物那样，那么我们就毁灭了实体（τὴν οὐσίαν）；而如果我们认为它们确实分离地和独立地存在的话，那么我们就有了以上所描述的困难，它们的本原是个别的还是一般的。

这个一般的困境的第一部分似乎包含了同语反复，不过这只是显得如此。复数的 τὰς οὐσιας 和单数的 τὴν οὐσίαν 显然表明在意义上有某种差别。亚里士多德这里所指的复数的实体不可能是那些 ὁμολογούμεναι οὐσιαι（被每个人认识的实体），即感性事物。否则附加的 καὶ τὸν τρόπον τοῦτον ὡς λέγεται τὰ καθ' ἕκαστα τῶν ὄντων（以个别事物被说成分离的方式）这句话就无意义了。相反，感性事物特别的存在方式只是作为一个类比，用来说明

191

192

οὐσιαι 独立的存在的方式。这恰恰是亚里士多德描述柏拉图的理念就其作为现实的本质的特征的通常的方式。因此不能怀疑——这也是博尼茨（Bonitz）的观点——在这些"实体"之外还存在着理念，或者与之相应的某种超感性的实存。如果我们拒绝追随柏拉图以及他的学派，假定有永恒的实在，那么我们就毁灭了一切 οὐσία（亚里士多德仅给出一次）；如果我们认为有任何独立的和分离的存在，那么随之而来的就是所说的在本原的推演上的困难结果。

我们迄今还没有考虑 ὡς βουλόμεθα λέγειν（为了论证的缘故）这句话。博尼茨[①] 翻译它（其他人追随他，就像在难解的地方经常发生的那样）为"就像我们曾经想说的那样"。他的这个翻译建立在对两个选项之第一部分的正确观念基础上，即，亚里士多德在这里给出了某种他并不真正相信的东西。这是亚里士多德困境的固定的形式，在理论上已经不再陌生了。但是他的翻译是站不住脚的。人们不能在希腊语中用 ὡς βουλόμεθα λέγειν 表达"就像我们曾经想说的那样"这个想法。伪-亚历山大（Pseudalexander）显然也不理解这三个词。他愚蠢而仓促的意译 ὅπερ οὐ βουλόμεθα（"我们所不允许的"）只是完全无能为力的标志。这几乎是一个相反的意义，为了发现更好的阅读方式，博尼茨正确地拒绝了它。

注解者都疏忽了，ὡ βουλόμεθα 是一个常用的习语。A9,990b17 ὅλως τε ἀναιροῦσιν οἱ περὶ τῶν εἰδῶν λόγοι ἃ μᾶλλον εἶναι βουλόμεθα（一般而言对理念的论证毁灭了那些事物，它们的存在我们［柏拉图主义者］认为比起理念自身的存在更加重要（μᾶλλον βουλόμεθα），即理念的本原。手稿 Ab 读作 βούλονται，并且加上了 οἱ λέγοντες εἴδη（"那些相信理念的人认为"代替"我们认为"），后者被拜占庭混合版本 E 采用。这个变化被 M4，1079a14 中的一个平行的段落提出，在那里就整体性而言它是无可非议的。相反，在另外的一个地方，第一人称复数由上下文保证了。博尼茨误译 βούλεσθαι 的主要原因是在这一段中加上了不定式 λέγειν，在这个翻译中它似乎是多余的。如果是简单的 ὡς βουλόμεθα 或者 ὡς λέγομεν，他就几乎不会被误解。但是这个结合 βούλεσθαι λέγειν 对一个哲学家通过他的概念来理解而言，却并非不

---

① *Aristoteles' Metaphysik übersetzt von Hermann Bonitz*（根据他的遗著由 Eduard Wellmann 编辑，Berlin，1890），p.298。

寻常的表达。在柏拉图《法律》X.892C，φύσιν βούλονται λέγειν γένεσιν τὴν περὶ τὰ πρῶτα，自然学家理解的自然是同基本的本原相关的变化。

很奇怪的是，这个用法在亚里士多德那里经常被搞错。在《形而上学》N2,1089a19，他说在柏拉图的《智者》中的非存在的意义：βούλεται μὲν δὴ τὸ ψεῦδος καὶ ταύτην τὴν φύσιν λέγειν[他用非存在意味着（βούλεται λέγειν）……错误的和错误的特征]。博尼茨根据伪-亚历山大的翻译写作 λέγει，而 Christ 追随他。Λέγειν 作为唯一可信的阅读应当被恢复；λέγει 是伪—亚历山大的一个很坏的推测，他错误地将它和 καὶ ταύτην τὴν φύσιν 放在一起。同样的解释也适用于 N4,1091a30，ἔχει δ' ἀπορίαν καὶ εὐπορήσαντι ἐπιτίμησιν, πῶς ἔχει πρὸς τὸ ἀγαθὸν καὶ τὸ καλὸν τὰ στοοιχεῖα καὶ λόμεθα λέγειν αὐτὸ τὸ ἀγαθὸν καὶ τὸ ἄριστον, ἢ οὔ, ἀλλ' ὑστερογενῆ.[有一个困难，以及对那些没有发现困难的人的谴责，包含在这样的问题中：元素和本原如何同善和美相关；困难是，是否任何元素都是我们所意味（βουλόμεθα λέγειν）的善自身和最善者，或者不是这样，而是它们在来源上晚于元素。] 这里 Christ 又一次怀疑 λέγειν 是窜入的，因为他没有理解那个习语。

现在我们把这个知识运用到开始的一段中，1086b18-19: εἰ μὲν γάρ τις 194 μὴ θήσει τὰς οὐσίας εἶναι κεχωρισμένας καὶ τὸν τρόπον τοῦτον ὡς λέγεται τὰ καθ' ἕκαστα τῶν ὄντων, ἀναιρήσει τὴν οὐσίαν, ὡς βουλόμεθα λέγειν "如果人们不认为实体是分离存在的，就像个别事物被认为的那样分离存在（就像亚里士多德自己所做的那样），那么人们就毁灭了那种意义上的实体，即我们柏拉图主义者所理解的实体。"由此富有柏拉图特色的语言用法，单数的 τὴν οὐσίαν 才第一次完全清楚了。在这个困境的第一个方面，亚里士多德展示了困难，这是对他一个柏拉图主义者而言拒绝理念论以及它们的"分离性"而产生的，第二个方面是 χωρισμός（分离）理论所产生的困难。只要我们没有清楚地看到，在第一方面中对 Χωρισμός 的反对是根据柏拉图的实体概念来衡量的，那么我们就完全没有理解这个困境的意义。现在清楚了，理念的反对者并非唯物论哲学的代表或者一般的大众常识的代表。他怎么会用一个陌生的概念 οὐσία 来反驳他们？他们必定会一开始就将它作为循环论证（petitio principii）拒绝了它。只有对那些站在柏拉图地基上的人，这个困境才是逻辑上有效的。亚里士多德在这里区分了两类柏拉图主义者，οἱ λέγοντες τὰς ἰδέας（那些保留理念的人）和 οἱ μὴ λέγοντες（那些不保留理念的人）。这两种人都陷入了矛盾中，因为他们都设定了柏拉图的存在概念。结论是明显的：只有新的 οὐσία 概念才能解决这个矛盾。亚里士多德所想的是，存在是那在个别中的一般。但是他不能在这里表达，因为在这一段中问题的形式完全不允许他这样做。他只是暗示，仅仅放弃理念是不够的。他对柏拉图主义根基的入侵带着这样的责任：从根本上更新作为 χωρισμός（分离）的根基的存在概念。

这样就解决了 M9—10 序言的年代问题。就像前面两卷一样，这是本来的《形而上学》的一部分，它写在同样的时期，即在阿索斯的批判时期，当亚里士多德作为柏拉图主义者中的柏拉图主义者攻击理念论的时候。所以在这两卷以及这个新发现的残篇之间有着更为密切的关系，这丝毫不令人惊讶。在《形而上学》的中心卷 ZHΘ 中，几乎没有出现对最先两卷的引用，尤其是没有对第二卷中的困境的引用。而当我们看新发现的、原来追随 A 和 B 的这个材料的时候，就是另外的一幅画面了。在 M9—10 中，虽然很短，但是它指涉 A 和 B 的地方比 Z—Λ 各卷加起来还多。①

下面一个问题是：我们是只占有了原始的《形而上学》的这个部分的序言呢，还是它的内容主体还有踪迹可循？这个问题引导我们研究第 N 卷。当他们将 M9—10 从 M1—9 分离出来，并将它视为接下来的一卷的导言的时候，那些古代的批评家的观点或许以一种正确的思想为基础？上面已经表明，并不存在一个顺畅的过渡，因此通过通常的划分卷次的方式机械地解决问题是不可能的。但是对传统的文本划分的批判者的实验或许建立在正确观察的内核基础上，即使他们解释它的手段是粗暴和错误的。事实确实如此。就像 M9—10 有一个旧的序言，它被 M1 中那个新的序言替换了，一个幸运的机遇使得原初的《形而上学》中的那个被替换的部分落到了 N 卷遗著的编辑者手里。亚里士多德要在最后的修改中，用 M1—9 的极大改善了的、完美的版本代替 N 卷。

那迄今为止作为可靠的路标指引着我们的东西，在这里仍然可以当做一个外在的标准。在 N 卷中我们也发现了对这样的一个事实的暗示，当亚里士

---

① 《形而上学》，M9, 1086a34 引用了 B6, 1003a6；1086b2 指涉 A6,987b1；1086b15 指涉 B4, 999b24, 以及 B6,1003a6。

多德草拟这些讲座的时候，他还感觉自己是学园的成员。迄今尚未被注意的与此相关的一个段落（N4,1091a30—33）是对斯彪西波的批判。ἔχει δ' ἀπορίαν καὶ εὐπορήσαντι ἐπιτίμησιν, πῶς ἔχει πρὸς τὸ ἀγαθὸν καὶ τὸ καλὸν τὰ στοιχεῖα καὶ αἱ ἀρχαί· ἀπορίαν μὲν ταύτην, πότερόν ἐστί τι ἐκείνων, οἷον βουλόμεθα λέγειν αὐτὸ τὸ ἀγαθὸν καὶ τὸ ἄριστον, ἢ οὔ, ἀλλ' ὑστερογενῆ. （在这样的问题中有一个困境，对那些没有发现它有问题的人应予以谴责：元素和本原如何同善和美关联？困境是，是否任何元素都是我们所意味的善自身和最好的东西，还是不是如此，它们比元素产生要晚。）我们已经解释了习语的用法。剩下的就是，从这个段落得出关于 N 卷在时期上和 M9—10 上相同的结论。它不仅仅在表达上是柏拉图主义的，而且在倾向上也和在阿索斯的微妙处境一致。我们柏拉图主义者将善自身（αὐτὸ τὸ ἀγαθόν）或者最高的善（τὸ ἄριστον）放在哲学的顶点和世界的开端，亚里士多德说，而斯彪西波相反，在这样的一种视角下思考世界①，善和完美是演变的，处于逐步的变化中，并在这个过程的终点实现自身（ὑστερογενές）。在这个世界观的根本问题上，亚里士多德感觉自己是一个真正的柏拉图主义者，因为他恰恰不像柏拉图那样将善自身，而是将 ens perfectissimum（最完善的存在）放在开端，一切运动都是从这里开始的。亚里士多德这样就忠实地保留了柏拉图思想的基本原则，而斯彪西波却完全跟它相反了。② 谁不能从这些话里面听出自我辩护呢？

　　如果这一卷真的是写在阿索斯的，就像 A，B 和 M9—10 那样，那么就很难理解它会毫不留情地攻击伴随着亚里士多德到了那里的塞诺克拉底，就像在后来在 M1—9 中他同学园彻底决裂之后那样。在 M1—9 亚里士多德所攻击的主要还是斯彪西波，但是塞诺克拉底遭到了最严厉的对待，他的混杂的折中很少获得赞美（χείριστα λέγεται），而被认为是三个版本中最差的一个。亚里士多德是在吕克昂写的它，当时塞诺克拉底已经成为学园的领导者，他的观点开始发挥更大的影响。在更早的序言版本中，在理念论之外只

196

---

① 斯彪西波，frgs.34aff. 和 35e（Lang）。

② 对话《论哲学》也将柏拉图主义的永恒本质表现为这样的观点：善（ἀγοθόν, ἄριστον）是世界的统治性本原。通过这个核心学说，柏拉图获得与琐罗亚斯德并列的地位。它构成了亚里士多德新"神学"的出发点，它试图通过将善的超越的现实性固定在自然目的论的结构中，而将善保留为一个实体。

197 　　提到了斯彪西波，与此相应的 N 卷的论述，只在一个地方简短而有所顾虑地提到了塞诺克拉底。① 这种对同在阿索斯的同事的自明的体谅态度以一种适宜的方式证实了我们的初衷。

　　N 卷就整体而言表明确实是早先的序言所通告的内容。在 M9,1086a29 称："那些仅仅设定数——并恰恰是数学的数为真实的哲学家（即斯彪西波），需要稍后考虑。"首先需要考察理念论。这直接实施了，并在 M10 的结尾完成。下面一卷的开头几个词："对这类存在就说这么多"所指的就是这里处理的柏拉图的超感性存在的学说，因为接下来所说的只是数学本质和它们的衍生物。在 M9—10 中对理念的讨论有些短，即使考虑到，在《形而上学》老的版本中对理念论的本质批判在第一卷就给出了。人们也需要一个过渡，并且有一个印象，上面提到的最后一卷的开头几个词只是编辑附加的，为了凑合着造成一个外在的联结。似乎亚里士多德在最早的批判中，除了理念论和斯彪西波的数学 οὐσία 观点之外，还考虑了中间阶段——老年柏拉图的理念数论。它很可能位于间隙之中，并大概在后来的重新整理中合并进了 M 卷。虽然如此，N 卷属于较早的序言却是毫无疑问的，因为它包括了在那里宣称的对斯彪西波的详细的反驳。就像在序言中一样，所有的重点都放在了作为存在的元素和本原（στοιχεῖα καὶ ἀρχαί）的理念和数的意义上面，同样

198 的观点贯穿在 N 卷的说明中。② 这和老年柏拉图对理念数的元素和本原问题的重要性历史地联系在了一起；另一方面，它也和第一、第二卷的特殊性相符，它们将第一哲学总是定义为存在的最高本原和原因的学说。需要在这里

---

① 《形而上学》N3, 1090b28 ；而 M8,1083b2 则说"由此可以证明，第三个版本（塞诺克拉底的版本）是最差的"。

② 参见上文 p.188。这一卷表明，通过现实的元素和本原，亚里士多德明白了柏拉图推理出理念的大和小，不定的二和一。这个学说也被斯彪西波和其他的学员以许多不同方式表达出来过，其中的细微差别我们不需要在这里考虑。这确定了，对亚里士多德而言，在他的早期，形而上学是一个关于现实的元素和本原的科学。因为他后来改变了看法，至少在它是对实体的说明这一点上，只有在它对他而言绝对是神学的时候，他才能保留它的传统的定义。后来的研究虽然不是元素学说，却是本原学说。事实上，"关于元素"的表达只同一种数学化的形而上学相应，就像柏拉图在他后期的讲课"论善"中所表达的那样（Aristoxenus, El. Harm. II init.）。这样，虽然 N 卷以彻底的柏拉图方式考察了超感性事物的现实性和它的元素和本原，后来在 M 卷亚里士多德局限于研究柏拉图和他的学派声称的超感性实体的现实性。

说明的是，虽然对此的确定性只有从对后面的段落的分析中才能得出：形而上学作为对存在的原因（Aitiologie）以及本原的科学——这个观念和柏拉图最晚期的学说相关——是《形而上学》的最早的版本的标准，而后来的表述总是更多地注意实体问题自身。甚至在超感觉的存在的学说中后来的版本（M1—9）也清楚地表现出本原观点对 οὐσία 自身的让步。

很明显，在原来的《形而上学》中斗争主要是针对斯彪西波的。他当时是雅典学园的领导，亚里士多德全力反对他寻求出路的方向。斯彪西波完全相信重建柏拉图哲学的必要性，但是他的出发点，在亚里士多德看来，是不能富有成效地发展理念论的。他放弃了理念思想同可感世界的联系，保留了一般的、站不住脚的分离概念，只是用数学对象自身代替柏拉图的理念数作为纯粹的实在。亚里士多德在第一卷对"当代的哲学家"（即斯彪西波）做了同样的批判，就在他说，他们用数学取代了哲学的时候。[①] 后来在 M 卷中的批判的语气是谦逊冷静的，而在最早的版本中，这种批判经常是激烈的，或者像在《论哲学》中那样，是尖刻的，当他通报柏拉图的大和小的学说的时候，说："元素——大和小——似乎仰天长号，当它们受到这样的摧残的时候，因为它们根本就不能产生数。"[②]

199

---

① 《形而上学》，A9,992a32。

② 《形而上学》，N3,1091a9。

第四章

《形而上学》的发展

　　《形而上学》包含了一个早期版本的残篇，它范围广泛，出自公元前四世纪四十年代的前半期。通过确定这一点，那种认为《形而上学》是一个后期作品的影响甚广的观点，就变得站不住脚了。我们现在必须坚持的观点——并且它也是自明的——是，在柏拉图最后的日子以及他去世后不久，批判的本质核心就已经确立了。但是亚里士多德——这不是一个无足轻重的成果——在他最后的岁月再次着手于这部作品，并进行了重新组织，用新的思想灌注老的思想，删除了一部分，而将其他的进行改造以适应新的上下文。最后的改变的踪迹使得我们能够猜测他要发展自己的哲学的方向。较早的和较晚的部分的个别特征自然只有通过这样才能把握：在包含了两者的最终结构中，认识到它们 παλίντονος ἁρμονίη（间隔性的和谐一致）。

　　分析必须从《形而上学》的主干开始，我们已经通过考察它的发生的历史而获得了这个被净化了的主干，它的如亚里士多德所希望的内在关联，已经通过去掉被编辑者附加的那些松散的段落而变得清晰可见。这是直到 I 卷的一个各卷紧凑的主体，排除了 α 和 Δ。博尼茨本质上正确地分解了这些材料。[①] 这个系列并没有完成，尤其是它所保存的神学（Λ）并非所筹划的结论，博尼茨已经正确地确立了这一点，并且必须强调这个令人信服地证明了

---

① 　参见 H. 博尼茨的 Kommentar zur Metaphysik d. Ar., Bd. ii. 的介绍，他又追随 Brandis（参见 Ent. Metaph. Arist., pp.3ff.）。

的事实，以此来反对最近有些人企图对它进行怀疑。只有在对最后两卷的判断上，我们必须对博尼茨进行补充，他显然对它们的兴趣较小，因为他的注意力主要针对实体理论。就像我们已经在前面证明的，M 卷必定是对 N 卷进行了后期的修改并取代了它，所以它也属于博尼茨的主体。在这里亚里士多德一举提供给我们的形而上学，是著名的一般而言的实体学说，实体形式的哲学，它在后来的许多世纪都作为自然和存在观念的框架起着世界观的作用。要发现这个未完成的、但是强大的结构是如何形成的，人们必须从其中心开始，即从实体学说开始。

在 B 卷提出了"我们正在寻找的科学"的问题，亚里士多德只有在这个特别的问题形式中认识到了实体问题：超感觉的世界是否真实？在关于这个新科学的本质的四个引导性的问题之后，他将这个问题作为 τηλαυγὲς πρόσωπον（熠熠发光的脸面）放在了十一个问题的顶上，从而将我们带入了这个学科真正的研究领域。由此他还强调了这个问题的根本的重要性。[①] 自从柏拉图创造了理念，它就是哲学的根本问题。亚里士多德在构造自己的形而上学问题的时候，直接和柏拉图的基本问题联系在了一起，他对它的表达恰恰像一个柏拉图主义者：我们相信与可感现象相分离而存在的可感实在，例如理念和数学对象，它们真的存在吗？而且如果不是，我们能够超越可感事物和在可感事物之上提出其他种类的超感实在吗？对于可感世界（αἰσθητὴ οὐσία）他不置一词。第一句话就直奔核心问题，即超越问题。接下来的问题从这个根基上生长出来，就像树干、树枝和枝条。稍微浏览

就可发现，它们也都是在柏拉图的地基上生长出来的。一切事物的本原是什么？是柏拉图所说的种属概念，还是自然科学的学说所说可见的事物的元素？如果是前者，那它们是最高的还是最低的种属？在柏拉图认为的实体（οὐσία）———一般和存在、实存之间是什么关系？"真实的存在"是那抽象者中最抽象的，还是我们越是从抽象的高处下降到具体、特殊、个别，就越是达到实在呢？每一个本原是在数量上的一，就像一个个体，还是在种类上的一，就像一个属？可朽的事物的本原和不朽的事物的本原是同样的吗？

---

① 四个引导性的问题在《形而上学》，B2,996a18-997a33 被考察。关于超感性事物的问题接下来在 997a34 被考察。对于本质性的问题和那些仅仅是介绍和限定形而上学科学的问题的区分，见 *Ent. Metph. Arist.*,100。

人们能否将存在和一就像柏拉图那样看作本原和最初原因，还是它们仅仅是缺乏任何真实内容的抽象？柏拉图和他的弟子将数、线、点、面和体看作 οὐσία（实体），这是正确的吗？如果抽象的东西不是真实的和本质的东西，而只是某种许多事物共有的东西，那么人们有什么理由认为理念是存在的？人们应该像思考自然科学那样在纯粹的质料和潜能、一种纯粹的发展的可能性意义上来思考本原，还是它从一开始就是活动着的、活跃的？这是已经提到的在斯彪西波和柏拉图之间发生的争论，在这个问题上亚里士多德和柏拉图站在一起。所以，在问题卷（B 卷）中所发展出来的无非是柏拉图学说的问题，在最早时期的《形而上学》中亚里士多德以它的改进者的面貌出现。这里所提的问题无一例外地是超感性领域的问题。整体而言，它们描述了这样一种类型的哲学，它不但完全是从柏拉图那里生长出来，而且自身也被称为柏拉图主义的，虽然以怀疑理念为其前提和主要动力。我们所寻求的科学的所有问题都来自对柏拉图学说的批判，并且努力恢复对超感性的东西的立场。

　　我们在主体部分的考察中寻找对这些问题的讨论，按照通行的看法，它包含在 Z—Θ 各卷中。四个引导性的问题限定了形而上学的概念、对象和范围，它们在紧接着的部分（Γ 和 E 卷）就得到了处理。人们期望亚里士多德继续跟随问题的主导线索，在 Z 卷对超感性的事物的问题进行研究。人们也期望，就像在 Γ 和 E 卷中那样，发现现在要处理的形而上学主要问题的一个特别的线索。但是，在 Z 卷，这本该讨论超感性的东西的存在问题的地方，却令人意外地插入了一般的实体学说。由此在接下来的三卷中亚里士多德完全丢开了 B 卷的问题的线索。这些问题不但不再构成接下来的讨论的基本框架，就像在开始的几卷中那样，甚至连提都没提到它们。对它的回溯以及讨论的消失是一个明显的证据，或者亚里士多德在写作的中途放弃了就像他曾在 B 卷所考虑的那个原来的计划，而这对于一个集计划和实施于一体的著作是极其罕见并且几乎是不可思议的；或者有关实体的各卷（Z—Θ）根本不是原本的计划的实施，而是某种新的和后来的东西，亚里士多德用它替换了原来的讨论，或者安插了进去。

　　事实上 B 卷属于一个本质上比论实体的各卷更早的版本，这一点不难说明。就像我们在上面（s.181）所表明的那样，它和 A 卷写在同时，就在柏拉图去世之后紧接着的几年里。亚里士多德在这里用"我们"这个表达方式来标明自己是一个柏拉图主义者，在 Z 卷他批判柏拉图学说的地方这个表达就不再出现了。① 另一方面，我们在 M9—10 以及 N 卷发掘出最早的《形而上学》的一个很大的部分，这是一个有力的证明，说明 Z 卷原本不属于 B 所计划的形而上学，（1）老的版本的这个部分，在其争论中以用"我们"为特征，如同预期的那样，所考虑的完全是在 B 中所提出的问题，即关于超感觉的东西的实在的问题；（2）当我们重新进入这个领域——狭义上的形而上学——对 B 卷的回溯又出现了。②

204

论实体的各卷开始不属于总体计划，这个结果似乎动摇了亚里士多德形而上学的基本理念。所以我必须考虑这样的反对意见：这种思考的特点就是不直接地把握超感性的东西，而是间接地揭示它，使它不是作为起点，而是结论。关于不是用经验来把握的最高本原的存在的学说，难道不是建立在逐步构造起来的实体理论的基础上的吗？它在可经验的实在的帮助下，渐渐地从可知的上升到不可知的东西。难道对实体和现实的探讨（Z—Θ）不是明确地引导我们进入超感性存在的学说的门槛吗？《形而上学》的这个部分当然是预备性的，很明显亚里士多德在他的最终版本中有意地给了它现在的位置。一般而言的实体理论构成了通向第一推动者这种非质料的实体的门径。我们在后面会考察，亚里士多德形而上学的这种特点是如何在最终的结构安排之前被保证的。不过现在必须要确定的是，在现在状态的版本之前还有一个版本，在那里还没有存在概念的逐步展开。在 B 卷中的形而上学问题框架没有预见到 Z—Θ 中的附录关于实体和现实的一般学说，这些卷自身

205

---

① 即 Z13。在这一卷中亚里士多德在最广阔的基础上考察了实体的本质问题，开始以对这个词的不同意义的区分，作为质料，作为形式，作为一般和作为本质。他的目标是表明，在实体的真实概念中，后三种意义是统一的。同质料多大程度上有助于形式的现实性和其本质概念问题相关，他发展出了他的实体的双重概念。同样的问题导向了宣称有非质料的和最高的形式。对一般是否也有现实性的研究导向对理念论的考察（Z13ff.），它重复了第一卷中拒斥的本质观念，虽然是以另外的面貌并从另外的观点出发。两个拒斥不大可能出现在同一个课程中。如果我们假设 Z 卷本来不是要插入我们现在看到的这个更大的讨论中，而是一个对实体问题的独立的研究，那么它们的相互关系就会清楚了。"论实体"整个作品必定是晚于《形而上学》的最早的部分的，因为在 Z13ff. 对理念的批判中没有"我们"了。

② 参见以上 p.175A。

每一步都揭示出，它们本来不可能是为了方法论的目的而写的，而在现存的这个最终的计划中，它同这个目的联系在了一起。

因为这一点的重要性，我想在这里更详细地说明它。确实 Z 卷开始就强调，最好的研究方法是从感觉可以觉察的实体开始的。接下来的是精美的并且实至名归的著名的一个题外话，关于人的认识的本质，以及方法论的规则：人们必须从"对我们"可知的，从感性的确定性出发，前进到"对自然"可知的，那纯粹的思想的对象。但是对原因的这个说明使得亚里士多德将一个对一般的实体的考察放在了对超感性的事物的解释前面，这个说明在所有的手稿中都放错了位置。博尼茨第一个揭示了位置的改变（却没有从中得出任何结论），从此以后在各种版本中我们就在它所属的地方读到了这个曾被搞错的段落。并不能将错误归咎于一个晚出的手稿中的混乱，因为它出现在两种流传系统中，所以在所有的古代手稿中就出现了这个错误。唯一可能的解释是，这是一个写在一张散页上的附录，被第一个编辑者插入了文本的错误位置。① 还有第二个暗示，说明关于可感实存的研究仅仅是一种预备的性质，它和其他的词语如此松散地联系着，以致显得是亚里士多德后来加上的。②

206

---

① 《形而上学》Z3,1029b3-12. 这些话被放进开始对 τί ἦν εἶναι（本质，恒常如是）的研究中，在那里它们完全没有意义。它们实际上是继这些话"一些感性实体一般被认为是实体，所以我们必须首先考察它们"（1029a33），它也属于后来赘加的。显然插入的开头的词是写在老的手稿行间的，所以在我们的复制件中出现在了它们恰当的位置。其余的没有空间了，就写在了单独的一页上。增加了松散的一页的另外的例子是 Z11,1036b32-1037a5 这一段"关于……可知的"。

② 《形而上学》Z11,1037a10ff.，在我看来是这样一个增补，目的是将"论实体"这部著作表现为一个对超感性实体理论的草稿，并在讨论的早期阶段唤起对这个功能的注意。如果一开始就包括了它，那么当亚里士多德说质料的时候，当然会涉及柏拉图甚至在超感性实体中假设的质料，即使是稍微涉及。但是这里没有涉及大和小，虽然在《形而上学》中它比起物理学家意义上的质料必定更引起他的兴趣，Z 卷对此说了很多。我们现在可以明白，当插入 ZHΘ 的时候，他要将这样的话放在考察的第一部分的最后："在这样的实体的质料之外，无论是否存在另外的质料，人们应当寻求除此之外的其他实体，例如数或诸如此类的东西，必须以后再考虑。因为，正是为了这个我们试图也确定可感实体的本质，因为在某种意义上面对可感实体的考察是物理学的工作，即，第二哲学的工作。"这些话是后来添加的亚里士多德的话，也可以用下一句来证明（1037a17-20），它是一个同这一段不可分割地联系在一起的指涉关于定义的 H6 是附加的。这个附加以及对它的指涉，就像同类的其他改变一样，在 ZHΘ 被插入《形而上学》的时候，也被引入了。

没有人能够怀疑这一点：Z 和 H 卷并没有像人们在这个地方所期待的那样讨论实体问题，稳固地根据预定的目标，证明超感性实存的存在。相反，人们有这样的一种印象，似乎这个研究是为了反驳柏拉图的存在概念而写的。柏拉图视最普遍的东西为最高的存在，针对这种夸张的非物质论，而证明物质（ὕλη）和基质（ὑποκείμενον）对我们的现实概念有积极意义。在物质倾向和逻辑倾向的共同作用下，产生了亚里士多德的新的实体概念——形式和 Entelechie（实现），却没有特别关注分离（χωρισμός）问题，虽然它对于形而上学家是决定性的。相反，柏拉图的驱动力——总是从质料中抽象出来——作为片面的被拒绝，而将注意力集中于质料对本质概念的重要性上。① 这丝毫不会令我们奇怪，形式思想恰恰是通过对生成（Werden）概念的分析发展出来的，它对正确地把握这个物理学概念具有根本的重要性。②Z 卷一个接一个地讨论"实体"的不同意义的方式，以及它研究的结果，促使人们想到，这本来是一个独立的关于实体问题的作品，它的决定性的意义通过在最早版本的《形而上学》中对理念论的批判而展现了出来（s.194）。不可否认的是，即使在亚里士多德的形而上学思考的最早的阶段，就已经预设了他的新的实体概念，或者更恰当地说是存在概念自身。但是它同样也是在物理学和逻辑学的基础上产生出来的，③ 并且很有可能，就像我们在《论哲学》中就认识到的，他最早的形而上学还只是纯粹的神学，他天才地将实现和现实概念（Entelechie- und Aktbegriff）使用到神的问题上，却没有将一般的实体问题研究和它联系在一起，更没有使之成为核心部分。

对实体的讨论本来不在现在这个地方，这个猜测可以通过一些重要的

207

---

① 《形而上学》Z11, 1036b22,"所以像这样将所有事物都归为形式并消灭质料，是无用的工作；因为一些事物当然是一个特殊的形式在一个特殊的质料中。"

② 《形而上学》Z8,1033a24ff。

③ 对 οὐσία 问题的物理学兴趣经常在这一卷中显露出来，并且形而上学和"分析"也非常密切地关注它（后者见 Z12 和 H6）。它属于物理学，因为它同生成和变化问题在理论上相关；它属于形而上学，因为无质料的形式概念和"分离"问题；属于分析，因为 τί ἦν εἶναι（本质，恒常如是）以及它同定义、抽象和作为种和属的概念的分类的关系。我们只需要认识到这种多面性以理解为何这部著作位于上述科目"之间"，直到亚里士多德将它合并入《形而上学》。

208　外在的证据来证明。① 首先，在较早的各卷中没有任何对 Z—Θ 的暗示。相反，在 I 卷中提到了 Z—H 卷，并将它们描述为"对实体的研究"（οἱ περὶ τῆς οὐσίας λόγοι），这自身就说明了它们相对的独立性。亚里士多德以同样的方式在 Θ8 中谈到了它们，1049b27"在对实体的讨论中说过"（εἴρεται δ' ἐν τοῖς περὶ τῆς οὐσίας λόγοις）。Z 和 H 卷构成了一个整体——H 首先概括了 Z，并给出了一系列对这个问题的附录——它们在 Θ 和 I 中都被看作是独立的。更加重要的是，Z 的导言经常被看作是开端，就像在 Z4,1029b1 所说的，"由于在开始我们区分了确定实体的不同的标志"（ἐπεὶ δ' ἐν ἀρχῇ διειλόμεθα πόσοις ὁρίζομεν τὴν οὐσίαν）。一般而言，必然地，在属于原来的《形而上学》的 B 卷和 M9—10 中，用 ἐν ἀρχῇ 来指示整个讲演的开头，即 A 卷。在中间的卷次中用 ἐν ἀρχῇ 指示这一卷自身的开头的例子，是在《尼各马科伦理学》中论友谊的讨论中（VIII—IX 卷），无疑它本来就是独立的作品。所以 Z 卷曾经是一部独立的作品的开头，是一整个系列的讲座的第一篇。这通过 Θ1,1045b31 表现出来，在这里"在我们作品的第一部分"（ἐν τοῖς πρώτοις λόγοις）并不是指 A 或者 Θ 的开头，而是指 Z 的开头。这说明，这个系列是以 Z 开始的，然后是 H，H 后面大概就跟着 Θ，像现在一样。是否 I 也属于本来的系列，还是当亚里士多德取消了 ZHΘ 的独立，将它们安插进《形而上学》中的时候后加的，这很难确定。整体而言，它似乎是后来加上的。I2,1053b16 提到了 Z13-17: εἰ δὴ μεδὲν τῶν καθόλου δυνατὸν οὐσίαν εἶναι, καθάπερ ἐν τοῖς περὶ οὐσίασ καὶ περὶ τοῦ ὄντος εἴρηται λόγοις（如果没有什么一

209　般可以是实体，就像在我们论实体和存在的讨论中所说的）。在这里 ZH 还被认为是独立的，却没有提到，它们处于 I 卷也隶属其中的一个系列的开端。相反，在另外一段 I 提到 B 时否定了这一点：κατὰ δὲ τὴν οὐσίαν καὶ τὴν φύσιν ζητητέον ποτέρως ἔχει, καθάπερ ἐν τοῖς διαπορήμασιν ἐπήλθομεν, τί τὸ ἕν ἐστι...（关于实体和一的性质，我们必须追问它以两种方式中的哪种存在；这

---

① 因为在这里集合所有的证明很重要，我可以简要地概括在《形而上学》各卷中出现的交互引用，虽然我已经对它们进行了强调（*Ent. Metaph. Arist.*, pp.90ff. 和 106）。恰恰是考虑到我以前的书的第一部分第四章中的问题，即《形而上学》相关的和连续的部分，我现在相信能够将这个分析推到足够远，以获得对作者意图的完整的理解，而我对于那些孤立的段落，除了以前的说明，没有什么重要的补充。

就是在我们对问题的讨论中所考察到的，即，什么是一）（I2,1053b9）。这表明，本来的独立作品只包括 ZHΘ，I 卷是当亚里士多德对《形而上学》的最终版本进行修改的时候加上的。这就是为什么它将 B 作为一个导论。

如果我们考虑 Z 卷和它前面的关系，我们发现这又一次确证了我们的观点，Z 卷是作为已经完成的作品后来被安插到现在的这个位置的。就如我们看到的，Γ 和 E 卷包含了最先的四个问题的讨论，关于"我们正在寻找的科学"的本质。这个讨论在 E1 结束。然后就是新的东西，即，存在（ὄν）的不同意义的理论，以及作为它们的基础的本质（οὐσία）的理论。易言之，这是《形而上学》主体部分的开头。亚里士多德以列举所有相关的最广义的"存在"的意义为开端。"由于人们在多重意义上述说一般的存在，其中一个意义被认为是偶然，另外一个是真实，而非存在是错误，除此之外，还有诸范畴，例如作为是什么、质、量、地点、时间和存在可能具有的任何类似的意义，在所有这些之外，还有那潜在的和现实的存在：因为我们在如此多的意义上述说存在，我们必须首先考虑偶然，对于它完全没有什么科学的认识。"① 然后他就讨论了偶然，接着讨论在判断的真实或错误意义上的存在。这个短的段落一直到 E 的结尾才完。Z 在基本的意义上开始对存在的考察，即范畴，尤其是实体（οὐσία）范畴，这是这门科学的主题。

奇怪的是，新的一卷以和前面一卷几乎同样的话以及对存在的意义的 **210** 同样的列举开始，"人们在多重意义上述说存在，就像我们前面——在这里我们期待至少对前面在 E2 中给出的列表提及一下——在关于这个概念的多重意义的作品中就已经区分的。因为它时而意味着一个什么和确定的这一个，时而意味着一个性质或者量，或者范畴中的这种类型的其他东西。"②

在这里完全清楚的是，如果 E2 是先出的，那么当亚里士多德在后来写下实体卷的这个开头的时候，他就会或者引证在那里详细地展开的存在的不同意义，或者他完全不重新列举，因为每个人都记得它们。但是，如果 Z 卷是独立于其他的形而上学各卷而写的关于 οὐσία 的研究，那么立刻就能明白，为什么在它的开头首先必须用范畴表来确定 οὐσία 在存在可能的意义的

---

① 《形而上学》，E2,1026a33。

② 《形而上学》，Z1,1028a10。

总体中的位置。为了这个目的，他引用了 Περὶ τῶν πολλαχῶς λεγομένων(《论词语的多重意义》) 这个课堂陈述，它无疑是亚里士多德经常讲述的，当时它还没有被吸收进形而上学的课程里面，而是一个独立的研究（μέθοδος）。这就是所谓的 Δ 卷，它是由编辑者放在现在这个不恰当的位置的。在后来的修改中，实体卷和关于潜能和现实的说明被嵌入现在的位置，这造成了形而上学整体架构的改变；亚里士多德走出这一步，恰当地说，是要以一种确定的方式改变它的架构。新的计划的范型是实体卷 ZH 中所遵循的方法，在那里亚里士多德展开 οὐσία 的意义区分的主导线索（ὕλη, εἶδος, καθόλου, τί ἦν εἶναι），这样就将实体概念的历史的和逻辑的层次逐步地展现出来。在他对形而上学第二次修改的时候，他将这个方法运用到了最广义的存在（ὄν）概念上面，并且将那个 οὐσία 编排进了 ὄν（在其最广的意义上）的不同意义的系列中。在无质料的、纯粹的形式学说前面，他放置了作为真正的现实和实体的一般的形式学说作例子，在它的前面他又放置了关于 ὄν 的多重意义的学说作为门径，其中他将 οὐσία 作为形而上学唯一要思考的概念剥离出来。这个过程是，在此之前先讨论那没有实存或独立性的意义，只表达了偶然的存在样式，或者只有对存在的意识的偶然的看法。这个部分（E2—4），由于其单纯的预备性的意义而被认为是非常概括性的。在《形而上学》现在这个版本中，它起到了联系老的序言（A—E1）和新的主体部分（Z—Θ, IM）的作用。这大概是最后被加进去的部分，亚里士多德用它来导向主体部分，并概括出下面内容的框架。因此，存在意义的列举就成了整个结构的提纲。我们必须认识到，这个结构是一个漫长发展过程的最后阶段，虽然这最终的版本还是未完成的和暂时的，但是在其中人们到处可以觉察到进行巨大的综合的意愿。那些增录、插入和删节大部分来自这个最终的阶段，它们指示出了一个统一的倾向。这个倾向对于原来的形而上学是完全陌生的：构造一个存在的多重意义学说，以一种存在论现象学的方式，在其中老的柏拉图化的关于超越的、无质料的形式的学说还保留为顶点，但却不再是主要的兴趣了。

在这里我打算解释关于 Θ 卷最后一章的一个词，我在以前的著作中已经详细地讨论了这一章了。[①] 这一段处理的是真理概念的双重意义，其一是

① *Entstehungsgesch.d.Metaph.*49.

真和假，诸如我们根据谓词是否和一个正确的主词连接，而说一个判断是真的或者假的的时候，我们通常所意味的；其二是形而上学存在陈述的真理，它不是产生自推论的思维，所以也不是在推论的判断意义上的真或者假。形而上学句子所陈述的是一种存在，这种存在不是经验的对象，这种句子的真理据亚里士多德而言，是建基于一种特别的、直觉类型的认识，它距离感性知觉比推论思维更近，因为它是一种理智的看，一种纯粹的 θιγεῖν καὶ φάναι（接触和断言）。这是在亚里士多德的形而上学中仅存的柏拉图关于理念的思考的残留。为什么亚里士多德在这里研究这个问题，他在 E4 说了，他表明，在通常的一个陈述的真或者假意义上的存在不属于形而上学的存在问题。在这个地方通过拆解它所造成的那个句子结构，他在后面插入了一个说明，可以看出：在此之外还有真理的第二种类型，直观的认识，一切世界观思想都以它为基础；它应该在后面被讨论。这个讨论就是 Θ 卷的最后一章。我以前曾经赞同施韦格勒，表明这一章是 Θ 卷的一个附录，在 E4 中对它的提及必然是在这一章（Θ10）被添加的同时被插入的。亚里士多德把对理智直观和 ἀλέθεια 的形而上学类型的研究恰当地放在了现实学说的结尾以及超感性事物的实在学说的开头，接下来应该就是后一个学说。这个附录必然是在插入 Z—Θ 卷的同时做的，很清楚地表明了这样一个企图：建造存在的一个逐步的层级，直到上升到非质料的本质的学说，并且在这个由如此分散的材料组成的整体中，得出一个统一目标。这就是最后一次修改的意图。

幸运的是，通过关于超感性事物的学说的序言的两个不同版本——较早的是在 M9，较晚的在 M1——我们能够对原初的形而上学的假设做个试验，这个原初的形而上学还不包括质料的、感性的形式。[①] 如果这个假设是正确的话，那么较晚的超感性事物学说的版本必定预设了论实体各卷，对感性的存在和它们的内在的形式（ἔνυλον εἶδος）做了详细的分析；而较早的版本必然直接以超越的存在的问题开始，就像我们根据 B 中老的计划所期待的，而可感世界（αἰσθητὴ οὐσία）完全不被看作是所要寻找的科学的对象。有必要从这个视角再一次考察这两个平行的版本，为此我将它们并列放置。

---

① 参见 p.187ff.。

后来的版本（M1）

M1,1076a8

περὶ μὲν οὖν τῆς τῶν αἰσθητῶν οὐσίας εἴρηται τίς ἐστιν, ἐν μὲν τῇ μεθόδῳ τῇ τῶν φυσικῶν περὶ τῆς ὕλης, ὕστερον δὲ περὶ τῆς κατ᾽ ἐνέργειαν: ἐπεὶ δ᾽ ἡ σκέψις ἐστὶ πότερον ἔστι τις παρὰ τὰς αἰσθητὰς οὐσίας ἀκίνητος καὶ ἀΐδιος ἢ οὐκ ἔστι, καὶ εἰ ἔστι τίς ἐστι, πρῶτον τὰ παρὰ τῶν ἄλλων λεγόμενα θεωρητέον.

译文：我们已经说过了，什么是可感事物的实体，在关于物理学的论文中讨论了质料，然后讨论了有实际存在的实体。由于我们现在的研究是，在可感实体之外是否存在不动的和永恒的实体，如果有，它是什么，我们必须首先考察其他人的说法。

本来的版本（M9）

M9,1086a21

περὶ δὲ τῶν πρώτων ἀρχῶν καὶ τῶν πρώτων αἰτίων καὶ στοιχείων ὅσα μὲν λέγουσιν οἱ περὶ μόνης τῆς αἰσθητῆς οὐσίας διορίζοντες, τὰ μὲν ἐν τοῖς περὶ φύσεως εἴρηται, τὰ δ᾽ οὐκ ἔστι τῆς μεθόδου τῆς νῦν: ὅσα δὲ οἱ φάσκοντες εἶναι παρὰ τὰς αἰσθητὰς ἑτέρας οὐσίας, ἐχόμενόν ἐστι θεωρῆσαι τῶν εἰρημένων.

译文：关于最初的本原，最初原因和元素，那些仅仅讨论可感实体的人的看法，部分地已经在我们关于自然的著作中说过了，部分地不属于现在的研究；但是那些宣称在可感事物之外还存在其他实体的人的观点必须在我们已经提到的那些观点之后被考虑。

和在形而上学最早的部分中很平常的作为第一本原和原因的学说的形而上学的定义相关，属于本来的形而上学的版本以柏拉图的感性和超感性实体的划分开场。就像在 A 和 B 中一样，这里也以其他思想家的看法开始讨论。前苏格拉底自然哲学的观点（ὅσα μὲν λέγουσιν οἱ περὶ μόνης τῆς αἰσθητῆς οὐσίας διορίζοντες "那些仅仅讨论可感实体的人的看法"）部分地归于《物理学》，部分地不是现在的研究的对象。在这里值得注意的是，亚里士多德没有谈论可感实体自身，就像他在后来的版本中所做的那样。可感实体自身同形而上学有关系的观点对他来说还是完全陌生的。可感的实在属于物理学，

214

在那里自然研究者的各种观点——他们只知道物质的现实——被处理。进一步说，这些唯物论者的看法不属于现在的研究。这就是说，它们已经在 A 卷被批判过了。τὰ δ' οὐκ ἔστι τῆς μεθόδου τῆς νῦν（不属于现在的研究）这句话不可能指涉 Z 和 H 卷；在那里完全没有提到那些仅仅承认感性的可感现实的思想家。除此之外，如果亚里士多德早在 ZHΘ 中对这种可感的实在做了详细的说明，就不能设想他会局限于这样一种消极形式的表达。这个版本基础的看法毋宁说是相反的：或者仅仅只有可感实在，那么就没有形而上学，则第一科学就是物理学；或者存在某种超感性的东西，那么就有关于它的科学，即形而上学。这样亚里士多德马上转向了那些哲学家的观点，他们宣称这种超感性东西的实存，即，柏拉图学派。

在他发展的这个阶段，尚且二元论地看待问题，这在 M1 版本中表现了出来，然后加上了 ZHΘ 三卷，它在广阔的范围中给予了 αἰσθητὴ οὐσία（可感实体）以进入形而上学的许可，并扩展形而上学的概念为存在的多重意义的科学。确实，亚里士多德还说——显然是借用最早的版本的语言——αἰσθητὴ οὐσία 在《物理学》中就已经讨论过了。不过他加上了限制：εἴρεται...ἐν μὲν τῇ μεθόδῳ τῇ τῶν φυσικῶν περὶ τῆς ὕλης, ὕστερον δὲ περὶ τῆς κατ' ἐνέργειαν（在关于物理学的论文中讨论了质料，然后讨论了有实际存在的实体）。在较早的版本中，他把可用感觉感知的所有存在都推给了物理学，而在这里却限制在了质料研究上；这意味着，形式和现实的存在（ἡ κατ' ἐνέργειαν οὐσία）主要还是被指派给当下的这个科学，即形而上学。由此亚里士多德删除了较早的版本中的 τὰ δ' οὐκ ἔστι τῆς μεθόδου τῆς νῦν（部分地不属于现在的研究）。代替它的是对新加入的 Z—Θ 各卷研究的一个说明，它们恰恰考虑感觉可知觉事物的 κατ' ἐνέργειαν οὐσία（现实存在）。这个回溯对应于 Z11,1037a10ff. 所插入的指涉后面在 M 卷给出的对超感觉实在的研究（见前 s.206）。两者都属于后来的版本，并且都是为了将原来分散的材料统一起来。这也表明，虽然很少需要证明，后来的版本对超感性事物的讨论(M1—9) 由于 Z—Θ 各卷的插入而被扩展了，它是为了最后的《形而上学》而被规划出来的，同样由于这两个部分都和 I 卷的插入相关联。

但是如果亚里士多德只是简单地将新的段落"插入"进来，他能够将一个关于可感实体的学说外在地建筑在一个原本是要导向超感性实体的学说的导

215

言上面吗？难道这不必然导致不可解决的矛盾吗？直到今天人们都在 BΓE 卷的导言到"插入"的部分之间发现有平稳的过渡，那么使得亚里士多德能够将超越的形而上学和内在的实现联系起来的那个原则是什么？在两个阶段之间确实有这样一个连接，这就是存在者自身的概念（ὂν ᾗ ὄν, Seienden als sochen），通过它或借助它亚里士多德在导言中规定形而上学的对象。我们一直习惯于认为这个概念是一个种子，从中存在的多种意义像一朵花一样在亚里士多德的心中发展出来；这个概念既包括了神圣思维的纯粹的 ἐνέργεια（现实），也包括了较低级的、变动的自然中承受着生成和消灭的形式。研究存在自身（Sein als solches）的人，不需要将自己限制在绝对的存在（das absolute Sein）范围中，而是将一切事物的存在，甚至是理解的抽象都引入他的领域。事实上《形而上学》的最终形式就是这样做的。它显得好像是这个概念唯一的实现方式。我们现在认识到，这只是一个显而易见的骗局。我们能够从《形而上学》自身证明，曾经有一个早期的发展阶段，在那里亚里士多德还没有从存在者自身（Seienden als sochen）概念得出这样的结论，他还没有将形而上学理解为存在者（Seiende）的多重意义的辩证的展开，他还将形而上学的对象简单地、排他地表示为不朽的和永恒的。对此的证明是在 K1—8 中，它的一段话经常被认为是伪作，不过通过我们的研究成果它的真实性会一劳永逸地被确证。

我在以前的对这个极为宝贵的资料的讨论中表明，一些小词的使用泄露了它出自一个陌生人之手，虽然风格是完全亚里士多德式的，这些小词却是记录老师的讲课的一个学生无意中加上的。但是作为亚里士多德学说的一个来源，这一卷是纯粹的。它再现了 BΓE 这三个导言卷，一点接着一点，经常是用同样的词语，虽然是以更加简短的形式。不能用这样的话来解释它：或者它是对整个版本的概括，或者是从里面节录的。它是完全独立的。它必定是对这部分形而上学课所做的笔记，当它还在早期的发展阶段的时候。因为，除了广泛的一致，它和完整的版本在几点上显著不同。

如果我们考察这个较早的导言和在这里引起我们最大兴趣的作品主体的关系的时候，这一点就会变得清晰：它属于在实体卷 ZHΘ 还没有被插入的时候，这个导言后面还紧跟着超感性理论。在《形而上学》后来的版本中，我们发现在导言（E1）结束和主体部分（Z1）开始之间有一个过渡段落（E2—4），同样在较早的版本（K8,1064b15-1065a26）中也有。但是，后面的过渡这一典

型的特征这里却没有出现：列举在 ZHΘ 中将要考察的存在者的不同意义，它
包含了这几卷的计划。当然在这里亚里士多德也像在 E2—4 一样讨论了存在
的两个意义，在进入主要问题之前他要将它们从形而上学排除出去：偶然的存
在和判断的真和假，前者是因为完全不适合，后者是因为它仅仅是一种意识活
动。但是，他在 E2 中所宣称的分类在《形而上学》后来的版本中被实施，而
在较早的导言中却没有任何提及。我们起先试图通过节录之短小来解释，但是
现在我们已经在 M9,1086a21ff 中发现了对著作的中心部分的序言的最早的版
本，并且看到，它预设了一个不包含 ZHΘ 卷的《形而上学》，这不可能仅仅是
猜测。再者，在 E2—4 中还有一个确信无疑的较晚的版本的迹象，在相应的早
期版本中也是缺失的，这就是我们在 E4,1027b28 中发现的，暗示对形而上学
真理概念的研究是后来插入的（Θ10）。这当然不会出现在 K8, 1065a24 相应的
段落，因为在原本的形而上学中 Θ 卷还完全不存在。

　　P. 那托普（P. Natorp）提出 K1—8 是伪作，因为那里出现的一个形而上
学概念在传统的《形而上学》主体部分没有出现。[1] 他简直是在谈论一个柏
拉图化的作者以及这部作品的非亚里士多德倾向，质料和所有和与它相关的
东西都从研究中被排除了。对他而言，这个观察在当时的前提条件下是一个
严肃的怀疑的根据。而对我们而言，它恰恰成了其真实性的可靠的证明。[2]
形而上学在这里被看成是关于非质料的事物的科学，我们已经从最早的版本
的残篇表明，这是本来的想法。没有什么比恢复导言各卷最早的版本的真实
权利可以更可靠地证明我们结论的正确性的了。我们在发展原则中最终找到
了合适的钥匙，那魔力城堡的暗藏最大秘密的大门自动地敞开，而以前人们
很长时间都徒劳地试图强行攻破它。

217

218

---

[1]　*Archiv für Geschichte der Philosophie*, Bd.i, p.178. 他所使用的标准是通常的那种，即，在
进行第二个版本的写作时所增加的那几卷（ZHΘ）中的形而上学概念。

[2]　在我的 *Ent. Metaph. Arist.*, pp.63ff., 中，我针对那托普的反对详细地为 K1—8 的真实性
做了辩护，并且得到这样的结论，它的哲学内容在各个细节上都称得上是亚里士多德的。
小品词 γε μήν 经常使用，大概揭示出于亚里士多德之外的另外一个人之手，但是这丝
毫不妨碍其内容的真实性；无疑，由于一个学生在亚里士多德的课上做笔记，这是现在这
个版本的雏形。不过，我必须在一个地方收回对那托普的批评，即它的目的是消除他所
发现的柏拉图主义的痕迹。从亚里士多德历史发展的观点来看，它们是完全不可驳倒的，
事实上，这恰恰是我们迄今为止的分析所要求的。

如果我们一条条地对比 K1—8 和后来的版本，我们就会发现，在 BΓE 中所进行的所有的改变，都是为了使得较早的导言适应《形而上学》新的结构，这包括了质料的存在和其他方面的情况。对质料世界的让步出现在对第一个基本问题的描述中（整个问题名单中的第五个），关于超感性世界的实在性。我们以前指出过，B 卷所造成的过时的印象是由于这些问题表达的柏拉图方式，但是我们现在看到，在这个问题上，K 卷更加过时和严厉。[①] 甚至 B 卷在这一个问题上都超越了现象世界的界限，问在可感实体之外，是否存在一个超感性的实体，比如理念，而 K 卷却更加排他。亚里士多德在这里问，"我们所寻找的科学"是否涉及可知觉的实体，"还是不考虑它们，而是只考虑其他的。"[②] 这就排除了可感实体属于形而上学的任何可能性。相反，可感的存在和超感性的存在在这里，就像我们在 M9—10 中看到它们的那样，构成了一个简单的二元的非比即彼。[③] 在修改中，这个或者—或者变成了不但—而且，就像在《形而上学》的最后状态向我们展示的，内在的形式和超越的形式的并列和居上。

在 K 卷亚里士多德讨论他的存在论研究的时候，我们发现了同样明确的或者—或者。"一般而言，很难说人们是否必须假设在可感实体（即，在这个世界中的众多实体）之外还有一个分离的实体，或者可感的事物才是真实存在的，最高的科学必须以它们为对象。显然我们在寻找另外一种实体，我们追求的目标就是去揭示，是否存在自身分离的存在者，它不属于任何可感事物。"[④] "自身分离的存在者"（χωριστόν καθ' ἑαυτο）在这里不是指现象世界具体的、特殊的存在，虽然它也经常被说成是"分离存在的"；他的这个

---

① 参见 p.202。虽然经过了修订，B 卷的古老状态也保存下来了。

② 《形而上学》，B2.997a34=K1,1059a39. 我以前认为，这个矛盾意味着，其中包含了实际情况——形而上学是对形式的研究，既包括了可感事物世界的实体，也包括了超感性现实，那里没有质料。但是我们要讨论的这一段似乎使得这个解释变得不可能（尤其见 K2，1060a7），必须承认排他性的表达"或者是可感世界，或者是超感性世界"对于 K 中包含的一般观点是绝对本质性的。如果那托普就他在 K 卷中发现的学说的差异已经研究了整个《形而上学》，那么他不会宣称这一卷是伪作，而会发现在两套不同的材料中年代的和内在的差别，这种差别可以仅仅通过假设亚里士多德从柏拉图逐步的发展而得到令人满意的解释。

③ 参见 p.214。

④ K2,1060a7-13.

表达是用柏拉图的理念的"分离地存在"的意思，就像限定语"不属于任何可感事物"（μεδενὶ τῶν αἰσθητῶν ὑπάρχον）所表明的。通过这个限定他明确地排除了任何关于内在的形式（ἔνυλον εἶδος）的思想。在同样的关联中，后者的存在是可朽的（φθαρτόν）。形而上学的对象——这对于作为柏拉图主义者的他而言是先验的——必须是一种永恒的、本质的存在，超越的并且自身存在的（ἀΐδιος οὐσία χωριστὴ καὶ καθ᾽ αὑτήν），如果有这样的科学的话。他说，应该把它们想成类似于柏拉图的理念，而非可感的事物。必定有这样**220**的东西存在，否则那些最博学的头脑所想的东西岂不成了无意义的声音和烟雾。世界上如果没有它的话怎么会有任何秩序？秩序意味着某种永恒、超越和持久的东西。① 这些表达的明确的性质将它们和后来的版本决然地区分开。它们还非常接近于柏拉图主义，人们从这里面感受到对一种超感性世界的要求的同情的支持，不过它们更加令人印象深刻，因为它们是直接从这样的信念产生出来的：迄今为止的理念论形而上学是站不住脚的。②

有一个永恒的、不变的存在以及依赖于它而存在的永恒的宇宙法则，在这个前提下，根据 K1—8，不仅仅建立了"我们正在寻找的"科学的可能性，而且也建立了任何无矛盾的逻辑思维以及绝对的、持久的真理的可能性。因为可感世界恒常流逝，它们没有任何驻足之处。③ 这样，矛盾律就被本质地、存在论地奠基了，而亚里士多德在后来的版本中似乎删除了这种存**221**

① K2,1060a21："似乎形式和形状是一个比［质料］更加重要的本原；但是形式是可朽的，这样就完全没有任何永恒的实体可以分离地和独立地存在了。但是这是矛盾的；因为这样的一个本原和实体似乎是存在的，并且被所有最有教养的思想者作为某种存在的东西而寻求；因为，除非有某种永恒的和独立并持久的东西存在，怎么会有秩序？"同参见 K2,1060b1-3。

② 参见紧前面对柏拉图版本的超感性事物的反驳，K2,1060a13-18。这一段大概比其他地方更直接地保存了处于亚里士多德形而上学根基上的柏拉图主义的假设，即关于超越的现实的假设。它还表明，他恢复这个学说的出发点是自然中的秩序，这对他而言，不设定一个超越的"善"作为第一本原是不能解释的。

③ K6,1063a11. 在我的 *Ent. Metaph. Arist.*, p.82，我指出，当那托普将这样一个观点归于 K 的作者的时候，他走得太远了：在地上的和可朽的事物中没有真理；但是我在相反的方向上也走得太远了，因为我否认在它和亚里士多德通常的真理说明之间有任何差别。必须承认，这一段强调宇宙现实的永恒性，并将永恒真理的可能性主要奠基于此；而在 Γ5,1010a1ff.，相反，主要强调获得甚至对感觉世界的确定命题的可能性，"不变的自然"和宇宙仅仅在第二位被提及（1010a25）。

在论的大部分的段落。在 Γ 卷的结尾所说的关于存在的永恒性和不动性与认识永久真理的可能性之间的关系，在古代的手稿中部分地缺失了。我们所拥有的显然是一个节选，是亚里士多德在修改的时候删除了的部分，但是编辑者在他的资料中发现了它并将它和其他的编在一起。无论如何这个部分表明，起初的 Γ 版本更多地强调矛盾律的形而上学基础。① 对法则的存在论证明以及将这些基本的逻辑问题放进形而上学中，都是柏拉图传统的一个部分。同样只有在柏拉图传统中才产生出来的困境，是这样的一个问题，人们应该在哪里讨论数学的对象，它是否属于第一哲学。② 这个讨论出现在 N 卷，它同 K1—8 的密切关系是这两个部分的年代的新证据。

就像我们在前面看到的，在 B 卷中这个困境的性质就被柏拉图形而上学的问题和内容决定了。对这个部分的修改非常表面，所以它的柏拉图的根本特征还没有丧失。除了在两个地方他保留了以前柏拉图主义者的老的"我们"③ 一词——在他晚期的新的修改中都被删除了——显然只有这样的地方被改动了或者修饰了，因为它们和他的新的形而上学观念明显冲突。困境的数目和选择在整体上没有被触动，只是在一个地方插入了一个新的问题。这个问题的特征是，它同插入的各卷 ZHΘ 内容有关。在最后一个困境之前，恰恰在较晚的修改的地方（B6,1002b33），关于质料的问题和本原的现实和潜能的问题被提出，在这里他也考虑到了感性的现实。由于恰恰是这个问题，就像那托普观察到的，没有出现在 K1—8 中，我们只能得出这样的结论：当亚里士多

---

① Γ8, 1012b22 直到这一卷的结尾在一些古代手稿中是缺失的，根据 Alexander *In Arist. metaph.*, p.341,30（Hayduck）。

② K1,1059b15-21. 我已经在 Ent. Metaph. Arist,.p.74 讨论了"数学的对象的问题"，并表明，同那托普相反，它属于柏拉图后期的形而上学。但是我没有完全回答这一个问题：为什么这个问题仅仅在 K 中被陈述，而没有也在 B 中说明。如果我们看到，就像我已经在那个时候认识到的那样，对这个问题的讨论是在 N2,1088b14 中，那么这就可以解释了。N 和 K 都属于原初的《形而上学》，那么，其中一个就是对在另一个中的许诺的完成。现在这个问题的较晚的版本（B 和 M1—9）压制了关于超感性实体的元素问题，就如上面所示（参见 p.198）。这个问题同柏拉图后期的数的存在，即作为分离的实体的学说联系在一起。在其成熟时期，亚里士多德摆脱了这个学说，这样他就取消了整个难题。

③ 参见 p.180。B 卷属于导言为了后来的《形而上学》而新修订的部分，而 A9 的理念论批判应当完全消失，这个事实构成了对为什么 B 卷中只有很少的"我们"的痕迹被保留下来的完美解释。它们只是被忽略了。

德修改了三个导言卷使之导向内在形式以及潜能和现实理论的时候，他插入了这个新的问题。K 卷却相反，纯粹的存在概念还是严格的柏拉图式的，脱离了任何质料，和独立存在的、不动的和超越的东西并列。进而，在最后的版本中，对理念的批评从 A9 被移到了新的 M 卷，导言的较早的版本还预设了本来的情况：那时批判还在第一卷，因为它还指示在前面有对理念论的反驳。① 这证明，三个导言卷 BΓE 也经历了改变，并且将一个新的形而上学观念引入了它们。我们由此重新揭示出了《形而上学》较早的和最后的版本。

但是，即使是导言的较早的版本（K1—8）也不是《形而上学》的最初形式。我们看到，在 K1—8 中，形而上学被描述为不动的、永恒的和超越的东西的科学。不过，我们也可以看到，在那里形而上学的定义是作为存在者自身（ὄν ᾗ ὄν）的科学，虽然还没有像在后来的版本中那样，发展成包括了可变自然的可感存在的存在者的多重意义的科学。在 K1—8 中两个定义的结合是一个严重的困难，这在 E 卷的较晚的阶段中变得极其明显，而在其现在的经过修改的形式中 E 卷应该是介绍存在者的多重意义的。因为较早的和较晚的版本在这点上没有区别，而只是在它们给出的存在者的概念的范围不同，所以我们在下面不要陷入这样的错误，将较老的和较新的导言版本笼统地作为基础。

在 E1（=K7）亚里士多德解释，他所说的存在者自身的科学是什么。所有的科学都研究对象的某些原因和本原。作为例子他提到了医学和体育以及在方法上水平更高的数学，也就是说，在柏拉图科学和方法论中典型地被使用的例子。所有的这些科学都系统地限定了一个确定的实在（ὄν τι）范围和一个确定的种类（γένος τι），并且研究限定的事物。但是它们却不讨论它们的对象的存在，而是或者在经验的基础上设定了它，就像自然科学和医学所作的那样，或者就像数学和它的公理一样，从特殊的定义开始。它们的证明只是在精确的程度上有差别，所处理的仅仅是从这些定义或者对感觉而言明显的事实所得出的性质和功能。形而上学家却追问存在，只要它存在着。他考察了这些科学的前提，它们对这些前提既不愿也不能进行解释。

① K1，1059b3，设定了 A9 对理念的批判。而 B2,997b3 是后来的版本的相应段落，仅仅设定了 A6 中对理念理论的历史解释，当那个拒斥被移到 M4—5 的时候，它还保留在原来的地方。

224　　　这个解释在 Γ 卷的开头（=K3）被予以补充。在那里更加详细和清晰地对比了作为普遍科学的第一哲学和特殊的科学的特征，存在者自身和存在的个别领域。存在者在这里不是被看作一个和其他的对象分离的和不同的对象，而是作为对和实存问题相关的所有状态、属性和概念关系而言的共同点。对亚里士多德来说，就像数学家只从量的角度来看所有事物，而哲学家研究属于存在者自身的所有东西，而物理学家，举例来说，就仅仅将它看作运动着的东西。许多事物"是"仅仅因为它们是一个存在者的属性或者状态或者运动或者关系，它们是从一个纯粹地存在的事物那里衍生出来的。在柏拉图的学派中，将存在的所有属性（πάθη）都回溯（ἀναγωγή）到一个唯一的、一般的东西（ἕν τι καὶ κοινόν）上的方法是划分为对立者的方式（ἐναντιώσεις），这些对立者都指涉某个在存在上最一般的或者"首要的"区别。亚里士多德在这个领域设定了学派特别的工作以及它的文献，这已是众所周知的了。他所描述的是一和多、同和异、类似和不类似之间的对立，简言之就是柏拉图辩证法的整个领域，就像在 I 卷中关于存在和一（ὄν καὶ ἕν）的研究中所呈现的那样，或者就像他在 Γ 卷进行的关于思维的最终原则，矛盾律和排他律的研究那样。这些问题同亚里士多德的实体学说确实只有间接的关联，但是显然他的目的是为了找到形而上学的定义，从而为传统的辩证法提供一席之地。对柏拉图而言，辩证法直接就是存在论，对亚里士多德而言，它更是一个实践的和历史的问题：人们是否应该就像以前一样，在第一哲学中为这个存在的逻辑学提供一席之地。他本来的形而上学是神学，关于最完善的存在者的学说，抽象的辩证法在理念被取消之后很难和它统一。但他还是努力通过它们和存在者自身（ὄν ᾗ ὄν）的共同关系将它们连接起来。

225　　　当在这种关联中，最高的哲学作为普遍的科学出现的时候，E1（=K7）——在这里亚里士多德试图通过它们各自的对象来区分形而上学、物理学和数学——直接展示出了一幅不同的画面。亚里士多德在这里将科学划分为理论的、实践的和制作的。物理学是一门理论科学；它探讨那些自己可以运动的存在物，所以它所考虑的概念的本质和形式只能是在和质料相结合的时候。任何对质料的放弃对物理学学者而言都是一个错误。甚至心理学也必须如此被研究，只要我们所从事的是精神物理学。数学也是一门理论科学。亚里士多德提出了这样的问题，是否它的对象真的具有一种不动的、自身分离的存在，就像学园所教导的那样。在这里他和学园对抗，但是接受了学园对理论哲学的三分法，以及将数学对象放在存在论和物理学之间的做法；无论如何，数学将不动的以及分离地存在的事物（ἡ ἀκίνητα καὶ ἡ χωριστὰ θεωρεῖ）作为对象。这更使得对一种真实存在的、不动的和超越的存在的研究——如果有这样的存在的话——成为一门理论科学的任务。但是什么是这门科学？它不可能是物理学，因为它的对象虽然是独立的（χωριστὰ），却不是不动的；也不会是数学，因为它的对象虽然部分地是不动的，却不是分离存在的。而最高的哲学只研究这样的一个存在，它既是独立的又是不动的。①这个定义自身足以得出结论，亚里士多德所思考的是不动的推动者。他在接下来的一句话中说，他所谓的本原是可见的神圣事物的原因（αἴτια τοῖς φανεροῖς τῶν θείων），因此之故他称形而上学为神学（θεολογική）。 **226**

形而上学的本质的这个定义纯粹地通过它的对象——不动的和超越的存在——使得它成为有别于其他科学的一门特别的科学。虽然在别处它被看作是关于存在自身的一般科学，同那种只研究一类特别的存在者（ὄν τι καὶ γένος τι）的科学尖锐对立②，在这里它自己仅仅是对最高的一类存在者（περὶ τὸ τιμώτατον γένος）的知识。它的对象是这类的存在（τοιαύτη φύσις），并且在实在的一个具体的类别中，亦即可见的但却不朽的宇宙领域中被寻求。矛盾是不可否认的，亚里士多德自己也注意到了。他在一个显然和上下文脱离的、必定是后来加上的一个注解中说："人们会有疑问，第一哲学是一种普遍的科学呢还是研究一个特别的种类（περὶ γένος）的以及唯一的、确定

---

① 《形而上学》E1,1026a13，施韦格勒正确地修改为："物理学处理那些分离地存在［HSS 是'不分离地'］但不是不动的事物，而数学的一些部分处理不动的但是大概不会分离地存在而是包括在质料中的事物；而第一科学处理既分离地存在又不动的事物。"一个读者的猜测被塞进手稿中——他认为"分离地"的意思是"超越地"，并认识到这不适合构成可见世界的"包括在质料中的"形式。不过"分离地"在这里仅仅意味着"独立地"，亚里士多德甚至将这个词的这个意思用在可感事物中。形而上学的对象，根据这个定义，既是独立的又是不动的，那么必定在"超越地"的意义上"分离地"存在，因为只有超感性的事物同时表现出这两个特征。

② 《形而上学》E1,1025b8："所有这些科学都划分出某个特殊的存在者——某个种，并对它进行研究，但是不研究一般的存在，也不是作为存在来研究。"对照 1026a19 关于形而上学作为神圣事物的科学："显然，如果神圣的事物到处呈现，那么它也显现在这类事物中。最高的科学必定是处理最高的种属的"，即神圣的事物的。

的存在（φύσιν τινὰ μίαν）的呢？这是不一样的，就像在数学中那样。几何学和天文学所关注的是一个特别的种类，而一般的数学却涉及全部的学科。如果在自然的事物之外不存在另外的、超越的存在，那么物理学就是第一科学了。如果有一种不动的存在，那么它'先于'可感的现象世界，则形而上**227** 学就是第一科学。并且也是普遍的，因为是第一的。这样的话，考察存在者自身以及它的概念和属于它的属性，就是它的任务。"①

这个注解没有消除矛盾，相反，它使得矛盾更加明显了。当他试图通过附录统一两个定义的时候，他所理解的普遍的科学是关于"第一"对象的科学，这个对象在更加全面的意义上比它后面的存在形式更是本原。而在 Γ1 和 E 的开头，普遍的东西是那种完全不指涉一种确定的存在，即存在的一个特别的部分的东西。但是现在那指引星体的无质料的推动者不是 ὄντι（特殊的存在者）也不是 φύσις τις μία τοῦ ὄντος（一类存在），亚里士多德不能够这样说，他也没有这样做。人们可能会想，这个 ἀπορία（困境）以及 λύσις（解决）都带着梗概的痕迹，它不会是出自亚里士多德自己，但是由于它也出现在 K8 的另一个版本中，并且它表达了一个确实存在的矛盾，所以只能承认，哲学家没有发现问题的解决方法，或者在他已经将两个概念互相融合之后，这个困境才出现了。

形而上学概念的这两个说明无疑不是产生自同一个思维创作活动。两个根本不同的思维过程在这里被交织在一起了。很明显，神学的—柏拉图的思路是两者中较为原始的和较老的，这不仅仅是出于历史的根据，而且也因为，它更为概括并且较不完整。这是柏拉图要严格区分可感和超感觉领域的产物。当形而上学被定义为研究 ὄν ἧ ὄν 的时候，却将所有的存在者都包括进一个巨大的、统一的层级建构中。两者之中它才是亚里士多德的思想，在亚里士多德思想最终的和独特的发展阶段的意义上。起先他严格地沿着柏拉图所指引的方向前进，也就是说，他保留了超感性的世界作为第一哲学的对象，就像我们从《论**228** 哲学》中看到的，仅仅将超越的理念替换成第一推动者，它是不动的、永恒的、超越的，拥有柏拉图赋予这类存在的属性。他的这个最早的形而上学是专门关于不动的和超越的存在的科学，即神学。它不是关于存在者自身的科学。

---

① E1,1026a23-32. 博尼茨指出在他的注释中的矛盾。他没有看到解释。

这个结果通过那个我们习惯上直接称为神学的作品——《形而上学》的
Λ 卷再次证实。博尼茨已经认识到，当人们期待它包含着 A—Θ 的结论的时
候，它却和其他的各卷没有任何关系。它不考虑前面的内容，其原因是它是
一个独立的作品。它的风格和思想的选择都表明，它是一个为了一个特定的
场合而写的独立的讲座，不但给了我们被称为神学的那部分形而上学，而且
还给出了更加综合的东西：形而上学的一个独立的系统的概要。亚里士多德
在这里提供了他整个理论哲学的一个紧凑的框架，开始于实体学说，而终结
于神的学说。它显然不是要展示学院式的研究，而是要通过那伟大的总体图
景自身包含的力量将听众说服。在铿锵有力的斧子的击打中，他凿下了宏伟
的句子，直到今天人们还不知不觉地大声诵读，虽然这个注解为了口头演讲
而带有缩略的性质。"生活是思维的创造活动。""世界上的一切都是朝向一
个目标的。""天空和自然也依赖于这个原则。"他用奥德修斯的话来向柏拉
图式的二元论者陈辞的时候（οὐκ ἀγαθὸν πολυκοιρανίη, εἶς κοίρανος ἔστω "首
脑众多是不好的，一个统治者足矣"），这个结论在效果上是十分激动人心
的。这个材料就其类型而言是独一无二的，因为哲学家唯独在这个地方的讲
课中大胆地概括了他的世界图景，而不考虑所有的细节。同时它也是对他的
发展史而言的一个宝贵来源，因为它在时间上属于神学时期，我们已经推断
出了它的存在。它使得我们看到，在亚里士多德将内在的形式学说纳入形而
上学之前，内在的形式学说同超越的推动者学说之间的关系。

229

　　这个课程被鲜明地分成两个不等的部分。第一部分（章 1—5）讨论可
感实在的学说，并通过分析获得了质料、形式、潜能和现实的概念。第二部
分（章 6—10）直接以沉思不动的推动者和一个超感觉的现实的断言开始。
第一部分不像第二部分那样是以自身为目的的，它只是为了第二部分，为它
做铺垫。从被推动的事物的世界——它们被理解为发展着的并且在质料中实
现的形式，亚里士多德上升到不被推动的目标以及它们运动的源泉，一切
形式的形式，纯粹的活动，没有任何质料的、创造着的形式力量。对这个
对象他花费了几乎比第一部分长两倍的篇幅。乍一看似乎这个结构和后来
在形而上学的工作中的是一样的。在那里，实体和现实的理论也在神学的
前面，Λ 卷的第一部分本质上和 ZHΘ 卷的内容平行。但是决定性的是，在
Λ 卷形而上学的概念局限于第二部分，第一部分不属于它。第一部分的结

束语说，①"这样我们已经确定了可感世界的原则和它们的数目。"第二部分开头是："因为我们在开头已经区分了三种存在，两种属于物理学，一种是不运动的，我们必须处理后者。我们说，必定有一种永恒的、不动的存在（οὐσία）。"亚里士多德没有说明那两种可感的现实种类，就像在后来②那样说它们"以某种方式"属于物理学，在这里他只是简单地称它们是物理学的对象。另一方面不动者和永恒者直接被显示为形而上学的对象，就像在老版的序言中那样。③恰恰像在那里一样，他将可感的现实简单地解释为可朽的，并且得出结论，如果只存在内在于可感事物中的形式，那么世界上的一切事物必定处于赫拉克利特式的变化中。④K 和 Λ 卷在这一点上也一致，它们只将超越的事物看作要寻找的科学的对象，它不内在于任何可感事物中。⑤存在的三种类型从开始就被区分了，分别被分配给物理学和形而上学。两种属于可感世界，不朽的天体实体和可朽的实体—植物、动物等不加分别地被分配给物理学，因为它们都和运动以及质料联系着，不动的本质是"另外一门科学"的对象，即形而上学。⑥

　　总结我们的观察，可以说，Λ 卷代表了我们所发现的那个位于传统的形

---

① 《形而上学》，Λ5,1071b1。

② 《形而上学》，Z11,1037a14："因为在某种意义上对可感实体的研究是物理学的工作，即第二哲学的工作。"

③ "我们正在寻找的科学"通过永恒、独立、恒常的性质来确定，这都是根据理念的模式而来的，我们发现，它不但出现在老的版本的导言 K2,1060a26，还出现在老的 A2,982b28-a11，在那里，这门科学从前面就被看作是神学，就像在《论哲学》中一样。N 卷属于《形而上学》的最早阶段，这在前面已经证明过了，pp.197ff。所以在其开篇的句子（1087a30）中，同形而上学作为"不变的实体"的科学以及物理学作为运动世界的理论概念相比，这一卷就像 Λ 卷一样确定，这一点尤其重要。亚里士多德指涉柏拉图主义者的形而上学，理念数的学说（由此，也是复数的"实体"）；但是两门科学之间的对比建立在它们的对象的绝对区分上，显然是完全被他接受了的。

④ 除了天体之外的可感实体，在 Λ1,1069a31 和 6,1071b6，以及 K2,1060a22 被描述为可朽的。在 Z8,1033b5，H,3,1043b15 的后来的说明就更加复杂了："必定是可以毁灭的，而没有已经在被毁灭过程中，必定是生成的而不是正在生成过程中。"在这里现象世界——它在亚里士多德看来本来指涉可变的——已经完全同这样的观念相渗透：通过在它里面统治性的形式本原，它也分有了不变的东西。

⑤ 《形而上学》K2,1060a12："独立地存在并不属于可感事物。"参见 Λ6,1071b19 和 7,1073a4。

⑥ Λ1,1069a30,36.

而上学之前的一个发展阶段，它还完全是柏拉图式的，关于可感实体的学说还没有被看作是第一哲学的构成整体必需的部分。用亚里士多德的话来说，在 Λ 卷意义上的形而上学研究的不是 οὐσία 的整个范畴，而是撷取了它的一个部分。它的对象局限于实体的那个部分的范畴——完美的、善的，即 θεός（神）或者 νοῦς（努斯）。^① 它寻求像柏拉图的理念那样的超越的存在，将绝对的实在（οὐσία）和绝对的价值（ἀγαθόν）统一于一体。根据 Λ，ἀγαθά 和 ὄντα 构成了两个上升的、分别的系列，它们在朝向顶点中会合。它们相遇在最高的价值（ἄριστον）和纯粹的存在（οὐσία）重合的那个点上。这是柏拉图的最完美的存在（ens perfectissumum）的观念，我们已经发现它在《论哲学》这篇对话中对神的存在的证明中发展出来了。

　　第二个以及更加重要的需要注意的事情是，内在形式学说的位置。在 Λ 卷中我们最终清楚地看到，亚里士多德哲学的这个极其重要的部分同神学相关，但是它仍然是物理学的一部分。从可感形式到纯粹的、超感觉形式的逐步上升后来在形而上学中完成了，在 Λ 卷中还是一个初级的形式，形而上学作为关于不动者和超越者的科学被简单地搭建在物理学上——那种关于被推动者和内在的东西的科学。物理学通过对客观的经验对象的逻辑处理，提供给形而上学形式和实现概念，它将它们同质料和潜能区分开，并研究它们同后者的关系。物理学自身从来不能从质料和运动这个要素中抽象出来，它们在经验中总是和形式一起被给出的，而形而上学站在物理学的肩膀上，达到了一个最高的和无质料的形式的概念，自然作为整体"依赖"于它，并且在这里物理学才得以完成。由于这个作为物理运动的系统的顶点的功能，形式被称为第一推动者。在这里我们遇到了亚里士多德神学的最早的概念：世界上一切可见的运动的超越的 τέλος，通过它，物理学得以形成，自然现象被它"拯救"。

　　虽然 Λ 卷的学说形式是它早出的内在证明——它的形式完全符合我们对其他卷的分析的结果，^② 但是另一方面，通过其他卷和 Λ 卷的一些外在的

231

232

---

① 《尼各马科伦理学》A4,1096a19ff.，尤其是 a24：在 οὐσία 范畴中 ἀγαθόν 是 θεός（神），νοῦς（理智），参见《欧德谟伦理学》I.8,1217b30，和《形而上学》Λ7,1072a34。所以最初的形而上学是关于纯粹的和完美的存在以及最高的善的科学，不像是后来，是关于各种以及所有意义上的存在的学说。

② 关于 Λ 卷第 8 章是后来插入的，将在后面专门讨论。

联系也可以证明这一点。虽然 Λ 和《形而上学》现有的最后版本的关系完全是否定的，它却显示出同与它时间接近的本来的形而上学的残篇紧密的联系，尤其是和 N 卷。博尼茨没有注意到这一点，因为他总是只寻找 Λ 卷和前面相关的一系列几卷的关联。这个系列以及对它的计划，却是晚于 Λ 卷的，而我们已经展示过，虽然 N 卷在位置上是居后的，却属于《形而上学》最早阶段，并显然在时间上先于 Λ 卷。无论如何这样的假设不算太离谱，哲学家在一个只是偶然的讲座中，简短地总结了他形而上学的总体观点，而这是以他的备课本为依据的。实际上他在 Λ 中所作的不过是对他更详细的秘传课程进行节录，本来的《形而上学》的残篇使得我们做出如此的判断。确实我们没有超感性事物的哲学的真正肯定的部分，即关于神的学说，无论是较早的还是较晚的版本，但是它前面的批判部分，目的是反对其他的学园成员的形而上学，却被广泛地用作这个讲座的来源，大概 Λ 卷的神学的肯定部分同本来的《形而上学》的轶失的神学具有同样的关系，即，是从那里节录来的。下面可以通过对比一些相互依赖的段落，来说明 Λ 同 N 的关系。

N4,1092a9

εἰ οὖν καὶ τὸ μὴ τιθέναι τὸ ἀγαθὸν ἐν ταῖς ἀρχαῖς καὶ τὸ τιθέναι οὕτως ἀδύνατον, δῆλον ὅτι αἱ ἀρχαὶ οὐκ ὀρθῶς ἀποδίδονται οὐδὲ αἱ πρῶται οὐσίαι. οὐκ ὀρθῶς δ' ὑπολαμβάνει οὐδ' εἴ τις παρεικάζει τὰς τοῦ ὅλου ἀρχὰς τῇ τῶν ζῴων καὶ φυτῶν, ὅτι ἐξ ἀορίστων ἀτελῶν τε ἀεὶ τὰ τελειότερα, διὸ καὶ ἐπὶ τῶν πρώτων οὕτως ἔχειν φησίν, ὥστε μηδὲ ὄν τι εἶναι τὸ ἓν αὐτό. εἰσὶ γὰρ καὶ ἐνταῦθα τέλειαι αἱ ἀρχαὶ ἐξ ὧν ταῦτα: ἄνθρωπος γὰρ ἄνθρωπον γεννᾷ, καὶ οὐκ ἔστι τὸ σπέρμα πρῶτον.

译文：如果不将善包括在第一本原中，并且不以这种方式将它包括在第一本原中，这同样是不可能的，显然本原没有被正确地描述。如果将宇宙的本原和动物、植物的本原相比较，认为更加完善的总是来自不确定的和不完善的——这引导这个思想者说，对于实在的第一原则也是如此，所以一自身甚至是不存在的。这是不正确的，因为甚至是在动物和植物的世界中，这些事物所来自的本原也是完美的；因为是一个人造了一个人，精液不是最初的。

Λ7,1072b30

ὅσοι δὲ ὑπολαμβάνουσιν, ὥσπερ οἱ Πυθαγόρειοι καὶ Σπεύσιππος τὸ κάλλιστον καὶ ἄριστον μὴ ἐν ἀρχῇ εἶναι, διὰ τὸ καὶ τῶν φυτῶν καὶ τῶν ζῴων τὰς ἀρχὰς αἴτια μὲν εἶναι τὸ δὲ καλὸν καὶ τέλειον ἐν τοῖς ἐκ τούτων, οὐκ ὀρθῶς οἴονται. τὸ γὰρ σπέρμα ἐξ ἑτέρων ἐστὶ προτέρων τελείων, καὶ τὸ πρῶτον οὐ σπέρμα ἐστὶν ἀλλὰ τὸ τέλειον· οἷον πρότερον ἄνθρωπον ἂν φαίη τις εἶναι τοῦ σπέρματος, οὐ τὸν ἐκ τούτου γενόμενον ἀλλ᾽ ἕτερον ἐξ οὗ τὸ σπέρμα.

译文：有些人，像毕达哥拉斯主义者和斯彪西波，认为最美和最善不存在于开端中，因为植物和动物的开端是原因，而美和完善却在它们的产物中，他们的看法是错误的。因为精液来自另外一个在先的和完善的个体，最初的事物不是精液而是完善的存在；比如，我们必须说，在精液之前有一个人——不是从精液受造的人，而是精液所来自的另外一个人。

第一眼就可以看出来，两段中一个是在另外一个的影响下产生的。虽然 Λ 直接说出了斯彪西波的名字，而 N 则匿名地攻击了他，无可怀疑的是，N 卷才是本来的以及完整的版本。它本质上更加精确。它更加清楚地表明，ἀρχαί τῶν ζῴων καὶ φυτῶν（动物和植物的本原）——两个版本都提到了——被斯彪西波用来构造一个和 ἀρχαί τοῦ ὅλου（宇宙的本原）的类比，并且这不是一个严格的推论，而仅仅是一个比较（παρεικάζειν）。从有机生物的进化得出世界整体的进化，这对亚里士多德而言是 μετάβασις εἰς ἄλλο γένος（转换到其他的种属上）。在 Λ 卷中说明了这个推论的方法论思路，而 N 只是一带而过地说：διὰ τὸ καὶ τῶν φυτῶν καὶ τῶν ζῴων τὰς ἀρχας κτλ.（因为植物和动物的开端，等等）。但是进化理论甚至对有机生物而言也是不对的——在第二部分对此进行了说明——因为最初的东西不是精子，而是现实生活着的人，他是先于精子的。开始存在的是纯粹的现实，而不是潜能或者质料。N 卷的影响同样在讲座的结尾可以发现。

N3,1090b13

ἔτι δὲ ἐπιζητήσειεν ἄν τις μὴ λίαν εὐχερὴς ὢν περὶ μὲν τοῦ ἀριθμοῦ παντὸς καὶ τῶν μαθηματικῶν τὸ μηθὲν συμβάλλεσθαι ἀλλήλοις τὰ πρότερα τοῖς ὕστερον (μὴ ὄντος γὰρ τοῦ ἀριθμοῦ οὐθὲν ἧττον τὰ μεγέθη ἔσται τοῖς τὰ μαθηματικὰ μόνον εἶναι φαμένοις, καὶ τούτων μὴ ὄντων ἡ ψυχὴ καὶ τὰ σώματα τὰ αἰσθητά· οὐκ ἔοικε δ᾽ ἡ φύσις ἐπεισοδιώδης οὖσα ἐκ τῶν φαινομένων, ὥσπερ μοχθηρὰ τραγῳδία.)

译文：又，如果我们不是那么容易满足，那么我们可以在考虑所有的数和数学对象的时候，提出这个困难，在先的和在后的，它们互相对彼此不起作用；因为对那些认为只存在数学对象的人来说，如果数不存在，空间大小依然存在，如果空间大小不存在，灵魂和可感物体却会存在。但是观察到的事实表明，自然并不是一个许多场景片段组成的系列，就像一个坏的悲剧作品那样。

234

Λ10,1075b37

οἱ δὲ λέγοντες τὸν ἀριθμὸν πρῶτον τὸν μαθηματικὸν καὶ οὕτως ἀεὶ ἄλλην ἐχομένην οὐσίαν καὶ ἀρχὰς ἑκάστης ἄλλας, ἐπεισοδιώδη τὴν τοῦ παντὸς οὐσίαν ποιοῦσιν (οὐδὲν γὰρ ἡ ἑτέρα τῇ ἑτέρᾳ συμβάλλεται οὖσα ἢ μὴ οὖσα) καὶ ἀρχὰς πολλάς· τὰ δὲ ὄντα οὐ βούλεται πολιτεύεσθαι κακῶς. "οὐκ ἀγαθὸν πολυκοιρανίη· εἷς κοίρανος ἔστω."

译文：那些说数学的数是最初的人，进而用数产生出一类又一类的实体，并赋予每一类以不同的本原，他们使得宇宙的实体变成了一系列的场景片段（因为一个实体无论存在还是不存在对其他的实体没有影响），他们给了我们许多统治的法则；但是世界拒绝被糟糕地管理。"多头统治并非善政，一王为政便足矣。"

在这里明白无误地表明，Λ 卷的整个的结论部分是处于 N3 中针对斯彪西波的争论的影响下的。当亚里士多德写下这个纲要的时候，他面前就放着早先的专著，至少它是活跃地出现在他的脑海里面的。N 卷而非 Λ 卷中更加简短的段落是本来的版本，这已经无可怀疑了。N 卷中说 τὰ πρότερα τοῖς ὑστέροις οὐδὲν συμβάλλεται（在先的对在后的不起作用），这在表达上更加清楚，而 Λ 卷将这个说明斯彪西波的存在的不同等级的几乎栩栩如生的表

达含糊其辞地变为 οὐδὲν γὰρ ἡ ἑτέρα τῇ ἑτέρᾳ συμβάλλεται οὖσα ἢ μὴ οὖσα（因为一个实体无论存在还是不存在对其他的实体没有影响）。我们知道斯彪西波认为每一类的 οὐσία 有其特别的本原，对于数字是一个，对于大小是一个，对于灵魂是另外一个，等等，这些本原中没有进一步的关联。① 这些更为精致的区别在 N 卷中也清楚地出现了：在斯彪西波看来，数虽然是最高的本原，却可以完全消失，而不影响空间大小的存在，而大小是继数而来的，同样大小可以缺失，而不会改变意识或者空间延展的世界的存在。亚里士多德恰当地称它为一个由不连贯的场景组成的自然，就像一个糟糕的悲剧作品一样。在 Λ 中对最后一句话的省略使得"在各个场景之间没有联系的自然"的画面模糊到无法理解。亚里士多德取而代之的是转向君王和多头统治（πολυκοιρανίη）的宏大比喻，这同样令人印象深刻地刻画出斯彪西波本原学说的结构混乱的画面。恰恰是没有保留开始的画面这一点，说明亚里士多德感到，为了完全公正地说明，它已经不够直观。他只是从他的仓库中将它作为一个现成的以及非常熟悉的东西制造出来的。

235

亚里士多德在写 Λ 卷的时候也使用了 N1-2。N1 的关键词和 Λ 最后一卷的是一样的：挑战柏拉图本原的二元论。将它们并列来看，剩下的就明显了。

N1,1087a29

πάντες δὲ ποιοῦσι τὰς ἀρχὰς ἐναντίας...εἰ δὲ τῆς τῶν ἁπάντων ἀρχῆς μὴ ἐνδέχεται πρότερόν τι εἶναι, ἀδύνατον ἂν εἴη τὴν ἀρχὴν ἕτερόν τι οὖσαν εἶναι ἀρχήν, οἷον εἴτις λέγοι τὸ λευκὸν ἀρχὴν εἶναι οὐχ ᾗ ἕτερον ἀλλ' ᾗ λευκόν, εἶναι μέντοι καθ' ὑποκειμένου,καὶ ἕτερόν τι ὂν λευκὸν εἶναι· ἐκεῖνο γὰρ πρότερον ἔσται. ἀλλὰ μὴν γίγνεται πάντα ἐξ ἐναντίων ὡς ὑποκειμένου τινός· ἀνάγκη ἄρα μάλιστα τοῖς ἐναντίοις τοῦθ' ὑπάρχειν. αἰεὶ ἄρα

译文： 所有的哲学家都以相反者为第一本原。但是因为不可能有任何东西先于一切事物的第一本原，所以本原不能既是本原又是别的事物的属性。这样的看法就相当于说，白是一个第一本原，却还能够述谓一个主词，即，它是白的预设了它是别的东西，这是荒谬的，因为那样主词就是在先的了。但是所有产生自它们的相反者的东西都有一个基体，一个主词，并必须出现在相反者中。这样所有的相反者都总是述谓一个主词，没

---

① 《形而上学》，Z2,1028b21。

πάντα τὰναντία καθ' ὑποκειμένου καὶ οὐδὲν χωριστόν...οἱ δὲ τὸ ἕτερον τῶν ἐναντίων ὕλην ποιοῦσιν, οἱ μὲν [τῷ ἑνὶ] τῷ ἴσῳ τὸ ἄνισον, ὡς τοῦτο τὴν τοῦ πλήθους οὖσαν φύσιν, οἱ δὲ τῷ ἑνὶ τὸ πλῆθος.

有一个能够分离存在。但是这些思想家却将质料作为相反者之一方，一些人将不等——他们认为它是多的本质——作为相等的质料，另外一些人将多作为一的质料。

Λ10,1075a25

ὅσα δὲ ἀδύνατα συμβαίνει ἢ ἄτοπα τοῖς ἄλλως λέγουσι, καὶ ποῖα οἱ χαριεστέρως λέγοντες, καὶ ἐπὶ ποίων ἐλάχισται ἀπορίαι, δεῖ μὴ λανθάνειν. πάντες γὰρ ἐξ ἐναντίων ποιοῦσι πάντα. οὔτε δὲ τὸ πάντα οὔτε τὸ ἐξ ἐναντίων ὀρθῶς, οὔτ' ἐν ὅσοις τὰ ἐναντία ὑπάρχει, πῶς ἐκ τῶν ἐναντίων ἔσται, οὐ λέγουσιν: ἀπαθῆ γὰρ τὰ ἐναντία ὑπ' ἀλλήλων. ἡμῖν δὲ λύεται τοῦτο εὐλόγως τῷ τρίτον τι εἶναι. οἱ δὲ τὸ ἕτερον τῶν ἐναντίων ὕλην ποιοῦσιν, ὥσπερ οἱ τὸ ἄνισον τῷ ἴσῳ ἢ τῷ ἑνὶ τὰ πολλά.

译文： 我们不可忽视那些持有和我们的观点不同看法的人会面临多少不可能的或者矛盾的结果，也须注意那些更为敏锐的思想家的观点，哪种观点会遇到最少的困难。所有人都认为一切事物都出自相反者。但是无论"一切事物"还是"出自相反者"都不是正确的，这些思想家告诉我们一切有相反者出现的事物都可以来自相反者，这也是不对的，因为相反者是不受彼此影响的。现在对我们而言这个困难通过一个第三元素的存在而自然地解决了。这些思想者将相反者之一看作质料，这样做的比如说有那些认为不等是相等的质料，或者多是一的质料的人。

N4,1091b35

συμβαίνει δὴ πάντα τὰ ὄντα μετέχειν τοῦ κακοῦ ἔξω ἑνὸς αὐτοῦ τοῦ ἑνός,... (b30) ταῦτά τε δὴ συμβαίνει ἄτοπα, καὶ τὸ ἐναντίον στοιχεῖον,...τὸ κακὸν αὐτό

译文： 这说明，一切事物都分有恶，除了一个——一自身。(b30) 带来了这些荒谬的结论，并且得出，相反的元素是恶自身。

Λ10,1075a34

ἔτι ἄπαντα τοῦ φαύλου μεθέξει
ἔξω τοῦ ἑνός: τὸ γὰρ κακὸν αὐτὸ
θάτερον τῶν στοιχείων.

译文：进一步，按照我们所批评的那个观点，一切事物，除了一，都分有恶，因为恶自身是两个元素之一。

就像学园中人所表达的二元论，对它的奇特的结果的描述，在 Λ 卷已经令人印象深刻地作为讲座的结论而使用了，它作为亚里士多德自我沉思的精神学说的严格的君主制的陪衬起作用。Λ 卷的这一段是 N1 独立的句子和思想的修饰。在 N 中出现的许多不同的思想在 Λ 中被少许大众化以及简化了，但是 N 卷反对二元论本原学说的主体讨论仍然到处可见：ἐναντία（相反者）必须附着于一个作为基质的第三者，就像亚里士多德关于形式和缺乏的学说所要求的，它们在相互转化的时候需要质料。在 Λ 卷中只是简短地宣称了 Tertium dabitur（没有第三种选择），而在 N 卷中却证明了它。对我们而言，亚里士多德胜利地喊出，问题被毫无困难地解决了，因为有一个第三者，这不是质料，相反状态的基体，而是绝对的思想，没有质料的形式，所以不会受制于任何变化或者相反。唯物主义并非对二元论的拒绝的必然结果，而是精神的绝对统治。

236

第五章
原初的伦理学

理解亚里士多德伦理学问题的关键是《尼各马科伦理学》和《欧德谟伦理学》的关系问题。因为所谓的《大伦理学》在这里可以不予考虑。它只是另外两个作品的节录，它的作者是漫步学派的一个成员，这是他从那些更长的描述中，为了讲课而做的一个简明手册。在实际操作中，两个主要著作中的《尼各马科伦理学》总是几乎处于支配性的统治地位，而《欧德谟伦理学》则完全退居后台。只有在理解困难的段落人们会用它来辅助进行解释。这种情况当然不无道理，《尼各马科伦理学》的结构之完整、风格之清晰、思想之成熟都决定性地超出了另外一部著作。在古代人们就只注解《尼各马科伦理学》，而很少考虑《欧德谟伦理学》，所以直到今天它还几乎是一块处女地。最近有了令人欣喜的改善的端倪，但是还没有看到有多大效果。

对于两个作品自然的差别，在过去的 50 年出现了认为《欧德谟伦理学》是伪作的解释。斯宾格勒（L.Spengel），杰出的亚里士多德主义者和古代修辞学的复兴者，[①] 在其著名的文章中——这个文章当时马上获得普遍的接受并在今天还占统领地位——表达了这样的观点，《欧德谟伦理学》不但是亚里士多德学派的罗得岛的欧德谟斯编辑出版的，而且也是他写的。它同《尼各马科伦理学》经常和显著地一致，只能是由于它紧密地追随亚里士多德的

---

① Abh. D. bayr. Akad. D. Wiss., Bd. iii（1841），pp.534ff.

学说以及《尼各马科伦理学》中的写作方式，而两者之间那些本质性的差异 **238**
透露出《欧德谟伦理学》的个体性。《尼各马科伦理学》在许多方面都大为
完善，整个作品也大为丰富和成熟，人们不能想象，什么会促使亚里士多德
写一个不那么好的复制品。这个退化就归罪于那个学生了。首先人们发现
在《欧德谟伦理学》中，道德的神学基础同亚里士多德的主导观念不一致。①
这里确实存在和《尼各马科伦理学》的区别，需要进行解释。人们相信这和
欧德谟个人的宗教信仰是分不开的，对于这点人们仅仅知道，他大概是一
部神学史的作者，② 但是它很少被看作是对活生生的、个人宗教的表达，尤
其是因为他还写了一部数学和天文学史。本质上由于《欧德谟伦理学》的
归属，人们造出了"虔诚的欧德谟"观念，而这和亚里士多德之后的漫步
学派积极精神完全不符。③《欧德谟伦理学》至少在两个现行德语版本（Frit-
zsche,1951; Susemihl, 1884）中被加以 Eudemi Rhodii Ethica（罗得岛的欧德
谟斯的伦理学）这样的名称，Grant, Stewart, Burnet 对《尼各马科伦理学》
所做的极有价值的英文注解以及 Apelt 的德文版本都将这部《伦理学》看
作欧德谟的作品。

　　但是传统却不支持这种观点。确实，《欧德谟伦理学》和《尼各马科伦
理学》共同的三章的问题，在古代就引发了这样的假设：这三卷是出自欧德 **239**
谟的，并且后来才从他的伦理学中采用到了《尼各马科伦理学》中，以填充
空白。④ 但是相反的观点却是人们更习以为常的，因为它们没有出现在《欧
德谟伦理学》的手稿中。这必定早在亚历山大时代就如此了，因为在亚历山
大直到卡利马科的弟子赫尔米波斯的时候，为人所知的（也许也是当时现有
的）亚里士多德作品的目录只提到一个五卷本的《伦理学》，这显然是《欧

---

① Zeller, Phil. d. Griech. Bd. II 23,874. A.Grant, The Ethics of Aristotle, vol. I, pp.23ff.

② Zeller，同上，870A.1. 如果欧德谟斯在这部著作中讨论的是奥尔弗斯、荷马、赫西俄德、
阿修西劳斯（Akusilaos）、斐瑞居德（Pherekydes）、厄庇美尼德（Epimenides）以及琐罗
亚斯德和其他东方神学的宇宙进化论的话，他是受到亚里士多德在他的《论哲学》第一
卷论题的说明的激励。

③ 关于"虔敬的欧德谟斯"参见 C. Piat, Aristoteles，授权德语版，Emil Prinz zu Oettingen-
Spielberg（Berlin 1907），p.394.Gercke 发现他作为一个漫步学派学者令人瞩目的虔诚。(Einl.
i.d. kl. Alt., vol. ii3, p.407)。

④ Aspasius, Comm. In Arist. eth. Nic., p.151, 1.24，和 p.161, 1.9 Heylbut.

德谟伦理学》，它还没有后来从《尼各马科伦理学》中采用的那三卷。[①] 用以解释两个版本的伦理学及其名称的两个传统的假设由于其无知而暴露了晚出的性质。西塞罗认为《尼各马科伦理学》很可能是尼各马科写的，而《欧德谟伦理学》就不可避免地是出自欧德谟之手。[②] 这只是一个猜测，其陈腐的理由是，为何一个著名的父亲的儿子不是一个有能力的人？同样晚出并且不成熟的是对两个伦理学名称的解释，分别是"献给尼各马科的伦理学"和"献给欧德谟的伦理学"。在亚里士多德的年代著作的献词还不为人所知，我们对比一下他真实的著作和伪作《亚历山大修辞学》就可以清楚，某个幼稚的和不符合历史的人完全误会了第四世纪的文献传统，给这部作品缀上了一个前言和献词。更别说两个《伦理学》都没有献词，不是为了发表，而是为了上课而做的笔记。

240　　古代早期一般的看法似乎倾向于，这是两套分别由尼各马科和欧德谟发表的亚里士多德的课堂笔记。没有什么能够阻止这样的看法：亚里士多德留下了关于伦理学的不同的讲课版本，就像在形而上学中所发生的那样。这从一开始就是可能的：两个版本中较早的一个版本只剩下了残篇。对此的解答必须首先从内在的逻辑给出，通过这个逻辑，《欧德谟伦理学》问题史的发展被理顺。卡普（E. Kapp）在他敏锐而谨慎的著作中已经作出了这样的试探，这是最近几年关于《欧德谟伦理学》及其哲学地位的著作中最好的作品。[③] 他重新比较了两部伦理学，得出结论，认为《欧德谟伦理学》应该归给亚里士多德，并且认为它是较早的作品。若干年以前米尔（P. Von der Mühll）也得出了同样的结论，他是从《欧德谟伦理学》同《政治学》以及

[①]　在我看来，在可以回溯到赫尔米波斯的第欧根尼（Diogenes）的目录中提到"伦理学五卷"（ἠθικῶν αβγδε）证明了这一点，虽然最近出现了一些怀疑。赫西奇（Hesychios）的目录提到有十卷，这并不矛盾，即使这两个目录都是来自赫尔米波斯的目录。赫西奇显然指《尼各马科伦理学》，无论是《尼各马科伦理学》已经被赫尔米波斯在《欧德谟伦理学》之外提到了，还是后来五卷改良成了十卷。第欧根尼的说法被这样的一个事实所证明：《欧德谟伦理学》的手稿只有五卷。

[②]　参见对此的证明以及在 Susemihl 版的《欧德谟伦理学》pp.xviii ff. 以及在 Von der Mühll 的博士论文 De Ar. Eth. Eudem. Auctoritate（Göttingen, 1909），pp. 25ff. 中接下来的理论。

[③]　E. Kapp, Das Verhältnis der eudemischen yur nikomachischen Ethik, Freiburg, 1912. 博士论文。

几部其他作品的特殊关系出发得出的。①

　　我自己的结论部分地同这两个先驱的结论一致，部分地超出了他们的成果。我所遵循的是另外的一条道路，并且彼时对他们的看法还一无所知。因为我发现，他们认为的《欧德谟伦理学》早出以及是真作的观点并没有被真正接受，我希望能够使得这件事情一劳永逸地弄清楚，所以我将自己的途径展示出来。对迄今为止的研究而言有一个不利因素：它们没有植根于亚里士多德总体发展的关联中。尤其是它们局限于对比两个大的伦理学，这就给了反对意见可乘之机，因为对这种研究而言，缺乏一个时间上的可以确定的固定的出发点。一个这样的不动的标准由亚里士多德早期的伦理学提供给我们，而迄今为止这个作品尚未被严肃对待。通过《劝勉》的残篇，包括一些新发现的材料，就有可能用三个清晰区别的阶段勾勒出亚里士多德伦理学的发展的轨迹：《劝勉》的晚期柏拉图时期，《欧德谟伦理学》的改良的柏拉图主义，《尼各马科伦理学》的后期亚里士多德主义。对我们而言最重要的探索形式就是追问，两部《伦理学》中哪部被认为是直接从《劝勉》的问题发展出来的，是否有可能展示出一个连续的发展过程。

1.《欧德谟伦理学》同《劝勉》的问题史关联

　　《尼各马科伦理学》用一个粗线条的目的系统的轮廓开始了对人的生活目标问题的研究。这样从开始问题就是被放在同亚里士多德目的论整体的关系中的，并且表明了接下来所采取的方式。《欧德谟伦理学》第一卷的开头

①　Von der Mühll，同上。这部博学的著作的特殊价值是，它完整地追溯出了 Bendixen (Philologus, Bd. x (1856)，pp.575 ff.) 已经表明的存在于《欧德谟伦理学》和《政治学》之间的关系，并且加上了同样的一些深入的考察。我们将在关于《政治学》的一章回到这个问题，这个论题对它很重要。但是我不想将它作为我研究《欧德谟伦理学》的基础，因为相符自身大概不单独构成一个完整的证明，虽然那些赞成欧德谟斯是作者的人大概发现很难对这部著作的方法给予一个令人满意的解释，Von der Mühll 证明作者用了这样的方法。Von der Mühll 发现在论文中有一些哲学上的不准确，就假设这是欧德谟斯从亚里士多德的课上做的一些有些不小心的笔记；但是卡普的敏锐的解释已经清除了它们（同上，pp.8 ff.），所以，这部著作是欧德谟斯的笔记还是亚里士多德原著还仍然是个问题。

241

以一种更少系统性却更生动和个人的方式引入了同样的研究。授课人开始说，在得洛斯的勒托神庙的入口，有这样几行字：

κάλλιστον τὸ δικαιότατον, λῷστον δ' ὑγιαίνειν,

πάντων ἥδιστον δ' οὖ τις ἐρᾷ τὸ τυχειν.

最正义者最高贵，健康是最好的；

（但是满足自己的欲望是最快乐的。）

242 对于这个流行的希腊生活感悟的无可置疑的表达，他感情充沛地予以反驳："我们却不想同意诗句的作者。因为道德上最高贵的（κάλλιστον）和最大的善（ἄριστον）是幸福，它也是最大的快乐（ἥδιστον）。"这就将幸福问题放在了伦理学的顶点，整个第一卷就是关于它的。幸福同伦理学的关联自苏格拉底和柏拉图以来就是传统问题，《尼各马科伦理学》也将它当作始点和终点。《尼各马科伦理学》却更加现代，因为它在第一章探讨幸福概念之前加上了一个序言，从一个一般的目的系统衍生出一切人追求的、必须思考的最高的目标这样的形式概念。在下一章的开篇，它就被等同于幸福。

《尼各马科伦理学》在进入对幸福的讨论之前，亚里士多德所处理的第二点，是方法问题。我们对《劝勉》的研究已经表明，在《尼各马科伦理学》中，他已经达到了一个和他早年完全相反的方法论观点。在开场白中他就清楚地表达了出来。[①] 而在《欧德谟伦理学》这里还远为不确定。在这里还缺乏对伦理学方法的特殊性的反思。取而代之的是作者对哲学地和非哲学地思考伦理学—政治学问题的区别的说明，这一点在《劝勉》中就被详细地考察

243 过了。[②] 在那部作品中，经验主义同纯粹标准的理性知识以及作为哲学的唯一方法的辩证法尖锐对立。不像《尼各马科伦理学》那样，《欧德谟伦理学》

---

① 关于《劝勉》和《尼各马科伦理学》之间在方法上的对照，参见 p.86 ff. 。"序言"一词用在在《尼各马科伦理学》中先于《欧德谟伦理学》开始的地方那部分（即，《尼各马科伦理学》I.2）出自亚里士多德："关于研究者、研究的类型和研究的目的的说明，可以作为我们的序言。"然后他转向了最高目的概念，用了几乎和第一章一样的词语，并且将它解释为幸福，就像在《欧德谟伦理学》中一样。强调同柏拉图以及他自己早期方法的对立，并且将它放在正式的研究的开始，在《尼各马科伦理学》就完全是有意为之了。

② Von der Mühll（同上，p.21）认为，《欧德谟伦理学》I.6 是用来反对柏拉图和学园的；卡普对此怀疑。真实情况是，亚里士多德在这里指他自己的《劝勉》中方法的说明（Jambl. Protr., c.x），它在本质上是柏拉图主义的，部分地修改部分地拒绝了它们。参见 p.86 ff.

没有将这种看法和对要求精确的几何学方法的严格拒绝相对立，相反，它遮盖了对立，而《尼各马科伦理学》版本却有意地聚焦于它："人们必须努力从推理（λόγοι）获得确信，而将现象（φαινόμενα）用作证据和例子。"此外，必须使得哲学的规范和人类通行的道德观念符合一致，其方式是，人们通过概念处理将它们作为根据的真理内容发掘出来。这样，对经验的概念分析代替了《劝勉》中灵魂对理念的自发认识，同时还在强调，经验自身是"令人迷惑的"，只有推理导向对事物的原因的清晰认识。哲学的和非哲学的方法的对立不再等同于规范的——逻辑的考察同经验的考察之间的对立，而是和经验论的双重类型意义等同：一种是低级的，只确定事实；另一种是较高级的，追问事实的根据。《欧德谟伦理学》的观点受到《劝勉》影响还可以从它对这种研究的态度表现出来，政治家需要伦理规范的理论知识。当《欧德谟伦理学》说，这样的知识甚至对政治家都是"并不多余的"，因为他必须理解伦理学和政治学事实的原因的时候，这听起来几乎就像是对一个就要被丢弃的学说的辩护。另一方面，《欧德谟伦理学》反对那些哲学家对这个学科进行广泛的抽象讨论（这意味着理念论和理念数论），将他们的周详备至的论述解释为误解或者傲慢（ἀλαζονεία）。在《劝勉》和《欧德谟伦理学》之间亚里士多德实际上放弃了理念论并将伦理学从形而上学分离出来。第一卷的第八章包含了对善的理念的拒斥，这也出现在《尼各马科伦理学》第一卷中，但是后者在批判前附上了一个尖锐的挑衅性的说明，针对这一步在方法上造成的变化，《欧德谟伦理学》却力图表明，对理念和以前的方法批判之余，《劝勉》的实质部分还是有效的。 **244**

通过更加仔细的观察，表明《欧德谟伦理学》第一卷对问题的表述在极大程度上完全被《劝勉》所决定，并且间接地被柏拉图的思考方式决定。对柏拉图而言，"德性"理论，尤其是它的导入性的提问，永远是这样的问题：人是天生就"有德性的"，还是通过练习、认识、天赋或者运气获得的？由于就像我们看到的，德性的本质和价值问题经常被看作归属于真正的幸福问题，所以在开始考察幸福的时候，《欧德谟伦理学》就将两个问题合并为这样的一个问题：幸福是通过天赋还是洞察或者习惯而产生的？我们从《劝勉》中已经熟悉了答案，无论它是依赖于一个或多个或全部这些原因，人们本质上同意，幸福（在这里马上被等同于"生活地好"）是由三个因素构成的：φρόνησις, ἀρετή, ἡδονή（智慧、德性、快乐），它们对要达到的目标的意义，人们给予不同的判断。有些人认为幸福和完美生活存在于三者之一的某个因素中，有些人则认为在于它们的正确的混合中。所以柏拉图在《斐莱布》中将它放在 φρόνησις 和 ἡδονή 的混合上，而亚里士多德的《劝勉》认为要将三个因素统一起来。[①] 伦理学必须建立的生活的目标（σκοπὸς τοῦ καλῶς ζῆν），依赖于这个问题的解决。无论如何，幸福问题导向最好的生活的问题（περὶ βίου τοῦ κρατίστου καὶ ζωῆς τῆς ἀρίστης）。说"神圣地生活"（μακαρίως ζῆν）大概不如说"生活地好且高贵"，第一个表达会引起反对。这个修正又一次表明，《欧德谟伦理学》的这个部分完全依赖于《劝勉》，因为后者明白无误地说出了人身上的神圣的东西（μακάριον），并声称人们应该仅仅为了它而生活。[②]

接下来的第四章包含了对各种生活方式（βίοι）的比较，这也是建立在《劝勉》的基础上的。从构成了一切人类价值的源泉的所谓的三种基本能力——认知的精神、道德品性和欲望体验——衍生出三种典型的生活方式，就像在早年的作品中那样：建立在知识基础上的生活其根基在 φρόνησις，实践的政治生活之根基在 ἀρετή，享乐的生活在 ἡδονή。[③] 当人们问他谁是最幸福的人的时候，阿那克萨戈拉回答说"不是你认为如此的人，相反，是那对你显得不凡之人。"这个例子似乎也是来自《劝勉》。因为阿那克萨戈拉认为人的幸福不在于财富或美貌，而在于正义、纯粹、无痛苦地享受神圣的沉思的生活（τινὸς θεωρίας κοινωνοῦντα θείας），这个陈述恰好符合《劝勉》中的两段，在那里这个哲学家将沉思诸天作为人生活的真正目标，并由于 νοῦς（努斯）而使人分有神圣的不朽。[④] 就像对伦理学的正确方法的说明一样，三种生活（βίοι）的衍生表明《欧德谟伦理学》在思想上比起《尼各马科伦理学》更接近于《劝勉》。《尼各马科伦理学》确实也熟知竞争幸福奖牌的三

245

---

① 柏拉图，《斐莱布》，22A; Jambl. Protr., p.41,1.II, p.59, 1.26 (Pistelli)。

② ζῆν（生活）和 εὖ（τελέως, ἀληθῶς, καλῶς）ζῆν（好的生活，完美、真实、高贵地生活）之间的差别在《劝勉》中被深入探讨（Jambl. Protr., c. xi，尤其参见 p.46,i.25; p.58,1. I; p.60, 1.9）。关于 makarion（神圣的）和 makarios zen（神圣地生活）见《欧德谟伦理学》I.1,1214a30; 3,1215a10；参见 Jambl., p.48, 1.9。

③ 《欧德谟伦理学》I.4, 1215a26-b6。

④ 《欧德谟伦理学》I.4, 1215b6-14. Jambl. Protr., p.51, II. 11-15，以及 p.48, II.13-18。

种生活方式，并且在同样的上下文中提到了它们。① 不过它仅仅顺带地提到它们，仿佛它们是已经确定的论题，而另外一部伦理学却恰恰强调了它们从三个概念——φρόνησις, ἀρετή, ἡδονή——系统地衍生出来的过程。这个衍生揭示了三种生活理论的来源：它们产生自晚期的柏拉图伦理学。《斐莱布》 **246** 开头问，什么是对人而言的最高的善，并使 φρόνησις 和 ἡδονή 两种生活竞争这个位置。②《劝勉》增加了德性，并宣称最好的生活由三种生活的正确的混合组成。《欧德谟伦理学》以此为始点进行发展。

《尼各马科伦理学》保留了这三种生活，而摒除了它们是从 φρόνησις, ἀρετή, ἡδονή 三个分支中衍生出来，其深层的原因在于亚里士多德在这部作品中对 φρόνησις 态度的转变。③ 我们只需要简短地提一下这一点，因为我们已经讨论了在《劝勉》中、在柏拉图那里以及《尼各马科伦理学》中的 φρόνησις 的观念的对比。在这个概念的表达中，表现了柏拉图和亚里士多德对道德的根据和最终标准问题的回答。在《劝勉》中，φρόνησις 保留了完全的柏拉图的意义——理论地认识永恒的存在并同时认识最高的价值的 νοῦς （努斯）。只有哲学家过着 φρόνησις 的生活。而《尼各马科伦理学》不再使正确的道德洞察依赖于对超越者的认识，它在实践的人类意识以及道德品性中为它寻求"自然的"根据。相应地从第一卷中删除了 φρόνησις 以及《劝勉》中的三个部分。《欧德谟伦理学》却不但保留着它原来的意义，就像我们已经看到的那样，而且由此发展出整个伦理学体系的框架和计划。④ **247**

---

① 《尼各马科伦理学》I.2, 1095b17。

② 柏拉图，《斐莱布》，20E。

③ 在《尼各马科伦理学》I.2,1095b14 中，三种生活不再是从三种善推演出来。相反，从几种生活中可以看到，人们视为善的东西。在享乐的生活中，它是快乐。在政治生活中，它是荣誉（不是德性）。在沉思生活中，亚里士多德有些为难，因为他不能提到 φρόνησις，而是指出后面会给说明："第三个是沉思生活，我们将在后面考虑。"（1096a4）此外他还加上了赚钱的生活，其目的是财富。他有意识地消除了老的三分法的所有痕迹。新的生活方式是对生活的心理学观察的结果，而老的那三种生活具有标准的意义。同样的消除过程我们早先在《尼各马科伦理学》X.4, 1178a24 对《劝勉》的柏拉图的四种德性的处理中发现（参见 p.74）。

④ 就 φρόνησις 的意义，在《欧德谟伦理学》和《尼各马科伦理学》之间的对立我们已经展示出来（82ff.），同样的对立也存在于《劝勉》和《尼各马科伦理学》之间，Greenwood 在 *Aristotle Nicomachean Ethics Book VI* (Cambridge, 1909) 指出了这一点。卡普利用了它（同上，p.48）。

它以下面的方式宣布了计划：περὶ δ' ἀρετῆς καὶ φρονήσεως πρῶτον θεωρήσωμεν, τήν τε φύσιν αὐτῶν ἑκατέρου τίς ἐστι καὶ πότερον μόρια ταῦτα τῆς ἀγαθῆς ζωῆς ἐστιν, ἢ αὐτὰ ἢ αἱ πράξεις αἱ ἀπ' αὐτῶν[让我们首先考虑德性和 φρόνησις（注意顺序，它和《伦理学》中实际的讨论顺序一致），探讨它们每一个的本性，它们——无论是它们自身或者从它们而来的行动——是否是好的生活的部分。] 稍后再讨论快乐。① 由于《欧德谟伦理学》的核心几卷轶失了，我们必须用《尼各马科伦理学》来验证这里提出的意图是否实际被实施了。后来的版本保留了原来的结构，虽然其中 φρόνησις 所起的作用和在前面版本中赋予它的作用本质地不同了。第一部分"论德性"包含在第 II-V 卷。卷 VI 包含了理性和知识的学说，《欧德谟伦理学》描述它为 περὶ φρονήσεως（论实践智慧）。在《尼各马科伦理学》中亚里士多德使用了在《欧德谟伦理学》中出现了的 ἠθικαὶ 和 διανοητικαὶ ἀρεταί（伦理德性和理智德性）的划分，并且"道德德性"等同于"论德性"部分，"理智德性"等同于"论 φρόνησις"。虽然在后来的版本中名称发生了改变，但 φρόνησις 还保留为那个部分的主题。卷 VII 讨论快乐，在卷 X 中又讨论了它。在卷 X 的最后部分，对三种生活进行了综合。横跨两卷（VIII 和 IX）的论友谊虽然也在《欧德谟伦理学》中出现了，但是不可能是为了这个地方而写的，因为它们超出了伦理学原本的概念结构。② 只有从《欧德谟伦理学》我们才能认识到，亚里士多德的伦理学体系是如何从《劝勉》中的三个部分有机地发展为三个分别的研究分支的。它们共同发展的目标就是最后一卷中的幸福学说，它受三个分支的支撑。《尼各马科伦理学》在介绍卷中没有给出这个推演，而是让实际结构的来源保留在晦暗中。这也是《欧德谟伦理学》版本更为原始的一个证明。

关于作者问题，我们得出如下的结论：在老师去世后欧德谟不可能有意

---

① 《欧德谟伦理学》I.5, 1216a37。

② 我已经在我的 Ent. Metaph. Arist.（pp.150ff.）中展示出，亚里士多德的论文是独立的单行本的组合（论述，研究等等）。这绝不是说，在大量的这种单行本中没有一个连接起来的观念，或者它们的关系是一种无论在思想上还是在表达上都是松散的并列。这只是一个理解亚里士多德"著作"构成的方式辅助手段，它使得我们能够通过哲学家的工作和教学方式来解释它们的不连贯和明显的离题。

地回到他的老师早已经超越的一个阶段，尤其是在学派团体紧密的合作中。由于已经赢获的洞见——伦理学问题是逐步发展的——基础上，欧德谟是以他的名字命名的《欧德谟伦理学》的作者的观点就被认为是站不住脚的。在希腊哲学史的研究中，经常遇到这样的情况，人们试图从生物学和私人动机出发，在事物自身内在的法则中来解释其原因。《斐莱布》、《劝勉》、《欧德谟伦理学》、《尼各马科伦理学》这个发展的线索具有不可否认的历史逻辑。将其中的一个同另外一个互换是不可能的。以前人们可以怀疑《欧德谟伦理学》的位置，但是现在我们已经确定了亚里士多德发展的两个端点——《劝勉》和《尼各马科伦理学》，它们的真实性不容怀疑——那么就很容易看出，《欧德谟伦理学》版本不是处于这条线的延长线上，而是在它里面。它是"原初的伦理学"，如果可以用这个词来表示独立的亚里士多德伦理学——其时间是在同柏拉图的形而上学决裂之后——的最早的形式的话。

　　原初的伦理学在亚里士多德道德理论发展中所处的位置，从形态上来说，就像是原初的形而上学在他形而上学思想发展中所处的位置。两者都在柏拉图主要学说解体后明白无误地、确定地要寻找一个站得住脚的替代品，它不但要满足宗教需求而且在各个方面都取代理念沉思的地位。对柏拉图的批判必须让位于建立一个新的柏拉图主义的形式的目标，它在适应经验的事实的同时，必须尽可能地是保守的。在内容上原初的伦理学同原初的形而上学的联系在于，道德有着排他的形而上学基础。就像亚里士多德，在他自己的哲学产生的时期，他通过神学还和柏拉图的形而上学在某种程度上紧密地联系着，同样，他也通过神权道德依赖于柏拉图的伦理学，这就是柏拉图所谓的 φρόνησις 概念的意义。

249

　　《欧德谟伦理学》所理解的 φρόνησις，就像柏拉图和《劝勉》一样，是哲学的精神能力，它在超越的沉思中看到[①] 最高的真实的价值、神，并将这

---

① 这种 θεωρία 和散漫的科学思想之间的差别，亚里士多德在《形而上学》Θ10 中有论述。这不是经验判断意义上的真理，而是直接的直观，真实地触及（θιγγάνειν）它的认识对象（νοητόν）；对比《劝勉》（Jambl., p.58,i.14），在那里那具有 φρόνησις 的人被定义为"沉思现实中最可知的部分"。差别还表现在，根据《欧德谟伦理学》VIII.I, 1246b35，φρόνησις 不是一种可以被好地或坏地使用的科学，而是 νοῦς 的德性，它改变人的整个性格，并构成"另外一种知识"。这也是在《劝勉》中的 ἀρετή τοῦ νοῦ（Jambl., p.41, 11.22ff.）。这同在那里它被称为科学（ἐπιστήμη）并不相矛盾（p.43, 11.5ff.）。它意味着"另外一种知识"。

个沉思作为意志和行为的标准；它还同时是对超感性的存在的理论认识和实践的道德洞察。阿那克萨戈拉仍然是这种真实沉思的范型，就像在《劝勉》中一样。Φρόνησις 还是哲学和沉思生活的本质。所以它还被看作是统帅着一切科学（κυρία πασῶν ἐπιστημῶν），是最有价值的知识（τιμιωτάτη ἐπιστῆμαι）。① 这一切显然都同《尼各马科伦理学》相反。

Φρόνησις 是转化者，它将对永恒的善的知识转化为意志的道德意向，并将它应用到实践活动的个别情况中。② 在《尼各马科伦理学》中，它就是那 ἕξις πρακτική（实践的禀赋），没有它人们不能行为。对神的哲学认识不再是它内在的条件。知识是更高的洞见的源泉，只对少数有死者揭示出来，但是这并不意味着，实践智慧只局限于哲学家的狭小的圈子。这样亚里士多德力图理解这样的事实，非哲学的道德由于自发的意识和其内在的标准而存在。只有在结尾他才在这幅图画上加上了沉思的生活，即使是在那里，他也没有让道德完全依赖于它。③ 在《欧德谟》版本的伦理学中，他还远未认同这种被柏拉图称为市民阶层道德（δημοσία ἀρετή）的东西。在那里，φρόνησις 还严格地局限于沉思神圣的 ἀρχή，道德行为没有它是不可能的，它唯一的创新是沉思的对象不再是柏拉图的理念，而是原初《形而上学》中的超越的神，他是善的理念的变形。在《欧德谟伦理学》中，核心的观念仍然是神，就像是《形而上学》中核心观念是不被运动的推动者；道德行为追求神。《劝勉》也仅知道一个唯一的生活目标：放弃世俗的、感性的生活，投向神。"有一种本原，在它之外没有更高的本原了"，根据灵魂中的内在过程，原初的伦理学是这样认为的。"就像在宇宙中有神，他推动着一切，在灵魂中也是这

---

① φρόνησις 是 θεωρία περὶ τὴν ἀλήθειαν（沉思真理），参见《欧德谟伦理学》I.4, 1215b2, Jambl. Protr., p.42, 11. 15-25。κυρία πασῶν ἐπιστημῶν（统治所有的科学）见《欧德谟伦理学》，VIII.I, 1246b9，和 Jambl., p.43, 11. 2-7。

② 《欧德谟伦理学》VIII.2, 1248a29："德性是 νοῦς 的工具"。

③ 在《尼各马科伦理学》X.7 中，智慧和理性的生活被称为神圣的和超人类的。在 X.8 中称"根据另外一种德性的生活"同这种最高的理想对立，作为第二位的，并且是真正的人类生活。关于这种非哲学的德性，它是（1178a16）："实践智慧同性格的德性关联，而性格的德性同实践智慧相连，因为实践智慧的本原所根据的是道德的德性，而道德的正确所根据的是实践智慧。"所以道德德性有自己的基础并自身又其幸福。它也有自己的理性。

样。因为在某种意义上我们身上的神性（νοῦς）推动着一切。理性的本原不再是理性，而是更高的东西。那么除了神之外，什么能够比知识和理性更高呢？"① 这是和亚里士多德在《论祈祷》中表达的同样的思想（s.163）。他在《欧德谟伦理学》中对热诚有着真诚的兴趣，赋予预言、运气和直觉以巨大的价值，只要它不是来自自然状况而是来自神圣的灵感，简言之他强调非理性，属于和《论哲学》这篇对话的观点相同的阶段，在那里灵魂非理性的洞察力被描述为信仰神的两个来源之一。亚里士多德将灵感看得比理性和道德洞见更高，不是因为它们是非理性的——柏拉图，实际是苏格拉底就已经出于这个原因将逻各斯放得比热诚要高了——而是因为，它们来自神。理性道德缺乏那种绝对的可靠性。它只是清醒的反思的产物。而灵感的确定性就像闪电：就像一个盲人，他不能看到眼前的东西，却有着更加强大的记忆力并清楚地看到内在的一切东西，那受到神启示的人，虽然是盲眼的，却比那能够用眼睛看的人更敏锐。我们从他那里获得了对忧郁者、受到启示的人的这种描述，它充满了亚里士多德的个人体验，这对理解中年的亚里士多德有无可估量的价值。②

就像在他早年一样，在《欧德谟伦理学》中亚里士多德表达了神的知识对道德行为直接的影响，并且这种影响还是通过柏拉图的绝对规范的概念发生的。③ 在晚期的伦理学中，这一点完全退居后台，因为道德上有教养的人的内在的正确性（εὐστοχία）自身就是法则，它不是一个可以清楚地看到的严格的目标，就像最高的善那样，《欧德谟伦理学》就根据它来指导生活。将道德上的好生活描述为对绝对规范的模仿，可以在《劝勉》中发现。在《尼

252

----

① 《欧德谟伦理学》VIII. 2, 1248a23。

② 关于热诚，参见《欧德谟伦理学》VIII.2, 1248a30ff.，关于预言，a35,38. 整个的 VIII.2 都是关于运气的。亚里士多德区分了物理学的和形而上学的好运。1248a39 同《论哲学》sophy, frg.10 相关。

③ 柏拉图的 ὅρος= 标准，有时候等同于或者被解释为 κανών，这个概念是在《劝勉》中被发展起来（Jambl., p.53, 1.22-p.56, 1.2）。它对于柏拉图后期和亚里士多德前期伦理学的方法论和形而上学观念是基础性的。这种绝对标准观念也出现在《欧德谟伦理学》II.5, 1222b7; VII.9, 1241b36 和 1243b29; 还有 VIII.3, 1249a21, b1, 19, 22, 24. 在理念被扬弃之后——它曾是一切标准判断和努力的目标——神的概念取代了它的作用。上述大部分段落都跟它有关。贯穿《尼各马科伦理学》的 ὅρος 一词具有不同的意义，神的概念没被拉进标准问题中。

各马科伦理学》中就有了那著名的定义，道德行为是一个恰当的中间，它通过洞察力被"规范"，就像拥有 φρόνησις（实践智慧）的人那样来确定它。它引起了不少争议，因为它非常抽象，并且它所指向的目标也不是能够马上被人看到的。① 在《欧德谟伦理学》的结尾有一个对规范的长篇讨论，好人根据这个规范来认识并追求道德的善。从这一段我们能看到，亚里士多德本来是如何考虑理论理性和实践理性之间的关系的，他理解的 ὀρθὸς λόγος（正确理性）是什么。在这里，他说，医生也使用规范以确定什么对身体而言是健康的，什么不是。人们可以说，健康是医学理性所提供的。但是这既是正确的，又不一定。医学中所使用的理性概念必须从相关的客观原则中获取其内容，即健康和它不变的法则。这样，医学既是关于健康的知识，又将这个知识运用到特别的事例中去。同样，道德理性部分地是一个客观的价值的知识（θεωρητικόν），部分地是将这个知识运用到人类行为中，是道德命令（ἐπιτακτικόν）。而理性所认识的绝对的价值或者最高的善，是神。② 他自身不是法则颁布者和命令者，也不是义务或者意志，而是自身完满的最高的存在。仅仅当理性（φρόνησις）致力于对这个存在进行沉思的时候，意志或

---

① 《尼各马科伦理学》II.4, 1107a1：" 德性是同选择相关的禀赋，处于中道中，即，同我们相关的中道，由一个理性的原则所决定，它是一个有实践智慧的人做出决定所用的原则。" 在这里，标准观念再次出现。这个表达是最意味深长的，人们可以在它里面看到亚里士多德对这个问题的态度的转变。事实上，对他而言不再有什么普遍的标准了。"根据正确理性的性格禀赋"在所有柏拉图主义者的德性定义中出现（参见 VI.13, 1144b21）。在 VI.1, 1138b25，亚里士多德宣称，这虽然是正确的，但绝不清楚；所以在这一卷中他给出了对 φρόνησις 具有的选择的更准确的说明。它的功能不再是认识普遍的标准，就像在《劝勉》中那样，而是揭示到达目标（τέλος, σκοπός）的恰当手段，这个目的是又道德意志决定的（VI.13, 1144a8, 20, 1145a5）。

② 《欧德谟伦理学》VIII. 3, 1249a21 直到结尾。在这里他又一次反对学园将标准定义为"由一个理性的原则决定的"（1249b3），因为它是含糊的，就像在《尼各马科伦理学》VI.1, 1138b25 所说的一样。这个问题在他一生中都跟随他，但是这里的解决同后来的《伦理学》中的不同。φρόνησις 和医学的对比在学园中也使用过。亚里士多德通过区分理论的和实践的医学而在他早期的《伦理学》中调整了它。φρόνησις 认识了标准（健康，神）并使用它们。在《尼各马科伦理学》VI.13, 1144a4 处，他首先称 σοφία，然后才说 φρόνησις。早在《劝勉》中我们发现："再者，我们具有关于善的什么标准，或者比那具有 φρόνησις 的人的更准确的标准？"（frg.52, p.61, 1.25, Rose）。但是在这里，φρόνησις 仍然是完全没有任何区分的一个普遍的 ἐπιστήμη（科学）。

者命令才产生。所以，选择一切这样的活动和行为，追求所有这类的要求神的知识的善是最高的道德义务；理论哲学是通向人类道德教育的路径。相反，道德恶劣和应受谴责的是所有那些东西，无论它是财货还是行为，都是阻碍人服务于神以及认识神（τὸν θεὸν θεραπεύειν καὶ θεωρεῖν 的。[①] 众所周知，今天还在使用一个宗教定义 deum colere et cognoscere（崇拜并认识神）。《欧德谟伦理学》的结论是神权道德的典型材料，就像柏拉图在晚年教导的那样。神是一切事物的尺度。亚里士多德在和理念论彻底决裂的时候，将它拯救到新的伦理学中，这样，他就保留了柏拉图道德的永恒的核心：绝对规范的概念和善的形而上学的超越，它对这个柏拉图主义者来说是神的体验的一个新的源泉。那被认为是这部《伦理学》的作者的欧德谟总是被看成一个虔诚的人，这没有错。这一切和人们对亚里士多德的看法不相符合。这第一个关于伦理学的课程流溢出他年轻的、柏拉图式的信念的宗教热情。和这个纯粹的奉献于神的伦理学相比，《尼各马科伦理学》第十卷中专门的对 βίος θεωρητικός（沉思的生活）的描述几乎褪色为致力于科学研究的学者生活的客观的、理想化的一个描绘，这种生活最终上升为最强有力的直觉，它统治着这个领域。一些早先的老调在这里又重弹，但是它们不再有旧时的力量。后来的伦理学的重点更在于这样的部分，它们包含着对积极的道德类型的分析，带着活生生的人性。

对神的沉思原本和友谊理论紧密联系着，它在《尼各马科伦理学》中被扩展为对人类关系的多重形式的一般社会学学说。如果我们不是参考老的伦理学——它给出了亚里士多德原来思考的方法的清晰的画面——的话，这个详细划分了的社会生活现象学就很难使我们看出亚里士多德友谊哲学同柏拉图理念论的联系。他在这里用理想的类型概念代替善的超越的和普遍的理念，就像他在早年的伦理学和政治学中一直做的那样。这些理想类型内在于经验中，但它们是规范的，而不仅仅是简单地从经验中得出的平均描述。其中最重要的概念是 πρώτη φιλία（首要的友谊），在《欧德谟伦理学》中所有的友谊类型都是从它"衍生"出来的。它是直接从柏拉图的《吕西斯》中发展出来的概念 πρῶτον φίλον（友谊的首要的原则）而

---

① 《欧德谟伦理学》VIII.3, 1249b20。

255 来的。① 但是后者具有最高的形而上学价值（αὐτὸ τὸ ἀγαθόν），和它相比，一切世俗的 φιλούμενα（友爱）无非只是影子，亚里士多德在 πρώτη φιλία 中构建了理想友谊的图像。在这个概念中柏拉图思想的核心被保留了：友谊建立在道德的 ἀγαθόν（善）的原则基础上。但是在亚里士多德那里，善是一种在人的性格中自我展开的具体的道德价值。在探求人类关系的超人性的价值基础的时候，他不再将兴趣从友谊的人性转移开，就像在柏拉图那里一样。这样，亚里士多德思想不只是以另外一种方式将人类所有的社会价值都回溯到一般的价值问题，它的目标毋宁是建立道德人格的独立的价值，最终达到人类的道德，有别于建立在神的理念上的宇宙的 ἀγαθόν。

　　将各种形式的友谊都从 πρώτη φιλία 衍生出来，这是在较早的《伦理学》中在纯粹的柏拉图概念的帮助下完成的。意愿（βούλεσθαι）和欲望（ἐπιθυμεῖν）之间的区别对应于柏拉图作为目标的绝对的善（ἀγαθόν）——它是自然的意志所追求的，和表面的善——它是欲望的目标之间的区别。自柏拉图还进一步产生了 ἀγαθόν 和 ἡδύ 的区别，以及这一个设定：ἀγαθόν ἁπλῶς（绝对的善）和 ἡδὺ ἁπλῶς（绝对的快乐）是同一的，所以真正的善的人的友谊同时是快乐的。《欧德谟伦理学》的主体部分致力于表明，πρώτη φιλία（首要的友谊）在自身带着所有那些曾经被宣称为代表着友谊本质的标志，甚至是那些似乎相互排斥的东西（这是早期的亚里士多德辩证法的典型例子）。而《尼各马科伦理学》却用 τελεία φιλία（完美的友谊）代替了 πρώτη φιλία（首要的友谊），后者显然提示出理念论并激发出意志纯粹的推理方法的概念。② 它确实保留了柏拉图化的学说：其他的 εἴδη φιλίας（友谊的种类）都不是同等的，只能在偶然

256 意义上被称为"友谊"，它们是从完美友谊的理想概念中衍生出来的。但是现在对亚里士多德更重要的是心理学和社会学分析，它们在篇幅上远远超出了其他的。我们在后面会发现，在《政治学》中也有类似的发展。大量的从经验收集的事实由它们自身的发展统治着，越来越变成独立的兴趣的对象，它们被建构进以前是理想的柏拉图结构的框架中。

　　如果真正的友谊的基础是善（Gut-sein），那么自我（Ich）同非我

---

① 柏拉图，《吕西斯》，219C。关于"首要的友谊"的理想的发展，参见《欧德谟伦理学》VII.2，关于"首要的朋友"见 VII.2, 1236b28。

② 《尼各马科伦理学》VIII.4。

（Nicht-Ich）的关系必定由自我同自身的关系决定。通过区分灵魂的理性部分和较低的部分——它可以被理性所推动——亚里士多德通过自爱（φιλαυτία）概念表达出自我同自身的道德关系。他理解的自爱不是自私，对自私的流行的道德谴责是正确的，自爱是灵魂的较低部分的一种本质的爱，它恰恰被表达为一个第二自我，相对于人的更高的自我（αὐτό）。①《劝勉》所理解的自我是柏拉图后期学说中的 νοῦς（努斯），"我们身上的神"。柏拉图关于由 νοῦς（努斯）所统治的灵魂同自身的正确关系的看法可以从《蒂麦欧》中看到（34B），在那里最高的可见的神被说成是 γνώριμον καὶ φίλον ἱκανῶς αὐτὸν αὐτῷ（能够同自己交谈，不需要其他的友谊或者相知）。这样自然人的自身被取消并被用来协助他成为自身的意志。对我们的需要而言，和这个看法相关的心理学问题没有被充分地表达，但是这个质疑适用于亚里士多德整个的 νοῦς（努斯）理论，这个理论实际是柏拉图后期思考的遗产。在《欧德谟伦理学》的宗教气氛中，自爱（φιλαυτία）的神秘性直接地被理解，亚里士多德从它衍生出了真实的友谊的特征。② 它的命令 θεὸν θεωρεῖν καὶ θεραπεύειν（服侍并沉思神）也是建立在柏拉图 νοῦς（努斯）理论的基础上的。

257

我们所获得的结论自然要求通过对两个伦理学的对比解释进行仔细的确认。但是这个工作却不能在这里做。希望语文学首先弥补它在《欧德谟伦理学》上的疏忽，完成一个可用的注解，不过最主要的是提供一个真实的文本，现在还完全缺乏这样的文本。如果我们成功地表明，在亚里士多德伦理学思想的发展中也有这样的一个阶段，就像在他的形而上学中通过神学所标志出来的阶段一样，并表明原初的伦理学和原初的形而上学是紧密联系的，我们就达到目的了。③

---

① 《欧德谟伦理学》VII.6 和《尼各马科伦理学》IX.4,8。这里的思考加深了一则流行的希腊名言，它的表达在《智者》，309"什么样的好人不对自己友好呢？"中，Eur. Med.86，fgr.460 和 Men. monost. 407。νοῦς 作为人的自我，见 Jambl. Protr., p.42, II,3 和 14，以及《尼各马科伦理学》IX.8, 1168b35, X.7,1178a2。

② 《欧德谟伦理学》VII.6, 1240a23。

③ 伯奈斯的判断，Dialoge d. Ar. 82；他的神学影响他的哲学之少，就像他的神影响世界一样，这个说法现在就亚里士多德早期和中期而言，必须被放弃。不过就他最后时期的著作而言，这个看法还是值得注意的。

2.《欧德谟伦理学》和公开的作品问题

通过考察《欧德谟伦理学》在文献上强烈地依赖于亚里士多德早期的著作，以上获得的问题史的结论会被补充和证实。最重要的是它同《劝勉》的关系，它为我们的问题投上了全新的亮光。事实是，在《欧德谟伦理学》和我们从杨布利柯那里发现的《劝勉》的部分之间有着令人瞩目的长篇的对应。显然它们以前没有被注意到过，但是它们足以反驳通常的看法，说它是由欧德谟写的，是一部后来的作品，即使不考虑《欧德谟伦理学》在观念史中的位置问题。它们作为亚里士多德工作方式的证明以及他的教学和文字作品的关系的证明，是非常重要的，我们必须就此仔细地讨论。我们研究的一个受欢迎的副产品是对一个问题的更加确定的解决，这是一个似乎令人绝望但是总是一再被争执的问题，因为它对于理解亚里士多德是根本性的，那就是所谓的公开的作品的问题。

258

我们从《欧德谟伦理学》的第二卷开头开始，在那里作者奠定了 ἀρετή 学说的基础，并给出了它的概念的一个推演。我们不需要详细探究作为这部伦理学核心的这一段的详细内容，对其思路进行简短的浏览就够了。在完成了第一卷的导论之后，作者告诉我们，现在要开始一个全新的研究。这就是将所有的善（ἀγαθά）划分为多个类型。对于划分他显然求助于"公开的讨论"，以避免在这里进行详细解释。在第一卷中列举的价值（φρόνησις, ἀρετή, ἡδονή）都是灵魂的（ἐν ψυχῆ）本质，无论它们是秉性的永久状态（ἕξεις）或者能力（δυνάμεις）还是活动（ἐνέργειαι）和运动（κινήσεις）。他继而说，同样的前提——即要处理的或者是灵魂中的一个状态，或者是一个状况或者是能力——对 ἀρετή 也有效，所以必须构成概念继续发展的基础。

流传下来的这一段文本很糟糕，因为在划分善的地方手稿有缺失：πάντα δὴ τὰ ἀγαθὰ ἢ ἐκτὸς ἢ † ψυχῆ。《尼各马科伦理学》相应的段落将善划分为三种 νενεμημένων δὴ τῶν ἀγαθῶν τριχῇ, καὶ τῶν μὲν ἐκτὸς λεγομένων τῶν δὲ περὶ ψυχὴν καὶ σῶμαμ τὰ περὶ ψυχὴν κυριώτατα λέγομεν καὶ μάλιστα ἀγαθά, τὰς δὲ πράξεις καὶ τὰς ἐνεργείας τὰς ψυχικὰς περὶ ψυχὴν τίθεμεν.（善被划分为三种，有一些被描述为外部的，另一些是和灵魂或者身体相关的；我们称和灵魂相关的善为最恰当和最真实的善，而心理的行为和活动我们归类为和灵魂相关的。）① 在《尼各马科伦理学》中，这一段前面就说，必须不只是从一般的原则来澄清幸福的本质，而且也要使用通行的意见（ἀλλὰ καὶ ἐκ τῶν λεγομένων περὶ αὐτῆς）。最后，同样的划分又出现在《政治学》中：νομίσαντας οὖν ἱκανῶς πολλὰ λέγεσθαι καὶ τῶν ἐν τοῖς ἐξωτερικοῖς λόγοις περὶ τῆς ἀρίστης ζωῆς καὶ νῦν χρηστέον αὐτοῖς· ὡς ἀληθῶς γὰρ πρός γε μίαν διαίρεσιν οὐδεὶς ἀμφισβητήσειεν ἂν ὡς οὐ τριῶν οὐσῶν μερίδων, τῶν τε ἐκτὸς καὶ τῶν ἐν σώματι καὶ τῶν ἐν τῇ ψυχῇ, πάντα ταῦτα κτλ.（假定在公开的讨论中已经对最好的生活说的足够多，我们现在只要重复那里面所说的。当然没有人会反对或者否认那里对善的划分的恰当性，善被分为三个类型，即外在的善、身体的善和灵魂的善），等等。② 在这里，再次借用了公开的 λόγοι（论述）中的划分，并且不仅仅借用了划分自身，而且还将它运用到关于最好的生活的研究中去，因为这一段明确地提到公开的 λόγοι περὶ ἀρίστης ζωῆς（关于最好的生活的讨论），它最基本的观念被采用到现在的讨论中。

259

策勒认为欧德谟是《欧德谟伦理学》的作者，他试图这样来解释对公开的讨论的引证：欧德谟实际只是复制了《尼各马科伦理学》中的那一段，在那里他说，我们必须参照 "通常的说法"（ἐκ τῶν λεγομένων περὶ αὐτῆς）来思考幸福，并将这个模糊的句子改为 καθάπερ διαιρούμεθα ἐν τοῖς ἐξωτερικοῖς λόγοις（我们甚至在我们秘传的讨论中也讨论了这一点），从而复制了《政治学》的一段。③ 欧德谟何以会用第一人称来说亚里士多德的一个作品，这个解释语焉不详。

我们现在认识到，只要他们设定欧德谟为《欧德谟伦理学》的作者，那就不可能解决公开讨论的问题，以前的学者没有能够发现这一点。因为他们无论是跟随一种良好的语文学风格直觉，并用这些讨论来理解亚里士多德真

---

① 《尼各马科伦理学》I.8, 1098b12。

② 《政治学》VII. I, 1323a21。

③ Hermes, vol. xv, p.554.

实的著作，就像伯奈斯那样（这样他们就陷入和在《欧德谟伦理学》中提及的公开的讨论的不可调和的冲突中[①]）；还是他们从这一段开始，用鲁莽的逻辑掏空"公开的"的意义，这与其说是一个解释，倒不如说是逃避矛盾，它违反了语文学解释的一切法则。[②] 将《欧德谟伦理学》归还给亚里士多德之后，伯奈斯的猜测也不再是障碍：公开的讨论是确定的作品，并且是亚里士多德的文字作品。这一点通过新的材料确定了，没有这个材料，它还只能流于假设。现在唯一需要改变的是，我们要考虑的不是一篇对话，像伯奈斯假设的那样，而是《劝勉》。

260

Protr.,52,12

ὥστε τὰ μὲν ἄλλα (scil. τὰ ἐκτός) δεῖ πράττειν ἕνεκα τῶν ἐν αὐτῷ γεγνομένων ἀγαθῶν, τούτων δὲ αὐτῶν τὰ μὲν ἐν τῷ σώματι τῶν ἐν ψυχῇ, τὴν δὲ ἀρετὴν τῆς φρονήσεως· τοῦτο γάρ ἐστιν ἀκρότατον (folgt Definition der ἀγαθά).

译文：因此其他的事物（即，外在的事物）应当为了人自身中的善；而后者中那些身体中的善应当为了灵魂中的善，德性为了智慧（φρόνησις）。智慧是最高的善。（然后就是善的定义）。

Protr.,59,26

οὐκοῦν τὴν εὐδαιμονίαν τιθέμεθα ἤτοι φρόνησιν εἶναι καί τινα σοφίαν ἢ τὴν ἀρετὴν ἢ τὸ μάλιστα χαίρειν ἢ πάντα ταῦτα.

译文：我们认为幸福或者是智慧（φρόνησις）和某种知识（σοφία），或者是德性，或者最大量的快乐，或者是所有这三者。（随后是一个更详细的解释）。

---

① 奇怪的是，就我看来，伯奈斯没有注意到这一段（《欧德谟伦理学》II.1），虽然他系统地考察了亚里士多德提到公开讨论的所有地方。从它出发，他根据那时候的前提所建立的整个大厦都会倒塌。

② H. Diels, "Über die exoterischen Reden des Aristoteles", Ber. Berl. Akad., 1883, pp.477ff. 在《欧德谟伦理学》中的这一段的讨论在 p.481。他的观点似乎已经获得了普遍的赞同，这在当时的情况下是可以理解的。今天只能承认他的途径是错误的。不过他作品的真诚使得它不至于无用。

Protr.,41,20

τῆς δὲ ψυχῆς τὸ μὲν λόγος ἐστὶν ὅπερ ἡμῶν, τὸ δ' ἕπεταί τε καὶ πέφυκεν ἄρχεσθαι.

译文：灵魂的一个部分是理性。它是关于我们的事情的自然的统治者和法官。另外一个部分的本性是追随它并服从它的统治。

Eth. Eud.B 1,1218b32

πάντα δὴ τὰ ἀγαθὰ ἢ ἐκτὸς ἢ ἐν ψυχῇ, καὶ τούτων αἱρετώτερα τὰ ἐν τῇ ψυχῇ, καθάπερ διαιρούμεθα καὶ ἐν τοῖς ἐξωτερικοῖς λόγοις· φρόνησις γὰρ καὶ ἀρετὴ καὶ ἡδονὴ ἐν ψυχῇ, ὧν ἢ ἔνια ἢ πάντα τέλος εἶναι δοκεῖ πᾶσιν.

译文：所有的善或者是外在的或者（是在身体里的或者）是在灵魂中的，其中在灵魂中的更值得欲求；我们甚至在我们公开的讨论中就做了这个区分。因为智慧、德性和快乐是在灵魂中的，它们中的一些或者全部似乎都是目的。

Eth. Eud.1219b28

ὑποκείσθω δύο μέρη ψυχῆς τὰ λόγου μετέχοντα, οὐ τὸν αὐτὸν δὲ τρόπον μετέχειν λόγου ἄμφω, ἀλλὰ τὸ μὲν τῷ ἐπιτάττειν, τὸ δὲ τῷ πείθεσθαι καὶ ἀκούειν πεφυκέναι

译文：假设灵魂分有理性的部分有两个，但是它们分有的方式不一样，其中一个就其自然倾向就是去命令，而另外一个就其自然倾向而言是服从和聆听。

被现成地拿到《欧德谟伦理学》中，并有些仓促地连接到一块的那些思想成分，在《劝勉》中也出现了，不仅仅是大部分在语言上同它呼应，更重要的是，在它们完全有机的上下文中。

261

Protr.41,22

πᾶν δὲ εὖ διάκαιται κατὰ τὴν οἰκείαν ἀρετήν· τὸ γὰρ τετυχηκέναι ταύτης ἀγαθόν ἐστι. καὶ μὴν ὅταν γε ἔχῃ τὰ μάλιστα καὶ κυριώτατα καὶ τιμιώτατα τὴν ἀρετήν, τότε εὖ διάκειται· τοῦ βελτίονος ἄρα φύσει βελτίων ἐστὶν

译文：任何事物的好的状态是符合它的恰当的德性的状态。达到它的恰当的德性就是善。当一个事物的最本质的、统帅性的和有价值的部分有其德性的时候，这个事物就处于好的状态中。由此得出，如果一个事物本性是更好的，那么它

ἠ κατὰ φύσιν ἀρχικώτερον καὶ μᾶλλον ἡγεμονικόν, ὡς ἄνθρωπος πρὸς τὰ ἄλλα ζῷα· οὐκοῦν ψυχὴ μὲν σώματος βέλτιον (ἀρχικώτερον γάρ), ψυχῆς δὲ τὸ λόγον ἔχον καὶ διάνοιαν...ἥτις ποτὲ οὖν ἐστιν ἀρετὴ τούτου τοῦ μέρους, ἀναγκαῖον εἶναι πάντων αἱρετωτάτην ἁπλῶς τε πᾶσι καὶ ἡμῖν· καὶ γὰρ ἂν τοῦτο, οἶμαι, θείη τις, ὡς ἤτοι μόνον ἢ μάλιστα ἡμεῖς ἐσμεν τὸ μόριον τοῦτο. ἔτι τοίνυν ὅταν ὃ πέφυκεν ἔργον ἑκάστου μὴ κατὰ συμβεβηκός, ἀλλὰ καθ' αὑτὸ λεγόμενον κάλλιστα ἀποτελῇ, τότε καὶ τοῦτο ἀγαθὸν εἶναι λεκτέον, ταύτην τε ἀρετὴν θετέον κυριωτάτην, καθ' ἣν ἕκαστον αὐτὸ τοῦτο (τὸ ἔργον) πέφυκεν ἀπεργάζεσθαι.

τοῦ μὲν οὖν συνθέτου καὶ μεριστοῦ πλείους καὶ διάφοροί εἰσιν ἐνέργειαι, τοῦ δὲ τὴν φύσιν ἁπλοῦ καὶ μὴ πρός τι τὴν οὐσίαν ἔχοντος μίανἀναγκαῖον εἶναι τὴν καθ' αὑτὸ κυρίως ἀρετήν. εἰ μὲν οὖν ἁπλοῦν τι ζῷόν ἐστιν ὁ ἄνθρωπος καὶ κατὰ λόγον καὶ νοῦν τέτακται αὐτοῦ ἡ οὐσία, οὐκ ἄλλο ἐστὶν αὐτοῦ ἔργον ἢ μόνη ἡ ἀκριβεστάτη ἀλήθεια καὶ τὸ περὶ τῶν ὄντων ἀληθεύειν· εἰ δ' ἐστὶν ἐκ πλειόνων δυνάμεων συμπεφυκός, δῆλόν ἐστιν ὡς ἀφ' οὗ πλείω πέφυκειν ἀποτελεῖσθαι, ἀεὶ τούτων τὸ βέλτιστον

262

的自然德性也更好。本性上更善就是自身拥有更多的统帅性的和领导的成分，就像同其他动物比较。由于灵魂比身体更好（因为它更是统帅性的），在灵魂中理性的和理智的部分比其他部分更好。……这必然得出，这个部分的德性，无论它是什么，是一切事物中最值得欲求的，不但是对我们，而且是绝对的以及对所有人的；每个人都认为，我想，我们或者全部或者主要地由这个部分构成。进一步而言，当一个事物最好地完成其功能，假设这是它本质的而非偶然的功能，我们必须宣称，这种状态也是好的，这种完成是最完美的德性，每个事物的本性就是根据它来实施自己的功能。

一个复合的并且可分的东西有几个不同的活动；但是如果一个事物本性上是简单的，本质上不是相对的，那么它必然只有一个真正的和恰当的德性。如果人是一个简单的动物，如果他的实体的本质是理性和理智，那么他的功能就不会是别的，而是完美的真理——揭示事物的真理；但是如果他的本性是几个能力的复合，很清楚，如果一个事物从本性上完成不止一个职能，那么它的功能就是这些职能中最好的那个；比如健康是医生的功能，

ἔργον ἐστίν, οἷον ἰατρικοῦ ὑγεία καὶ κυβερνήτου σωτηρία. βέλτιον δὲ οὐδὲν ἔχομεν λέγειν ἔργον τῆς διανοίας ἢ τοῦ διανοουμένου τῆς ψυχῆς ἡμῶν ἀληθείας. ἀλήθεια ἄρα τὸ κυριώτατον ἔργον ἐστὶ τοῦ μορίου τούτου τῆς ψυχῆς.

安全是水手的功能。由于没有比真理更好的理智或者灵魂的思想部分的功能，那么真理就是灵魂的这个部分的本质功能。

Eth. Eud.B 1,1218b37

ταῦτα δὴ οὕτως ὑποκείσθω καὶ περὶ ἀρετῆς, ὅτι ἐστὶν ἡ βελτίστη διάθεσις ἢ ἕξις ἢ δύναμις ἑκάστων, ὅσων ἐστί τις χρῆσις ἢ ἔργον. δῆλον δ' ἐκ τῆς ἐπαγωγῆς. ἐπὶ πάντων γὰρ οὕτω τίθεμεν. οἷον ἱματίου ἀρετή ἐστιν: καὶ γὰρ ἔργον τι καὶ χρῆσις ἐστιν: καὶ ἡ βελτίστη ἕξις τοῦ ἱματίου ἀρετή ἐστιν. ὁμοίως δὲ καὶ πλοίου καὶ οἰκίας καὶ τῶν ἄλλων. ὥστε καὶ ψυχῆς: ἔστι γάρ τι ἔργον αὐτῆς. καὶ τῆς βελτίονος δὴ ἕξεως ἔστω βέλτιον τὸ ἔργον: καὶ ὡς ἔχουσιν. αἱ ἕξεις πρὸς ἀλλήλας, οὕτω καὶ τὰ ἔργα τὰ ἀπὸ τούτων πρὸς ἄλληλα ἐχέτω. καὶ τέλος ἑκάστου τὸ ἔργον. φανερὸν τοίνυν ἐκ τούτων ὅτι βέλτιον τὸ ἔργον τῆς ἕξεως: τὸ γὰρ τέλος ἄριστον ὡς τέλος: ὑπόκειται γὰρ τέλος τὸ βέλτιστον καὶ τὸ ἔσχατον, οὗ ἕνεκα τἆλλα πάντα. ὅτι μὲν τοίνυν τὸ ἔργον βέλτιον τῆς ἕξεως καὶ τῆς διαθέσεως, δῆλον.

译文：让我们假定德性是一切具有用处和功能的事物的最好的状态或条件或能力。通过归纳就可以清楚这一点，因为在所有情况下我们都规定了这一点，比如说，一件衣服有其卓越，因为它有一个功能和用处，衣服的最好的状态就是它的卓越。同样，一个器皿、房屋或任何别的东西都有其卓越。所以灵魂也有其卓越，因为它有一个功能。让我们假设更好的状态有更好的功能，由于状态是相互的，所以让我们假设相应的功能也是相互的。任何事物的功能是其目的，由此可见，功能比状态更好，因为目的作为目的是最好的，因为我们假设最好的、最终的阶段是所有其他事物为之存在的目的。功能比状态或条件更好，这已经很明显了。

262　　　Eth Eud. B1, 1219b32

διαφέρει δ' οὐδὲν οὔτ' εἰ μεριστὴ ἡ ψυχὴ οὔτ' εἰ ἀμερής, ἔχει μέντοι δυνάμεις διαφόρους καὶ τὰς εἰρημένας, ὥσπερ ἐν τῷ καμπύλῳ τὸ κοῖλον καὶ τὸ κυρτὸν ἀδιαχώριστον, καὶ τὸ εὐθὺ καὶ τὸ λευκόν· καίτοι τὸ εὐθὺ οὐ λευκόν, ἀλλὰ κατὰ συμβεβηκὸς καὶ οὐκ οὐσία τοῦ αὐτοῦ. ἀφῄρηται δὲ καὶ εἴ τι ἄλλο ἐστὶ μέρος ψυχῆς, οἷον τὸ φυτικόν. ἀνθρωπίνης γὰρ ψυχῆς τὰ εἰρημένα μόρια ἴδια· διὸ οὐδ' αἱ ἀρεταὶ αἱ τοῦ θρεπτικοῦ καὶ αὐξητικοῦ ἀνθρώπου· δεῖ γάρ, εἰ ᾗ ἄνθρωπος, λογισμὸν ἐνεῖναι καὶ ἀρχὴν καὶ πρᾶξιν,... καὶ ὥσπερ ἡ εὐεξία σύγκειται ἐκ τῶν κατὰ μόριον ἀρετῶν, οὕτω καὶ ἡ τῆς ψυχῆς ἀρετὴ ᾗ τέλος. ἀρετῆς δ' εἴδη δύο, ἡ μὲν ἠθικὴ ἡ δὲ διανοητική.

译文：灵魂是否可分或者不可分，这已经不重要了，只要它有不同的能力，即以上所提到的那些东西，就像在弧线中，我们不能将凹面和凸面分开，或者直和白分开，虽然除非偶然直不是白，也不是白的本质。我们也忽略灵魂具有的任何其他部分，比如植物性的部分，因为上述部分（即，理性部分）对人的灵魂而言是特有的，所以营养部分的德性关注的是生长，不是人特有的。因为如果我们所作为人的人，他必定有理性和道德行为作为统治性的原则。就像身体的一般的好的条件是由部分的卓越复合而成，灵魂的卓越作为目的也是如此。但是德性或者卓越有两种，道德的和理智的。

　　在《伦理学》中思想的顺序被相当大地改变了。在《劝勉》中，逻辑结构更加清晰、更加有系统。《伦理学》额外地加上了例子，用归纳（ἐκ τῆς ἐπαγωγῆς）来解释 ἔργον 和 ἀρετή 的关系。在《劝勉》中，将这一切运用到灵魂中是以举例式的清晰的形式用 οὐκοῦν ψυχῆμὲν（现在灵魂）开始的，而《伦理学》仅仅以 ὥστε καὶ ψυχῆς（所以灵魂也有）来说明，而将所有的细节都留给了口头的说明。也许杨布利柯在他的来源中确实发现了例子但是省略了它们，但是由于它们只是些非常平庸的学院的例子，所以更有可能的是，亚里士多德没有将它们引用到他的文字著作中，而只是在他备课的时候才介绍了它们。在第二段中用以说明灵魂各个部分不可分的凸面和凹面（κοῖλον 和 κυρτόν）的例子也是这样。此外，两部作品的不同的目标指向清楚地显示出来。在《劝勉》中人生的唯一目标是理性的理论知识（φρόνησις）。

Θεωρητικός βίος（沉思生活）远远超出其他的目标，并和它们鲜明地分离。灵魂的概念在那里被描述为人的本质，是纯粹的思想的灵魂的不可分割的统一体［在柏拉图后期的 νοῦς（努斯）理论的意义上］，它摆脱了动物的和植物的存在，以及意志和欲望。而在伦理学课程中我们看到，灵魂到底是一个统一体还是具有部分，是没有区别的，实践（πρᾶξις）在思想（λογισμός）之侧获得自己的位置，并有同等的价值。亚里士多德现在认为，幸福依赖于灵魂中的理性和非理性能力的相互作用和平衡。这不仅仅是对日常生活的侧重，而是一个新的理想。它试图克服以前纯粹的理智立场的仓促（尤其参见 1219b39-1220a5）。所以他必须压缩《劝勉》中表达纯粹的 θεωρία（沉思）是人的灵魂唯一有价值和本质 ἔργον 的那一段（s.42,22-43,25）。在《伦理学》中进行的所有改变都是他思想的这种根本变化的结果。《劝勉》也奠定了《欧德谟伦理学》第一卷的基础。就头四章而言，在前面已经通过分析其思路而证明了这一点。第六章讨论的是伦理学的新方法，表明了，它从头到尾是用来反对《劝勉》的。(s.242) 第五章的很大部分也直接来自这部作品，这通过下面的文本对比可以清楚地看出。亚里士多德在这里是要证明，生命自身并非最大的善，而是从 φρόνησις（智慧）获得其价值。

Protr.45,6

παντὶ δὴ [οὖν] τοῦτό γε πρόδηλον, ὡς οὐδεὶς ἂν ἕλοιτο ζῆν ἔχων τὴν μεγίστην ἀπ' ἀνθρώπων οὐσίαν καὶ δύναμιν, ἐξεστηκὼς μέντοι τοῦ φρονεῖν καὶ μαινόμενος, οὐδ' εἰ μέλλοι τὰς νεανικωτάτας ἡδονὰς διάγειν χαίρων, ὥσπερ ἔνιοι τῶν περαφρονούντωνδιάγουσιν. αοὐκοῦν ἀφροσύνην ὡς ἔοικε μάλιστα πάντες φεύγουσιν. ἐναντίον δὲ φρόνησις ἀφροσύνῃ, τῶν δ' ἐναντίων ἑκάτερον τὸ μὲν φευκτόν ἐστι τὸ δὲ αἱρετόν. ὥσπερ οὖν τὸ κάμνειν φευκτόν. ὥσπερ

译文：对每个人都很明显的是，如果一个人被剥夺了理性而变傻了，即使他有最多的财富和人所能有的的最大权力，他也不会选择活着，即使他将恒常享受最强烈的快乐，就像一些疯子那样。所以似乎每个人都尽可能地避免愚蠢。愚蠢的反面是智慧（φρόνησις），如果相反者的一个被避免，那么另外一个就被欲求。就像疾病被避免而健康就被欲求。对于这个论证也一样，所以，智慧（φρόνησις）是一切事物中最

263

264

215

οὖν τὸ κάμνειν φευκτόν, οὕτως αἱρετὸν ἡμῖν τὸ ὑγιαίνειν. φρόνησις οὖν, ὡς ἔοικε, καὶ κατὰ τοῦτον τὸν λόγον φαίνεται τὸ πάντων αἱρετώτατον...εἰ γὰρ καὶ πάντα τις ἔχοι, διεφθαρμένος δὲ εἴη καὶ νοσῶν τῷ φρονοῦντι, οὐχ αἱρετὸς ὁ βίος· οὐδὲν γὰρ ὄφελος οὐδὲ τῶν ἄλλων ἀγαθῶν. ὥστε πάντες καθόσον αἰσθάνονται τοῦ φρονεῖν καὶ γεύεσθαι δύνανται τούτου τοῦ πράγματος, οὐδὲν οἴονται τἆλλα εἶναι, καὶ διὰ ταύτην τὴν αἰτίαν οὔτ᾽ ἂν μεθύων οὔτε παιδίον οὐδ᾽ ἂν εἷς ἡμῶν ὑπομείνειεν εἶναι διὰ τέλους τὸν βίον. διὰ δὴ τοῦτο καὶ τὸ καθεύδειν ἥδιστον μὲν οὐχ αἱρετὸν δέ, κἂν ὑποθώμεθα πάσας τῷ καθεύδοντι παρούσας τὰς ἡδονάς.

Vgl. Protr.40,6 ἦ μὴν ἀνδραποδῶδές γε τοῦ ζῆν ἀλλὰ μὴ τοῦ ζῆν εὖ γλίχεσθαι.

264　　Eth. Eud.A5,1215b15

περὶ πολλῶν μὲν οὖν καὶ ἑτέρων οὐ ῥάδιον τὸ κρῖναι καλῶς, μάλιστα δὲ περὶ οὗ πᾶσι ῥᾷστον εἶναι δοκεῖ, καὶ παντὸς ἀνδρὸς τὸ γνῶναι, τί τῶν ἐν τῷ ζῆν αἱρετόν,... πολλὰ γάρ ἐστι τοιαῦτα τῶν ἀποβαινόντων, δι᾽ ἃ προΐενται τὸ ζῆν, οἷον νόσους περιωδυνίας χειμῶνας· ὥστε δῆλον ὅτι κἂν ἐξ ἀρχῆς αἱρετὸν ἦν, εἴ τις αἵρεσιν ἐδίδου, διά γε ταῦτα τὸ μὴ γενέσθαι. πρὸς δὲ τούτοις τίς ὁ βίος, ὃν ζῶσιν ἔτι παῖδες ὄντες; καὶ γὰρ

值得欲求的……如果一个人拥有一切，但是他思考的部分被败坏了并生病了，那么生命对于他就不再是值得欲求的了。其他的善对他也没有什么好处了。这就是为什么所有人如果知道了什么是理性并能够尝试使用它，就会贬低所有其他的善。这也是为什么我们没有一个人能够忍受整个一生都醉醺醺的或者终生是个孩童。这也是为什么虽然睡觉极其令人愉快却不是值得欲求的，即使我们认为睡觉的人体验着所有的快乐。

参见 Protr.40,6"仅仅期望生活而不期望好的生活，这是完全奴性的。"（这是亚里士多德所喜欢说的话）

译文：对于许多其他的事情很难有好的判断，但是最困难的莫过于对那些似乎最容易做出判断、对于它的知识在任何人的能力之内的事情，即，在生活中所发现的所有事物中，什么是最值得欲求的……因为生活中有许多东西使得人逃避生命的后果，比如疾病，极度的痛苦，风暴，因此很清楚，如果一个人被赋予选择的能力，至少由于这些原因，从未降生下来是值得欲求的。再，我们过像孩子一样的生活是不

ἐπὶ τοῦτον ἀνακάμψαι πάλιν οὐδεὶς ἂν
ὑπομείνειεν εὖ φρονῶν. ἔτι δὲ πολλὰ τῶν
τε μηδεμίαν ἐχόντων μὲν ἡδονὴν ἢ λύπην,
καὶ τῶν ἐχόντων μὲν ἡδονὴν μὴ καλὴν δέ,
τοιαῦτ᾽ ἐστιν ὥστε τὸ μὴ εἶναι κρεῖττον εἶναι
τοῦ ζῆν. ὅλως δ᾽ εἴ τις ἅπαντα συναγάγοι
ὅσα πράττουσι μὲν καὶ πάσχουσιν ἅπαντες,
ἑκόντες μέντοι μηθὲν αὐτῶν διὰ τὸ μηδ᾽
αὐτοῦ χάριν, καὶ προσθείη χρόνου πλῆθος
ἀπέραντόν τι, οὐ μᾶλλον ἕνεκ᾽ ἂν τις
τούτων ἕλοιτο ζῆν ἢ μὴ ζῆν. ἀλλὰ μὴν
οὐδὲ διὰ τὴν τῆς τροφῆς μόνον ἡδονὴν ἢ
τὴν τῶν ἀφροδισίων, ἀφαιρεθεισῶν τῶν
ἄλλων ἡδονῶν, ἃς τὸ γινώσκειν ἢ βλέπειν
ἢ τῶν ἄλλων τις αἰσθήσεων πορίζει τοῖς
ἀνθρώποις, οὐδ᾽ ἂν εἷς προτιμήσειε τὸ
ζῆν, μὴ παντελῶς ὢν ἀνδράποδον. δῆλον
γὰρ ὅτι τῷ ταύτην ποιουμένῳ τὴν αἵρεσιν
οὐθὲν ἂν διενέγκειε γενέσθαι θηρίον ἢ
ἄνθρωπον:… ὁμοίως δὲ οὐδὲ διὰ τὴν τοῦ
καθεύδειν ἡδονήν: τί γὰρ διαφέρει καθεύδειν
ἀνέγερτον ὕπνον ἀπὸ τῆς πρώτης ἡμέρας
μέχρι τῆς τελευταίας ἐτῶν ἀριθμὸν χιλίων ἢ
ὁποσωνοῦν, ἢ ζῆν ὄντα φυτόν.

值得欲求的，因为没有神智健全的人会同意回到这个时期。再，许多经验既不是愉快的也不是痛苦的，或者是包含着快乐但是不是高贵的快乐，考虑到这些，非存在比生命更加值得选择。一般而言，如果一个人汇集所有那些人们不情愿做或者体验的东西，因为不是为了它自身的缘故，并使它有一个无限的存在，由于这些体验，人们不会更愿意生存而非不生存。不过，再者，如果所有其他的快乐都被取消——认知、观看或其他的人所配备的感觉——仅仅为了饮食或者性的快乐，没有一个人会因此重视生存，除非他是完全奴性的，因为很清楚，对一个作出这样选择的人而言，生为一个野兽和一个人没有区别……我们对睡觉的快乐可以说同样的话。因为一个人从出生的第一天到最后一天都在不间断地睡眠的话，和过一种植物的生活有什么区别呢，即使是过了千年或者随便多少年？

　　这些平行的思路如此相像，不是偶然的。如果说亚里士多德无意识地在两个不同的地方用相同的方式描述了一个他熟悉的观点，这是不可思议的。通过下面几行对《劝勉》的引用，所有疑惑都将被排除。

265

Protr.51,11

καὶ Ἀναξαγόραν δέ φασιν εἰπεῖν ἐρωτηθέντα τίνος ἂν ἕνεκα ἕλοιτο γενέσθαι τισ καὶ ζῆν, ἀποκρίνασθαι πρὸς τὴν ἐρώτησιν, ὡς ʼτοῦ θεᾶσασθαι [τὰ περὶ] τὸν οὐρανὸν καὶ τὰ περὶ αὐτόν, ἄστρα τε καὶ σελήνην καὶ ἥλιονʼ, ὡς τῶν ἄλλων γε πάντων οὐδενὸς ἀξίων ὄντων.

译文： 他们说，当人们问阿那克萨戈拉为什么一个人要选择出生和活着的时候，他这样回答这个问题，"为了看苍穹和它里面的事物，星星、月亮和太阳"，这意味着所有其他的东西都是无价值的。

Eth.Eud.A 5,1216a11

τὸν μὲν οὖν Ἀναξαγόραν φασὶν ἀποκρίνασθαι πρός τινα διαποροῦντα τοιαῦτʼ ἄττα καὶ διερωτῶντα τίνος ἕνεκʼ ἂν τις ἕλοιτο γενέσθαι μᾶλλον ἢ μὴ γενέσθαι "τοῦ" φάναι "θεωρῆσαι τὸν οὐρανὸν καὶ τὴν περὶ τὸν ὅλον κόσμον τάξιν".

译文： 他们告诉我们阿那克萨戈拉回答一个提这类问题的人，为什么人更应当选择出生而非不出生——"为了看苍穹和宇宙的整体的秩序。"

由于《欧德谟伦理学》将 θεωρητικός βίος（沉思生活）的这个代表和另外两个密切地联系起来，并且由于这一段几乎逐字都依赖于《劝勉》，我们也将以下直到 1216a27 归于同一来源是正确的。在这里撒尔丹那帕洛司（Sardanapal）作为享乐生活的代表和阿那克萨戈拉对立起来，和他并列的是爱奢侈享受的司敏杜里代斯（Smindyrides der Sybarit）"καὶ τῶν ἄλλων τινὲς τῶν ζώντων τὸν ἀπολαυστικὸν βίον"（以及其他过着沉溺酒色生活的人）。所有这些人都相信，幸福就是感觉上的快乐。那种 ἀπολαυστικὸς βίος（酒色生活）的代表——《欧德谟伦理学》只是稍微触及了他们，和 πολιτικὸς βίος（政治生活）的代表——《欧德谟伦理学》对此完全没有举例，在《劝勉》中出现是很有可能的。这个思想以其可塑的力量更加适合文字作品的风格，而非讲课。在《伦理学》中亚里士多德只是干巴巴地陈述了它，而没有充分实现它栩栩如生的效果。我们发现西塞罗两次引用了亚里士多德的一个段落，[①]

266

---

① Cic. Tusc. Disp. V. 35, 101; De Fin. II.32, 106. 罗斯提出两个段落大概都来自对话《论正义》（frg.90）。伯奈斯也认为，它们是一篇亚里士多德对话的残篇，并提出是《奈林托斯》（Nerinthos），对于它我们一无所知（同上，p.84）。他没有将它们和《欧德谟伦理学》I.5, 1216a16

这成为这一段也是来源于《劝勉》的确切证明。在拒绝撒尔丹那帕洛司的生活观念的时候，西塞罗引用了他的墓志铭，他将它译成了拉丁文。我们更愿意以斯特拉波流传下来的希腊文形式给出：

ταῦτ' ἔχω ὅσσ' ἔφαγον καὶ ἐφύβρισα καὶ μετ' ἔρωτος

译文：吃吧，喝吧，玩吧，

τέρπν' ἔπαθον, τὰ δὲ πολλὰ καὶ ὄλβια πάντα λέλειπται.

其余不必牵挂

西塞罗明确地说，他不但从亚里士多德那里引用了墓志铭，而且还引用了对这种浅薄的生活态度的机智的反驳。这些段落和《欧德谟伦理学》中段落的相似不要误导我们认为，西塞罗或者他的来源用的是《欧德谟伦理学》。这些段落的两个主要特征没有出现在这里或者出现在亚里士多德任何的论文中；由于在这个时期只有他的文字作品才被看到，那么无疑西塞罗是从它们中的一个那里引用的。他同《欧德谟伦理学》一致只是因为它们都是使用的《劝勉》。

通过更仔细地思考亚里士多德其他的被西塞罗保存的文字的话，这一点就会更加清楚："Quid aliud, inquit Aristoteles, in bovis, non in regis sepulcro inscribers?"亚里士多德是否真的说过，人们也可以将撒尔丹那帕洛司的墓志铭恰当地放在一头牛的墓上。在我看来，哲学家的这种轻微嘲讽的方式在这里很清楚，但是已经被庸俗化了。在《欧德谟伦理学》紧接着的前面一段（1215b35），关于纯粹的感觉享乐生活的，说：一种仅有饮食男女，没有其他更纯粹和更高的快乐的生活，只有奴隶会希望得到。"因为很明显，对那些做了这样选择的人而言，做一个人还是做一个动物是没有区别的。无论如何埃及著名的公牛被人们作为阿匹斯圣牛（Apis）来敬仰，在这个方面它比所有的君王都更充分地生活了。"由于它前面和后面的句子（1215b15-34，1216a2-10 和 1216a11-16）都或多或少地逐字逐句取自《劝勉》，很可能这一句也是。阿匹斯动物和君王的比较在《伦理学》这里似乎有些奇怪，并且难以理解，因为以前亚里士多德只是说，只有奴隶会选择这样的生活；但是西

267

相比较，而是同从这里衍生出来的《尼各马科伦理学》I.3, 1095b19 相比较。后者只是《劝勉》的一个微弱的回声，就像早期大部分的痕迹保留在这部后来的作品中的样子。

塞罗表明，最初的比较是埃及的神牛和沉溺酒色的君主撒尔丹那帕洛司之间的，这解释了这样一个观点，在感性享受上阿匹斯比起所有世上的君王都自由（1216a2）。亚里士多德非常不连贯地节录了《劝勉》。这样第五章的一个大的部分（直到1216a27，在思想内容上直到a36）追溯到了《劝勉》。

《劝勉》的节录和扩展大量包含在《欧德谟伦理学》中，比起通过公开的作品明确引用而提示出来的更多。还有它里面的更多段落无疑被它运用了，尤其在所谓的第八卷中，它的信条 θεωρία καὶ θεραπεία θεοῦ（沉思和服侍神）是从早期作品深厚的宗教感情中借用的。VIII.3,1248b27-34 也使人想起《劝勉》中的一段（参见 frg. 57R.）。最后还要解释一些引人注目的段落，它们迄今还未受到足够的重视。两段在第一卷第八章。亚里士多德在那里表明，善的理念不可能是我们要寻找的最高的善；易言之，他得出了对理念论反驳的伦理学结论。对于反驳自身，他求助于一个公开发表的作品：ἐπέσκεπται δὲ πολλοῖς περὶ αὐτοῦ τρόποις καὶ ἐν τοῖς ἐξωτερικοῖς λόγοις καὶ ἐν τοῖς κατὰ φιλοσοφίαν（无论是在我们的公开的还是在我们哲学的讨论中都以多种方式考虑了它）。[1] 以 τρόποις（多种方式）批判，他的意思是对理念论从逻辑的、存在论的和物理学的观点进行反驳，这些在《形而上学》中已经清楚地区分过了。对理念论公开的批判并不是指和 κατὰ φιλοσοφίαν λόγοι（哲学的讨论）相对的"大众的"东西，就像人们所设想的那样，相反，在《形而上学》中亚里士多德同样支持了它，明确地描述它为现有的最详细的和最完全的对这个问题的讨论。这里所说的公开的讨论是指《论哲学》第二卷的批判，这篇对话恰好发表在他在阿索斯教授伦理学的时候。[2] κατὰ φιλοσοφίαν λόγοι（哲学的讨论）是那些学院式的课程，尤其是那些关于形而上学的课程，它们同样也在那时产生。这一章中的第二个引用也是出自

268

---

[1] Eth. Eud.I. 8,1217b22.

[2] 出于以下原因我们必须将《欧德谟伦理学》归于这个时期：1. 它同上述早期作品的密切关系。2. 它同《形而上学》较早的和神学的阶段在思想和问题上的平行。3. 对柏拉图的批判部分I. 6-8 松散的方式。同《劝勉》相符的段落显然是亚里士多德还在学园中的时候写得讲座的残余。4. 在I.8 提到对话《论哲学》是 terminus post quem（开始的界限），它出现在公元前348/7 年。5. 阿索斯的科里司库被有意地从《尼各马科伦理学》中省略或删除了，他作为习惯的例子在II.1,1220a19 和VII.6, 1240b25 出现，在这些地方显然有一种幽默的目的。他的特征"市场上最黑的人"在思想的上下文中没有必然性。只能用他说出这些话的场景来解释。

这篇对话。περὶ φιλοσοφίας· ἔτι καὶ τὸ ἐν τῷ λόγῳ γεγραμμένον· ἢ γὰρ οὐδεμιᾷ χρήσιμον αὐτὸ τὸ τοῦ ἀγαθοῦ εἶδος ἢ πάσαις ὁμοίως· ἔτι οὐ πρακτόν κτλ. (再者，还有用对话写成的论证——善的理念自身对所有事物都没有用处。而且它是不可行的，等等)。① 下面的反对善的理念的论证只是提到而没有发展出来，也是从这篇对话中节录的部分。"写下来的"东西每个人都能看到，并且可以在"对话"中发现。这里所说的是一个以书面形式发表的作品，并且它的题目在亚里士多德讲课的圈子里被熟知以致根本就不用说。这也证明了我们从他大量使用《劝勉》已经得出的结论：当他刚开始授课的时候，他经常提到他的对话和《劝勉》，并预设了他的听众对它们很熟悉。

在卷 VII 也有一个类似的引用 ὥσπερ ἐν τῷ λόγῳ γέγραπται（就像在对话中所写的）(1244b30)。几行以下（b34）δεῖ γὰρ ἅμα συνθεῖναι δύο ἐν τῷ λόγῳ, ὅτι τε τὸ ζῆν αἱρετόν, καὶ ὅτι τὸ ἀγαθόν...（我们必须将对话中的两个说法放在一起，第一，生活是值得欲求的，第二，善也是……）。底下的词语破损了。这两个说法确实在《劝勉》中说过。在那里说，对生命意志的确认也是对求知欲望的确认，因为人的生活和动物、植物的不同，是意识和知识（αἰσθάνεσθαι, γνωρίζειν）。② 而这恰恰是我们在《欧德谟伦理学》几行以上所看到的（b23）。它马上就跟着包含"就像在对话中所写的那样"这样的词语的句子。在这里文本也损坏了，脱落了一个词，但是意思很明白：如果一个人能够做这样的实验，从人身上割掉意识和知识，如果这个人还保留着观察他剩下的东西的状态的能力，那么他就会好像看到一个陌生的东西，似乎另外一个人代替他活着。《劝勉》中相应的段落没有保存下来，但是它当然存在过，因为这种删节、剔除、隔离的方法——亚里士多德为此求助于 λόγοι

269

---

① 《欧德谟伦理学》I.8, 1218a36。这个引用以及下面要谈到的卷 VII 中的引用，Wison 和随后的 Susemihl 宣称为伪造的。方式似乎是不平常的。但是考虑到在早期引用公开作品的数量，以及它们表现出来的写作和教学系统地相互影响，就没有什么可奇怪的了。亚里士多德还引用了在学园中的口头讨论，就像《欧德谟伦理学》VII. 6, 1240a22（"通过一个人对自己的态度，另外一种友谊的形式——我们经常在它下面考虑我们的交谈中的友谊——被确定了。"）一个显然是辩证法类型的研究求助于通常的定义而被引用："我们在对话中给出的友谊的多种定义"（VII. II, 1244a20）。

② Jambl. Protr., p. 56, 1.22, 和 p.44, 1.11。

（对话）——经常在那里被使用，[①] 在那里，知识和理智是人的真实自我的观点被用来建立这样的训令：我们应该仅仅为了这个更高的部分而生活。在阿索斯的学校中，哲学研究发生在最早的伦理学课程产生的时候，所以主要转向了这些著作。

从而关于公开的作品的古老问题一劳永逸地解决了。亚里士多德在他的授课中使用了文字的作品，这个事实已经被证明了——这实际上已经不需要证明了，因为他自己经常明白无误地在使用（χρῆσθαι）这些作品，这已经说明了——不仅如此，而且还通过我们新的材料揭示出，他确切地使用了哪些作品，如何对这种引人注目的事实进行解释。这是和他的发展联系在一起的。在他同柏拉图的理论决裂的最早的时期，必须完全改写哲学的所有分支，他从他早年的作品中拿来还可以用的东西，在旧的东西的帮助下建立了新的。比如说，在较早的《伦理学》第一卷的末尾，对理念论的批判就是从《论哲学》中借用的，有些孤立地处在从《劝勉》中取用的老的段落中间；而《尼各马科伦理学》却提供了一个全新的框架，自然地从开始就预设了他新的观点。《劝勉》在最早的《形而上学》中所起的作用已经讨论过了。大概对在阿索斯的亚里士多德而言，似乎他同柏拉图的距离还不是那么远，似乎可以到处和旧的东西联系起来。后来他发现新的思想有更加严重的后果。它们引导他越来越远地离开旧的思想。现在他的柏拉图化的早期著作完全地被丢在后面了。他自己的批判哲学以及从柏拉图脱离的第一个开端似乎也被抛弃了，因为它们对他而言还过于依赖于他教条时期的前提。这就是对最早的《伦理学》和《形而上学》的残篇保存情况的说明。[②]

[①] Jambl. Protr., p.44,1.11; p.45, 11.8, 18, 25; p.53, 1.3. 参见《欧德谟伦理学》I.5, 1215b32 ；VII. 12, 1245a14 ；和 VII. 14, 1248a39, 40, b2。

[②] 还需要说一下同《尼各马科伦理学》共同的三卷。《尼各马科伦理学》VI 不会属于《欧德谟伦理学》，因为它对 φρόνησις 的观点本质上是晚于《欧德谟伦理学》I 和 VII 的，并且跟它相反。我们必须认为，这三卷在较晚的时间一起进入《欧德谟伦理学》，所以它们来自《尼各马科伦理学》；但是这不能证明后者是一个整体。在卷 VII 和 X 中对快乐的讨论没有关联，这还是个问题。在卷 VII 中的讨论大概早于卷 X 的。它设定了一个不同的结论。

第六章
原初的政治学

　　如果我们还拥有古代所知道的那些作品的话，那么我们就会有一幅亚里士多德政治学自学园开始到他老年发展的全景画面。这个系列以与柏拉图同名著作相关的两卷本《政治家》和四卷"无所不包的"Περὶ δικαιοσύνης《论正义》[①] 开始。我们将会从这些著作中详细地知道亚里士多德政治学同柏拉图的关系，而另外一部同样轶失了的对话体著作《亚历山大或论殖民化》会带领我们进入他的晚期，当那皇室学生突进亚洲并在那里建立王国，而逐渐变老的哲学家在远处以焦虑的目光追随他飞速逃跑的好运的时候。我们最想知道的东西都随着这些著作的轶失而隐蔽了起来：世界历史图景的这个巨大的改变对亚里士多德的政治学思想发生了什么样的影响？[②]《论君主制》这部著作，根据亚历山大的亚里士多德著作目录的论证，我们既无材料，又无 权力对其真实性产生怀疑，必然属于他为斐力的儿子准备继位的时期，或者毋宁说必然处于那个时期的末尾。我们毫不怀疑，哲学家在《政治学》中如

---

① Cic. De Rep. III.8, 12.

② 关于他在希腊人和亚洲人关系问题上的看法，一个侧面的信息对殖民方法而言是必定是决定性的，这就是他的一封信的残篇，在里面他建议亚历山大对希腊人是领袖，而对野蛮人则是绝对统治者，就像他们习惯做的那样，将前者作为朋友平等对待，而将后者当作"动物或植物"（frg.658）。厄拉托塞涅（Eratosthenes）和普卢塔克的争论表明，仁慈的希腊世界主义者如何严肃地拒绝了这个观点。虽然它是典型的希腊人的，在亚里士多德那里他当然是清醒地对现实进行反思的结果。将这个残篇归于《论君主制》的意图（Heitz, Die verlorenen Schriften des Aristoteles, p.206）在我看来是不成功的。

此严肃地努力解决君主制的问题，他试图赋予传统的君王思想以新的道德和精神内涵。[①] 这一切对于那个时期的历史和这个思想家的个性而言都是巨大的损失，而漫步学派学者著作的那个里程碑性质的作品——158 个国家的宪法集——轶失了，这对希腊历史和文化的知识造成了不能愈合的伤口。这个文集的第一卷《雅典政制》——这是整部作品的经典，是亚里士多德自己写的——幸运地被恢复，至少能够确定，这个工作是亚里士多德最后几十年最成熟时期做的。没有什么比这更明显地展示哲学家的发展历程了：直到他自己的政治学思想系统的基础概念奠定很久之后，他才汇集起这数量巨大的材料，它们作为材料，从理论上说是先于这些概念的。以在时间上最远的两个点——《论正义》和关于政治家的本质的诸卷作为开头，以对宪法的收集和分类为结尾——使得发展的路线从方向上被确定了。

我们的兴趣首先在于内在地从柏拉图脱离的开端。我们主要的知识来源当然总是对现存的《政治学》八卷的分析，但是只有这样这个分析才有成果：在这里也像是《伦理学》和《形而上学》那样，将现存的早期著作的残篇作为标准，以便由此估量从始点愈行愈远的进程。重新发现的《劝勉》的残篇在这个问题上也提供了有价值的材料，在一定程度上弥补了他早年两个主要的政治学著作的不可挽回的损失。

柏拉图的目的是，通过将政治学同个体德性理论不可分割地统一起来并将它建立在善的理念的知识基础上，使政治学成为一门科学。《理想国》是建立在对正义的探求上的。这是亚里士多德《论正义》诸卷的模型，而西塞罗又将这个《论正义》作为他的《共和国》的模型。在亚里士多德第一个独立的《伦理学》中，至善不再是一切伦理学和政治科学的真正的对象；但是在他的早期，这却是政治学的核心，就像它是柏拉图《理想国》的中心论题一样。我们从《政治家》第二卷的重要残篇中知道了这一点，在这里面，

---

① 这必然是在亚历山大登基时给他的一封信，类似于《劝勉》和伊索克拉底的《尼古克里》，即，更一般性的和伦理性的。对一个站在权力和成功顶峰的君王，人们不会送上哲学的劝诫，告诉他应当如何理解政府。这符合西塞罗所说的（Ad Att. XII. 40, 2 和 XIII. 28, 2），这是亚里士多德应亚历山大要求所写的一封"激励的"信，在其他问题之外还处理了真实的名誉问题。通信《论君主制》告知希腊人伦理—政治的基本法则，亚历山大根据它们而受教育；他请他的老师写下它们并在一封"激励的"信中公开发表了它们，年轻的统治者通过这样表明，要以这种精神来统治。

至善被描述为一切标准中最精确的。这预设了柏拉图后期的理念论，它就像前面已经展示的，在伦理学和政治学方面，主要考虑精确性问题和标准问题，强调尺度概念和衡量。[①] 这一点由《劝勉》所确定，它以值得注意的方式提出了政治科学的精确性，并且将它作为一个新的理论知识形式和从事政治活动的政治家的政治学相比较。可以确定的是，它的目的不是用经验给出的所有方法去处理一个特殊的情况；这样的方法——亚里士多德在《政治学》第四和第五卷唯一承认的处理一般的实践的方法[②]——在《劝勉》中被明确地谴责了。"就像一个人如果不使用墨线尺（κανών）和其他工具，而只是模仿其他的建筑的话就不是一个好的建筑师，同样，如果一个人为一个城邦立法或者从事政治学，模仿其他人的行为或者宪法，无论是斯巴达的或者克里特的或者其他的，他就不是一个好的和完美的立法者。因为一个不理想的（μὲ καλόν）东西的复制品也不会是理想的（καλόν），不神圣和永恒的东西的复制品也不可能是神圣的和永恒的。"[③] 只有纯粹的哲学家，才能绝对地摆脱经验主义并依靠自然的和作为最高范型的东西的法律，他就像好的舵手，只将锚抛向永恒的和固定的海底——只有他能给出持久的法律，只有他的实践是正确的和标准的。[④] 这里出现了数次的自然概念，显然不同于亚里士多德后来的 φύσις 观念，虽然它们是同名的。它的意思是柏拉图形而上学中的存在者和应是者（Seinsollende）。它特殊的色彩是通过它典型的特征获得的。机械的 τέχναι（技艺）根据自然制造了它们的 κανών，这个例子必须被象征地理解。同样，最精确的 τέχνη——哲学政治学从自然自身（φύσις αὐτή）取得自己的规则，这就是理念的存在。这实际是价值的规范，完全关注绝对的

274

---

① 参见第 88—89 页。

② 在《政治学》IV. I, 1288b21-1289a7，传统的理想国理论被批判，因为它只考虑根据理想标准的国家建构，而不考虑通常在实际政治学中更为紧迫的问题：怎样改善一个不符合理想标准的、或许完全卑下的和腐败的既有的国家。不树立一个标准，这确实办不到，但是没有丰富的经验和现实中相似案例的知识，这更不可能，就像《政治学》IV—VI 所表明的。

③ Jambl. Protr., p.55, 11.7-23. 有意思的是，认为完美的政制在斯巴达和克里特实现了的智者国家理论，在《劝勉》中被拒绝，因为它太接近经验现实或从那里获取了自己的标准；而在《政治学》IV. I, 1288b41，它却出于相反的原因被拒绝：它太概要性的，并且一切都参照一个标准，而非完全向着实际给定的情况调整自身。

④ Jambl. Protr., p.55, 1.24.

标准（ὅροι）。这种理论政治学和实践政治学的关系通过一个关于眼睛的机

275 智比喻被描述出来，眼睛不做什么也不制造什么，只是区分可见的事物并使它们清晰，但没有它我们在实践中会手足无措并寸步难移。[1] 这就像在柏拉图的《政治家》中发展出来的政治学。在那里一个抽象的法律体系的怠惰的机制同高贵的城邦艺术家的活生生的理念知识对比，它给了他面对困难的个别的现实情况时候的机动性，这不是能从纯粹死啃书本知识获得的，而更像是医术，因为它产生自活生生的和创造性的知识。[2]

因此亚里士多德最初认识的政治思想的唯一形式是通过柏拉图、乌托邦传承下来的。他寻求绝对的标准，而这不能在经验中被发现。

带着这个洞见我们进入《政治学》流传下来的八卷。它们的结构特征是，整体以最后两卷（VII 和 VIII）中解释理想国家（ἀρίστη πολιτεία）结束。[3]这个顶点立足于实际政治生活的多重形式的理论基础上，它们多种多样并

276 互相转化，在这上面加上了对城邦的弊病及其对治的决疑（IV-VI）。前面一卷（III）通过发展出城邦和公民的概念并通过在特殊的城邦中不同的分配政治权利的形式衍生出不同的宪法形式，确定了政治学的基本前提。我们在这里仅仅给出了一个粗略的内容框架，以便使得其结构的主要特征尽可能地清晰。在卷 II 中，亚里士多德在这个基础上附加上了对以前的政治理论家的系统的批判性回顾。而在这前面的卷 I，提供了一个更加基本的介绍，更加从社会学或经济学的角度讨论统治（ἀρχή）的根本类型，这样发生学地从最

---

[1] Jambl. Protr., p.56, 1.4. "就像视觉不制作和建造什么东西（因为它唯一的功能是区分并揭示各个可见的事物），但是它使得我们能够行动并在行动中极大地帮助我们（因为如果我们没有它的话就几乎完全不能移动），所以，很清楚，虽然这种知识是理论的，我们却可以根据它做无数事情，选择一些东西，规避另外一些，并一般地由于它而获得所有好的东西。"《劝勉》的这一段影响了《尼各马科伦理学》VI. 13, 1144b11，在那里亚里士多德用这样的例子解释 φρόνησις 的功能"一个强壮的身体没有视觉而移动"会"重重地摔倒"。

[2] 希腊人称科学为 τέχναι（技艺），因为他们从未忽视理论活动的制作文化意义。τέχνη 包括了两者，理论知识的内容（在这个意义上柏拉图和亚里士多德将它和 ἐμπειρία（经验）对立，因为他们所说的知识是某种概念性的东西）和使得这种知识对生活有用的能力。

[3] 我根据的是传统的卷次标码，和手稿中的一致，而非被大多数编辑者愿意改成的样子。我不是要否认他们的工作以一个正确的观察的核心为基础，但是通过改变各卷的顺序并不能完全消除现有的困难。

简单的政治生活元素开始。

这几卷连接为一个整体，并透露出一个贯彻始终的内在的逻辑。一切显然都在方法论进程中指向一个最高的目标，一个满足所有愿望的城邦的理想的标准。但是数个世纪以来，从《政治学》被系统地研究以来，严密的批判的考察已经揭示出一些困难，这使得现存的《政治学》形式是整体规划的或者来自一个单独的精神创造活动变成可疑的，事实上这是不可能的。直到现在，学者讨论的主要是文献编写中的困难。但是我们不能将文献的标准用到这里，事实是，编写问题有其更深的根基；语文学的困境产生自哲学方法和结构的困难。我们在这里不仔细分析，或者一卷一卷地追随亚里士多德，这只会让我们完全迷失在段落和卷次的位置这些外在的问题中，就像经常发生的那样。我们必须从考察《政治学》整体的特别的哲学两面性（Janusantlitz）① 开始，它将理想主义看作柏拉图的乌托邦，将现实主义看作一个清醒的经验科学，并显然将两者合二为一。

在创造性想象的大胆和立法的宏伟上，亚里士多德的理想城邦和柏拉图的《理想国》甚至是《法律》都没法比。人们这样说是对的，柏拉图在《法律》中调整了他的城邦以使它接近现实，而亚里士多德更进一步降低了它。在此他追随柏拉图老年时候的路径，但是更多地是跟随自己内在的倾向，试图无论如何都要调和理想和现实。他自己说，人们应该为一个假想的理想国家设定我们所希望的最好的条件，但不是不可能的条件。② 他的《政治学》中的乌托邦部分却不是它真正的亮点，虽然理想城邦的 τέλος 勾画出了它结构的原则。真正最原创性的和具有亚里士多德特征的是，他如何将从柏拉图那里获得的理想城邦的观念用一种有承载力的经验基础构建在他自己的政治学中。他的这个政治学接近经验的国家知识的目标，并且以天才的方式指出了它的方法。对亚里士多德而言，重要的是将两种形式的政治学融合在一起，是包含了理想的城邦的卷 VII 和 VIII 同发展实际的历史城邦的理论的卷 IV-VI 的结合，后者毋宁说是实际城邦的多种多样的种类、弊病和处理方式的理论。他在《尼各马科伦理学》的末尾清楚地表达出了这个结构的原则。

277

---

① 杰纳斯两面神。译者注。

② 《政治学》II. 6, 1265a17（在批判柏拉图乌托邦的过程中），以及 VII. 4, 1325b38。

在那里他将政治学和伦理学结合，以便将两者统一为一个关于人的单一的无所不包的科学，包括了个人和社会两个方面（ἡ περὶ τὰ ἀνθρώπινα φιλοσοφία）。"首先，如果以前的思想家已经对一个事物详尽地说的很好了，那我们就尽量回顾它；根据我们已经收集的宪法（ἐκ τῶν συνηγμένων πολιτειῶν），研究什么样的影响会保存和毁坏城邦，什么样的会保存或者毁坏特殊的宪法，由于什么原因有一些城邦被治理的很好，而有一些治理的很坏。这些研究过了

278 之后，也许我们更可以更好地发现，哪种宪法是最好的，每一种是如何颁布的，它必须用什么样的法律和习俗，如果要达到最好的话。"①

这个计划显然意味着亚里士多德政治学发展的一个转折点。他用毫不含糊的语言放弃了柏拉图和他自己以前遵循的纯粹的构建方法，而立足于清醒的经验研究上。他在这里表达得至为明白，而人们却未能理解他，他所说的实际上是："直到现在我所用的是另外一种方法。我曾经用逻辑结构来建造自己的理想城邦，而没有充分了解经验事实。现在我有了158个宪法作丰富的材料，我打算用它来给理想城邦奠定积极的基础。"② 这是在最终版本的伦理学中，也就是在他最后的十年中写下的。宪法的收集也在同一时间完成。在这期间，他赋予他早期的神学形而上学以一个一般存在理论作为广阔基础，而在伦理学中，心理学和观察的、现实的成分开始取代思辨的方法。

279 有的人会感到吃惊，这个发展在这么晚才发生。我们曾经假设亚里士多德从开始就在那条路上了。他的进展是逐步的，这个事实通过《尼各马科伦理学》

---

① Eth.Nic.K10,1181b13 直到结束。

② 人们必须总是看到，在备课或毋宁说它们现有的版本中，流传下来的亚里士多德观点的陈述只能被理解为他的精神不停发展的活生生的整体的不同阶段。所以它们有很多相对的东西，对于那些没有看到这个过程的其他环节的人而言，这是不能完全被理解的。《伦理学》和《形而上学》的许多段落必须被认为是自相矛盾的，因为哲学家超越了自己原来的观点。其中包括了《伦理学》的结论："当对这些进行研究之后，我们大概可以用一种全面的观点来看，哪种政体是最好的"，它基于他思想的早期阶段，那时还不知道通过最辛苦的经验这条枯燥的弯路。"根据我们已经收集的宪法"（ἐκ τῶν συνηγμένων πολιτειῶν）这个表达指的是158个宪法集——συναγωγή 的这个意思在亚里士多德那里是平常的，对照 συναγωγὴ τεχνῶν——人们经常这样猜测，还有人徒劳地要否认它，最近这样做的是 Heitz (Die verlorenen Schriften des Aristoteles, pp. 231ff.)。如果《雅典政制》——它属于他最晚的时期——没有被发现，并且《尼各马科伦理学》没有被认为是他《伦理学》最后的版本的话，单凭这几句话是不可能得出关于亚里士多德发展的结论的。

最后一段和《劝勉》以及《政治学》的方法的对照就可以证实，而时间标示是清楚的。关于在最好的宪法理论前面加上一个新的、经验的部分的说明涉及 IV-VI 卷，亚里士多德在那里清楚地描述了它们的内容。人们早就得出结论，这些卷是由包含在宪法集中的材料构成的，因为除了《伦理学》中的这一段而外，它们表现出不同的科学态度，并且具有极其丰富的历史例证。[①] 它们是《政治学》中唯一提到当时的历史事件的几卷。对谋杀斐力王的暗示（336）证明它们是在亚里士多德第二次在雅典居住的时候写的。[②] 但是，没有说他用这个机会重写整个的《政治学》，而这也是不大可能的。所以我们必须研究，在多大程度上还可能区分出较早的和较晚的层次。为此，我们可以从那些已经得出的各卷的顺序的结论开始。[③]

　　自从意大利文艺复兴时期的人文主义者研究《政治学》以来，就对传统的文本顺序进行攻击，并且试图通过或多或少的暴力的改变来恢复"真实的"顺序。在 19 世纪这些理论假设被出版。结尾的两卷，VII 和 VIII 被放在第三卷后面，IV-VI 变成结尾。最后这一组中，第五和第六卷有时被互换位置。最近几年维拉莫维茨（Wilamowitz）强烈地抗议这种改变的狂潮，这样一种机械的手段当然不会使得流传下来的文本有"秩序"。我们首要的任务是，必须对文本的现存的状态就其必然性进行历史的理解。在这方面，我们可以从那些批判的观察所揭示出来的东西中获得实质性的帮助。卷 II 和 III 不是对国家一般理论的介绍。从它们的方法、问题和一些明确的说法中

280

---

① W.L.Newman, The Politics of Aristotle, Bd. I（Oxford, 1887），p.491. Wilamowitz, Aristoteles und Athen, Bd. I, p.359.

② 《政治学》V. 10, 1311b2。谋杀没有作为一个最近的事件被提到，也不是独立提出来的，而是作为一系列类似的谋杀事件之一，为了复仇而谋杀国君的例子（τιμωρίας χάριν）。所以这一段可能是很久之后写的。Zeller, Phil. D. Griech. II 23154A.4 由此推出，整个《政治学》都是后来写的，但是问题恰恰是它年代学的含义可以延伸到多远。只有《政治学》IV-VI卷，亚里士多德在《伦理学》的结尾说是建立在宪法集上的，并且它们赫然将这个来源的统一的印章打在了自己的前额上，它们可以确定地说是属于雅典最后时期的。它们和《尼各马科伦理学》的产生同时。其他的各卷是更早的作品，这在下面会表明。不过，第一卷是个例外。

③ 维拉莫维茨是第一个说出这个猜想的人：在《政治学》中不同时期的层次叠加在了一起（Arsitoteles und Athen, Bd. I, pp. 356ff.），并且正是他的历史的敏锐目光第一次将亚里士多德其人和作为一个政治学家放进了第四世纪的发展中。

可以清楚，它们是要介绍一种柏拉图那样的理想国家。① 如果人们要让包含了理想国家的最后两卷紧跟着这个介绍，可以求助于这样的一个事实，卷 II 和 III 通过相互的引证和卷 VII、VIII 密切地联系着，但是它们没有提到插入的 IV-VI 卷。它们同后者的关系相当松散。② 细心的读者不难发现，这些插入卷确实打断和干扰了最好的国家的结构。虽然《尼各马科伦理学》的结尾说他们要为理想国家奠定基础，但是这个结构从未超出作为意图层面，因为 IV-VI 卷从未准备并建立理想城邦，至少没有直接如此。决定性的是，卷三的结尾经过少许的行文变化，在卷七的开始也出现了。卷 VII 的开头的风格适合于一个独立的论文的开篇，而在卷 III 的结尾，其形式似乎是同这一卷的结论性回顾直接联系着的。亚里士多德的著作有多个这样的技术性标记的例子，构建出卷次的作用之间内在的关联。卷 VII 曾经紧跟卷 III 这个事实就不再只是一个假设：它是明确地被表达出来的东西。

如果人们认为，《尼各马科伦理学》的结束语给出了《政治学》的纲要，这不是亚里士多德自己写的——确实有人提出这样的看法——而是他的编辑者写的，无论这个人是尼各马科或者塞奥弗拉斯特，那么就是他们插入了卷 IV-VI，从而打乱了真实的亚里士多德的顺序。如果这个纲要来自亚里士多德——这在我看来是唯一可信的解释——是他自己插入了这几卷，卷 III 结尾的话就是最初状态的基础。无论哪种情况都证明了 VII 和 VIII 原来是跟

---

① 从卷 II 很清楚地看出，它是对一个理想国家的学说的历史的一批判的介绍，而不是对一个一般的国家学说的介绍。而卷 III 似乎处理更一般的问题，城邦和公民的概念，对各种可能的政体的分类，无论是好的还是坏的。不过这个划分的规范的原则表明，亚里士多德所意图的是最好的国家，所以它一直在被关注着，例如，III.3, 1276a30ff.（参见 VII.4, 1325b39）；III.4（在这里考察了，是否一个公民和一个人的德性是一样的，例如，1276b37 和 1277a2, 5）；III.5, 1278a8 和 17（考察工匠的政治权利）；III.9, 1280b5, 31, 39 和 1281a2（确定国家作为公共教育组织的正确观念，反对"曼彻斯特国家"（Manchesterstaat））；III.13, 1284a1 和 b25；III.14, 1284b38；III.15, 1286a8 和 15；III.18, 1288a33 直到结束。

② 关于卷 III 中对卷 VII 和 VIII 的引用，见前面的注。相反，VII.4,1325b34 回溯 III.6-8；VII.141333a3 用这样的话回溯 III.6，尤其是 1278b32ff.，："就如我在这个论文的第一部分所观察到的"。VII.16, 1335b4 指涉前面的卷 VIII。这样就更加清楚了，卷 III, VII 和 VIII 没有引用 IV-VI，而卷 IV-VI 却不乏对 III 和 VII 的引用。后者不要求将 IV-VI 插入 III 和 VII-VIII 之间。事实上，这种插入被 III 和 VII-VIII 之间的关联以及它们的相互引用而被排除了。

在 II 和 III 后面的，但是如果亚里士多德自己做了插入，那么我们就无权撤销这一步。我们要区分的，不是一个真一个假的顺序，而是一个较早一个较晚的顺序。这个困难是从亚里士多德的发展产生出来的，不是要强力地制造顺序，我们应当这样思考，传统还允许我们瞥见他观念的成长。能够瞥见是因为，《政治学》最终的扩展不是从较早的版本原始地产生的，并且各个部分完全是临时地凑在一起的。

282

回顾我们至此为止获得的结论，首先有关于理想城邦的原初的《政治学》，它在目的上直接同柏拉图相联系。在卷 II，它以对较早的关于理想城邦的理论家——包括了柏拉图——的历史回顾开头，并对他们的乌托邦进行了批判。显然这一卷最初是开头，就像《形而上学》、对话《论哲学》以及《论灵魂》几卷的开头是历史部分。除非作为对理想国家的讨论的介绍，它没有任何用处，所以当这个讨论发展成一个一般的国家理论的时候，就需要一个更一般的介绍附加在它前面。① 在卷 III 我们发现转向了有关国家的基本概念。它的主要内容是从公民被赋予的不同份额的统治权衍生出六种典型的宪政。这里的特征还是对绝对的标准和尺度的追求。这首先表现在区分正确的和堕落的宪法形式的时候。这一卷的风格就像卷 VII 和 VIII 一样，是概念的—理论的，它们包含了最好的城邦的真实的轮廓，并且多次指涉到它。我们还会回到卷 VII 和 VIII。

和这种思辨的规划相反的是经验性的部分，卷 IV-VI。在这几卷中再也没有流露出过在宪政和理想计划上的柏拉图精神。不过在卷 IV 的开头亚里士多德却明显拾起了老的话头，他说明，在理想的城邦结构之外，对政治家而言同样重要的任务是考察，对一个在给定条件下的特殊的城邦，什么是有用的什么是有害的。设计一个绝对理想的城邦和确定在给定条件下的最好可能性的城邦，属于同一门科学。对这一点的说明表明，亚里士

283

多德发现将柏拉图的乌托邦和这种纯粹经验的思考统一起来有一定的困难，但是他相信能够克服它。他指出医学和体育的一种双重类比，其一关注的是纯粹的标准，而另外一个则将这种知识用在既定的情况中。但是人们很难听不到，针对纯粹的理想建构的争议就像一个弦外之音，一直在经

---

① 关于证实卷 I 是后出的，见下面 p.285。

验部分的导言中发出共鸣，并且也很难忽略，亚里士多德对自己的革新相当自豪。对不可达到的理想城邦的突兀的强调无助于四分五裂的希腊政治现实。

首先在新插入部分的经验性研究中，理想城邦不再构成那种标准，根据它来确定，在给定条件下什么是可以达到的和值得追求的城邦，在这里的标准是一种生物学的和内在的。这是通过同情地沉浸于多种多样的可能的城邦形式中获得的，而非根据一个固定的、唯一的理想目标获得。亚里士多德不辞辛苦地强调，不只是有一种民主制，一种寡头制等，而是有非常不同的很多种。在卷 III 中民主制和寡头制仅仅被看作是堕落的、和标准相反的形式，而在卷 IV 它们是几乎所有的现实中的宪政在实践中都涉及的两种形式，即便亚里士多德还保留着他老的系统划分，在价值上分为两个范畴，好的宪政和堕落的宪政。对理解卷 IV-VI 重要的不是他保留了旧有的什么东西，而是他新的方法，它从来不能从有关理想城邦的思辨中衍生出来。在那里，逻辑划分的架构起统治作用，而在这里，生物学上的形式感觉起作用。这显然来自国家形式学说和动物形态学理论细致入微的方法论对比，亚里士多德将它放在了他的新的研究的开头。① 从柏拉图那里继承来的建构性的思维方式的影响，通过观察性的自然科学，尤其是生物学和形态学的方法——它的全面的展开属于亚里士多德后期——变得触手可及。这不仅仅是一个用经验来控制概念结构的问题。那是他一向的倾向，甚至在旧的对理想城邦的解释中他也求助于经验来确认或者推翻柏拉图的思辨。但是在后期的这几卷里，毫无偏见的对经验现实的观察引导他进入一个完

284

---

① 《政治学》IV.4, 1290b25：“如果我们要讨论不同种类的动物，我们应该首先确定对每个动物都必不可少的器官，比如，一些感觉器官和进食和消化的器官，例如嘴和胃，还有用以运动的器官。现在假设只有这么多种器官，但是它们之间会有区别——我的意思是不同的口、胃以及感觉和位移的器官——这些不同的器官可能的结合必定装备很多种类的动物。（因为动物如果有不同的口或者耳的话，就不是一类的）当所有的结合都穷尽了以后，就会有必要的器官的结合一样多种类的动物。这对所描述的政府的形式也是一样的。”然后就是在社会机构的各个部分同动物的不同部分之间的类比。这个过程表明，对亚里士多德而言，这不是一个聪明的类比，而是在方法上的革命。而其结果，就如他在后面一再地强调的那样，是非常重要的：在卷 III 中区分的几种政体形式没有穷尽政体的形式，它们每一个都可以根据各个部分结合的方式再划分，而这种结合可以是非常多方面的。

全不同的思考方式，从特殊的现象开始并试图发现它们的内在法则，就像一个科学家观察一个生物的富有特色的活动和情感。城邦的弊病以及对治方法的理论以医生的病理学和治疗为模型。对寻求绝对标准的柏拉图和原初的亚里士多德政治学而言，很难想象还有什么别的观点跟它更对立了：没有什么国家会如此绝望地被败坏，以至于都不能试着治疗一下。激进的治疗当然会立刻毁灭它，它能够发挥的康复能力的尺度必须通过它自身以及它的状况来确定。

我们必须满足于这种一般的特征，而不进一步对这三卷进行仔细的分　**285**
析。但是有必要再说一下第一卷。就像已经说过的，即有的结构中插入纯粹经验的部分，从而扩展为一个一般的政治学理论，它是在这之后被加上的。这一卷构成了对整体建构的说明，而这个建构是亚里士多德在最后的修改中浮现在脑海中的。他打算在导言中解说所有的现实存在的国家之基本的自然条件，以便从自然本性中、从它们最简单的前提来构建国家。这些前提是所有社会生活的三个基本元素：主奴、夫妻和父母子女。① 在这里自然地给出的对材料的三分被贯彻，或者更恰当地说没有被贯彻，通过这种方式人们认识到，对亚里士多德而言，在这条道路上存在一些困难。第一卷只讨论了这三个基本关系中的第一个，奴隶问题以及它同社会生活经济的关系。至于所提出的其他的两个论题：婚姻和孩子，亚里士多德最后安慰他的读者说，这些问题最后同家庭问题一起讨论，ἐν τοῖς περὶ τὰς πολιτείας（当我们讨论不同的政府形式的时候）。乍看起来，这似乎是在连贯性和清晰性上的一个不可理解的缺陷，它使得这一卷的结尾非常令人不满意。这要从他所处的窘迫状况来解释，只有用暴力的方式才能将他从中解救出来。婚姻和家庭曾经在《政治学》较早的版本中被大量讨论，在批评柏拉图要求妻子和孩子应该共有的时候。他需要或者删除较早的阐述，这样就毁坏了他批判柏拉图《理想国》的主要吸引力，或者放弃在第一卷中对它的说明，而满足于对第二卷的指涉。② 他选择了后者。第一卷支离破碎的结构就是适应较早的计划的结果。　**286**

---

① Pol.I. 3,1253b4-8.

② 《政治学》I. 13, 1260b8-13。πολιτείας 前面的冠词不允许从 τὰς 变成 τῆς，或者被省略。那样就使得这一段指涉《政治学》中包含了理想国家的部分，而在那里没有说家庭问题；而认为缺失的讨论出现在最后一卷的已经轶失的最后一部分，也不能令人感到安

结尾的一段目的是要转向旧的部分中理想城邦的问题，通过它令人注目的迂回曲折透露出这样做的困难，这甚至曾是它不被作为真作的理由；但是它并没有成功掩饰住思想突兀的改变，这种改变人们在第二卷的第一句话中就感受到了。

这些结果可以通过考察引用的体系来证明。事实上有两个交织在一起的相互矛盾的引用系列。起先人们当然认为它们是并列的，并试图使它们相互协调。然后人们将它们对立起来并宣称其中一个是窜入的。但是解开症结的唯一方法是继续用发展史的方式，将那必定出现在老的理想城邦计划中的引用（因为只有它们预设了这个）从后来的那些引用中区分出来，后者预设了现在的这个《政治学》。自然只有那些和《政治学》的现存版本相冲突的引用，是直接证明这一点的，而那些预设了它的引用，大概属于最后的版本，从而也没有明确地说出什么。如果我们用这个标准将它们分成两组，就会发现，和现在的文本相冲突的那一组所预设的是，包含了理想城邦的几卷（II、III、VII、VIII）原本是统一的和独立的。卷 III 曾经是论文真正的开头，因为卷 II 的内容只是消极的。所以它经常被用 ἐν τοῖς πρώτοις λόγοις（在我们的研究的开端）这样的句子提到。甚至卷 IV 也用这种方式指涉卷 III，虽然它属于后来的版本，这表明卷 IV–VI 是在第一卷附加在整体上面

慰。在一个也许从来没有存在过的段落基础上改变传统做法，这当然是令人不快的。ἐν τοῖς περὶ τὰς πολιτείας（当我们讨论不同的政府形式的时候）这个表达是模糊的。在 IV 2, 1289a26 "我们关于政府的最初的讨论"指的是在第三卷中将政体划分为六种。在 II.1, 1260b29 亚里士多德通过和他自己的理想国家、他在那一卷批判的其他理论家提议的乌托邦相对照来理解"另外的政体"；在这一卷的结尾，他又一次将这个考察总结到这样的名下："我们对不同的政体的考察"（1274b26）。由于家庭问题在批判柏拉图《理想国》中的妇女和儿童团体的时候已经全面地讨论过了（II.3-4），虽然亚里士多德在那里通过对比在他看来错误的东西，间接地提出了自己的观点，恰恰是这种间接性在 I.13, 1260b10 的序言性的说明中提到了："丈夫和妻子，父母和子女的关系，他们各自的德性，在他们的相互关系中什么是善的，什么是恶的，我们如何得到善而避开恶，这些都将在我们讨论不同的政府形式的时候谈到。"他在这里指出以批判错误观点的形式处理问题的方法。如果他要以和奴隶问题同样的方式讨论它，这就很难想象，为什么他不在做了前面一个之后马上就做第二个。但是，就像由向卷 II 的一个短小的过渡所证明的——在那里没有任何先兆地提出，政治学的目的是建立一个 ἀρίστη πολιτεία（最好的国家），而至此为止所讨论的只是一般的国家——卷 I 被放到了一个较早的、已经存在的作品前面。

之前被插入的。① 在写第一卷之前，亚里士多德经常就现在在第一卷中所处理的那些问题，即奴隶和 οἰκία（家庭）内部统治的三种基本形式（δεσποτική, γαμική, πατρική（主人、丈夫和父亲））的学说，直接求助于他公开的对话。它们在这几部著作中被充分地运用，所以我们在 III.6,1278b30 看到：ἀλλα μὴν καὶ τῆς ἀρχῆς γε τοὺς λεγομένους τρόνους ῥάδιον διελεῖν· καὶ γὰρ ἐν τοῖς ἐξωτερικοῖς λόγοις διοριζόμεθα περὶ αὐτῶν πολλάκις（不难区分不同类型的权力；它们在公开的著作中早就经常被定义了）。然后他给出了恰恰是我们在第一卷中发现的分类：权力的类型是主奴、夫妻和父子。他提到关于这个分类的一个对话，只有当卷 III 属于卷 I 还没有出现的版本，这才不会令人奇怪。在最终的版本中，他想通过在导言卷中给出对这个问题的全面的讨论来弥补这个缺陷。现在在被引用的段落中自然就需要一个提示：这个问题在第一卷中已经处理过了。而旧有的对对话的指示没有被删除，这样就使得二者的并列成为奇怪的冲突。② 在涉及主奴问题的时候，亚里士多德在卷 VII 第二次加上了对卷 I 的指涉；③ 在卷 II、III、VII 和 VIII 中的引证和在 IV–VI 中的引证之间的引人注目的关系已经讨论过了，如果我们联系这部作品的发展的话，它也可以得到满意的解释。④ 为什么包含了对理想城邦的说明的几卷——卷 II、III、VII 和 VIII——同一个相互引证的网络联系在一起，而没有提到插入的 IV-VI 卷，其原因是，它们是在较早的一个时期一起写的。同样的事实

288

---

① 卷 III 或者它的开头的 ἐν τοῖς πρώτοις λόγοις（在我们的研究的开始）参见卷 III.18, 1288a37 (=III.4)；VII.14, 1333a3 (=III.6)；IV.2, 1289a26 (=III.6)；IV.7,1293b2 (=III.4-5)；和 IV.10, 1295a4 (=III.14-17)。如果 Susemihl 是正确的，它也和现在的《政治学》状态相矛盾，在 IV.3, 1290a1 用这样的话指涉 VII, 8-9："这在探讨贵族制的时候我们已经提到了"；但是我们不能绝对排除这样的可能性，这里所指涉的是 III.4。Newman（The Politics of Aristotle, vol. Iv, p.155）认为是 III.12, 1283a14ff.。参见下注。

② 《政治学》III.6, 1278b17。如果这个对卷 I 的指涉从开始就有，那么卷 I 自身就和 III 一样早，那就不能理解为什么亚里士多德在这里认为有必要重复他在那里关于主权形式的已经说过的话，并求助于公开的作品。从其他的对公开作品的指涉可以清楚，这是为了救急从一个对话中摘录出来的；这预设了，卷 I 那时候还没有在前面存在。

③ 《政治学》VII.3, 1325a30："关于这个我在这部著作的开头已经讲得够多了。"在这里，就像在 III.6, 1278b18 一样，"这部著作的开头"不是指卷 III，这是《政治学》中一般的意义，而是指卷 I。这就是说，它预设了最晚的版本。两个指涉都在那种情况下被引入。我不能看出在《政治学》中有什么引用不是出自亚里士多德之手。

④ 参见 p.280。

也可以解释为什么最后的经验论的部分，尤其是卷 IV 经常指涉老的版本。

对照后来几卷以及宪法集的日期，我们现在试图更准确地确定理想城邦计划的产生时间。就像在《伦理学》和《形而上学》中一样，我们必须从它和亚里士多德早期作品的关系开始——意味深长的是，只有《政治学》的较早的部分表现出这种联系，而较晚的几卷，IV-VI 没有表现出一点同对话相关的迹象。不幸的是，我们可以用以比较的材料相当贫乏。我们可以使用的唯一作品《劝勉》对这个问题有所帮助，在那里政治学是直接建立在伦理学基础上的。保存下来的《劝勉》的残篇包含很少的纯粹政治学的东西。这个遗憾通过这个事实在一定程度上被弥补了：在早期，政治学和伦理学之间的关系比起后来要密切的多。虽然后来亚里士多德仍然正式地保留着两个学科的统一，甚至外在地将它们系统化为一个大的整体，但是实际上伦理学却在这个外表之下，完全从传统的柏拉图主义的统一体中分离出来，并且打开了它在希腊化时代独立的大门。

我们从卷 VII 的开头开始，它为理想城邦奠定了基础。它将国家的目的和个人的伦理目标等同起来，这是完全柏拉图式的；因为它就是这个命题的意义：最好的国家是那种保证其公民最好生活的国家（αἱρετώτατος, ἄριστος βίος），研究就是由此开始的。亚里士多德这样说完全不是让国家服从于个人的福利，就像自由主义者那样，而是像柏拉图那样，将判断国家价值的范畴从适用于个体灵魂的伦理标准中衍生出来。说国家的"最好的生活"和个人的是一样的，这对他而言并不意味着，如果每个人都吃得好以及感觉舒适那么国家的一切就是好的，而是说，国家的精神和道德价值建立在它的公民的上面。它最终的源泉是个人有价值的灵魂。而灵魂的最高的伦理思想是国家，人在本质上就倾向于国家。

柏拉图在同一门科学中完成了从伦理标准向最好的国家的推理，而在亚里士多德那里，政治学和伦理学的分化已经走得相当远了，所以在这一点上他必须用外在的提示说明，ἄριστος βίος（最好的生活）这个伦理学论题具有根本的意义。在这里，伦理学的提问方式 [τίς βίος ἄριστος（什么是最好的生活）] 本身就是这个国家计划的年代的标志；因为在后期的伦理学中，虽然这个问题仍然产生影响，但是仅仅构成一个传统的框架，在这个框架里面，习惯学说通过现实的心理学展开了，而在《斐莱布》和《劝勉》中，甚

至在原初的伦理学中，它还是整个价值问题的核心。当我们看到亚里士多德 **290**
为建立自己的理想国家而不得不求助于公开的作品以确定最好的生活的问题
的时候，我们不应该感到奇怪，而应该最严肃地对待它，并且不应该仅仅考
虑其文学形式，就像直到今天人们一直做的那样，而是也要考察其内容。他
的语言明白无误地意味着，他立足于一个关于"最好的生活"的特别的著作，
这必定就是《劝勉》。① 伯奈斯第一个认识到这一段是一个自我引证，他假
设这里参照的是一个完全不为人所知的对话 Nerinthus，② 这是一个令人难以
理解的观点；不过它总算帮助我们注意到在接下来的一章中发生的风格的改
变。③ 从作品中不寻常的语言，以及它们和引用的公开的 λόγοι（论述）的
符合，他总结出，这是对亚里士多德一篇对话的大规模的复制，甚至连细节
都是。第尔斯后来将风格问题放在一个更加普遍的背景中，并解释说，在著
作的许多地方格调显著的拔高是作为抨击性演说的努力，意图对听众的感情
施加主观的影响。他不相信这些段落中的任何一个是从对话中借用的。④ 关
于这些作品同公开作品的多方面的关联，在迄今说过的这些之外，已经没有
什么遗漏未说的了。《政治学》卷 VII 的导言也是建立在公开作品的基础上的。
但是这种崇高的格调当然不能用亚里士多德没能删除所有原来的口气的痕迹 **291**
来解释，因为它完全适合一个理想国家的导言，并且在相似的地方又出现
了，而不被认为是从对话中借用的。⑤ 事实是，这一段恰好既是借用的，又

---

① 《政治学》VII. I, 1323a21。

② Bernays, Die Dialoge des Aristoteles, 89.

③ Bernays，同上，p.77。

④ Diels，评 Georg Kaibel 的 "Stil und Text der Ἀθηναίων πολιτιεία des Aristoteles" in Gött.
Gel. Anz., 1894；以 及 "Zu Aristoteles' Protreptikos und Ciceros Hortensius" in Arch. F.
Gesch. D. Philos., Bd. I, p.478。在我的 Ent. Metaph. Arist. 中（p.137），我追随第尔斯，并
且现在仍然认为，将这样一种使用他的对话的方式归于他，好像一个后来的编辑者不情
愿地陷入了这些对话的风格的束缚中去，这是不可能的。如果风格改变了，这总是因为
他要制造一种特别的效果。但是以前我出于这个原因像第尔斯一样相信，借用公开作品
的假设完全可以免除，这个结论现在当然必须放弃。Vahlen 讨论了《政治学》第六卷开
头的开放性（Ber. Wiener Akad. D. Wiss, Bd. Lxxii, pp.5ff.），虽然其精致的语言观察非常出
色，但是却无助于解决伯奈斯的这一章的思想起源问题。

⑤ 比如，在《论动物的部分》的第一卷，它是关于动物的系列课程的介绍，在风格上非常
普遍。

有风格改变：亚里士多德不但从他的公开作品中借用了思想，而且试图通过一种特定的风格形式使它们具有劝勉效果。

他首先从《劝勉》中采用的——就像在《欧德谟伦理学》第二卷开头那样——是将所有的善划分为外在的、身体的和灵魂的。幸福在于拥有所有这三种善，虽然说明外部善和身体善的必要性不像说明道德的和精神的善那样是哲学家的工作。"没有人会认为这样的人幸福：他不拥有一点点勇气、节制、正义或知识（φρόνησις），害怕每个振翼飞过的蚊蝇，为了满足口腹之欲可以犯无论多大的罪，他可以为了一点小钱而牺牲自己最亲密的朋友，他在精神上就像孩子一样愚昧，或者就像疯子一样迷惑。"从它提到柏拉图的四种德性——根据柏拉图后期的观点，其中的 φρόνησις 代替了 σοφία——就可以清楚这一段的写作时期。我们在《劝勉》中也已经看到了同样的四重划分的框架。① 赋予它的重要性通过四个例子表现出来。其中关于 φρόνησις 的价值例子还可以从《劝勉》残篇中看到。"一个人如果被剥夺了理智而疯狂的话，即使他拥有人所能有的最大的财富和权力，他也不愿选择活着，即使他会恒常享受最强烈的快乐。"后面继续说，"如果一个人拥有一切，但是他思考的部分被败坏了并生病了，那么生命对于他就不再是值得欲求的了。其他的善对他也没有什么好处了。这就是为什么所有人如果知道了什么是理性并能够尝试它，就会贬低所有其他的善。这也是为什么我们没有一个人能够忍受整个一生都醉醺醺的或者终生是个孩童。"②

《政治学》继续道，虽然所有人都知道这些，不同在于人们对于尺度的看法，即关于我们最需要什么样的善的问题。一些人认为只要很少的 ἀρετή 就足够了，而无限度地追求财富、金钱、权力和名声等（εἰς ἄπειρον ζητοῦσι τὴν ὑπερβολήν）。但是幸福，无论是由快乐还是由德性或者由二者共同构成（这是《斐莱布》和《劝勉》的问题）③，更常在那些在精神上受到最高教养的、而只占有适度的外部善的人身上发现，却不是在那些拥有用不完的财富而在精神方面缺乏的人身上发现。这些话复制了《劝勉》中典型的思想和句子。

---

① Frg. 52 (p.62, 11.2-4 in Rose)，和 frg.58 (p.68, 11.6-9 in Rose)。对比《政治学》VII. I, 1323b33-6 和 15, 1334a22。

② Frg. 55 (p.65, 11. 4-7 和 15-21 in Rose)。

③ Jambl. Protr., p.41, 1. 12 和 p.59, 1. 27, in Pistelli。

那种 τὴν διάνοιαν κεκοσμημένος καθ᾽ ὑπερβολήν（在精神上受到最高教养）的
人是《劝勉》中这样的人的反面 λαμπρᾷ ἐσθῆτι κεκοσμημένος（有锦衣遮体）
而灵魂 κακῶς διάκειται（处于邪恶状态）。① 亚里士多德在《政治学》几行以
下就提到了这个内在的 διάθεσις（状态）。"人所能要求的每种善的最高程度
（ἀρίστη διάθεσις），根据它相对于另外的善的最高程度的价值优势，是依赖
于这些善自身相互的价值差别的。"②《劝勉》更简单地表达了同样的意思：如
果一个人灵魂的状态是坏的，那么无论是财富还是强壮、美丽对他而言都不
是善。相反，这些状态在他身上体现的越多，那么它们对拥有它们而不具有
φρόνησις（智慧）的人造成的伤害越大。(frg. 57 结束)

　　外部的善必须有一个限度（πέρας），因为它们是手段，而每个手段都是
有特定用途的。将它作为目的自身，手段就会对那些将自己变成它的奴隶
的人有害，或者至少变成无用的。但是我们越是增加内部的善，它们就会
越有用，如果人们在这里可以用"χρήσιμον"（有用）而不仅仅是"καλόν"
（高贵）这个词的话。③ 这里的来源还是《劝勉》。在那里说："期望从每个知
识中获得某种结果，并要求它是有用的，是对善的东西和必需的东西的根
本区别绝对的无知，这个区别非常大。我们渴望一些事物是为了另外的东
西，没有它们我们没法生活，这样的东西应当被称为手段（ἀναγκαῖα）和条
件（συναίτια）。而那些我们为其自身而欲求，即使它不带来别的什么，这些
东西是严格意义上的善。说欲求一个事物是为了另外一个，而后者是为了别
的，以至无穷，这是不对的；而是在某个地方有个终结。"[参见 Pol.1323b7，
τὰ μὲν γὰρ ἐκτὸς ἔχει πέρας（外部的善有一个限度)]。人们完全不应该总是问
τὶ χρήσιμον（有什么用？）以及 τί οὖν ἡμῖν ὄφελος（它如何帮助我们？）这样
的问题，因为有一个理想的东西 [καλὸν κἀγαθόν（高贵的并善的)]，它超
出这种卑下的有用性。④ 每个人都拥有和他的 ἀρετῆς καὶ φρονήσεως（德性以

293

① 《政治学》VII. I, 1323a36ff.；同上 frg. 57。在两个地方，确定外部的所有物和灵魂的状态
　　对幸福的作用的方法是一样的。

② 关于亚里士多德在《劝勉》中偏爱以形式逻辑的方式得出结论，参见 Jambl. Protr., p.43,
　　1.28 和 p.44, 1.21。两个例子都和 αἱρετόν 和 μᾶλλον αἱρετόν 有关。

③ 《政治学》VII. I, 1323b7-12。

④ Frg. 58 (p.68, 1. 19, in Rose). 在 λέγομεν 后面，在 Rose p.69, 1 那里有三行因为印刷错误
　　而脱落了。参见 Jambl. Protr. p.52, ii.28ff.

及智慧）相等的幸福——《欧德谟伦理学》这样说。"神是对此的证明，因为他是 εὐδαίμων καὶ μακάριος（幸福且有福的），不是由于任何外部的善，而是在他自身，由于他自己的本性。"① 这种说法属于亚里士多德刚从柏拉图脱离之后的时间，神学还占统治地位，伦理学和政治学还到处渗透着。后来他避免掺杂这种形而上学的东西。这也是从《劝勉》复制来的，表现在西塞罗保存的关于无忧岛上的 beata vita（幸福生活）的残篇中。"Una igitur essemus beati（scil. Si nobis in beatorum insulis immortale aevum degere liceret）cognitione naturae et scientia, qua sola etiam deorum est vita laudanda"② 在这里真正的人类幸福以神的极乐为基础。这种推演，同《政治学》在下面展开的幸福和好运的区分一样，也出现在早期作品以及最早的伦理学形式和《尼各马科伦理学》中；但是在这里处理的整个方式是较早时期的。③

　　卷 VII 第一章以这样的话结束："作为序言这已经足够了。既不可能不触及这个问题，也不能详尽地论述相关的问题。因为那是另外一门课程的任务（ἑτέρας σχολῆς）。"谁对此还不满意，亚里士多德明确地承诺还有对这个问题的一个新的研究。亚里士多德在柏拉图主义者的圈子中——这个讲演就是在他们中间产生出来的——等待有对他将国家幸福和个人幸福等同的反对。对一个哲学家而言，致力于柏拉图的哲人城邦，并为它的目的服务，这是不难作出的。而亚里士多德的新的理想国家不是由柏拉图式的王统治的。在第一章他说到对国家和对个体公民而言的最好的生活是同一的时候，显然他认为可能的生活有两种：最大的快乐的生活，或者伦理的和实践的善的生活。他没有提到纯粹理性（φρόνησις）的生活。④ 对此，一个柏拉图主义者会回答说，"那么哲学家别无选择，只有完全退出政治生活。"这也是亚里士多德自己在《劝勉》中获得的必然的结果，在那里唯有哲学能够确定最高的政治标准，是国家的立法者。在同现实相接近的理想城邦中，哪里还有位置留给哲学人的沉思生活呢？在这里国家和个人之间的对立第一次成为一个科学问题，虽然还不是在非常严格的意义上，因为只有哲学的我（Ich），即

① Pol.VII.I,1323b21-26.

② Frg.58（p.68,10 in Rose）.

③ 参见《欧德谟伦理学》VIII.2。

④ 《政治学》VII.I,1323b1。

φρόνησις（纯粹理性）的我，代表着比国家更高的利益。一般的公民只是国家统治精神的产物，对他而言，在古代没有这样的问题。他的本质就是国家实体中的成员。

但是亚里士多德要求，在理想城邦中社会和个人不应有不可调和的目的上的冲突。这是一个超出历史的和个人兴趣的场景，当我们看到，在《政治学》接下来的两章中，《劝勉》的作者在放弃了柏拉图的哲学家城邦后，不可避免地挣扎于他的哲学的和他的国家公民—社会良知的冲突中。就像形而上学中信念和知识的对立，以及伦理学中性格和沉思的精神之间的对立，在国家和个人（＝文化价值）之间的对立只有在亚里士多德同柏拉图主义决裂的基础上才在理论上是可能的。柏拉图的国家神话已经不再能够用它积极的力量的浪漫而原始的统一遏制这些日益分离的因素的分崩离析。亚里士多德试图重新将它们整合进一个更高的统一体中。沉思生活的激进的支持者们早就看出，柏拉图理想的最终结论是避开一切真实的国家，而像外乡人一样生活（ξενικὸς βίος），因为在哪里存在那适合哲学的国家，在哪里理想能够找到自己的位置？所有现实的国家，在他们看来，都是强权，无非强权、暴政和奴役。解决的方法不是行动，不是统治，不是暴虐恐怖的政治活动的同谋，因为它是贪图权力的、自私的。亚里士多德将这些人和那些思想家相比，他们认为强有力地行动，统治，是对人而言唯一有价值的事情。有这样的国家，它们整个的法令和宪法只有这样的目的：在其公民中培养一种骄傲的、主人的和好战的精神。只要国家的宪法不是没有生命的偶然产物，就像大多数那样，在亚里士多德看来它们无一例外地具有这种特质。[1] 他现在构建的新的理想是这两个极端的中间。彻底的柏拉图主义者是无限制的个人主义者，他更喜欢绝对的个人自由而非参与一个暴政国家，他既不希望统治也不希望被统治，这确实比现代的国家权力理想在道德上要高尚，但是统治并不必然是暴政，大量的人生来就是不独立的。谴责行动而赞扬不行动也是不公正的。当他宣称，"什么也不做（ἀπρακτεῖν）不会产生好的行动（εὐ πράττειν）"这个观点必定有道理的时候，他是一个无可比拟的希腊人。它的确定性对希腊生活感受而言毋庸置疑。显然，只有将哲学沉思自身当作一

296

————————

[1] 对这两种政体的描述在 Pol.VII.2.1324a35ff。

种创造性的"活动"，亚里士多德才能将哲学家的理想生活同这种国家和社会的目的观念统一起来。在这里他又一次打开了连接知识和生活的新的道路，以取代柏拉图已经四分五裂的神秘的综合。创造性的精神活动意味着：建造。亚里士多德已经放弃了《劝勉》中孤独的顶点。他现在作为思想的建筑师（ὁ ταῖς διανοίας ἀρχιτέκτων）站立在活跃的生活中，这样建造他的城邦：这种精神活动作为人类和社会一切活动追求的顶点，在这里得到承认并且发挥作用。[①] 这样亚里士多德坚定地保留着他年轻时候的理想，同他更清晰地认识了的现实做斗争。他对《劝勉》中基本的伦理和政治原则的批判，以及对它的最好的生活的批判伫立在旧的理想国家计划的前景上，就像我们在原初的伦理学中一步一步地发现的那样，这不仅证明了它产生于早期，而且也使得我们首次给出它在他的发展史中的正确位置。原初的《政治学》同原初的伦理学和原初的形而上学是站在同一个阶梯上的。[②]

这赋予了大量的段落以新的意义，其中老的理想国家的计划参考了《伦理学》。它们经常被认为是和《尼各马科伦理学》相关，即使是那些适用于《欧德谟伦理学》的地方也这样。奇怪的是留下了这样的情况：一些主要段落只适合于《欧德谟伦理学》，它被认为是欧德谟写的。[③] 由于在这些段落中《伦理学》只是心照不宣地被使用（这是很平常的事），而没有明确地被引用，可以认为，欧德谟在写作伦理学的时候眼前放着《政治学》，除此之外，别

---

① 《政治学》VII.3，尤其是 1325b15ff。

② 卷 VII 对《劝勉》的依赖绝不限于上面分析的头三章。例如，可以在第 15 章清楚地看出来。那里对柏拉图的四种德性的提及（1334a22ff.）足以说明，对国家的整个规划属于一个很早的时期，关于哲学和道德德性在无忧岛上的必要性的论题直接借用自《劝勉》（frg.58）。紧随此后，也带来了对那些不能使用生活中的善的人的抨击（frg.55）。同样还有这一章的结尾关于身体和灵魂的关系以及灵魂的部分的说明（Jambl. Protr. P.51, 1. 18-p.52, 1.2）。"自然的缺陷是技艺和教育要去填补的"（VII. 17, 1337a2）逐字复制自 Jambl. Protr., p.50, 11. 1-2。"自然给了年长的人智慧"（VII.9, 1329a15）来自 p.51, 11. 24ff。

③ Bendixen（Philologus, Bd.xi (1856), pp.575 ff.）第一个反对斯宾格勒的观点，后者认为《欧德谟伦理学》是欧德谟写的，指出有几个段落表明，《政治学》和《欧德谟伦理学》有显著的联系。在我已经提到的 Göttingen 博士论文中，Von der Mühll 重新讨论了 Bendixen 的研究（p.19），但是没有仔细地考察。不过我们已经通过另外的途径充分证明了《欧德谟伦理学》是出自亚里士多德的，并确定了，这是他在离开柏拉图的时候写的，这就需要对 Bendixen 的材料重新看待。

无可能。由于我们已经证明他不是作者，真实的关系就变得明晰了。根据和《劝勉》的密切关系，如果理想国家的计划确实是在第四世纪四十年代写的，那么自明的是，在它里面只会使用了原初的伦理学。在卷 VII，13，比如说，**298**引用了一个对手段和目的的正确关系的说明。① 它的来源不会是《尼各马科伦理学》，就如已经被公认的那样。这些纯粹的伦理学句子，它们在《欧德谟伦理学》中处于原初的思想关联中，而在《政治学》中只是一带而过，却将《政治学》认作它们的最初的来源，这也是不允许的。同样，亚里士多德不大可能会在两个彼此独立的段落用同样的话表述同样的思想，无论是出于偶然还是由于记忆失误。这个解释通过下面的事实被否定了：还有一些类似的段落同《欧德谟伦理学》相一致，有的甚至共有非常有特色的细节。它们都表明同样的事实，即，当他写《政治学》的最早的部分的时候，亚里士多德眼前就放着《欧德谟伦理学》，并经常引用它。对这个观点正确性的决定性的证明是，那些醒目的引用都出现在《政治学》最早的几卷中，即那些关于理想国家的卷次。② 就像《尼各马科伦理学》和《政治学》后来的版本一样，原初的《政治学》和原初的《伦理学》在密切的彼此关联中产生。

同样在第 13 章还多次使用了原初的伦理学：1332a8 一段太泛泛，从而**299**不能得出确定的结论，③ 但是 a21 却可以仅仅同原初的伦理学而不是《尼各马

---

① 《政治学》VII. 13，1331b26。参见《欧德谟伦理学》II. 11，1227b19。《政治学》的这一段取自《伦理学》通过这样的事实而确定了：这一章在另外两个地方（1332a8 和 21）明确地指涉了《伦理学》。

② 这一点同我们对决定性的一点的研究是一体的，对于这一点迄今还没有任何人注意到。直到现在《政治学》和《欧德谟伦理学》之间的关系被考察，仅仅是为了确定后者是否真作，但是通过它并不能清楚地确定这一点。《政治学》除了在卷 II、VII 和 III 对《欧德谟伦理学》的醒目的借用，"使用"的两个意义的区分，就如我们在《欧德谟伦理学》III.3，1231b38 所发现的那样，在《政治学》I.9，1257a5 也出现了，这就是说，在后来的部分中出现；同样，后期的卷 V 中的两段包含了在原初的伦理学中也出现的格言（Bendixen，同上，p.580）。但是这些微弱的回声就其本质而言并不是真正的证明，同在卷 II、III 和 VII 中的借用不可同日而语。它们中部分是怀旧，部分就像"使用"的两个意义，是必须要重复的东西。

③ 关于幸福的定义，对此亚里士多德求助于《伦理学》。它可能也是来自《尼各马科伦理学》I.6，1098a16，但是其他的例子排除了《尼各马科伦理学》。对"德性的实现和完美的运用"的强调却是一个标志。这个表达出现在《欧德谟伦理学》II. 1，1219b2，同幸福的定义相关。在较早的政治学中，它是固定的定义。参见 VII.8，1328a38。

科伦理学》联系起来，因为其行文恰好重现与前者相关的段落，而在《尼各马科伦理学》中则缺乏对应。编辑者指涉的在《尼各马科伦理学》中的那一段并不适合。①《欧德谟伦理学》也在1334a40的引用中表现出来，在那里，关于斯巴达人德性观点的极具特色的故事是从《欧德谟伦理学》1248b37处采用的，在 II，1271b4 也有。在亚里士多德为他的国家范型打基础的时候，《欧德谟伦理学》中不真实的、斯巴达式的德性和真实的 ἀρετή 之间的区别，对他必定有着非同寻常的意义。而且，它和1332a21的联系如此密切，似乎证明了所有这三个地方都指涉《欧德谟伦理学》中相同的段落。在1332a21中，他说："根据伦理学的论证也确定了，好人是那种人，因为他是有德性的，对他而言，绝对善的东西才是善的。"《欧德谟伦理学》1248b26 说："那么一个好人，就是对他而言自然的善的事物是善的。"然后是一个理由。亚里士多德用它来支持自己在《政治学》中的这个段落。在《政治学》第三卷（1278b20ff.）中也有一个对原初《伦理学》的引用。《政治学》的较早几卷依赖于《欧德谟伦理学》，与此对照，没有任何痕迹可以证明它们依赖于《尼各马科伦理学》。

300　　老的理想城邦计划的另外一个部分可以从完全不同的角度更准确地确定它的产生时代。这个部分就是第二卷，它包含了对以前的希腊乌托邦主义者的批评，其主要兴趣在于对柏拉图的批评，这是我们从亚里士多德那里获得的最详细的批评了。除了真正的乌托邦之外，他讨论了斯巴达和克里特，它们被第四世纪的政治理论家认为是模范宪法（εὐνομούμεναι πολιταῖαι）。他还讨论了迦太基。② 就其现在的形式来看，这些章节必定写在公元前345年

① 同《欧德谟伦理学》VIII.3, 1248b26 在语词上的对应显而易见，但是没有绝对令人信服的同《尼各马科伦理学》III.6, 1113a15ff. 的相符。

② 卷 II 整体是早期的，但是讨论很多的结论章在时期上和其他方面大概是个例外。在这里亚里士多德给出了立法家的一个名单，并紧接着确定了他们的立法作品或国家计划的 ἴδιον（特征）。学者总是发现，它同前面一章的联系很松散。如果它本来就是要放在现在这个地方的，那么就很难理解，为什么没有重新讨论柏拉图和法勒亚斯（Phaleas）。因此维拉莫维茨否认了1274b9-15（Aristoteles und Athen, vol. I, pp.64ff.）。但是显然，立法家名单是独立产生的并且后来才附加到这一卷的，就像我在 Ent. Metaph. Arist., p.45 表明的那样。收集所有可以获得的个别案例的倾向，以及考察 ἴδια（特征）的方法，表明它属于后期，当亚里士多德用同样的方法描述自然的时候。对希腊科学而言 ἴδια 研究有怎样的重要性，比如说在人种学中，是众所周知的。

不久之后，因为法莱卡斯（Phalaikos），弗西亚的雇佣兵头领去克里特，是作为一个最近发生的事情被提到的；① 但事实上它们更早一些，因为《劝勉》恰恰以同样的方式否认了克里特或斯巴达"以及诸如此类的其他的"是模范政体。在那里，这些国家被描述为"人类的国家"，对它们的模仿只能获得人类的产品，而不会是任何永恒的和神圣的国家。② 亚里士多德所用的资料也不会是在阿索斯和米蒂利尼（Mytilene）才收集的，而是当柏拉图在写《法律》，斯巴达和克里特的制度在学园中是一个津津乐道的话题的时候。对克里特的新认识来自埃弗罗斯（Ephorus）的历史，同时也出现在《政治学》 **301**
第二卷和伪柏拉图对话《弥诺斯》（*Minos*）中，后者大概是在柏拉图死后不久写的。③ 我们不知道研究迦太基宪法的权威人士是谁，但是亚里士多德无论如何在宪法收集很久之前就研究过它了。在这些研究中他被一种标准思想指导着。就像在《劝勉》中一样，他的目的是为了表明，最好的国家不会在任何地方实现。ὅρος（标准）概念在后来的伦理学中退居后台，而我们在原初的伦理学中发现它还是具有影响力的，它在理想城邦政治学中被如此顺理成章地使用，这也是将它和《欧德谟伦理学》放在相同时期的另外一个原因。④

---

① 《政治学》II. 10, 1272b20，在这里 πόλεμος ξενικός 与 Newman（同上，vol. ii, p.360）不同，意思是雇佣兵战争而非外国战争，就像 Fülleeborn 和 Oncken 已经指出的那样。后面一个意思是后来的希腊语所有的。

② Jambl. Protr., p.55, i. 17.

③ 关于克里特的传统，是否亚里士多德依赖于 Ephoros 还是相反，这个古老的争议不能完全确定无疑地决定。当然，有一点可以排除，就是 Ephoros 利用了亚里士多德的《克里特宪法》，因为宪法集的编纂是远为在后的事情，Ephoros 的著作为卡利斯塞尼所知，而卡利斯塞尼同亚历山大在公元前 334 年去了亚洲（参见 Wilamowitz, Aristoteles un Athen, vol. I, p.305）。在 40 年代后半期，亚里士多德大概在《政治学》II. 10 利用了 Ephoros 的著作来批判克里特事件，这无论在时间还是在其他方面都并非不可能，因为这个时候他还远未专门研究个别情况，那是他最晚期的事情。另一方面，在 II. 14, 1333b18 前面，他谈到 Thibron 关于斯巴达城邦的著作，以及"所有那些写了古代斯巴达政治的人"的著作，所以他或许也有关于克里特的当地的资源。不过，Ephoros 和亚里士多德在克里特问题上的推理方法如此类似，并且如此新颖，人们更愿意认为一个就像是 Ephoros 的历史学家是他们共同的来源。

④ 这里只需要几个例子。在许多地方 ὅρος 的意思摇摆在作为本质的标准（对本质的必要规定）和作为目标的标准之间。在卷 VII 真正的理想国计划中，我注意到下面的例

对柏拉图的《理想国》的批判对认识亚里士多德同柏拉图的本质对立非常重要，因为它没有隐藏在抽象的认识论形式中，这个批判大概同理想国家计划的主体部分一起完成，当亚里士多德在阿索斯逗留期间，《法律》这部作品到处触手可及的时候。这个计划是在这部作品的直接影响下完成的，到处可以感觉到这一点。对《法律》的本质的批判似乎写的相当仓促。众所周知，它包含了许多不精确的地方，这说明了阅读的肤浅。亚里士多德的残篇包括了大量的对《法律》和《理想国》的摘录，这无疑是为了批判而做的。这个时候他缺乏耐心对整部作品进行详尽的判断。他带着或多或少已经形成的看法来理解它，认为自己已经超出了它，不必再对它侧耳聆听。虽然有许多细节上的符合，但是他有意识地追随另外的原则。但是，强有力的现实主义的视角迫使他更加经常地涉及《法律》中的细节，当然大多是批判的角度。比如，对于柏拉图提出的公民的数量（τὸ νῦν εἰρημένον πλῆθος），它说，我们不能忽略这样的事实，柏拉图提出的公民的数量将需要一个像巴比伦一样大的地方，或者与之相仿大的地区，如果要供养 5000 闲人，以及他们的女人和奴仆的话——这些人的数目要几倍于这个数字。[①] 他总体的判断是，柏拉图所说的一切，虽然是富有思想的、革命性的并富于启发的，至于正确与否，是另外一个问题。

对柏拉图理想国计划的一个引人注目的批判是，它缺乏对外国政治形势的考虑。柏拉图在一个完全空白的空间中建立了自己的国家。至于在现实政治中发生的残酷的斗争，他或者认为它们很遥远，或者更坏，他根本不考虑它们。当柏拉图说，立法者的眼睛应当紧盯着两件事——人民和国家，这当然是聪明的和精确的观察，但是邻国呢？因为总是有邻邦，不可能孤立而不受打扰地理想地存在，无论是在国家中的个人还是在国家社会中的国家，由此才有军备的必要性，它不仅仅针对自己国家的环境，而且要针对外国的

子：2, 1324b4；4,1326a35-36；1326b23 和 32；1327a6；7,1327b19；13,1331b36（ὅρος 同 σκοπός, τέλος 直接同义）；15,1334a12；σκοπός 也经常出现：2,1324a34；13,1331b27 和 31；14,1333b3 和 13。卷 II、III 和 VIII 也经常使用标准的这个概念（Bonitz, Ind. Arist. s.v., 没有正确地对待 ὅρος 的这个意思）：II.6,1265a32；7,1267a29；9,1271a35；III.9,1280a7；13,1283b28；VIII.7,1342a33（参见 6,1341b15）。

① 《政治学》II.6,1265a13.

情况。① 国家不仅要在遭遇侵略的时候勇敢对敌，就像柏拉图所要求的，而且要防止所有其他力量觊觎攻击它。亚里士多德就像他的老师一样谴责将权力和统治美化为国家的最终目的，他拒绝完全为了战争而将人民组织起来，国家也不应片面地把注重于发展自己的力量作为唯一的道路。他的观点的有特色的部分，却是他此外新加的东西。对外部政治的考虑迫使国家为冲突的国家利益斗争，这样就给了它一个有别于根据它的道德目的而来的方向。

　　显然，不是理论的思考使得作为一个柏拉图主义者的他发生转变，而是个人同实际的外国政治的接触。德谟斯提尼的抨击演讲虽然在他离开雅典之前就开始了，但是不会在亚里士多德思想的这个方向上产生影响。而同一个真正的政治家，就像阿塔纽斯的赫尔米亚，长期的打交道却必然给他的政治思想以新的刺激，就像他反过来说服赫尔米亚，在政治中道德目标的必要性。在阿索斯以及此后不久，亚里士多德的理想国家的计划完成了。

　　这个时期没有任何希腊城邦像赫尔米亚的城邦那样依赖于 γειτνιῶντες τόποι（邻邦）：它颤巍巍地平衡和两个国家的关系，一个是斐力的军事国家，强大地延伸在赫勒斯滂（Hellespont）的欧洲部分，另一个是在亚洲海岸的波斯帝国，嫉妒它的霸主地位，这要求耳目毫不懈息的警觉。引人注目的是，那些非柏拉图思想——军备的必要性，以及对强大而敌意的邻居的恐惧——如何弥漫了整个计划。② 在一个有趣的段落亚里士多德攻击了柏拉图特别的斯巴达观念，认为城邦不应该筑造防御工事。③ 他声称，根据现代的围城武器和火炮的发明，这是一个过时的偏见，虽然它或许是对的，如果一个国家仅仅被一些比自己弱的国家围绕而非被压倒性优势敌人包围的话，就像过去斯巴达那样。这符合赫尔米亚的情况，他事实上牢固地防护着阿塔纽斯，后来真的被波斯进攻而没有攻下。上面已经提到的另外一段明确地涉及了阿塔纽斯的一次围困。④ 这里，显然赫尔米亚自己就是信息的来源。他驳斥了法勒亚斯（Phaleas）的国家计划，就像在柏拉图那里一样，在他的理想国家的计划中，他没有说明有力的外交政策和军备的必要性，在此之

304

---

① 《政治学》II.6,1265a18ff。

② 《政治学》II.7,1267a19；II.9,1269a40；和 VII.11,1330b32。

③ 《政治学》VII.11,1330b32 到章尾。

④ 《政治学》II.7,1267a19-37.

后，亚里士多德要求，国内政策——大部分的理想国理论家令人遗憾地只对此排他性地感兴趣——也要同对外的事务总是紧密地联系起来。首先，财富的积累不能大到引起更强大的敌人的攻击，而自身不能防卫。据亚里士多德所称，在这个方面恰当的标准是由赫尔米亚的前任，阿塔纽斯的欧布罗斯（Eubulos）制定的，他曾经是个银行家。他说，一个更加强大的对手不会由于一个人拥有的多余的财产而发动一场战争。当波斯总督奥托夫拉达提斯（Autophradates）计划在阿塔纽斯围攻他的时候，他让他计算围攻的代价，加上所需的时间。他声称自己已经准备离开阿塔纽斯，当他只为他计算出这个代价的时候，使得他认识到，这个计划的花费同它的重要性完全不成比例。奥托夫拉达提斯计算了一下，真的中止了围攻。

这样阿塔纽斯的地方色彩在理想国家的早期计划中反映出来。它如此的富有幽默感，亚里士多德只能在那个时候才写得出来，当阿塔纽斯第二次遭到同一个可怕敌人的围攻之前，狡猾的老欧布罗斯——赫尔米亚在城邦技艺上的老师，关于他的诡计的可笑的回忆还没有褪去，而亚里士多德自己的命运和他的家庭还没有因为赫尔米亚之死而摧毁的时候。在这一段中，我们相信这里还可以听到他同赫尔米亚的真实的对话，赫尔米亚让那些思想向所有现实开放的柏拉图主义者从理想转向现实。赫尔米亚在这个方面的努力以及他自愿地听取在阿索斯的哲学家的建议，从他的僭主制转向一种更加温和的制度，反映在亚里士多德的理想国家计划对这种城邦形式的高度评价上，也反映在他有意限制城邦的疆域和范围上。

最后，还要说一下亚里士多德理想国家的方法。第三卷包含的理想国家的基础，是著名的六种政体，将可能的政体形式分为三种正确的和三种堕落的（παρεκβάσεις）形式。他从他学园时期的政治学作品中采取了这种规范的态度，在他发展六重分类的那一段显然指涉了这个时期。第三卷第6、第7章本质上无非就是从这些作品中节录的。柏拉图在《理想国》最后一部分描述了各种类型的政体。在《政治家》中这导致了真实的和堕落的政体的系统的概念框架的构成。亚里士多德的方法论和体系化特征引导他固着在这一点上。同时也由于《政治家》产生在他作为学园的成员接受能力最强的时候。所以，他同柏拉图国家学说的冲突主要也是关于这部作品的，虽然他从开始似乎就更强调不同政体的经济和社会方面，而非分类的纯粹形式的基础。他

305

的推论的、概念化的和推断性的方法的影响主要表现在，亚里士多德不是让理想城邦简单地从地上长出来，就像柏拉图在《理想国》和《法律》中所做的那样，而是根据它们的价值从对政体的一个完全的分类发展出它。由此他将对他而言本质性的绝对严格带进了最好的国家问题中，只要材料允许。他总是追求精确的概念。[①] 他的理想城邦是逻辑的脚手架，是思想的结构，其中国家严格建立在它基本的元素和概念基础上。他很少对栩栩如生的细节描述感兴趣，而正是这使得《法律》生动有力。比如在第七卷，对国土和认可这样重要的点的论述几乎就是单纯地对不同的必要条件的列举。同样的还有对国家存在的根本条件（ὧν οὐκ ἄνευ）的概括性的部分。[②] 柏拉图建立国家的至高无上的立法艺术在亚里士多德这里，根据他的原则，变成了一种科学演绎，它只在一个地方还保留为完全柏拉图式的，即，其目标是认识绝对的国家标准。

306

概念的结构计划通过经验来证实，但是这完全不同于后来几卷的经验主义的方法，后者包含的仅仅是实际城邦的形态。它不仅仅在这样的意义上先于那一个：就像整体先于部分，目的（τέλος）先于手段，而是由于，就问题史和传记而言它在他的政治理论中就是较早的和未发展的阶段。除了许多著名的孤立的评论，它特殊的本质和价值主要在于有意地使用推论的方法。亚里士多德最伟大的创造力，他具体的形式感，他在活生生的东西流变中看到理念的运动的能力，只有在他的最后的阶段才达到成熟，当他成功地同特殊现象无限的材料搏斗的时候。在那个时候，他《政治学》的框架和综合形式早就固定下来了，新的材料要塞进这个框架中，虽然它们总是几乎撑爆它。不奇怪后世的人没有感到自己受到这个综合的约束，而是根据自己的立场使用吸引他们的东西。但是，如果经验论者从他的政治学或者伦理学思想结构中仅仅挑出它丰富的经验材料，就像经常发生的那样，或者另一方面，

307

---

① 在这个分类中，每种政体都是一个固定的概念，这和《政治学》后来的几卷的思想相差甚远，后者认为，有多种不同的寡头制和民主制，根据本质和国家的不同部分的结合，它们在价值上相差极大。因此，卷 III 结尾对寡头制的不同形式的发展不可能属于最早的形式，即，属于 40 年代写得对理想国家的说明，尤其是它也在卷 IV 中被考虑了。更精确的分析将会确定，亚里士多德在插入卷 IV-VI 的时候，如何看待从卷 III 到 IV 的过渡，以及他在那个说明中多大程度上改变了卷 III 的结论。

② 《政治学》VII.4,1326a5，和 VII.8, 1328b2ff。

规范理论家认为人们可以说它只是次等的柏拉图的理想国，这都不是对亚里士多德成就的真实估价。亚里士多德的伟大、新颖和全面性在于，将规范思想——它引导他建立一个更好地适应现实的理想国，同统帅和组织多种多样的政治现实形式感的能力结合在一起。这种形式感使他的追求绝对标准的努力避免了僵化，并揭示给他上千种政治存在及其改进方法。他严格地把握目标，这保护他免于相对主义。无所谓地投身于理解一切存在的东西，很容易被引诱向这种相对主义。在这两个方面，以及在两个方面的结合上，亚里士多德都可以作为当代精神科学和哲学的典范。

第七章

思辨物理学和宇宙论的产生

　　亚里士多德的自然科学著作比起狭义的哲学著作来，使得我们从根本上认识他观念的发展更加倍地困难。糟糕的是，即使是对这些作品的结构进行最仔细的研究，对比所有的细节，都不能克服这个问题，我们对他的自然科学思想的发展的细节能够置喙者甚少，虽然我们可以完全确定地说，在研究的力度上，他大概恰恰在这个领域作出了最令人吃惊的进步，并且比其他任何领域，恰恰在这里他的发展必须更深入地被理解，如果我们真的要把握他的最本质的特征的话。这样认为是不对的：在这里除了相对不重要的细节之外——诸如他浩如烟海的材料的逐渐增加以及恰好保存下来的他的某个讲课的草稿的日期——没有什么可以发现的了。我们已经指出了，在对话《论哲学》和《论天》这部著作中的物理学学说有着重要的区别（s.155）。这里向我们展示出，他逐渐从对自然的神秘解释中解放出来，而这种神秘解释在希腊精神中仍然是强有力的，并且从柏拉图关于星体具有灵魂的理论中获得新的推动力。通过大量的例子准确地考察这个领域，即使对于理解作为哲学家的亚里士多德的历史也具有最高的意义：他思想的内在倾向由此大白于天下。他所从事的不同的自然领域让我们看到一个变化曲线，它非常不同于沿着他的生平历程给出的一系列的偶然的点，我们需要事先用一种和亚里士多德一样的精神来确定它。遗憾的是，我们到现在为止还没有达到这个洞见，在这里我们局限于我们的研究已经揭示出来的东西。

　　首先必须对一种一再出现的做法提出警告，它试图通过前后的参照来确定亚里士多德自然科学著作的时间顺序。这种参考引用只有这样才构成时间顺序的标准：当它们相互冲突或者与一部作品现存的总体计划相冲突，并且当这些冲突被关于主题的其他观察所支持的时候。在物理学著作中存在这种参考的严格的系统，Ed. 策勒相信，他关于这些作品写作顺序的观点可以建立在这个系统基础上。[①] 根据这个观点，《分析篇》视《物理学》为一部尚未写作的作品，而《形而上学》和《伦理学》以及其他大部分科学著作却引用它并预设了它。由此推论，《物理学》是写在《分析篇》和《形而上学》、《伦理学》等之间的，这个结论进一步被这样的事实所证明，它没有引用或者预设后面的任何一部作品。编排的顺序就会是，《物理学》、《论天》、《论生成和毁灭》、《气象学》。这似乎也被《气象学》所证实，因为它恰恰以这个顺序列出了它前面的其他著作。[②] 我们现在可以不考虑策勒关于《动物志》、《论灵魂》以及其他关于有机自然的作品的进一步的推论。在这里存在着一个根深蒂固的误解，在它的难以根除的影响下，人们相信大概只能从根本上放弃对作品的时间顺序的准确区分。人们由此得到的，最多只是亚里士多德在其创作活动的末尾所期望的教学的和事实的顺序，却不能看出他的发展甚至仅仅是个别作品的编排顺序。我们既不能在物理学作品中的参考系列上建立一个年代结构，也不能根据《政治学》提到《伦理学》，或者《伦理学》提到《政治学》，或者《形而上学》提到《伦理学》论证这些作品或它们的内容的先后，如果不是仔细地考察引用的形式和它被使用的方式，并考虑到所指涉的版本是早于或者晚于流传到我们手里的版本的可能性的话。所设想的年代顺序无非是——或许根本就不是本来的想法——总体计划，亚里士多德在他研究结束的时候，将大量仔细的研究结果都后续地塞进这个框架中。它符合在最好的手稿中给出的顺序，[③] 这是一个事实的而非时间的顺序，这一点大概也从未被怀疑过。我们必须谨防混淆时间的和系统的先在性，这是很容易

310

---

① Zeller, Phil. d. Griech. Bd. II 23158. 参见 L. Spengel, Über die Reihenfolge der naturwissenschaftlichen Schriften des Aristoteles, Abhl dl Münch. Akad., Bd. v, pp.150ff。

② 《气象学》 I. 1, 338a20。

③ 关于课程计划的进一步细节，只要是涉及和《气象学》相关的关于人类学和有机自然的著作，参我的文章 "Das Pneuma im Lykeion", *Hermes*, Bd. xlviii, p.38。关于顺序，参见 Arist. de an. Mot. Et de an, inc., p. viii, Jaeger。

发生的，以及将一个思想获得文字表达的时间等同于它首次在哲学家思想中出现的时间。

记住这一切，以前只是有纯粹的理论价值，因为《形而上学》、《伦理学》等的写作时间自身也是未知的，我们所占有的所有著作，根据迄今为止的流行的观点，是在最后阶段收集在一起的。上述几章的研究已经改变了这一点。重要的是避开那样的一种方法，它还没有遇到任何矛盾，仅仅因为还没有实际地被使用。另一方面，我们不能完全摒弃其他著作中对物理学著作的引用，因为材料在类型上完全或者几乎完全缺乏时间史的暗示，方法的发展没有表现出如此鲜明的划分，就像在《伦理学》和《形而上学》中同柏拉图学说的决裂那样。所以当我们使用这些引用的时候，必须首先仔细考察它们。

311

在所有对《物理学》的引用中，只有一组真正具有时间顺序意义，这就是在《形而上学》最早的部分中的引用。我们已经表明，《形而上学》第一卷是在柏拉图去世之后不久写的，那个时候其作者还是一个柏拉图主义者。在这一卷中，将形而上学建基其上的目的论学说，是建立在四因论基础上的，而没有对《物理学》中实施的这个划分的完整性进一步加以论证。这不是一个孤立的引用，可以轻易地从上下文中忽略不计，或者可能是后来加上去的。在大量的段落中，亚里士多德一再回溯到这样的事实：对以前的思想家的学说进行历史回顾，这作为一个历史的证明来确认在《物理学》中提出的四因理论。[①]《形而上学》的整个第一卷都是在这个预设基础上的，如果《物理学》的原因理论不是在其字里行间的话，它就会完全崩塌了。这样就无可置疑地证明了，不仅仅是提出原因理论的《物理学》第二卷，而且落在一般的"物理学作品（φυσικά）"之下的整个研究系列，都在公元前 347 年左右已经存在了。这进一步被《形而上学》中孤立的引用[②] 所证实，尤其是被这部著作的一般性质所证实，因为它整个的哲学概念都预设了《物理学》，并从它发展出来。亚里士多德第一哲学的两个基础都属于《物理学》，并且它们是最重要的：质料和形式的划分和运动理论。从这两个预设中他推理出了

312

① 《形而上学》A3, 983a33; 7,988a21 和 b16; 8,989a24; 10,993a11。

② 关于《形而上学》求助于《物理学》，对我们的问题最重要的地方自然是那些出现在可以表明为最早的层次的部分，也就是说，较早的考察超感性的现实的开始（M9, 1086a23），以及卷 Λ,1-5 奠定物理学概念整体体系的部分。

第一推动者的必然性，甚至那一对概念——潜能和现实——通过它们运动和形式及质料联系起来，对《物理学》也是不陌生的。用目的论的方式解释自然，以及它在《物理学》中的表达，是在学园的气氛中并在柏拉图看顾下发展起来的。它必须放在亚里士多德最早的阶段，而非最晚的阶段。①

现存的《物理学》版本就其整体的范围而言并非确定不移。这部作品和其他的著作一样，都包含了早期和晚期的材料。第七卷根本不是亚里士多德放在现在的位置的，因为在内容上它和《物理学》其他讨论运动问题的部分太接近了。②它属于最早的部分，并产生于这样的一个时期：当亚里士多德还没有认为理念论是被否定了的。这不仅仅是可能如此。③就像《形而上

313

----

① Gercke (Pauly-Wissowa, Realenz. D. Klass. Alt., Bd. ii, 1045, 38 s.v. Aristoteles) 将《物理学》或者它的完成放在建立学校之后，即放在亚里士多德的后期，这显然建立在草率的态度上。因为，Gercke 指出的那一段（《物理学》II.23）完全没有提到斐力国王的被谋杀，或者说，这一段完全不存在。他将《物理学》和《修辞学》混淆了，后者在 II.23 提到了斐力，然后再次把这里和《政治学》V.10, 1311b2 著名的对斐力之死的指涉混淆起来。我提出这一点，因为它出现在这样一个权威性的地方，很容易误导读者。现在这个版本的《物理学》属于最晚的时期，这是正确的，但是 Gercke 所给出的理由没有证明这一点（即使它是在《分析篇》之后写的，这个事实也不能证明它的写作年代如此之晚），再者，这个修订问题对亚里士多德哲学发展而言没有什么意义。

② 欧德谟斯在他的对《物理学》的释义中遗漏了它（参见辛普里丘注释中对卷 VII 的预备性的说明，Bd. II, 1036 Diels），这表明它不属于亚里士多德自己汇编并遗留给学生们的被冠以《物理学》之名的文集。不过，这当然不证明在漫步学派中对它一无所知。事实上，它就像《形而上学》中的一些卷那样，本来是独立地流传下来的，作为重要的历史文献而保存着，但是就《物理学》最后一卷的"伟大而综合的原理"而言——就像辛普里丘所说的——鲜有用处。大概是安德罗尼柯一代人，虔诚地希望制作一个完整的文集，才第一次将它合并进《物理学》中。辛普里丘已经比较了保存下来的两个版本，却没有能够发现任何值得注意的内容差别。不过，他正确地指出，卷 VII 中第一推动者的证明所站的高度较卷 VIII 要低，这大概是为什么亚里士多德用后者代替了它。参见 E. Hoffmann, De Aristotelis Physicorum libri septimi origine et auctoritate (Berlin, Diss., 1905)。

③ 《物理学》VII.4,249b19-20 这个地方很困难，需要解释。自从辛普里丘，没有人试图解释过它，如果人们忽略 Prantl 的翻译（Leipzig, 1854, p.367）的话，因为他没有理解它的思路。在第四章亚里士多德表明，不同种类的运动，例如质的改变（ἀλλοίωσις）和位移（φορά），是不能比较的。同样的速度（ὁμοταχές）这个概念只能用在特别的类似的以及可以比较的运动中。例如，质的运动可以相互比较，量的运动也可以相互比较。在第一种情况中，我们说质变的相似或者不相似（ὁμοιότης, ἀνομοιότης）；在第二种情况中，我们说量变的相等或者不相等（ἰσότης, ἀνισότης）。不相等产生自量变的"较大或较小"（μεῖζον ἢ ἔλαττον），当它们进行比较的时候，不相似产生自质变的"较多和较少"（μᾶλλον ἢ

学》和《伦理学》，《物理学》是至少两个部分的汇编，每个部分又由几个论 314
文组成。这两个部分是《论第一本原》和《论运动》，它们总是被小心地互
相区分开，不仅是在《论天》和《论生成和毁灭》中，而且也在《物理学》
最后一卷中（卷 VIII）。这一卷实际上不是《物理学》的一部分，因为它引
用这两个部分的段落的时候用了这样的说法"就像我们以前在《物理学》中
所表明的那样"。① 大概它像是《论实体和存在》各卷一样，本来是独立于《形
而上学》的（即，早于它），它是这样的一个研究，亚里士多德将它看作半
是物理学，半是形而上学，并提供了从一个到另外一个的过渡。② 这一卷的
时间点可以通过它对天球推动者理论的说明来确定，它还没有像在《形而上

ἧττον)，当它们被比较的时候。还有一种关于实体的运动，而不仅仅是量的或者质的，这
就是生成和毁灭（γένεσις, φθορά）。两个生成可以在速度上进行比较，只有当它们是同种
的时候（ὁμοειδῆ），例如，都是人。但是语言缺乏那种可以丰富地表达两个生成之间的差
别的本质的范畴，所以亚里士多德为此道歉，只是毫无色彩地以及一般地说出它们的"差
异"（ἑτερότης），而不能够说出任何一对相关项，就像质变上的较多和较少，位移上的较
大和较小，这就说明，这里的这个差别既不是强度上的，也不是广度上的，而是某种不
同的东西。然后就跟着一个对年代学而言很重要的说明：如果我们所考虑的实体及其生成
是一个数（就像柏拉图和学园所认为的），那么两个实体的生成在速度上的差别就被认为
是同种的两个数在较多和较少上的算术上的差别。但是对这种速度的差别没有一个共同
的名称。最后一句话讹误，但是它的意思显然是，也不存在与"较多和较少"、"较大和
较小"对应的术语来描述互相比较的两种生成。其生成要相互比较的实体必须是同种的
（ὁμοειδής）这个声明来自第四章的整个论证，但是这个要求在数中是什么意思？我们必
须记住，根据《形而上学》M7，1080b37ff.，理念数论的主要困难是这样的问题：构成它
们的单一体是像算术的单位那样完全可以比较的，还是每一"第一个数"、第一个双、三、
四等等都是由特别的单一体构成，这样只有在一个特殊的数之中的单一体可以比较，并
且是"同种的"（这个表达出现在 A9,991b24）。所以，"同种的"这个短语表明，在这一
段中亚里士多德还在思考实体是数的可能性，虽然在别处他反对这种看法。或者人们可
以认为，这只是一个要让意思具体化的例子，就像辛普里丘所做的，当他怀疑亚里士多
德是否在这里指理念数还是仅仅指这样一个观点：事物的本质依赖于它的部分的特别的数
的关系；但是数必须是"同种的"的要求排除了后一种解释，因为，如果它自身不是自明
的话，那么它只能指理念数。假定如此，那么卷 VII 的论证特征——辛普里丘称之为"比
较弱，或者像亚历山大［更恰当地］说的，更口头的"（同上，p.1036,1.12）——可以用
这样一种假设最好地解释：一年年过去，亚里士多德越来越多地修改了它。关于卷 VII 早
出的另外的迹象，见上面 p.42A。

① 参见 Bonitz, Ind. Ar. 98a27。
② 《物理学》VIII.1, 251a5，关于运动的永恒："所以我们必须考虑这件事的情况，因为揭示
　出关于它的真理很重要，不仅是对自然的研究，而且对于第一本原的考察都很重要。"

学》的 Λ 卷最后的版本中那样，有着绝对确定的统一的形式。① 但是我们可以清楚地看出，卷 VIII 目的是在物理学的基础上非常仔细地重新奠定第一推动者的学说，并且要针对已经在天文学方面，大概是由卡利普（Kallippos）发起的各种反对对它进行辩护。② 相当肯定的是，它只会属于亚里士多德成熟时期。因为即使那个时候它还不是《物理学》的一部分（大概在亚里士多德的有生之年都从来没有），就我们所知，《物理学》在那个时候还没有作为一个整体存在。这由这样的一个事实所支持，《论天》和《论生成和毁灭》两部著作也被《形而上学》作为"物理学"引用。在那个时候，"物理学"这个词还不是指我们所说的《物理学》（κατ᾿ ἐξοχήν），而是更大的一组独立的研究著作。属于最早的部分的，根据《形而上学》第一卷，是论本原（ἀρχή），根据《形而上学》N 卷，还有论质料和形式，即，我们的《物理学》的头两卷。但是人们可以认为，实质上这些作品要回溯到他的柏拉图时期，虽然某些段落，诸如在卷 IV 提到了吕克昂，揭示出后来在细节上的修改。③ 对于亚里士多德的哲学发展史而言，完成的时间相对于这样的一个发现就不重要了：狭义上所谓的《物理学》的思辨特征是直接和它的柏拉图起源相关联的。它被认为是一种柏拉图世界体系的部分，并和它立足于同样的基础上。当我们进入《论天》各卷的具体细节问题的时候，这尤其明显，在《形而上学》最早的部分，也提到了它。④ 第一卷的开头必然本质上在较早的时间产生，因为它兴奋地在课程的开始放上了年轻的学园学生自己的发现，有第五种元素存在，即以太。这个学说，就像我们前面已经表明的那样，比《论哲学》各卷要更早，《论哲学》是建立在它的基础上的，它必然跟不动的推动者以及天体学说的第一个开端有关。⑤ 亚里士多德在《论天》最先的几

---

① 《形而上学》Λ8 连同它的天球推动者理论，都是后加的，对此的证明将在第三部分特别的一章给出。

② 《物理学》VIII.6。

③ 《物理学》IV. 11, 219b21。

④ 参见 Bonitz, Idn. Ar. 101a7。

⑤ 关于以太理论的起源，参见 Eva Sachs 详尽的讨论，Die fünf platonischen Körper (Berlin 1917)。她也得到了这样的结论：柏拉图的追随者乐于接受这个理论表明，它是在学园中产生的，亚里士多德在柏拉图去世之前就提出来了。参见上述 p.146 A.2，关于《伊庇诺米》和《论哲学》之间的关系。

315

316

章中赋予以太理论的形式晚于在公开作品中的解释（s.157）。迄今为止的看法，认为亚里士多德在这篇对话中没有表达自己真实的观点，而只是对它进行了诗意的修饰，这是站不住脚的；因为恰恰是所谓的诗意的东西，天体具有灵魂的学说，是它在《论天》这部作品中要保留的。① 两者的分歧在于简单的体（ἁπλᾶ σώματα）的自然运动的物理学说，以及与此相关的重量理论，它以和在对话中完全不同的方式被建立起来。在这一点上我们非常清楚地认识到，由于材料的缺乏，重要的东西不能为我们所觉察。但是，《论天》各卷的结构至少使得我们看到，亚里士多德的天文学是如何从柏拉图的天文学中产生出来的。我们只有从《蒂麦欧》中认识后者，隐藏在它后面的是学派影响深远的毕达哥拉斯化的思辨；所以，非常重要的是，亚里士多德的这部作品使得我们瞥见了在学园中进行的关于这个题目的讨论。

以太问题和《蒂麦欧》直接联系着，我们在亚里士多德所有同学的著作中也看到了它的反映，这在前面已经表明了。但是关于能否有一个无限的体，世界是有限的还是无限的，是否只有一个世界——这对亚里士多德的形而上学而言是非常重要的问题，因为第一推动者的存在依赖于它——这些问题在柏拉图还在世的时候必定也被学园的天文学家讨论过了，并且亚里士多德根据自己的观点进行了回答：只有一个世界，它是永恒的和有限的。他试图证明，事实上不但只有一个天，而且不可能超过一个。不过，事实可能显得是另外一个样子，因为每个实现在质料中的形式（εἶδος）通常都在许多个别的样本（ὁμοειδή）中存在。事实上，无论我们将形式看作超越的，即作为一个理念，还是作为不可分离的东西，对结果而言都没有区别。显然一些柏拉图主义者试图不放弃这一点。② 因为在这个问题上，根据亚里士多德，

317

---

① 《论天》II.12,292a18："我们曾经认为星体仅仅是物体，具有连贯的秩序的单一体，却完全没有生命；但是我们更应该认为，它们是享有生命的和活动的。"这个表述的方式令人想起柏拉图在《法律》中著名的表达以及《论哲学》。根据《论天》II.8，天球而非它们上面的星星推动它们自身，严格地说，这意味着正是天球有灵魂（或者说有推动者，如《形而上学》Λ8 所说），而不是像《论哲学》中所说的，星体有灵魂。只有经历了长期的考察之后，亚里士多德在这里才决定，只有天球而非星体推动自身。所以，在这里也表现出他早期观点的进展。

② 这一段很有意思，因为在它里面理念论和亚里士多德的形式是内在的的观点相提并论，并且有同等正确的可能性："任何形状或者形式都有，或者可以有不止一个特殊的实例。

人们不应该从形式开始，而应该从质料开始。因为宇宙包含了所有的质料，所以不可能还有另外的世界。这个论证似乎有些质朴，但是对他而言并不荒谬，因为他所谓的"天"（οὐρανός），就像他紧接着说的，不仅仅是最外层的天球，或者天体在里面运行的最高元素的领域，而是无所不包的整体，它在形体上是可塑的，但是从来不是现实的无限物（actu infinitum）。这个可塑的球体耗尽了所有存在的质料。在它之外事实上甚至没有空间、时间或虚空，更没有物体。因此，超越的（τἀκεῖ）和超凡的东西既不在空间中，也不在一个位置上；时间不会令它衰老；那在最外层空间之上的区域也不会有任何变化。但是我们且让亚里士多德自说自话，他的话语在这里散发出一种在论文中不熟悉的庄重气息。①

318
318

φανερὸν ἄρα ὅτι οὔτε τόπος οὔτε κενὸν οὔτε ξρόνος ἐστὶν ἔξωθεν· διόπερ οὔτ' ἐν τόπῳ τἀκαῖ πέφυκεν οὔτε χρόνος αὐτὰ ποιεῖ γηράσκειν οὐδ' ἐστὶν οὐδενὸς οὐδεμία μεταβολὴ τῶν ὑπὲρ τὴν ἐξωτάτω τεταγμένων φοράν, ἀλλ' ἀναλλοίωτα καὶ ἀπαθῆ τὴν ἀρίστην ἔχοντα ζωὴν καὶ τὴν αὐταρκεστάτην διατελεῖ τὸν ἅπαντα αἰῶνα· καὶ γὰρ τοῦτο τοὔνομα θείως ἔφθεγκται παρὰ τῶν ἀρχαίων. τὸ γὰρ τέλος τὸ περιέχον τὸν τῆς ἑκάστου ζωῆς χρόνον, οὗ μηθὲν ἔξω κατὰ φύσιν, αἰὼν ἑκάστου κέκληται. κατὰ τὸν αὐτὸν δὲ λόγον καὶ τὸ τοῦ παντὸς οὐρανοῦ τέλος καὶ τὸ τὸν

译文：显然，在天之外既没有位置，也没有虚空和时间。所以无论那里有什么，其性质都是既不占有任何位置，时间也不令之衰老；属于最外层的旋转外面的秩序的任何事物不会有任何变化；它们终其整个存在期间都不发生改变，过着最完美的最自足的生活。事实上，对古人而言"存在期间"（Aeon）一词具有一种神圣的意味。因为任何一个生物的生命期限所包含的最终的界限，根据自然秩序不允许违反它，这才是一个事物的"存在期间"。根据同样的理由，整个世界的最终界限，它包含并终结了整体的时间和无限，是一

在有些人宣称的理念假设中，情况必然这样，而对那种认为这样的实体没有分离的存在的观点，也是这样。因为在本质在质料中的每种情况下，所观察到的事实是，类似形式的个别事物都有多个，或者在数量上无限。"（De Caelo I.9, 278a15.）

① De caelo A9,279a17. 我根据 J. 伯奈斯并列给出希腊文及其德语翻译。

πάντα χρόνον καὶ τὴν ἀπειρίαν περιέχον τέλοφ αἰών ἐστιν, ἀπὸ τοῦ ἀεὶ εἶναι εἰληφὼς τὴν ἐπωνυμίαν, ἀθάνατος καὶ θεῖος. ὅθεν καὶ τοῖς ἄλλοις ἐξήρτηται, τοῖς μὲν ἀκριβέστερον τοῖς δ' ἀμαυρῶς, τὸ εἶναί τε καὶ ζῆν. καὶ γὰρ καθάπερ ἐν τοῖς ἐγκυκλίοις φιλοσοφήμασι περὶ τὰ θεῖα πολλάκις προφαίνεται τοῖς λόγοις ὅτι τὸ θεῖον ἀμετάβλητον ἀναγκαῖον εἶναι πᾶν, τὸ πρῶτον καὶ ἀκρότατον [δ] οὕτως ἔχον μαρτυρεῖ τοῖς εἰρημένοις. οὔτε γὰρ ἄλλο κρεῖττόν ἐστιν ὅτι κινήσει (ἐκεῖνο γὰρ ἂν εἴη θειότερον) οὔτ' ἔχει φαῦλον οὐθέν, οὔτ' ἐνδεὲς τῶν αὐτοῦ καλῶν οὐθενός ἐστιν. καὶ ἄπαυστον δὴ κίνησιν κινεῖται εὐλόγως· πάντα γὰρ παύεται κινούμενα, ὅταν ἔλθη εἰς τὸν οἰκεῖον τόπον, τοῦ δὲ κύκλῳ σώματος ὁ αὐτὸς τόπος ὅθεν ἤρξατο καὶ εἰς ὅν τελευτᾷ.

个"存在期间",它承载了这个词的本质的意义（aei= 永恒，恒常），一个不朽的和神圣的期间。一切事物的存在和生存都依赖于它，其中有一些更明确地和它联系着，而另外一些只能晦暗地被觉察到。因为就像在我们关于神圣事物的公开论述中已经多方证明的一样，一切神圣东西都必然是不变动的，并通过它实际的首要的和最高的性质证明了那里所说的。既没有另外的东西，也没有更强大的事物能够推动天，因为那样的话那一个就是更加神圣的事物了，它没有任何缺陷和不足，它的完美性也没有任何缺失。它无休止地运动着，因为任何事物停止运动都是当它到达了恰当的位置的时候。但是对于天球而言却只有一个位置，它的运动在那里开始也在那里结束。

319

　　这里提到的"公开的哲学讨论"是对话《论哲学》，这是唯一的作品，讨论了神学问题，并考察了它同苍穹的永恒圆周运动之间的关系问题。最后的几句话多多少少地是从这篇对话的论证中逐字逐句引用的，就像辛普里丘（Simplicius）在对这段的评注中所保存下来的那样；他明确地将对话描述为亚里士多德引用的来源。① 奇怪的是，伯奈斯敏锐地讨论了辛普里丘的这一段，② 却只关注引用，而没有看到上面引用的紧接着它的前面的整个一段，就其风格可以看作对《论哲学》的艺术散文的再现。甚至接下来的第十

---

① Bernays, Die Verlorenen Dialoge des Aristoteles, p.110.

② 《论天》I. 10, 280a28。参见 279b32。

320 章的开头也不像讲课的风格，虽然在这里仅仅可以发现有关另外一种风格的孤证。无论如何我们必须期待，就像在他的政治学、形而上学和伦理学中一样，亚里士多德在早期在物理学课程中也自由地再现了他的文学作品的很大部分。当然他在对话中很少提到物理学的问题。在《论哲学》的第三卷，亚里士多德却（s.141）讨论了天是否永恒的问题，并驳斥了柏拉图的观点，天是没有终止的，却有一个开端。我们可以猜测在《论天》的紧跟着上面引用的部分的第一卷的结尾和第二卷的开头紧密地依赖于这个对话，因为在这里研究了同样的问题 [πότερον ἀγένητος ἢ γενητὸς καὶ ἄφθαρτος ἢ φθαρτὸς ὁ κόσμος（宇宙是非被造的还是被造的，是不朽的还是可朽的）]。本质上这个研究就像在对话中那样，是对柏拉图《蒂麦欧》的一个连续的论战，后者被明确提到了。① 由于第二卷的开头在风格和方法上同亚里士多德通常的教学程序完全不同，唯一可能的解释就是，在这里他又再现了《论哲学》第三卷的部分。由于缺乏材料，不能给出直接的证据，但是由于我们通过大量的例子结论性地表明了，这样的借用确实出现了，并且由于我们知道在几页之前有从这一卷而来的很长的一个节录，在来源问题上大概没有疑问了。

Ὅτι μὲν οὖν οὔτε γέγονεν ὁ πᾶς οὐρανὸς οὔτ᾽ ἐνδέχεται φθαρῆναι, καθάπερ τινές φασιν αὐτόν, ἀλλ᾽ ἔστιν ἔστιν εἷς καὶ ἀΐδιος, ἀρχὴν μὲν καὶ τελευτὴν οὐκ ἔχων τοῦ παντὸς αἰῶνος, ἔχων δὲ καὶ περιέχων ἐν αὐτῷ τὸν ἄπειρον χρόνον, ἔκ τε τῶν εἰρημένων ἔξεστι λαβεῖν τὴν πίστιν καὶ διὰ τῆς δόξης τῆς παρὰ τῶν

321 ἄλλως λεγόντων καὶ γεννώντων αὐτόν·

321 εἰ γὰρ οὕτως μὲν ἔχειν ἐνδέχεται καθ᾽ ὃν δὲ τρόπον ἐκεῖνοι γενέσθαι λέγουσιν οὐκ

译文：整体的天既不生成也不能毁灭，就像一些人所说的，而是只有一个并且是永恒的，它总体的存在期间没有开始也没有结束，在其中包含着以及包括了无尽的时间，这一点不仅可以通过所做的确信无疑的论证来说明，而且也通过那些和我们不同的人对它的生成的论证来说明。如果我们的观点是可能的，并且他们所说的生成方式是不可能的，那

---

① 《论天》I.10,280a28. 参见 279b32。

ἐνδέχεται, μεγάλην ἂν ἔχοι καὶ τοῦτο ῥοπὴν εἰς πίστιν περὶ τῆς ἀθανασίας αὐτοῦ καὶ τῆς ἀϊδιότητος· διόπερ καλῶς ἔχει συμπείθειν ἑαυτὸν τοὺς ἀρχαίους καὶ μάλιστα πατρίους ἡμῶν ἀληθεῖς εἶναι λόγους, ὡς ἔστιν ἀθάνατόν τι καὶ θεῖον τῶν ἐχόντων μὲν κίνεσιν, ἐχόντων δὲ τοιαύτην ὥστε μηθὲν εἶναι πέρας αὐτῆς, ἀλλὰ μᾶλλον ταύτην τῶν ἄλλων πέρας· τό τε γὰρ πέρας τῶν περιεχόντων ἐστί, καὶ αὕτη ἡ κυκλοφορία τέλειος οὖσα περιέχει τὰς ἀτελεῖς καὶ τὰς ἐχούσας πέρας καὶ παῦλαν, αὐτὴ δὲ οὐδεμίαν οὔτ' ἀρχὴν ἔχουσα οὔτε τελευτὴν ἀλλ' ἄπαυστος οὖσα τὸν ἄπειρον χρόνον, τῶν δ' ἄλλων τῶν μὲν αἰτία τῆς ἀρχῆς τῶν δὲ δεχομένη τὴν παῦλαν. τὸν δ'οὐρανὸν καὶ τὸν ἄνω τόπον οἱ μὲν ἀρχαῖον τοῖς θεοῖς ἀπένειμαν ὡς ὄντα μόνον ἀθάνατον· ὁ δὲ νῦν μαρτυρεῖ λόγος ὡς ἄφθαρτος καὶ ἀγένητος, ἔτι δ'ἀπαθὴς πάσης θνητῆς δυσχερείας ἐστίν, πρὸς δὲ τούτοις ἄπονος διὰ τὸ μηδεμιᾶς προσδεῖσθαι βιαίας ἀνάγκης, ἢ κατέχει κωλύουσα φέρεσθαι πεφυκότα αὐτὸν ἄλλως. πᾶν γὰρ τὸ τοιοῦτον ἐπίπονον, ὅσῳπερ ἂν ἀϊδιώτερον ᾖ, καὶ διαθέσεως τῆς ἀρίστης ἄμοιρον. διόπερ οὔτε κατὰ τὸν τῶν παλαιῶν μῦθον ὑποληπτέον ἔχειν, οἵ φασιν Ἄτλαντός τινος αὐτῷ προσδεῖσθαι τὴν σωτηρίαν· ἐοίκασι γὰρ καὶ τοῦτον οἱ σψστήσαντες τὸν λόγον τὴν

么这就决定性地证明了世界的不朽和永恒。如果人们要同意古代的并恰恰由我们的父辈流传下来的理论的真理性，这也完全正确：世界上有某种不朽的和神圣的东西，它有一种纯粹的运动，但是这个运动没有任何界限，毋宁说它自己对所有其他的运动而言就是这样的界限。因为一个界限就是一个范围，这种完美的圆周运动包含了不完美的运动，后者是有界限和休止的，而它自己却既没有开端也没有结束，只是在无限的时间中无休止地持续，对于所有其他的运动而言，部分地是它们开始的原因，部分地是它们的目标。古代的人给了神苍穹或者上界，因为唯有它们是不朽的。我们现在的论证证明，它是不可摧毁的并且是非生成的。再者，它不遭受任何有死者的 **322**
困难，而是毫不费力的，因为它 **322**
不需要任何强制的力量以保持它在反乎它内在的本性的界限内运动。因为这样的强制运动越是永恒持续，就越是费力，并且和最完美的概念不一致。因此人们不要相信古老的故事所说的，世界需要一个阿特拉斯来支撑。这个故事似乎是类似于后来这样的思想家编造出来的，他们认为天界的物体

αὐτὴν ἔχειν ὑπόληψιν τοῖς ὕστερον· ὡς γὰρ
περὶ βάρος ἐχόντων καὶ γεηρῶν ὑπέστησαν
αὐτῷ μυθικῶς ἀνάγκην ἔμψυχον. οὔτε δὴ
τοῦτον τὸν τρόπον ὑποληπτέον, οὔτε διὰ τὴν
δίνησιν θά τονος τυγχάνοντα φορᾶς ⟨διὰ⟩
τῆς οἰκείας ῥοπῆς ἔτι σῴζεσθαι τοσοῦτον
χρόνον, καθάπερ Ἐμπεδοκλῆς φησιν. ἀλλὰ μὴν
οὐδ' ὑπὸ ψυχῆς εὔλογον ἀναγκαζούσης μένειν
ἀΐδιον· οὐδὲ γὰρ τῆς ψυχῆς οἷόν τ' εἶναι τὴν

323 τοιαύτην ζωὴν ἄλυπον καὶ μακαρίαν. ἀνάγκη
γὰρ καὶ τὴν κίνησιν μετὰ βίας οὖσαν, εἴπερ
κινεῖσθαι πεφυκότος τοῦ πρώτου σώματος

323 ἄλλως κινεῖ συνεχῶς, ἄσχολον εἶναι καὶ πάσης
ἀπηλλαγμένην ῥαστώνης ἔμφρονος, εἴ γε
μηδ' ὥσπερ τῇ ψυχῇ τῇ τῶν θνητῶν ζῴων
ἐστὶν ἀνάπαυσις ἡ περὶ τὸν ὕπνον γινομένη
τοῦ σώματος ἄνεσις, ἀλλ' ἀναγκαῖον Ἰξίονός
τινος μοῖραν κατέχειν αὐτὴν ἀΐδιον καὶ
ἄτυπτον. εἰ δὴ καθάπερ εἴπομεν ἐνδέχεται
τὸν εἰρημένον ἔχειν τρόπον περὶ τῆς πρώτης
φορᾶς, οὐ μόνον αὐτοῦ περὶ τῆς ἀϊδιότητος
οὕτως ὑπολαβεῖν ἐμμελέστερον, ἀλλὰ καὶ τῇ
μαντείᾳ τῇ περὶ τὸν θεὸν μόνως ἂν ἔχοιμεν
οὕτως ὁμολογουμένως ἀποφαίνεσθαι
συμφώνους λόγους.

ἀλλὰ τῶν μὲν τοιούτων λόγων ἅλις
ἔστω τὰ νῦν.

具有重量，并且是由土性的实体构成的，所以以虚构的方式给了它一个有灵魂的对抗力量作为支撑。人们既不要以这种方式来设想，也不要像恩培多克勒所说的那样，认为当世界由于涡旋而更快地变化的时候，它只有通过自己的平衡在这段时间中保持悬空状态。人们更不要相信，由于一个内在于它的灵魂（世界灵魂）的强制，世界才一直维系。一种这样的生活对于灵魂而言也不可能是无忧无虑的和幸福的。因为由于使用强力而发生的运动，如果它总是以一种和它的本性不符的方式推动第一物体（天），它必定是忙碌的并且没有任何理智上的轻松愉快，因为它甚至不能像有死者的灵魂那样，可以通过睡眠中身体的安歇而得到休息。它必须承载伊克西翁（Ixion）永恒的无尽的命运。

如果如我们所说的，如此理解第一运动是可能的，这样的看法不仅更加适合它的永恒性，而且唯有通过这种方式我们才能提出一种同我们内部有的对神的看法一致的说明。

不过关于这种思考，就现在而言已经足够了。[①]

不需要详细证明，这一章的风格同亚里士多德科学散文的风格非常不同。这里选择的夸张的语言在别处没有在这个水平上出现，引人注目的庄重的崇高的表达，大量的修辞手法，修饰性的对称表达，交错法和对比法，大 **324** 胆的想象，比如柏拉图的世界灵魂就像伊克西翁那样永久地绑在转动的天轮上。悦耳的词对，比如 τὰς ἐχούσας πὲρας καὶ παῦλαν（有一个界限和目标），μοῖραν κατέχειν ἀΐδιον καὶ ἄτπυτον（没有终止和休歇的命运），εἰς πίστιν περὶ τῆς ἀθανασίας αὐτοῦ καὶ τῆς ἀϊδιότητος（世界的不朽和永恒），ἄσχολον καὶ πάσης ἀπηλλαγμένην ῥαστώνης ἔμφρονος（忙碌的并且没有任何的理智轻松愉快），ἄλυπον καὶ μακαρίαν（无忧无虑的和幸福的），ἀρχαίους καὶ μάλιστα πατρίους ἡμῶν λόγους（古代的并恰恰由我们的父辈流传下来的理论），ἐπίπονον καὶ διαθέσεως τῆς ἀρίστης ἄμοιρον（费力并且和最完美的概念不一致）。首先语言的人为的次序，就像柏拉图后期对话中的散文，以及有意地避免词语的结尾和开始的冲突，这都给了这一段一种只适合于对话的语气和仪态。在结尾尤其清楚，这里的物理学思想在其最初的上下文中是服务于宗教和形而上学的目的的。物理学对不灭的天的思考和亚里士多德的无比美好的并非常柏拉图式地称道的内在于我们的神的预言，二者的"和谐"是《论哲学》第三卷富有特色的假设。而且证明方式的辩证法类型，从对古代的看法的尊重，从宗教传统，从大概如此（εὖ λογον）开始，也揭示了它的来源。

对于我们现有的《论天》的版本的编辑时间，这就确定了一个 terminus post quem（在此之后的界限）。它写在对话《论哲学》之后，即在柏拉图去世后的最近的一两年里。它大概不会太晚于这个时间产生，因为整个的观点还是晚期学园的。[②] 毕达哥拉斯学派的宇宙理论，经常为这个圈子里的人盲

①　亚里士多德用这些话导向他惯常的讲课语气，他清楚地告诉我们，前面的一段属于"另外的种类"（ἄλλο γένος），它并不严格地符合这部著作中其他地方普遍的严肃的科学研究方式。

②　它同《论哲学》中的以太学说严重分歧，证明这个对话是其 terminus post quem，因为它可以仅仅被当做那里所给出的观点的纠正而非前面的阶段，这似乎反对了这种说法：《论天》的写作非常接近地在这部对话之后写出。我们发现，亚里士多德只在属于中期的论文中大量地使用了他公开的作品，它们的时间相当接近；所以我们必须认为，《论天》主

325 目地追随着；相信天和地是球形的；天球学说；天球和谐的学说，亚里士多德的怀疑同时也严肃地努力使得星体能够被以天球推动的方式获得一个清楚的和详细的物理学画面；柏拉图曾经讨论过的星体的形状和旋转问题；巴比伦人和埃及人的天文学范畴显然还是一个新知识；对后世而言如此重要的关于地球在宇宙中的位置和运动的争论，亚里士多德确定地球是球形的，但是由于缺乏它是运动的令人信服的证据，所以根据盛行的有关重力现象的本质的观点，它必定是保持在宇宙的中心的；塞诺克拉底的不可分割的线；柏拉图的作为数学微粒的元素理论；重量问题，学园徒然地在这上面努力——这整个地丰富发展起来的物理学思考的世界，有许多特别的问题串在一起组成的色彩斑驳的结构，显然经常是没有多少系统的，只能参考哺育它的土壤——学园——历史地被理解。亚里士多德的观点直到公元前 347 年以后才以这种形式诉诸文字，但是当他还在学园的时候，在同柏拉图以及他的同伴的讨论过程中他的观点就已经形成了。①

要产生于，或者它的第一个草稿初现轮廓，是在他的中期，而修改——有时是重大的修改——是在他的后期发生的。

① 《气象学》的日期很难确定。《论生成和毁灭》各卷——必须将《论天》的第三和第四卷加上——确定无疑地同《物理学》和《论天》追随同样的思路。它驳斥了柏拉图将四种元素归为数学的形状（ἐπίπεδα），以及留基伯（Leukipps）和德谟克利特的原子论。而《气象学》深入地进行了细节研究。虽然一般的和特殊的自然学说的区别对亚里士多德关于作为本原的自然的写作的总体计划而言是根本性的，并且虽然这些著作相应地两者都包含，但是，就《政治学》和其他著作而言，毫无疑问的是，经验的材料是后来的，逐渐积累的，并且经常反过来影响他的概念哲学。所以我们不能将《气象学》日期定得太早。Ideler（Arist. Meteor. Bd. I p.IX）将它放在亚历山大远征亚洲之前，他的理由不能令人信服。亚里士多德追随希罗多德（Herodot），正确地认为里海是一个内陆海，而亚历山大远征却得到一个错误的结论，说它是和北海相连通的，这个观点直到近代还很流行。从这个事实推理不出什么。因为即使是《动物志》——它当然是较晚的—解释埃及的动物的时候不是从目击者的报告出发，而是从米利都的赫卡泰乌（Hekataios von Milet）出发 [Diels, Hermes, Bd.xxii；《动物志》和希罗多德之间的对应由大 Cuvier, Histoire Des Sciences naturelles, Bd. I (1841),p.136 说明了；参见 A. von Humboldt, Kasmos, Bd.II (1847), p.427, Anm.95]。《气象学》提到以弗所（Ephesos）神庙的烧毁（356），用了 vῦv συνέβαινε（III.1,371a30）这个词，这只是给了我们一个 terminus post quem，因为这个 vῦv 众所周知是非常含糊的，可以有广泛的解释。而这个表达"我们在 50 多年的时间里仅仅遇到两次月亮彩虹"（III.2, 372a29）似乎不适合一个年轻人，虽然我们没有看到在词语上使用第一人称。

我们在这里不能给出对亚里士多德自然哲学的一般评价——这将会在 **326**
本书的最后一部分来做——弄清楚它们的发展过程的事实自身就足够了。他
的自然理论的基本的，即天文学的和思辨的部分，《物理学》和《论天》以
及它们的附录《论生成和毁灭》早产生的画面，通过显然晚出的作品《论动
物的部分》和《论动物的生成》证实了。它们是从严格的对自然的仔细观察
出发的。它们是亚里士多德在自然科学方面所完成的最完善和最有特色的东
西。与此相对，他的物理学和天文学有着对总体自然和世界的一般原则的概
念的和抽象的讨论，历史地更接近于柏拉图，不仅仅是在它们所讨论的问题
上，而且方法也在同样的层次上，它们细致地批判地发展了学园的思辨，这
些思辨标志着亚里士多德的中期，这个时间也是他写作理想国家的政治学和
神学伦理学以及形而上学的时间。我们不要被他对柏拉图自然学说的细节持
续的批驳所迷惑，这些批判恰恰产生在他更接近柏拉图，而不是远离他的时
候。确实，他最关心的是消除柏拉图树立起来的作为可见宇宙的范型的不可
见的理念世界，他对一些赘生的不能证明的天文学幻想持冷静的怀疑态度，
而一些学园的成员由于其毕达哥拉斯哲学倾向而受到这些东西的诱惑，亚里 **327**
士多德自己不喜欢没有经验支持的纯粹思辨。但是只要将亚里士多德的《物
理学》和柏拉图的《蒂麦欧》并列，同德谟克利特的机械的世界图景或者欧
多克索的纯粹数学的天体学说相比较，就会发现他完全站在柏拉图预备好的
地基上，他的物理学和天文学著作具有学园内部对话的特征。

第三部分
教授生涯

第一章
亚里士多德在雅典

公元前335/4年亚里士多德在离开13年后又回到了自从他的老师去世后他就再也没有回来过的雅典。亚历山大的登基终结了他在马其顿宫廷的直接影响。大概年轻的国王现在也提供给了他可贵的闲暇以及研究所需要的东西。没有人相信，亚洲远征时期一直在加强他的政治良知的人，并且一直都对他进行政治家教育的人，恰恰在他更加需要有经验的建议的时候会有意地离开他的左右。[①] 但他们生命的旋律变得如此不同，自从亚历山大为了维护在每个更迭的国君手里都摇摆不定的皇冠，就从一个战争到另外一个战争疲于奔命，一会儿在巴尔干，在多瑙河畔，一会儿在希腊，为了他的被认可而战斗。我们不知道亚里士多德在重返雅典之前是否一直在马其顿宫廷，还是他早就退隐到了斯塔吉拉他父母的产业去了，就像一封真实性非常可疑的信的残篇所暗示的。这封信的风格看起来更像是修辞学家的作品，而非亚里士多德的那些在古代作为个人信件风格的范型被赞扬的轻松的写作方式。[②] 他只有在亚历山大跋涉去小亚细亚的那一年才回到雅典，这也说明了他同宫廷保持着联系。

332

[①] 关于这样的猜测，亚里士多德在亚历山大登基的时候写了《论君主制》，参见以上 p.272A.1

[②] Frg.669 in Rose. "我从雅典到斯塔吉拉是因为伟大的国王，从斯塔吉拉到雅典是因为极度的寒冷。"自然的看法是，当他在宫廷中不被需要的时候，亚里士多德在斯塔吉拉过着研究的生活；参见以上，p.116A.1，关于塞奥弗拉斯特在斯塔吉拉的逗留。

亚历山大登基后（公元前336年），雅典立刻在德谟斯提尼——他自从喀罗尼亚战役（Chaironeia）就远离了政治——领导下再次掀起了民族主义运动，他在整个希腊的朋友们都追随他。亚历山大迅速地镇压了"叛乱"，似乎重新恢复了安宁和顺从，直到这位国王在多瑙河畔的战役中驾崩的消息引起民族主义者的狂欢（公元前335年），并要求自由和自治。[①]他们又一次被完全惊醒了。亚历山大猛攻底比斯并将它夷为平地，以警告其他的希腊人。雅典付出了极大努力才避免了羞辱性地将德谟斯提尼和所有其他民族主义者交出来的命令。这些人现在从公共舞台上消失了。敌视马其顿的情绪得到缓和。亚历山大在公元前335年10月撤退。在公元前334年5月他跋涉进入小亚细亚，并在格拉尼卡斯（Granikos）打败了波斯总督。

在这个时间亚里士多德来到了雅典，现在是作为希腊精神生活的奇葩，杰出的哲学家、作家和教师，最强大的统治者的朋友，随着他迅速提高的世界声名，他在远离这个圈子并不懂得他的意义的人眼里也高大起来。回到他成长的地方的计划大概在他最后的马其顿岁月中就成熟了，那时他正在退隐生活中做研究。正是对柏拉图的回忆使得他看到了不仅仅是一个扩展影响的外部条件。他向整个世界公开宣布自己为老师的继承者。但恰恰是学园同他疏远了。在斯彪西波去世后（公元前339/8年），塞诺克拉底被学生们选为领导者。[②]对他而言，他不会考虑重新加入到在精神方向上如此不同的以前的朋友中去，虽然他也努力保留对那个值得尊敬的人的很好的外在理解。我们没有听说他同学园有任何争吵。许多人在两边都听课。但是从这一刻起学园把领导权移交给了新的学校，这是亚里士多德起先在吕克昂体育场的走廊上开设的学校，后来它大概被移到邻近的一块地产上，那里有着舒适的房间，位于城东的Diochares门前面，这个地方曾经是几十年中智者聚集的地方。只要亚里士多德在雅典城墙内逗留，这个被废黜的城邦女王就又一次，而且是最后一次成为了希腊世界的精神中心，希腊科学的大都会。在他以及塞奥弗拉斯特死后，这一切也就结束了。所以难点在亚历山大。亚里士多德这个在雅典的非雅典人，是马其顿人在阿提卡王国的前首都实施政治影响的

333

---

① Arrian I. 7, 2：《许诺自由〈和自治〉，古老而高贵的名字》。

② Ind. Acad. Hercul., col. VI p.38 (Mekler)．

庇护所，同时也是民族的精神教师，是这个新的时代的标志。

亚里士多德在他位高权重的马其顿朋友安提帕特（Antipater）的保护下建立了自己科学的新据点，这个人是亚历山大留下来作为马其顿和希腊的行政长官和最高军事长官的人。同这个重要人物的通信的轶失是非常令人遗憾的，在赫尔米亚死后他似乎是亚里士多德最亲密的人。由于安提帕特来自完全不同的生活环境，不是个学者，所以他们的友谊必然是建立在性格上的深厚相契上的。这也解释了，在斐力宫廷中，当亚里士多德还在斐力国王以及亚历山大那里享有最大的好感的时候结成的关系，能够经受亚历山大多变的好恶，形成一种终生的纽带，它将安提帕特和他的朋友忠诚地联结着，甚至在这位哲学家去世之后。亚里士多德在遗嘱中指定他为他遗愿的执行人。他们通信仅存的几个残篇中说的话都是毫无保留的相互信任。我们可以得出结论，亚里士多德和他的圈子同马其顿的意图在政治上是一致的，因为在公元前334—前323年期间，安提帕特正以不受限制的绝对权威统治着希腊。

334

雅典的马其顿派追随者在富人中力量尤其强大，他们现在可以没有危险地站出来了。在民众中间信任的摧毁达到了可怕的程度。民族主义者仍然很容易登上舞台获得演讲竞赛的胜利，就像在德谟斯提尼和埃斯基涅（Aischines）之间关于王冠的竞赛那样，并将大众暂时带到自己这边。但是他们面对马其顿的长矛束手无策，也失去了知识阶层的支持，而德谟斯提尼工作的失败主要由于知识分子的漠然。对于知识分子阶层而言，获得同马其顿政府直接联系的亚里士多德学校的道义上的支持，是一个特别的收获。大众演讲家诸如莱喀古斯（Lykurg）和德谟斯提尼对这些新来的人道德和精神上的高贵无可指责，也不能谴责这些非雅典人背叛和腐败。没有办法证明他们有直接的政治目的，他们在培养一个新的群体上发生的影响，更多的是通过他们心照不宣地反对德谟斯提尼的那种民族主义思想，而非通过任何政治计划。亚里士多德对这种事情有着敏锐的感觉，他小心地避免触及雅典人自我感觉的痛点，或者随便说出任何针对德谟斯提尼和他的派别的尖刻的话，他们无疑是反对他的。只有在几年以后，在塞奥弗拉斯特和法莱勒的德米特里乌（Demetrios von Phaleron）对作为公众演讲家的德谟斯提尼的演讲和风格的辛辣的表达中，吕克昂关系紧密的圈子中主导的判断才敢于公开出来。当然亚里士多德不会如此短视，要德谟斯提尼为喀罗尼亚战争负责，就像埃斯基涅（Aischines）和他的追随者所作的那样。唯一保留下来的他对德谟斯提尼的评论驳斥了这个观点。但是认为亚里士多德对德谟斯提尼的立场抱有同情，那也是大错特错。吕克昂的知识分子圈子虽然完全不是世界主义者（kosmopolitisch），却是听天由命的，主要因为他们不相信亚历山大几乎是幻想的对世界的重建，并拒绝同亚洲进行民族联合和融合。亚里士多德像一个忧心忡忡的医生站在希腊民族的病床边。德谟斯提尼这样的民族主义者不能理解这个扎根于对苦涩真相的认识态度。他们在亚里士多德的学校中只看到一个马其顿的间谍机构。①

没有什么别的科学学校像吕克昂那样让我们对之有如此全面的认识。那里所开设的课程大部分在亚里士多德的作品中为我们保留下来了。雅典法律禁止外国人占有阿提卡的土地，但是我们发现后来塞奥弗拉斯特拥有了一块产业，包括一个大花园，里面有缪斯的神殿，就像学园中那样，还有一个祭坛和几间教室。② 在这几间房屋的一间中，在木板（πίνακες）上设有 γῆς περίοδοι（地形图）。其他的教学用具，就像图书馆，一定也在那里。亚里士多德的雕塑和其他的祭品被放在博物馆里。塞奥弗拉斯特的学生法莱勒的德米特里乌（Demetrios von Phaleron）将这块土地作为私产（ἴδιον）赠送给作为外侨的他，这个行为具有特别的法律意义，因为这是同宪法相悖的。在亚里士多德名下的学校控制着许多教学用品，尤其是大量藏书，这些书只是被存放在一个更大的房间内，这样人们就不可避免地猜测，后来给塞奥弗拉斯特的财产恰恰是亚里士多德自己曾经用以教学的东西。德米特里乌为学校保存了它，因为对创建者的记忆附着在那块土地上面。而捐赠必定是以塞奥弗拉斯特的名义做的，因为他在遗嘱中将走廊遗赠给学校，是这样说的："我将花园和走廊（Peripatos）以及同花园毗连的房屋赠送给加入我们的朋友，他们要在里面共同地学习文学和科学，因为不可能每个人都总是居住在这里，条件是无人可以将这财产转让或者将它作为私人用途，他们须将它作为

---

① 这当然是德谟斯提尼的观点。只有他不敢大声说出来，就像他的侄子德摩卡里斯（Demo-chares）在维护索福克勒斯（Sophocles）的政令的时候所做的那样（307/6）。在雅典被胜利者德米特里乌解放后，这个政令关闭了亲马其顿的哲学学校。关于在德摩卡里斯的残篇中对亚里士多德和他的追随者的诽谤，见 Beiter-Suppe, Or. Att., II 341ff.。

② Diog. L.V. 39. 这个合作团体建立的兄弟会（Thiasos），是献身于缪斯教的。

共有的神殿，以同心同德和友爱的行为使用它，务使恰如其分和正义。"①

这些美丽的言辞表明，在学校中亚里士多德种植下的精神还继续存活着。共同生活的基本规则被牢牢地定下了。共同生活的标志是每个月有规律地举行的社团集会、聚餐或者宴饮。后来在斯特拉图（Straton）的遗嘱中我们发现除了列了图书馆，还有宴会用的餐具、亚麻布和饮酒杯。② 随着每一代的更替，这些东西必定更加完整了；在吕科（Lykon）领导的时候出现了这样的抱怨，比较贫穷的学生已经不能参加宴会了，因为那太奢华了。亚里士多德自己曾经写了一个饮酒的规则（νόμοι συμποτικοι）和一个宴会规则（νόμοι συσσιτικοί），就像塞诺克拉底和斯彪西波为学园所作的那样。这些规定在哲学家的学校起了非同寻常的作用。③

课程也被规定好了。传统告诉我们，亚里士多德早上讲授比较困难的哲学课程；下午对更多大众讲授修辞学和辩证法。除了他讲课，还有那些年长的学生比如塞奥弗拉斯特和欧德谟斯也讲课。亚里士多德学生的名字我们知道的相对很少。但是那些写了自然科学、修辞学、文献和文化史问题的希腊人，在接下来的一百年中，哪个不是被称为漫步学者呢？文法家在这个题目上徒然浪费口舌，人们很容易就看出，学校的精神影响已经扩展到了整个希腊语世界。在著名的漫步学者中，我们很少看到有雅典人，更大部分的听众必定是从其他城邦来的。从柏拉图的生活共同体（συζῆν），变成了吕克昂现代意义上的大学，一个科学和研究的组织。学生们虽然还追随柏拉图良好的传统互称"朋友"，但是经常来来去去，因为就像塞奥弗拉斯特默认地说的，"不可能每个人都总是居住在这里。"一件事是新的学校和学园所共同的，它们内在的秩序就像柏拉图生活共同体的理念那样，是它们的创建者最本质的自然和精神形式表达。漫步学派的组织是亚里士多德本质的反映，一个唯一的统治性的首脑的行为，他的意志活在学员中。

人们通常没有弄清楚，亚里士多德不是那种伟大的哲学作家之一，他们将自己的著作以文献的形式留给后世，当他们死后，这些写下来的文字为

337

---

① Diog. L.V.52.

② Diog. L. V. 62.

③ 关于漫步学派外层组织以及管理人员的选拔，参见 Wilamowitz, *Antigonos von Karystos*, p.264。

他们工作的时候，他们才开始活着。亚里士多德在他早年发表的以柏拉图的风格写的那一系列作品，显然大都在他开始在雅典教学的时候已经是完成了的，无论如何那些比较重要的对话属于一个远为更早的时期，很难想象亚里士多德在这些年又以多少有些游戏的态度写一些小的对话。他现在更加全神贯注于教学。流传下来的教学笔记是他对他的学生活生生的影响的基本作品。柏拉图在《斐德罗》中教导说，写下来的文字对于传承真正的科学知识是无用的。太久以来人们相信，可以忽视这个对理解那些对话很基本的看法；直到现在才开始看到，它奠基于柏拉图学园中的文字作品和口头教学的

338 实际关系，如果不是在这个综合的教学法背景下来看那些对话的总体观点的话，就意味着其重点被放错了。① 在亚里士多德那里又不同。在这里是一种逐渐地对文学创作欲望的减弱，直到最后他完全沉浸在教学活动中。他生活的广阔的总体不会在论文中也不会在对话中被发现。它在于对他的学生的活生生的影响中，其根基不是柏拉图的爱欲（Eros），而是求知和教学的欲望。离开了它们的创作者和他的声音，这些论文不能也没有制造任何独立的影响。甚至漫步学派也不能理解它们，一旦亚里士多德直接的学生不再在那里解释它们。在早期希腊化时代，这些大量的知识和思想曾经发生过令人吃惊的巨大影响。不到公元前 1 世纪的时候这些论文就被发掘出来了，但是即使是雅典的希腊哲学教授也不能理解它们。② 经过几个世纪的辛勤的注释工作，这些强大的思想建构重新被呈现出来——它们曾经几乎在一毫厘间就对后世永远遗失了，亚里士多德最终第二次成为学校的教师。直到现在人们才把握到，人们不应该局限于这位哲学家的那些罩上了文学名声的光环的著作，而是必须在其未发表的论文中发现真实的亚里士多德，以便抓住这个精神个体的最后的光辉，它对后世如此吝啬，而对自己周围却如此慷慨。这样亚里士多德完全违背自己的初衷，成为一切民族的教师。这种世界历史的使命同他个人的活动和意图完全相反，后者是一种真正希腊式的、关注当下的样式，并且将他所有的力量集中于周围的圈子。就像亚里士多德那样的教学再也没

339 有出现过。对希腊人而言它是某种全新的东西，对于正在开始的伟大的哲学

---

① 参见我的，Ent. Metaph. Arist., p.140。

② Cic. Top. I.3.

学派的时代而言，它开启了一个新纪元。斯多亚学派、伊壁鸠鲁学派、学园派都更注重口头教学而非文字的表达。

亚里士多德和亚历山大的关系一言难尽。有着对话风格的副标题为《亚历山大》的备忘录《论殖民化》证明，他们直到亚历山大在埃及和亚洲建立城邦都没有断绝关系。但是，他们不可能不受卡利斯塞尼命运的影响，这个命运在公元前 327 年降临。[①] 亚里士多德的这个侄子曾经是他在阿索斯和佩拉逗留期间的学生，就在亚历山大转战亚洲之前，在他的帮助下列出了德尔菲胜利者的名单。他经他叔叔的同意进入了国王的指挥部。无疑记录国王的言行从开始就是他的意图。他在献给亚历山大的作品中对他的赞美，就像他对赫尔米亚的颂词一样，暴露出他对他的对象的兴趣不是真正的历史学家的，而是一种个人性质的。他似乎用哲学之顽强深入地思考亚历山大，却不总是敏锐地触及了真实。卡利斯塞尼不是善于知人的人。他是有着高雅的文化素养的学者，有着敏捷的理智的哲学家，并且也是不无天才的演讲家，尤其擅长即席演讲，但是根据亚里士多德自己的判断，他缺乏自然的人类理解。虽然他个人追随国王，并在他的历史著作中总是维护他，反对那些不相信他的亚洲政策的老的马其顿贵族，但是在敬礼问题上他不合时宜地表现哲学的尊贵，这不幸给他带来了同反对者密谋的怀疑，导致了国王的不快。他在宫廷里大概是孤立的，因为他既不属于马其顿军事贵族集团，也不属于指挥部中的饶舌的希腊文人团体，而仅仅依赖国王个人的垂青。当这种垂青消失的时候，他就无力应对其他人的构陷了。国王周围的人后来要隐藏卡利斯塞尼之死的一些真相，这已经是无可置疑的了。他的罪行绝没有被正常的法律程序所认定，对他的处决也是亚历山大所作的独裁行为，在那个时候，他精神和肉体的力量极度紧张，有时候会导致可怕的情绪的爆发，即使是对自己最亲近的人。人们可以为这些不人道的行为盖上同情的面纱，但是它们必定使得亚历山大对亚里士多德而言形象暗淡了，并且在他心中毁坏了他对他的感情。他试图通过公正，毫不动摇的公正来保持内心的平衡，即使是在他侄子的缺点问题上。人性的肮脏使得古代的人们坚持认为，亚历山大的早夭是由于在亚里士多德的煽动下实施的投毒。这不是亚里士多德的性格。但是

340

---

① 参见 F. Jacoby Art. Kallistenes, Realenz. D. Kass. Alt. Bd.X 1674。

与君王的友谊这杯酒却真的由于一滴毒药而变得苦涩。

亚里士多德在雅典的生活完全依赖于亚历山大的支持。当公元前323年亚历山大驾崩的消息传来的时候，这一次没有人相信它，但是当这个消息最终被证实的时候，对民族主义阵营而言就不再有约束了。马其顿的朋友的唯一的保护伞曾经是安提帕特，但是他在后来像亚里士多德那样丧失了君王的信任，这个时候正在从小亚细亚到巴比伦的行军中：他被传唤去宫廷里面，以便以后都在国王的眼皮底下。亚里士多德逃到优卑亚岛（Euboea）的哈尔基斯（Chalkis），避免了民族主义仇恨的突然泛滥以及德谟斯提尼派别的攻击。他外祖父母遗产在那里，他在剩下的几个月里都住在那里，直到去世。在他63岁的时候，胃病夺去了他的生命。他似乎感觉到了死亡的临近，因为流传下来的遗嘱是在哈尔基斯立的。① 他必须面对这样的事实，那些曾经因为他的德尔菲胜利者名单而授予他荣誉的德尔菲人，在他的国王保护者死后撤销了这些荣誉。② 但是即使是这个时候的混乱也没有持续地扰乱他心灵的安宁，虽然这位哲学家对人类命运尤其地敏感。

简要说一下他最后几年的生活。他的监护人普洛克塞努（Proxenos）和他的养母早就去世了。他收养了他们的儿子尼卡诺尔（Nikanor）作为养子。尼卡诺尔在亚历山大指挥部任军官。公元前324年国王委任他重要使命去希腊。就是他在奥林匹亚的各国集会上向希腊人宣布，亚历山大要求神圣的荣誉。就是这个尼卡诺尔，亚里士多德在遗嘱中将自己尚未成年的女儿皮提娅斯许配给他，这是很久以前去世的皮提娅斯的孩子。在他的妻子死后他娶了赫尔庇利斯（Herpyllis）作为继室，跟她又有了一个叫尼各马科的儿子。在遗嘱中他为他们所有人操心，也为他的学生操心。看这个被放逐的人安排自己的家事，有某种令人感动的东西。对斯塔吉拉家乡和远方的孤独的家宅的怀念，对养父母的音容笑貌的怀念，对他早年失踪的唯一的兄弟的怀念，对他仅在童年看到的母亲形象的怀念，贯穿了他的思维。他希望，人们不要把

---

① 在遗嘱中只说到了哈尔基斯或者斯塔吉拉作为赫尔庇利斯（Herpyllis）可能的生活的地方，没有提到雅典（Diog. L.V. 14）。不确定的还有亚里士多德将被埋葬在哪里（V.16），如果是在和平的时候在雅典做出的安排，那么情况无疑会不一样。

② Frg. 666 in Rose（给安提帕特的信）："关于在德尔菲的投票以及他们剥夺了我的荣誉，我的感受是，我很难过，但不是非常难过。"这个残篇的语气非常真实。

他的遗体和他的妻子皮提娅斯的遗骸分开，这是他最后的愿望。这最后的资料的清醒务实的安排字里行间说着一种稀有的语言，在漫步学派的其他领导被保留下来的遗嘱中没有出现过。这是真正人性的温暖语调，但是同时也是一个几乎是可怕的距离的标志，将他和他周围的人分离开。这些话是一个孤独的人写的。对此的踪迹保留在这个时间所写的一封信里他所做的一个极为感人的自白中，这些话带着无可比拟的人格馨香。ὅσῳ γὰρ αὐτίτης καὶ μονώτης εἰμί, φιλομυθότερος γέγονα（我越是孤身一人，就越是开始喜爱神话）。在嘈杂的房子里枯坐着一个完全自顾自生活的老人，一个隐士，根据他自己的表达，一个退隐到自我中的人，他在自己最幸福的岁月里沉浸在神话的深远奇境中去了。① 他朴实而缄默的个性小心地把外界世界隐藏在不变的思考的城墙后面，在这里揭示出了自己，揭开了神秘的面纱。就像对大多数古代的人物一样，我们对他只能够认识到，我们根本不能知道任何什么东西。不过我们看到，这个丰富的生命并没有在知识和研究中耗尽自己，就像在那些肤浅的眼光中所显现的那样。βίος θεωρητικός 立足于一个第二层的、被隐藏起来的深沉的人格中，那个理想从中获得力量。一个纯粹实际的人（Sachmenschen），这样的形象对亚里士多德来说恰恰和事实相反。这恰好是这样的时期，自我开始从客观的生活内容中解脱出来，它比以前更加意识到，它不能满足于纯粹的对象的创造。在这个时期，生活中的私人方面从实际活动的齿轮中退回到自己安静的角落并在那里安然自得。个人的私人方面也苏醒了，并对那些不速之客关上大门。最高的客观性形式——亚里士多德总是对外面的世界如此显示自己——已经建立在个人同事务活动有意识地分离的基础上。不久之后，强大的主观性冲破堤坝，将所有的固定的对象都拉扯进它内在运动的旋律中去。哲学家的那个半身像——新的研究确认它确实是亚里士多德的——展示出了一个非常特别的头部。② 艺术家以一种传统

---

① Frg. 666 in Rose. 在亚里士多德看来，神话和哲学是紧密联系着的。这是他从柏拉图那里获得的问题。《形而上学》A2,982b17："一个困惑和惊奇的人认为自己是无知的。所以即使是神话的爱好者在某种意义上也是爱智慧者，因为神话是由惊异构成的。"当然，在喜爱神话中看到哲学的因素是一回事，而这是另外一回事：在其漫长的同问题的斗争的最后，返回到爱好半隐藏的、非逻辑的、模糊的却又是富有启发的神话语言，就像亚里士多德在他的残篇中所做的那样。

② Studniczka, Ein Bildnis des Aristoteles, Leipzig, 1908. (Dekanatsprogramm)

的优雅处理的它，但是它具有栩栩如生的鲜明的个体性。就像在著名的欧里
庇得斯头像中，通过搭在强有力的前额上的细而稀少的几缕头发来揭示出这
是个思想家。艺术家在努力把握他的对象的个体性的时候并未止步于这样一
个多多少少典型的形象。从旁边看，引起人注意的是突出的下巴和紧闭的嘴
的对比，给人以旺盛的精力的印象，批判的、沉思的眼睛完美地水平凝视他
之外的一个固定的点，并奇怪地独立于脸的下半所描绘的感情和活动。这个
穿透性的看的强度几乎含有某种可怕的东西。整个面容给人一种有高度修养
的理智的印象，但是从第一刻起它就服从于表达统治了整个形象的一种紧张
的、热切的注意力。一切都是精神的原则。只有在嘲讽的嘴周围有一个痛苦
的阴影，这是人们在这个面容中发现的唯一的不自觉的特征。

　　作为结束，在这里放上对亚里士多德的遗嘱的翻译，它直接让我们呼
吸到了他生活于其中的人的气息。①

　　　"希望一切向最好的方面转变，不过万一我——亚里士多德——有
　　任何意外发生，以下则是我的遗愿：安提帕特是遗嘱的全权的和总的
　　执行人。在尼卡诺尔（Nekanor）接受遗产之前，阿里司托美涅（Aris-
　　tomenes）、提玛库斯（Timarchos）希帕库斯（Hipparchos），狄奥泰勒斯
　　（Dioteles）以及塞奥弗拉斯特——如果他愿意并条件允许的话——负责
　　照料孩子们以及赫尔庇利斯②和财产。当这个姑娘（女儿皮提娅斯）长
344　大能够结婚了，人们应当把她嫁给尼卡诺尔做妻子。如果在她结婚之
　　前，或者在他们结婚后而没有生孩子之前她遭遇不幸（但愿不会发生
　　这样的事情），尼卡诺尔有权处理孩子和所有其他事情，以对他以及对
　　我们都相称的方式作出决定。尼卡诺尔要照料这个女孩和尼各马科这
　　个男孩，为他们作出考虑，一如他们的父亲和兄长。如果有任何不幸
　　发生在尼卡诺尔身上（但愿这样的事情不会发生），无论是在他娶这个
　　女孩之前，还是在他娶了她之后但还没有孩子之前，他所做的任何决
　　定都是有效的。如果塞奥弗拉斯特愿意和她一起生活，那么他有和尼

―――――――――

① Diog. L. V. II.
② 亚里士多德的第二个妻子。——译者注

卡诺尔相同的权利。否则的话，以上我提到的监护人同安提帕特协商以最好的方式安排这个女孩和这个男孩的事情。这些监护人和尼卡诺尔为了纪念我也应该照料赫尔庇利斯，因为她一直对我很好，尤其是照料她，如果她要嫁人的话，不要将她嫁给一个不值得的人。他们应当给她我以前曾经馈赠给她的东西，除此之外再从我的遗产里面给她一塔伦特银子，还有如果她愿意，除了她现在就有的那个侍女以及男仆皮海乌（Pyrrhaios）之外，再给她三个女仆；另外，如果她愿意留在卡尔塞斯生活，就给她花园边的居所，如果是在斯塔吉拉，就给她我父亲的房子。无论她想要这两所房屋中的哪所，监护人应当以他们认为美好的方式装饰房屋，并满足赫尔庇利斯的要求。尼卡诺尔也应当照顾小密尔美克斯（Myrmex），并且将他交回给他自己的人，带着属于他的那些我们接管的财产，以配得上我们的方式。应当给昂伯拉西斯（Ambrakis）自由，当皮提娅斯结婚的时候，人们应当给她 500 德拉克马作为嫁妆以及她现在有的那个女仆。人们应当给泰勒（Thale）的，除了她现在有的给她买的女仆外，还给她 1000 德拉克马以及一个女仆。给西蒙（Simon）的除了以前给他买一个奴隶用的钱，还要给他一个奴隶或者买一个奴隶的钱。提柯（Tychon）在我女儿结婚后要给以自由，同样还有菲洛（Philon）、奥林匹乌斯（Olympios）和他的孩子。对于那些曾服侍过我的人，没有一个可以卖掉，而应该让他们留下来。当他们到达要求的年龄的时候，人们应当根据他们的服务释放他们。还要考虑这样一件事，在交给格律莱翁（Gryllion）做的雕像完成之后，要作为祭礼树立起来，有尼卡诺尔的和普洛克塞努[1] 的——是我要送交加工的，还有尼卡诺尔的母亲的。阿里涅斯图（Arimnestos）的雕像已经完成了，要树立起来纪念他，因为他死无遗嗣。我母亲的塑像要献给在涅美亚（Nemea）的得墨忒耳（Demeter）神庙或任何他们认为最好的地方。在埋葬我的地方也应安放皮提娅斯的遗骸，就像她自己所要求的那样。当尼卡诺尔安全返回的时候，他要实现我为他许的愿，在斯塔吉拉树立等身高的石像献给救主宙斯和雅典娜。"

345

---

[1] 尼卡诺尔的父亲。抚养亚里士多德的人。——译者注

第二章
研究的安排

亚里士多德在雅典的第二次逗留是他发展的制高点。这是成熟的时期，在此期间他的学说完成了，他作为一个大的学校的领导在发挥作用。由于人们早已经认识到了保存下来的著作和他作为教师的活动之间的关系，另一方面又认为，他作为一个教师仅仅在生命的最后阶段才开始活动，这样就得出了结论，备课记录全是这个时期产生的。这样就不得不承受这样的困难：它们的编写都是挤在这短短的 13 年时间完成的。这个影响广泛的看法最简短地被爱德华·策勒表达出来，他在这个问题上一向被认为是权威："如果我们关于亚里士多德作品对哲学家的学校的定性是正确的，关于它们同他的教学的关系，关于后来的著作对前面的著作的引用的观点是正确的，那么这些著作只能是在雅典，当亚里士多德最后旅居这个城市的时候写的。"①

根据我们对在阿索斯的旅居的考察，这个观点的站不住脚已经无需多说了，不过我们由此可以同时更清楚地把握，亚里士多德最后一段时间在整个发展过程中的特殊地位。在成功地确定了他在中期的工作的精神和方向之

---

① Ed. Zeller, Phil. d. Griech. Bd. II 23155. 参见 J.Bernays, Die Dialoge des Aristoteles, p.128："所有保存下来的作品都属于亚里士多德最后时期；即使关于它们之间相互的年代关系被确定的很少的东西，已经通过幸运的发现增多了，但是它们内容的性质排除了所有的希望，就连相比较而言最早的著作都不能回溯到那么早的一个时间，在那时亚里士多德还在为他的体系而工作；从各个方面来看它都对我们表现得是完整的；我们在任何地方都没有看到建筑师还在建筑。"

后，最后在雅典的时间与此前的阶段相比被突出出来。按照以前的观点，大 **347**
胆的沉思和广泛的经验都挤在最后一段时间的狭窄空间中，现在它们在时间
上被分开了。亚里士多德哲学的基础在中期就完成了——这是就狭义的"哲
学"来说的，就像它的解释者经常用的那样，即排除了他在自然科学和精神
科学领域所作的庞大研究。哲学家亚里士多德的成长起先是追随柏拉图，而
后是对柏拉图的批判。而在他的第三阶段出现了某种全新的和原创的东西。
他转向对个别的经验研究，通过富有成果地贯彻他的形式思想，成为一个新
的科学类型的创立者。现在先不问这个新方向同以前各阶段的在哲学上的关
系是什么，它在多大程度上完成了了它们，在多大程度上超越了它们；我们
毋宁要确定事实自身，即在这段时间在他工作的新方向的精神上核心的哲学
科目仅仅经历了某些典型的调整，而在自然和历史的广阔领域他是真正多产
的。这首先由最近发现的莎草纸和铭文证明，但是对亚里士多德的发展而
言，还不能从中得出必然的结论。

在 1895 年出土的一个致敬的铭文包含了德尔菲人的决定，"赞扬并表
彰"亚里士多德和他的侄子卡利斯塞尼，感谢他们确定了从最早的时候到现
在在皮提亚运动会上的胜利者的完整的名单。[1] 这样的名单当然需要极大范
围的档案研究，这种研究必然对文化和文献史都意义非凡。在这个工作中，
就我们所知，亚里士多德开垦出新的田地。它不会太早发生，因为有他侄子
的参与，他在阿索斯和佩拉是他的学生（s.339）；也不会晚于公元前 334 年， **348**
那个时候卡利斯塞尼同亚历山大转战到了亚洲。大概德尔菲祭司的档案对他
这样一个圣战历史学家公开，同时为了研究同福西斯人的战争和媾和的来
源，这个工作在别处都不能做。《皮提亚胜利者名单》的实际时间是公元前
335/4 年左右，在卡利斯塞尼动身去亚洲不久前，这通过保留至今的一份石
匠账单展示出来，这个账单包括了雕刻这份名单所需的资料，其时间是根据
德尔菲执政官卡菲斯（Kaphis）确定的（公元前 331/0）。这是一个繁重的工
作，根据现在的计算，一块碑上大概有 60000 字。这只能是亚里士多德和卡
利斯塞尼的那个名单，凿它显然花费了几年的时间。[2] 这个名单在马其顿时

---

① Dittenberger, Sylloge3, p.485.

② 参见 Homolle, Bulletin de correspondence hellénique, Bd. XXII 631。

期结束或者雅典阶段开始的时候产生。

　　属于同一时间的还有亚里士多德关于在大酒神节（Dionysia）和勒奈亚节（Lenaea）上的竞赛以及他的 Didascaliae——雅典的戏剧表演记录——的伟大的古文物研究，这个作品后来成了亚历山大文献历史学家研究古典戏剧史年代学的框架，并且也是我们今天所知道的这些作品的表演时间。这些研究对希腊文学史的研究是基础性的，它们无疑是由亚里士多德对诗学问题的哲学研究所激发的。大量的资料收集是在哲学研究之后做的，因为轶失的对话《论诗人》当然要回溯到早期。在这里，新颖的东西依然是通过历史的和年代学的细节考察扩展了的概念思考。这些研究只能在执政官的档案室就地进行，所以或者是在柏拉图去世之前，或者在公元前 335 年之后发生。亚里士多德其他同类作品的类比却清楚地显示出，它们属于后期，显然，只有在政府的允许下这个工作的前期准备才有可能，这个准备工作是和莱喀古斯（Lykurg）——雅典的新的石头剧院的创建者——在 30 年代末期所作的剧院的城市改革联系在一起的。① 正如他让复制所有老的悲剧并为经典的大师竖立纪念碑，对他们的剧作定期重演，那么必定也是他在门廊（Stoa）背面，在狄奥尼修斯剧院（Dionysustheater）后面树立了石碑，记录自公元前六世纪末以来的所有戏剧竞赛。亚里士多德著作的目录还列出了一部作品，堪比皮提亚胜利者名单的奥林匹亚运动会胜利者名单，智者埃利斯的希皮阿斯（Hippias von Elis）首先涉足于这个胜利者名单，亚里士多德则在这条道路上更进一步。这部书没有任何东西流传下来。也许它是直接由皮提亚名单促成的，如果是这样，那么它必定属于第二次旅居雅典时期。

　　就像我们前面已经表明的，对于收集 158 部宪法这样巨大的工作，也能得出相同的结论。一个规模如此巨大的工作必定要有极大数量的研究者合

---

① 亚里士多德对主要文学形式（εἴδη）——尤其是悲剧和喜剧——的发展史的兴趣，被后亚里士多德的漫步学派扩展到更宽广的领域（就如 Horace, Ars. Poet.73, 275 所展示的），他的这种兴趣在他的保存在一个铭文上的 Νῖκαι（《胜利》）的残篇中揭示出来（C.I.A.II.971），它提到了 κῶμοι（狂欢）的第一次上演。它不像 Διδασκαλίαι（戏剧诗人）一样出于亚里士多德对戏剧史的兴趣，而仅仅出于雅典城邦对得胜的资助者和戏剧诗人个人以及他们的部族的官方兴趣。所以它清楚地证明了这种研究和莱喀古斯的剧院的公众改革之间的联系。关于 Didascaliae，见 Jachmann, De Aristotelis DIdascaliis（博士论文），Göttingen, 1909。

作，它所需要的外部手段和辅助，哲学家只有在那个时候才能调配，当他是一个大的学校的领导，他可以为自己的目的训练助手。在佩拉的宫廷逗留期间不可能如此，因为他在那里有财力支持，却不能找到必要的助手。在19 **350** 世纪 90 年代初期重新发现的《雅典政制》是全集的第一卷，它出自亚里士多德自己的手笔，尤其用大量的阿提卡历史材料给出了适用于整部书的方法的例子。时间上的暗示表明，这部书在公元前 329/8 年以前尚未发表。① 然后是对其他宪法的工作，根据尤其大量的残篇，我们还可以对此形成一个色彩斑驳的画面，亚里士多德只有在最后的岁月才做它们，如果他在有生之年完成了这个工作的话。如此庞大的文集需要仔细的、细节性的琐碎工作，并使用了地方的历史资料，通过这个文集亚里士多德最远地离开了柏拉图哲学。个体几乎成为自为的了。在一部纯粹文献学的和语文学的著作《荷马问题》中，同样的特征更明显地表现出来。根据编辑者的收集，这部书大概有六卷，它们为亚历山大式的注释和批评做了准备，它同诗学、文献年代学和诗人个性的研究的创立一起，使得亚里士多德成为语文学的创立者，他的学生的学生法莱勒的德米特里乌后来将它带到了亚历山大。我们可以证明 Dikaiomata poleon（城邦的辩词）和 Nomima barbarika（野蛮人的习俗）也属于后期，它们的一个残篇提到了摩罗索斯的亚历山大（Alexander Molossos） **351** 远征去南意大利——他是在那里死去的——作为最先的证明（同时也是由此非常可能是最终的证明）。埃斯基涅（Aischines）在关于加冕的演讲中，作为非常近的事件提到他的死亡，所以它是在 30 年代末发生的，一般指定为公元前 330 年。② 上述著作呈现的对现实进行严格的科学研究的模式，在那

---

① 　在《雅典政制》被发现后的一段时间，诸如它的真实性的争执搅起不必要的灰尘。C. Torr 在他的 "《雅典政制》的时期"（Athenaeum No. 3302，参见 *Classical Revue*, Bd. V3 p.119）中看到了事实。编写的日期被限制在向后到提到执政官 Cephisophon（329/8）向前到在第 46 章提到三列桨船和四排桨大帆船，而没有提到五排桨大木船，最后这种船在 C.I.A.II.809d90 中被说成是存在的并从以前的官方纪年中获得。从这个铭文得出这样的结论，建造五排桨大木船的决定，亚里士多德还不知道，必定最晚是在公元前 326 年做出的。所以，《雅典政制》是在公元前 329/8 和 327/6 年之间写的。参见 Wilamowitz, Aristoteles und Athen, Bd. I 211 A.43。在此不再讨论将这部作品放回到 50 年代的完全错误的那些做法。

② 　Arist. fg. 614 in Rose. Aesch. Ctes. 242. 米洛斯的亚历山大的远征在《辩词》（*Δικαιώματα*）中作为一个历史事例被提到，并且显然是已经过去了的。《习俗》（*Νόμιμα*）以其人种学、

时的希腊世界是全新的和先驱式的。德谟克利特也不能与之相比。亚里士多德从柏拉图式的思想中解放出来，成为这种普遍考察的路线的英雄，它开始于卡利马科和阿里司塔库（Aristarch）的亚历山大语文学，自从文艺复兴以来，每几个世纪都有诸如斯卡利杰（Scaliger）这样杰出的人物，使它得以延续。亚里士多德远远超越了他们，在方法的原创性上——这使他能够预见未来千年的科学，这个方法是将形式原则运用到对现实个别上——并在他多方面的天才上，这使得他不仅仅能够把握历史和文化理论，而且还有作为对立的另外一个半球的自然科学。

他最后时期的自然科学研究也表明，与其说他是 φιλοσοφία（哲学）的大师，还不如说是 ἱστορία 的大师——在这个词的希腊意义上，它包含了除了人类历史世界的知识外，还有对自然和自然生活的详细的知识。我们从早就将他的自然科学著作把握为一个统一的种类，将《动物志》、《论动物的部分》以及《论动物的生成》放进和《物理学》、《论天》、《论生成和毁灭》同一个系列中。宣称《问题集》是早期的，人们当然需要考虑一下，因为现存的文集不同于亚里士多德自己的，而是部分地归属于他的学生，他们是在长廊上开始的个别研究的直接传承者。这样，甚至真正的亚里士多德问题也极可能属于后期，就像在它们丰富的材料和多样的兴趣中所展示出来的那样。通过这一事实，这一点真正地清晰起来：《论天》的天体机制，连同"物理学"对基本概念的思辨的处理，都起源于学园，就像我们前面已经展示出来的那样，而关注那些大都完全和哲学没有关系的细节，却不符合思辨的时期。但是我们必须还要更进一步。《动物志》在思想结构上不是《物理学》的概念类型，而是站在和宪法文集相同的层面上。作为资料集，它同《论动物的部分》和《论动物的生成》各卷——它们对它进行加工并研究它所包含的现象的原因——的关系，恰恰跟宪法集和后期的经验主义的《政治学》各卷的关系一样。它提供给它们一个地基。关于《动物志》的结论也对《问题集》有效：它表现出出自不同的作者的最明显的痕迹，最后的几卷出自学校年轻的成员之手，他们是他们的老师的继承者、完善者，甚至是纠正

古文物研究以及神话学的兴趣，应该属于同一个研究时期。这是同《宪法集》（Πολιτεῖαι）相似的著作。

者和批判者。大概这项工作就像收集宪法那样组织的，从开始就分配给了不同的人。亚里士多德自己承担了《动物志》的哪个部分，这很难确定。和动物知识紧密联系的植物的知识分配给了塞奥弗拉斯特，他独立地承担起了这项工作。人们偶尔认为，没有亚历山大远征中的发现，《动物志》还是可以完成的，这种说法很不恰当。它包含的关于动物的信息在那个时候还不为希腊所知，比如大象及其生活方式就预设了印度远征的经验，在为数众多的其他段落中，希腊知识的这次巨大扩展所造成的影响还不为我们所知。亚洲远征对塞奥弗拉斯特的植物学带来了多大的好处，这在布雷策尔（Bretzl）可敬的但未尽善的著作中表现出来。① 所有的迹象都表明，这位哲学家的动物学著作是后期产生的。如果人们将整个的个别事物研究活动的组织放回到学园，这是不允许的，并且给出了一个完全误导的图像。在上面已经表明斯彪西波的 ομοια（《论相似性》）虽然主要考虑植物，却没有塞奥弗拉斯特那种方式的植物学研究，而是使用了柏拉图后期在《智者》和《政治家》中提出的种属划分的方法的材料，这种方法在学园中被实际运用，仅仅为了逻辑的分类，而非出于对特殊事物和它们的生活条件的任何兴趣。② 这种方法的图式（Schematismus）在亚里士多德和塞奥弗拉斯特的《动物志》和《植物志》中起着明显的作用，但是将对植物和动物界的分类看作它们的本质任务就不对了。对自然科学的发展而言比这更重要的是，在这里第一次严肃地对个别

353

---

① M. Bretzl, Botanische Forschungen des Alexanderzugs, Leipzig, 1903.

② 《论动物的部分》第一卷包含了一个一般性的方法介绍，它对亚里士多德最后时期的研究的目标必定是非常有价值的，它详尽地（cc.2-4）对比了亚里士多德后期的观点和学园的划分方法。柏拉图在《智者》和《政治家》中阐述的并随后被他的学生——尤其是斯彪西波——运用到自然的个别的种类中去的两分法，在这里被尖锐地批评，既从逻辑的观点，也从对构造一个真正的动物学——如果它不将相关联的动物的种类撕裂开的话——无用的观点。当然，甚至早在《论题篇》（Vi.6, 144b32）中他就从逻辑的观点批评了学园划分的一些肤浅的地方，不过这种争执在学园的圈子内部早就产生了，就像他在那里告诉我们的一样。在《论动物的部分》以及动物学著作中其他地方的批评是完全独立于此。它产生自他自己长期持续的积极考虑真实的动物世界，是从事实自身争取到一个新的分类的努力的最高结果。这个"体系"的不完整经常导致对它的存在的否认，这是因为它是在亚里士多德科学发展的后期阶段出现的。参见 Jürgen Bona Meyer, Aristoteles' Tierkunde, Ein Beitrag zur Geschicte der Zoologie, Physiologie und alten Philosophie（Berlin, 1855）, pp.53, 70ff.

事物及其 βίος 进行了描述和观察。恰恰是在这个方面亚里士多德和他的学校贡献巨大，虽然也伴随着一些错误，这在这个方法的开始阶段并且就他必须使用的资源的数量和不同价值而言，是不可避免的。《天文学》就整体而言也属于这个时期。[①] 关于尼罗河洪水的一卷，其真实性已经无可置疑，是这个领域关于一个特殊问题的特别有趣的例子。在这里，亚里士多德在这个时期的工作方式几乎如在眼前，当他同他的同事交流了对上游的最新观察的结果之后，以这样的惊叹结束了他的说明："尼罗河洪水不再是个问题，因为已经实际地观察过了，下雨是涨水的原因。"[②]

同有机自然和生物研究紧密联系在一起的是亚里士多德在《论灵魂》以及与此相关的一组人类学和生理学著作中所进行的一系列研究。他将感知和颜色、记忆和回忆、睡眠和清醒、梦、呼吸、动物的运动、寿命、青年和老年、生命和死亡的学说附着在心理学中，这个事实揭示出一种连贯的生理学态度。这个系列研究的始点必然是心理学，因为灵魂在这里被看作生命的原则，而生命通过它所有的有特色的表现被把握。这条写作线索，就像一切迹象所表明的，只是慢慢地才达到现在的完善性的。[③] 现存的这种更加一般的生理学概论同 ζωικά（动物学）著作的结合，以构成一个有机世界的全面的画面，给了我们一个精美的教学法结构，这种形式直到最后才出现。问题是，心理学自身在多大程度上分享了我们前面所概括的一般发展，我们是否能够为这部作品以及所谓的 Parva Naturalia（《自然短篇》）的年代学结构发现任何资料。

在这个关联中，包含了 νοῦς（努斯）学说的《论灵魂》第三卷本质上是柏拉图主义的，而非科学的。它是亚里士多德哲学的一个最古老和最持久

---

① 参见 p.325。

② J. Partsch, "Des Aristoteles Buch über das Steigen des Nil", Abhandlungen der sächsischen Gesellschaft der Wissenschaften（Phil. Hist. Kl.），Bd. XXVII, p.553, Leipzig, 1910. 其中出色的论述在我看来是令人信服的。文本中引用的书的结论，其希腊文本形式是 Photius 保存的（ouketi problema estin. Ophthe gar phaneros oti ex hytton auxei，参见 Partsch, p.574），这对亚里士多德而言是典型的；参见《形而上学》H6,1045a24，"这个问题不再被认为是个困难。"

③ 参见 Brandis, Griechisch-römische Philosophie, Bd.II b2, pp.1192ff., 以及我的文章 "Das Pneuma im Lykeion", Hermes, Bd. XLVIII, p.42。

的成分，是形而上学的一个主要根基。在心理学中对它的论述深入到了形而上学。就如显示的那样，心理—物理学的灵魂学说围绕它并以它为基础随后构建起来，但是没有将在不同的思想基础上产生的这两个部分之间的裂缝弥合起来。或许有人反对说，这两个特征统治着亚里士多德的整个哲学，从开始就存在于它里面。对这个观点，必须指出 νοῦς（努斯）学说是自柏拉图以来的传统的组成部分，但是他没有心理—物理学，或者仅仅有一个微弱的开端，即使是在我们能够准确知道的亚里士多德最初的作品中就有一个成熟的 νοῦς（努斯）理论，它同亚里士多德最早的柏拉图主义的哲学的一般的思辨路线联系在一起，相反，却还没有发现一种经验心理学的踪迹。后者完全是亚里士多德自己的创造。所以这当然不是偶然的，比如说，他的伦理学是建立在一个还是非常原始的灵魂学说基础上的，即将灵魂分为理性的和非理性的两个部分。这个已经在《劝勉》中出现的过时的看法直接是柏拉图主义的。亚里士多德后来出于实际的原因也没有改动它，虽然他的心理学在那个时候已经进步了很多，而且他不再承认任何 μέρη ψυχῆς（灵魂的部分）。在伦理学中，还很方便地使用那些旧的概念，不会由此带来影响伦理学结果的错误；老的柏拉图框架同他的伦理学的基本概念永久地联系在了一起。但是他认为有必要为简化了问题而道歉。[①] 如果在他的伦理学奠基的时候亚里士多德的心理学已经发展到了我们所知道的这个水平的话，它的结构也许会不同。人们可以在一些细节的地方指出这种发展水平的对照。《欧德谟斯》中阐述柏拉图的回忆理论的方式，以及在那里和对话《论哲学》中我们发现的对人的不朽的信仰（这就是说，在中期开始的时候），同流传给我们的《论灵魂》中的心理—物理学是不相容的。它们预设了人的意识的那个部分在死后持续存在，而根据哲学家后期的观点，它是和身体联系在一起

356

---

① 在《欧德谟伦理学》中亚里士多德仍然确信地将自己的德性学说奠基在老的将灵魂划分为"分有理性的两个部分"（II.1, 1219b28）模式上，就像在《劝勉》中所做的一样，他在这里逐字追随那里（参见 p.260）。而在后来的版本的相应的地方（《尼各马科伦理学》I. 13, 1102a23ff.）他抱歉地提出，政治家和实践之人要想对德性问题作出正确的判断，需要一点（仅仅如此！）心理学知识。"进一步的描述对我们当下的问题所要求的过于繁琐。而且，关于德性的一些看法在公开的作品中已经充分地说明了，只需要查阅那里就可以了。"然后就是关于灵魂的理性和非理性部分的学说，在这一点上是传统的，只是简要地涉及了"灵魂的部分"这个概念的问题。相应地，这个说法在后面被有意回避了。

的。① 再加上，我们必须认识到，中期的伦理学连同它的神学的超感直观和预言能力，还站在和《论哲学》同样的水平线上，而《释梦》属于附加在《论灵魂》各卷上的一系列生理学研究，表现出同这种柏拉图主义观点的彻底决裂。这里的思考方式是完全非伦理学的以及纯粹自然科学的；比亚里士多德抛弃了原来的观点更重要的是，他抛弃了它们所依据的方法。他甚至介绍了动物心理学的研究，这是他一点也不神秘的新的思考方法改变了精神的清楚

357 标志。② 这种精神现在统治了整个心理学经典的最初的两卷，这里有感性知觉理论以及相伴的灵魂作为有机体的实现的观点。从 νοῦς（努斯）学说是不可能得出这些结论的。同样划时代的是在短小的生理学作品中的研究。它们同《释梦》一样属于发展的晚期，《释梦》作为对从柏拉图继承下来的一个问题的专门研究，是被硬塞进这里的。这不是一个大胆的推论，而是简单的事实证明了的。③ 整个的研究文集在内容上、方法上和世界观上以及时间上都同关于动物的部分和生成的庞大作品是一致的。即使现存的《论灵魂》第三卷的版本与另外的两卷以及《自然短篇》是统一的，并且是同时的——对此我不敢确定，因为这方面资料缺乏——这也不能改变关于 νοῦς（努斯）的观念较早的事实，因为其他的部分的方法论和实施是较晚的，摈弃它属于发展的另外的阶段，事实上，属于另外的思想领域。④

358　　亚里士多德后期的另外一个同样重要的创举是奠定了哲学史和各门科

---

① 参见 p.49ff。

② 在这个非常有趣的文章中，亚里士多德试图通过心理学—生理学的方式对占梦现象给出自然的解释。他不否认我们有时能够在做梦时预见未来，但是现在他否认这种预见的形而上学领域的来源。同神托梦的信念相反，事实是，有智慧的人和好人都不会习惯有这种梦，倒是那些道德卑劣的人恰好本质上倾向于它们，还有一个事实就是，动物也有梦（指涉《动物志》IV.10,536b28）。他展示了我们做梦的内容和清醒的生活的下意识或意识的印象之间的关联，并仔细考察了在梦中形象被扭曲的原因。关于《论哲学》中占梦的内容，参见，p.165ff.，以及在原初伦理学中，p.251。

③ 这样认为并不明白易懂：亚里士多德在他还对那种神秘的预言观念抱有兴趣的时候，曾经可以在其他方面采取建立在他自然科学的立场上的心理学，并且恰恰是在这一点上，保守的柏拉图主义还在使他妥协。相反，他对预言的观点的改变正是他心灵方面思想方式改变的逻辑表达。

④ 虽然《自然短篇》只处理生活的一般心理学条件，没有深入细节，它们通常在动物学著作中经常提到分类的原则清楚地表明，它们是建立在这些经验地确定了的"划分"上的。

学的基础，这是有着百科全书规模而思想统一的集体著作，在这个纪念碑式的建构中，在漫步学派那里活生生地实现的各门科学的统一第一次显现在人们面前。对于一个像亚里士多德那样具有世界发展观点的人来说，人类知识逐步的进步的历史是科学伟大的最终主题。科学由此上升到了这样的水平，在那里就像一个植物或者一个动物一样，在其内在的目的法则中在精神史上把握自身。这远远超过了一个人的能力，而不得不在几个人之间分配工作，就像对政治形势的描述和对有机自然的描述所做的那样。塞奥弗拉斯特获得了处理物理的和——在现代意义上——形而上学的系统工作，他用了 18 卷来描述。在讨论在古代不可分割地联系在一起的这两种思想方式的发展的时候，他系统地安排了从泰勒斯以及那些"生理学家"到当时的问题领域。这部作品还留下了足够的残篇，大部分是从近古古希腊哲学家论述的编集者（Doxographen）的研究中发现的，这使得我们能够估计塞奥弗拉斯特所完成的全面的历史的—比较的工作。没有亚里士多德的图书馆的帮助这是不可能完成的，这个图书馆是我们所知的在欧洲第一个颇具规模的藏书库，建立在这些资料基础上的个人研究的可靠性使得它成为对古代而言的制高点。人们后来将它简单地扩展了，并流传至今，从中节选出一些内容，它的内容被压缩进多种多样的形式，直到近古它被加工成为最机械的形式，并稀释为初学者的教学入门材料。除了 Φυσικῶν δόξαι（物理学家的意见），还有欧德谟斯的算术、几何、天文学的历史，大概还有他的神学史。尤其是前者，对整个古代而言都是权威性的著作，较为近古的对古代数学史的说明大都追溯到它。还有一个医学史，亚里士多德委派曼浓（Menon）来做这项工作，最近新发现的莎草纸为我们恢复了它的一个片段。这整个的关于知识史的工作只能在后期产生，当哲学史的第一个努力——如我们在早年的《形而上学》A卷中发现的——在《宪法集》的广阔的范围中被继续，并且当有机自然领域中的专门的研究已经同医学领域建立了关系的时候。

　　在塞奥弗拉斯特的领导下，漫步学派同当时更著名的医学学派，比如在尼多斯（Knidos）的，以及后来在亚历山大的学派进一步促进了关系。通过皮提娅斯，亚里士多德的女儿，同梅特罗多洛（Metrodor）结婚，这个关系也被稳固地确定了。梅特罗多洛是尼多斯学派的一个代表，在雅典教学，并且无疑是在吕克昂教学，在那里，伟大的医生埃拉西斯特拉托（Erasistratos）是他的学生。从亚里士多德在著作中对医学文献的经常的使用——不只是科斯岛（Kos）的希波克拉底（Hippocratic）的方向，而更多的是西西里学派（斐力司逊、狄奥克勒）方向的普纽玛医学（pneumatischen Ärzte），表明在吕克昂这种研究是同生理学和人类学一起的。亚里士多德在动物学著作中经常涉及的在医学著作 Ἀνατομαί（解剖学）中所处理的教学材料，那个时候也被收集起来了。这是一部地图集式的、形象化的著作，因为它明白地用图形和图表来说明。这种教学材料对直观教学的必要性说明，经常有一些解剖学和生理学课程，这在柏拉图的学园中是没有的。柏拉图在《蒂麦欧》中的医学研究以及他同斐力司逊的关系是孤立的事件。在这个领域亚里士多德也是真正的组织者，他将经验考察最终变成了以自身为目的的。

360 　　我们现代人对科学细枝末节的工作已经不再陌生，在这里面我们发现经验的富有成果的平实的东西，由此才产生真正的现实知识。这需要一种强烈的历史感——而这是不常有的——以便在今天还能生动地感受到，这种行为对于公元前 4 世纪的一般的希腊人是多么的陌生和讨厌，而亚里士多德所作的革新对那个时代是多么具有革命性。科学思想必须一步一步地完成的那种方法，今天科学就像最平常的工具一般占有了它。有规律并按部就班地推进对个别事物的观察，是从公元前 5 世纪末的精确的医学，以及从公元前 4 世纪东方人的天文学，连带他们的一个世纪长的编目和记录学习来的。以前的自然哲学学者没有超出对令人惊异的孤立的现象的神化解释。学园所增加的，就如曾经说过的，不是对个别事物的收集和描述，而是对一般的种和类的逻辑划分。柏拉图在他的晚年当然强调了，划分这件事不要在半路停止，而是必须为了极尽完善而划分到不可划分的东西，只有它才能给这种方法以确定性。但这只是和种类相关，而和可感的现象无关。柏拉图的不可再划分的东西还是一个一般的东西。考察作为一般（ἔνυλον εἶδος "无质料的形式"）的承载者的感性可见事物，亚里士多德是第一人。这个目标即使对于旧的医学或天文学经验论而言，都是某种新的东西。

　　他以难以言喻的辛勤和耐心带着他的听众走上新的路途，这需要许多说服的努力和辛辣的训诫，直到他将那些习惯于阿提卡辩论的抽象思维游戏的年轻人——他们所理解的自由教育就是用修辞学和逻辑处理政治问题的形式上的能力，或者最多是对 "更高尚的事物（μετέωρα）" 的知识——教育成这样：

致力于观察昆虫和蚯蚓，或者不带美学上的厌恶看被解剖的动物的内脏。在
《论动物的部分》导言中，他通过对方法的细致的描述引领他的听众进入这种
研究方式，触动人心地描绘了他在新发现的秘密的秩序世界中以及自然艺术
中的新的乐趣。^① 我们把他的话放在这里，作为亚里士多德对这种新的个体研
究的理想的坦白让人们注意到。这些话在精神历史中是值得注意的。他讨论
了在柏拉图意义上的崇高沉思同他推荐的经验主义之间非常不同的魅力。当
他力图使他的学生铭记这些思想的时候，他试图对两者都公平，但是我们却
感觉到，如果不是他的心，也确定是他的科学兴趣在哪边。这些话是在这样
的一个时间写的，当时他最初几十年的形而上学和概念思想方式虽然还支撑
着他世界观的结构框架，但是它在他的创造活动中已经完全不占任何地位了。

"自然现实的事物分成两种，一种是永恒的、不生不灭的，另一种是
参与生成和毁灭的。对这两者，我们于那种崇高的和神性的东西只稍微瞥
见——对于它们以及对于那些我真正渴望认识的对象，只有很少的东西可以
被我们的感官把握以作为认识的基础——相反，对于那种可以消亡的东西，
无论是植物还是动物，却向我们提供了大量的认识来源，因为我们在它们中
间长大和生活。只要人们愿意诚实用功，那就可以对每个种类的事物发现大
量的事实。两种都有其魅力。虽然我们对更崇高的领域或许知之甚少，但是
由于它们绝对的价值，这种类型的知识比起我们自己的世界的所有事物对我
们而言更令人倾心，这就像对于心爱的事物哪怕仅窥见一点，也比精深地观
察到许多其他的庞大的东西要更加甜美。但是另外的对象在更高程度和更大
数量上为认识所把握，从而在科学方面占有优势，并且由于它们离我们更
近、同我们的本性有更密切的关系，所以它们可以代替那关于神性世界的缺
失的知识。在我们描述了上一个观点之后，剩下的是讨论动物的本性，在这
个方面我们尽可能地不遗漏任何东西，无论是崇高的还是卑微的。因为这
些东西自身对我们的眼睛而言很少有吸引人的外观，它们的创造者——自
然——却在更深的科学观察中给那些要认识原因并有真正的研究天赋的人，
提供了不可形容的愉悦。如果我们在观察它们的仿制品的时候满心欢喜，因
为我们同时在观察艺术以及艺术所描绘的对象，就像绘画和雕塑，而在观察

---

① Part. An. I.5, 644b22.

自然事物自身，至少当我们有能力洞见到其原因的时候却不那么高兴了，这难道不是荒诞不经以及难以理解的吗？

"所以，人们在研究卑微的生物的时候，不应该孩子气地感到无聊。在自然的每个造物中都有某种令人惊异的东西。就像赫拉克利特对那些陌生人说的，他们很想和他说话，但是当他们进门的时候，却看到他在灶火边取暖，由此踌躇不前——他向他们喊道，你们只管进来，即使在这里诸神也在场——同样人们应该大胆研究每一个动物，不是愁眉苦脸地，而是要确信，在它们全体里面都有着某种自然的和美丽的东西。在自然的作品中并恰恰在这里面，规律在统治着，不是盲目的偶然性，而是意义和目的。因此，一个事物被创造或者生成的最终目的，属于美的王国。谁如果真的认为，观察另外的动物是某种低贱的事情，他大概也对观察人也持同样的看法。人们不能毫不反感地观察人类的构成部分——血液、肌肉、骨头、血管，等等。但是人们必须清楚，人们讨论某个部分或者对象，他不是仅仅看到质料，并且质料也不是讨论的主题，而是为了构型和形式（μορφή）之故。就像在建筑术中真正的对象是房屋，而非砖石、泥浆和梁木。自然研究者所处理的是每个事物的组合和整体，而非部分，它们离开了它们所属的事物，就不存在。"

363

这些话就像漫步学派研究和课程的计划。它们向我们阐明了统治着亚里士多德的学生的作品的精神，对他们而言，形而上学比他在这里所做的当然还要落后一步，直到在第二代斯特拉图的时候它明确地被抛弃了。学校后来的发展只能从亚里士多德在晚年所表达的这种几乎唯一的经验主义的兴趣来理解，类似于柏拉图的学生只同老年的柏拉图相关。亚里士多德却不是要完全地排除形而上学和天体物理学，而是在这里证明，关于这些领域的课程是在关于动物的课程之前进行的。但是，哲学家在情感上的完全的变化以及他在这个时间内在的重点的改变——他首先感觉自己作为柏拉图超感哲学的革新者并作为一种新的沉思的神的智慧的先驱——这是不会认错的。在形而上学中，完全柏拉图主义的研究被看作唯一精确的科学，因为这是唯一建立在 νοῦς（努斯）基础上的；当他写下原初的形而上学的时候，虽然他称之为一门仅献给神性的知识的科学，但同时也表达了自豪的信念，现实中没有什么对理性是关闭的，人们无法估量它的能力。这听起来和他老年的话语多么不同。他不再将现象世界说成是对我们可知的，人们必须将它和作为由自然可知的真实事物对立起来；现在他仅仅通过这样来为形而上学辩解：人类思想永恒地渴望探究不朽的、不可见的世界的秘密，并愿意满足于一星半点的这种隐藏的真理。他明确地将科学的优先地位（ἡ τῆς ἐπιστήμης ὑπεροχή）归于经验研究。这是对渺小者的赞颂，对科学的坦白，这在《动物志》、《宪法集》、戏剧史和皮提亚竞赛编年史中达到了顶峰。

364

这些年的作品类型和目标同 40 年代他的革新了的柏拉图主义之间的精神关联，是他特别的形式概念——ἔνυλον εἶδος（无质料的形式），在所引用的这一段中他还将它确立为自然研究的本质目标。一年一年过去，这个思想从一个存在论的知识理论变成了多个方面研究的活生生的工具。它现在不是作为形而上学的原则——如果人们不是在我们的意义上，而是在亚里士多德的意义上来把握形而上学的意思的话——，而是作为用概念解释经验的直接的对象。同样，和它相关的目的概念，对亚里士多德来说完全不是形而上学的概念，而是从经验来理解的。形式概念的使用领域远远超出了亚里士多德形而上学内在本质范围，后者严格地说局限于自然事物的实现中。在所引用的段落中，他通过艺术的形式的类比解释了它。这个类比提供了一个契机，将形式概念运用到人类文化的构造中。人类文化部分地是纯粹人为的，部分地处于有意识的精神创造和自发的自然作品之间的边界上，后一种诸如国家和一切形式的人类社会和伦理生活。通过形式概念亚里士多德沟通了纯粹思想的对象和经验的个体研究的对象，φύσις 和 τέχνη。他的经验论不在于机械地堆积死的材料，而是对现实进行构型地分析。他整理并克服了现象的无序（ἄπειρον），这是柏拉图忽略了的，从最小的和最不明显的有机形式和秩序的痕迹，上升到综合的形式统一性。这样，他用经验构建世界图像的整体，它最终的推动者和目的因又是一个最高的形式，一切形式的形式，那创造性的思维。对柏拉图而言，人的整个生命的精神化只有通过精神从现象转

365

向原型才能达到，而对亚里士多德来说，它最终同科学的特殊化——如这里所理解的——同一。因为每一个新发现的形式，无论它是最微末的昆虫或者两栖动物，还是人的艺术或语言的最小的部分，都是向着精神统治质料的进步，所以“给予现实以意义”。在自然中，即使是最卑贱的和最无价值的东西，都包含着某种奇妙的东西，用欣喜而惊异的眼睛发现它的人，和亚里士多德在精神上是接近的。

第三章

第一推动者学说的修改

在亚里士多德晚期，他的神学还经历了另外一次成果丰硕的变革。这显然是和他后来的形而上学研究联系在一起的。在这个研究最早的部分中，柏拉图的思想遗产最固执地宣告出自身，[①] 这就是不被推动的推动者和它同天的圆周运动的关系的学说，在这个时候承受着变化。就如已经展示的，[②] 神学的主体部分的实际修订，在最后的编辑中也没有完成，但是保存下来一个比较大的段落，确定是为此写作的，并在后来由编辑插入了 Λ 卷，它从题材上来说属于这一卷。

从这一卷同《形而上学》其他部分缺乏任何外在的关系，博尼茨已经得出结论，它不是《形而上学》的结论部分，而是一篇独立的论文，而且必定属于更早的时期。[③] 通过新展示出来的 Λ 卷同最早的《形而上学》之间的关系，以及它们的学说的形式，可以以另外的方式证明这个结论。[④] 而同这种将它归为早期的观点相反，在第八章提到了欧多克索的学生卡利普。[⑤] 我们对这个著名的天文学家和他的时期所知甚少，但是他极不可能在亚里士多

---

① 参见 p.144ff。

② 参见 p.232。

③ Bonitz, Comm. In Ar. Metaph., p.25. 参见上文 p.219。

④ 参见 p.288ff。

⑤ O. Apelt 在其对我的"Ent. Metaph. Arist."的评论中已经指出，Berliner philologische Wochenschrift, 1912, sp.1590。

德第二次旅居雅典的时候遇到了他。对于确定卡利普的生平年代唯一确定的一点是他对阿提卡历法的大的改革，他被雅典政府邀请来做这件事。① 通常　**367**
以他的名字称呼的这个新的纪年开始于公元前 330/29 年。所以，大概在这个时间他必定在雅典工作了相当长的一个时期，并自然地恢复了欧多克索在城邦中同知识阶层建立的关系。这一切值得向往的确定性只能通过亚里士多德在 Λ8 中提到了他来证明。在这个形式中，关于卡利普对欧多克索的天球系统所做的改动，亚里士多德只能在那个时候才会获知，当他在学校中就这个问题同天文学家自己探讨过之后。恰恰是这个讨论，就像后面会显示的那样，这种来自天文学家方面的直接的刺激，给了亚里士多德构建天球推动者学说以激励。当他说到卡利普对欧多克索的系统的变革的时候，他所使用的未完成体只能有两种解释：或者它仅仅意味着，亚里士多德从以前与卡利普的口头交谈中获得了这种假设的知识，或者它说明，卡利普在这个时候已经去世。由于亚里士多德在同一个上下文中也用未完成体说了欧多克索，而众所周知欧多克索早就去世了，并且亚里士多德同他私下里认识，那么最有可能的是，这两个方面对卡利普也有效。② 这是第八章最远可以追溯到的日期。这必定是在亚里士多德最后一次在雅典的时候发生的，大概是在公元前 330　**368**

---

① 卡利普的时间由伯克在其 Vierjährige Sonnenkreise d. Alt., p.155 中简要说明，但是他没有使用《形而上学》中的段落。关于他的年代，参见 Pauly-Wissowa 中题目为 "Kallippische Periode" 的文章；在这部百科全书的主要文章中没有关于卡利普的，这是一个缺憾。他值得做单独的研究，他的学说的残篇还没有收集起来。

② 《形而上学》Λ8,1073b17："欧多克索过去经常认为，太阳或者月亮的运动都牵涉到三个天球……卡利普过去也像欧多克索那样认为天球的位置，但是，在他就像欧多克索那样将相同的数目归于木星和土星的时候，他还认为应当给太阳和月亮再多加两个天球，如果人们要解释所观察到的事实的话。"在谈到柏拉图在口头谈论中提出的观点的时候，亚里士多德用了类似的语言，例如，A9,992a20："柏拉图过去甚至将这类事物作为几何学虚构而拒绝它们，并说不可分割的线是线的本原，这是他过去经常论及的。"在这里明显地加上了"经常"，这对理解这个未完成时是至关重要的，我们必须将它用到关于欧多克索和卡利普的段落中。关于未完成时作为一个学派的口头传统的表达，见比如《论崇高》III.5（以及维拉莫维茨对此的评论，Hermes, Bd. XXXV p.49 A. 2）。同样还有在《形而上学》Z11,1036b25（年轻的苏格拉底）中的学园的回忆，以及《尼各马科伦理学》X.2, 1172b9-20（欧多克索）。古代人们知道的关于卡利普对欧多克索的体系的改变的原因，是建立在欧德谟斯保存的吕克昂的口头传统的基础上的（参见 Eudemus frg.97, p.142 in Spengel）。

年以后。① 这个结论对于亚里士多德的发展有着至关重要的意义。因为，或者这一章是和 Λ 卷整体同时产生的，那么我们关于 Λ 卷的学说形式的变动的结论（s.230）就都摇摇欲坠了，或者我们证明最早的《形而上学》有不同的学说形式，这一点对 Λ 卷也有效，那么第 8 章必定不是最初的构成部分，而是后来插入这个地方的。

不可否认的是，Λ 卷的学说属于形而上学较早的概念，从古代起对于敏锐的眼光而言，这就已经确定了，第八章不是它前后的部分的有机成分，而是一个陌生的东西。那么剩下的就是证明，个别的批评者一直猜测是真的。人们经常从这一段的天文学内容出发，而我们则从风格开始。

369   Λ 卷是一个讲座的大纲，它完全不是为了供人使用而作的（s.228）。它仅仅包含了主要的观点，将它们概括性地放在一起，有时候则仅仅是草草地一点一点记下，用一再出现的 μετὰ ταῦτα ὅτι（再）……，而没有对细节进行风格上的修饰。② 难以索解的首先是关于物理学的第一部分，它为第一推动者学说提供了基础；但是即使是包含了它的第二部分也只是更加难读，就论题的根本的重要性而言它一直被认为是非常令人痛苦的。一切都交给了在课堂上口头完成。一点都不用担心亚里士多德在课堂上会讲这样的希腊语，就像一些读者仅仅知道这些部分的亚里士多德，就充满敬意和震惊，以为亚里士多德真的如此简略地讲课。他如何真正地讲话在第八章表现出来，它同这一卷的其他部分不同，是整个地写下来的。所以它在行文上从它周围的部分突出出来，我们必须为这种现象寻找一个原因。

---

①   根据辛普里丘的 In Arist. de Caelo（p.493, 1.5, in Heiberg），"库齐库的卡利普在从欧多克索的朋友波勒玛库学习之后，在后者之后来到雅典，并同亚里士多德一起修订和补充欧多克索的发现"。这不是学园时期，而是亚里士多德是学校领导的时候，这不但从卡利普的这次逗留和欧多克索在公元前 367 年著名的雅典之行明确地分别得出，而且也从不是将他描述为欧多克索的学生，而是波勒玛库的学生，即欧多克索的学生的学生得出。否则，就不会只提到亚里士多德是他的合作者，而会说柏拉图。所有这些都指出卡利普的改革的时期。辛普里丘必定是从一个学术传统获得的信息（欧德谟斯的天文学史显然被索西泽尼参照了，参见辛普里丘，同上，p.488, 1.19），因为这不能仅仅通过《形而上学》中的那个段落推理出来。

②   参见《形而上学》Λ3,1069b35 和 1070a5，以及用 ἔτι, καί, ἅμα δέ，或者 ἤ καί 连接起来的论证，主要在前面的几章，不过也在诸如 c.9, 1074b21, 25,36, 38；1075a5 和 c.10,1075a34；b14, 16, 28, 34。

亚里士多德在第八章处理了这个问题：是否只有一个唯一的诸如不被推动的推动者这样的实体，还是有大量的这种实体，这样它们就构成了一个类。他对这个问题的历史做了一些评论，用数学的精确性来确定 ἀρχαί 的数目。然后他提出了这个理论，就像恒星天需要一个永恒的不被运动的推动者来使它运动那样，在天空中由行星造成的其他的复杂的运动都要求有自己的不被运动的推动者。这是因为，星星本质上是永恒的，所以它们的运动预设了另外的永恒的东西，这个东西必定包含了和它们一样的独立的存在，按照这样的原则：只有实体（οὐσία）才能先于实体。每个星星必须有像它所实施的运动一样多的推动者，即，在亚里士多德所采用的欧多克索的系统中，每个运动都设定了一个特别的天球，这样就有和天球一样多的不被运动的推动者。计算天球的数量是天文学的事情，而非形而上学的事情，这当然不是说，天文学同不被运动的推动者假设没有任何关系。后者纯粹来源于形而上学。当亚里士多德像天文学家那样计算并力图表明——因为这是他讨论的主要目的——无论是欧多克索的体系还是卡利普对它的修改都不足以解释所有的行星运动的时候，他就跨越了形而上学的界限。欧多克索数出有 26 个球体。卡利普将这个数字提高为 33 个。亚里士多德用他的 ἀνελίττουσαι σφαῖραι（相反作用球体）假设，增加到了 47 个或者 55 个。

370

对天文学一章主要内容的浏览足以表明，它不但在语言风格上，而且在方法的"风格"上都同它的上下文不一致。前面两章的神学透露出一种完全不同的精神。那里所讨论的不被推动的推动者自身推动着诸天，通过自我运动的诸天，它推动着世界中的事物，它们的运动完全外在于它。[①] 第七章考察了最高本原的特性和本质：它是无质料的精神，纯粹的实现，不受任何打扰的、清醒的和幸福的生活。亚里士多德将 οὐσία 归于它，它是永恒的、不被运动的并且超越了一切可以感知的东西。它不能有任何大小和尺寸，而是不可分割的统一体，没有痛苦也不会发生改变。由于这些本质特征，这个最高的本原被宣称为 θεός（神）。因为在神的概念之下，我们所想到的是一个永恒的、活生生的、最完美的本质。这对亚里士多德而言都符合 νοῦς（努斯）。Νοῦς（努斯）不只是永恒的和最完美的事物，而是"精神的实现就是

① 《形而上学》Λ7, 1072a24。参见《物理学》VIII. 5, 256b14ff。

生命"。对绝对者的这种推演如此简明扼要并远未详尽，这马上就引起了一系列的问题，而亚里士多德未予回答，但是这个思路发出一种决裂的力量，这种力量是宗教体验带着的。这个思路不可抗拒地推进到了第九章的问题中：νοῦς（努斯）这种活动的内容是什么，它的思想和它的完善之间的关系是什么？如果它什么也不思考，那么它就在静止，那样它最多就是潜在的，而不是一个纯粹的活动；如果它思考自己之外的别的东西，那么它就是在思考不如自己完美的东西，则降低了它自己的完美。这样亚里士多德就带着自己的听众直奔从神性概念，即最完美的存在，必然得出的定义：思想思考自身，并在这种创造性的活动中永恒地享受它绝对的完美。

在这个连续的思路中，第八章插了进来并将它分裂成两半。如果将它移开，则第七和九章直接地契合在一起。在第八章课程之后，却不可能再次拾起第七章被打断的思辨的思路了。从向上冲的思想飞行和柏拉图的宗教思辨，我们陡然下坠到复杂的计算和专门的推敲琢磨的平地。难怪辛普里丘会说，这个讨论与其说属于神学，不如说属于物理学和天文学，[1] 因为它完全迷失在次要的东西中，表现出对确定天球的确切数目更大的兴趣，而非指向这样的理解：这种对 πρῶτον κινοῦν 的巴洛克式的多重性，这一组 47 或 55 个天球运动，不可避免地破坏了第一推动者的神圣地位，使得整个神学变成了仅仅是天体动力学问题。所以辛普里丘将这个天文学部分的解释移到了对《论天》的注释中，这也是自索西泽尼到伊德勒（Ideler）这些天文学家喜欢的一个题目。[2] 但是当瓦伦丁·罗斯要将整个的 Λ 卷从《形而上学》移到《物理学》中的时候，他不但不正确地引用了第八章，而且同样不正确地引用了第一部分的第五章的物理学特征。[3] 他没有看到，亚里士多德为了他的第一推动者学说需要找到一个基础，最初神学是直接地并非常外在地建立

---

① Simpl. *In Arist. de Caelo*, p.510, 1.31。

② Sosigenes bei Simpl.，同上，p.498,11.2ff。

③ Valentin Rose, De Aristotelis Librorum ordine et auctoritate, p.160. 罗斯认为，将神学直接建立在一个先行的纯粹物理学部分基础上—他正确地认识到这是某种特征性的东西——是一个塞奥弗拉斯特之后的漫步学派成员的产物，这个人"已经"将"错误的"形而上学概念作为 μετὰ τὰ φυσικά（物理学之后的东西）的科学。他认为实体—形而上学当然是唯一真实的亚里士多德学说。他恰恰把事情弄颠倒了；事实上，在 Λ 卷中我们看到的发展的阶段是在实体形而上学的前面出现的。

在物理学"实体"基础上的。唯一的绊脚石就是那个天文学的插入部分，在因为它而将整个一卷清除之前，更合理的是考察这一章自身恰当的归属。拉森（Lasson）将整个的天文学段落从文本中拿出来变成一个注释，就更好一些，因为他这样保存了第七和第九章的关联。[①] 这实际只能是那些编辑亚里士多德遗稿的人所做的一个插入。在题目上它当然同第一推动者的问题紧密地联系着；但是它处理一个次要问题的缜密微细在一个完全限于主要框架的孤立的讲座中却非常过分，所以它必定是为了另外一个更详细的上下文而写的。考虑到风格标准的符合，思路的打断，晚出的天文学部分和整个一卷的古老特征的冲突，这样的猜测是非常可能的：这个插入不是出于亚里士多德自己。[②] 这是《形而上学》的编辑者一贯的做法。由于亚里士多德在修订《形而上学》后来的版本的时候恰恰走到了神学的门槛上，所以在 Λ 卷第八章似乎就有了对结论部分的重新修订的一个段落。我们在这里又一次看到，亚里士多德对他最初的看法完全不满意；甚至在最后的修改中他都重构了天球推动者的整个理论。

就如我们前面在对话《论哲学》中所发现的，亚里士多德早期阶段的神学完全不知道天球推动者学说。由于以太还没有变成"自然地"做圆周运动的元素，星体只是通过星体灵魂的意志而运动，我们必须认为在那个时候，亚里士多德的观念只是，天体自身有灵魂，他不认为有必要根据它们的天球的数量而为它们每一个设定推动者。（s.144）在那个时候，他唯一偏离柏拉图的观点的是在第一天之上设定了一个不被运动的推动者，它是永恒的，制造了世界的永恒运动。通过这个理论他克服了自动的世界灵魂的观念，后者的运动，就像所有我们通过经验而知道的其他的自动的事物一样，有一个开

---

① 由阿道夫·拉森（Adolf Lasson）译为德语的亚里士多德的《形而上学》（Jena, 1907），pp.175-176。拉森自己很满意删除了中间的章节，1073b8-1074a17，它包含了对天球的数量的实际的计算，而保留了开头和结尾。在这样做的时候他却没有注意整体的风格和资料的不可分割的统一性。中间的部分是和开头以及结尾在一起的。再者，他这样做的理由只是为了帮助学生的理解，他没有考虑思路中断的历史来源。

② 这决不能证明这一章是伪作，就像一些批评家长期以来相信必须认为的那样因为他们看到了它同其余地方的不连贯；比如，J.L. 伊德勒（儿子）在他的 Aristotelis Meteorologica, Bd.I, pp.318 ff.。父亲伊德勒没有犯这个错误；参见 "Über Eudoxos", Abhandlungen der Berliner Akademie, hist. Phil. Kl, p.49 ff.。

374　端。由于显然他和欧多克索一样总是设想运动着的星体有天球存在，①这是和他的第一推动者学说类比得出的：在外层天下面的每一个圆周运动也必然有自己的推动者；因为如果只有第一推动者，那么我们就会期待，其他的天球同恒星有同样的运行轨迹。这个反驳是塞奥弗拉斯特做的，他将天体动力学问题放在他的形而上学残篇的中心。②即使在那个时候还有亚里士多德主义者倾向于只有一个推动者。塞奥弗拉斯特向我们表明为什么，他说："如果赋予运动的东西对每个运动的事物都不相同，运动的来源不止一个，那么它们的'向着最好的愿望（ὄρεξις ἀρίστη）方向运动的和谐'就不再明显了。天球数量的问题要求对它的原因做更充分的讨论；因为天文学家们的解释是不够的。"然后他揭示出隐藏在亚里士多德欲望和冲动（ὄρεξις, ἔφεσις）概念中的困难，即，它预设了一个真实的灵魂。并批评他将地球排除在宇宙运动之外。如果圆周运动是最完美的，而地球却不参与这种运动，这确实令人吃惊。这种假设或者预设了第一推动者的力量不能达到地球那么远，或者地球不受它的影响。无论如何塞奥弗拉斯特——在这里非常接近于现代的观点——将这个问题解释为一个超越问题（οἶον ὑπέρβατόν τι καὶ ἀζήτητον）。在 Λ 卷我们看到试图将不被运动的推动者运用到所有的天球上的后果。塞奥弗拉斯特的书是这种新学说的回应，在亚里士多德的老年这个学说被讨论

375　着。他同意 Λ8 将第一推动者主要当作一个物理学学说，但是更清楚地反思了第一本原的多数给亚里士多德的形而上学带来的困难。

---

① 参见《论天》II.9, 12，尤其是 293a5-8。亚里士多德在那里明确地说，天体由灵魂——它们有 praxis（行动）和 Zoe（生命），292a18-21——不过这些灵魂不属于天球，而属于星体自身，"我们错误地认为它们仅仅是物体以及太空中没有灵魂的单一体。"他所说的不是天球的推动者，而是柏拉图的星体—灵魂理论，我们在《论哲学》中已经表明，他在早期相信这个理论。我们在上面已经证明了（参见上文 p.315 ff.），《论天》的基本学说在起源上很早。认识到在星体中有"行动"和"生命"，也同柏拉图的观点相关。

② Theophr, Metaph, p.310 Brandisii: τὸ δὲ μετὰ ταῦτ' ἤδη λόγου δεῖται πλείονος περὶ τῆς ἐφέσεως, ποία καὶ τίνων, ἐπειδὴ πλείω τὰ κυκλικαί, καὶ αἱ φοραὶ τὸ κινοῦν, ἄτοπον τὸ μὴ πάντα τὴν αὐτὴν (scil. κινεῖσθαι κίνησιν) εἴ τε καθ' ἕκαστον ἕτερον (scil. τὸ κινοῦν ἐστιν) αἵ τ ἀρχαὶ πλείους, ὥστε τὸ σύμφωνον αὐτῶν εἰς ὄρεξιν ιοντων τὴν ἀρίστην οὐθαμῶς φανερόν. τὸ δὲ κατὰ τὸ πλῆθος τῶν σφαιρῶν τῆς αἰτίας μείζονα ζητεῖ λόγον. οὐ γὰρ ὅ γε τῶν ἀστρολόγων (scil. λόγος ἱκανός ἐστιν). 然后是对 ἔφεσις 或者 ὄρεξις ἀρίστη 概念的批评，这是亚里士多德的柏拉图时期一个元素，他一直保留着它（参见 p.154 ff.），甚至是在放弃了星体灵魂之后。

亚里士多德自己为 Λ8 辩解，因为他进入了一个这样的领域，在那里不但真正的哲学而且证明的必然性都要止步。他宁肯不说 ἀναγκαῖον（必然性），而只是说一种 εὔλογον（大概）。① 这种仅仅是大概的特性却同形而上学作为在精确性上远超物理学的研究的本来概念相对立，而当亚里士多德为自己开脱说，无论怎样天文学是数学学科中最接近哲学的，这使得这个对立更加明显。② 宣称有 55 个推动者，这种经验的方法同老的形而上学距离有多远，人们尤其在这个说明中看出来：人们必须留给专门的科学来验证这些说法。整个说明的目的仅仅是给出对问题的看法（ἐννοίας χάριν）。这个用法使它可疑地接近于虚构。因为"为了介绍"这个表达所意味的无非是亚里士多德说那些柏拉图主义者的，他们设定了一些数字的起源仅仅是——用他们自己的话来说——τοῦ θεωρῆσαι ἕνεκεν（为了理论的需要），而非对任何现实的判断。假设天球理论和所计算出来的天球的数目是正确的，他要表明，第一本原的数目必定是可以精确地确定的。显然专门的科学，即天文学，给了 πρῶτον κινοῦν（第一推动者）理论以扩展的推动力。它教会了亚里士多德，一个唯一的单一形式的原初的运动假设对解释真实的天体运动而言太原始了，而卡利普的学派所采用的计算球体数量的方法提供了精确地确定第一本原的数目的可能性。

亚里士多德踏入这条新的道路——这条道路是向他坚定的事实感致敬——却使他陷入无法摆脱的矛盾中。这些矛盾如此明显地浮在表面上，弱化它们的任何企图都是多余的。在古代最后的时光中，在对亚里士多德哲学的解释付出了大量工作并有着敏锐感觉之后，普罗提诺对这个理论做了一个决定性的批评，他在这里发展了塞奥弗拉斯特提出的质疑。③ 他首先反对仅仅是可能性的方法（τὸ εὔλογον），对此亚里士多德必须承认，因为他不能达

① 《形而上学》Λ8,1074a14："让我们认为这是天球的数目，这样不动的实体和本原大概也可以认为有这么多：而断言其必然性还有待更有能力的思想家。"同参见 1074a24，"有理由从对被移动的物体的思考中推出这一点。"关于非物质科学的精确性，参见 α3,995a15ff.。

② 《形而上学》Λ8,1073b3："关于运动的数目，我们遇到一个必须从一门数学科学的立场解决的问题，它和哲学最为相近，这就是天文学。"他的根据是，天文学和其他数学科目不同，处理的是实际的以及永恒的现实。这个理由当然相当弱。

③ Plotin. Enneads V.1,9.

到确定性。而且即使是可能性也是非常糟糕的一种。因为当所有的天球构成一个统一的世界体系的时候，那么，许多的自我沉思的不被运动的推动者必然朝向一个唯一的目标——第一推动者。而许多的推动者和第一推动者的关系是模糊的。或者所有这些理性的存在物来自第一推动者，就像它们所推动的球体契合进最外层的天球并被它统治那样，那么它们必然作为 νοητά 被包括进最高的 νοῦς（努斯）中，从而存在一个理性的世界，就像在柏拉图那里一样；或者它们每一个都是一个独立的本原，那么它们中就没有秩序或结构，它们也不能解释宇宙的和谐。

普罗提诺的一个进一步的反证是，如果推动者们都没有体，它们何以能是多数，因为没有 ὕλη（个体化的原则）附着于它们？这个反驳是从亚里士多德自己的假设推理出来的，并且他也已经意识到了。在 Λ 卷第八章的中间，有一个引人注目的段落，它就思想关联而言和它的上下文不一致。人

377 们只需要粗略地阅读它就可以看出，它必然破坏了 Λ8 所说的关于不被运动的推动者的多重性（1074a31ff.）。

ὅτι δὲ εἷς οὐρανός, φανερόν. εἰ γὰρ πλείους οὐρανοὶ ὥσπερ ἄνθρωποι, ἔσται εἴδει μία ἡ περὶ ἕκαστον ἀρχή, ἀριθμῷ δέ γε πολλαί. ἀλλ' ὅσα ἀριθμῷ πολλά, ὕλην ἔχει. εἷς γὰρ λόγος καὶ ὁ αὐτὸς πολλῶν, οἷον ἀνθρώπου, Σωκράτης δὲ εἷς. τὸ δὲ τί ἦν εἶναι οὐχ ἔχει ὕλην τὸ πρῶτον· ἐντελέχεια γάρ. ἓν ἄρα καὶ λόγῳ καὶ ἀριθμῷ τὸ πρῶτον κινοῦν ἀκίνητον ὄν· καὶ τὸ κινούμενον ἄρα αἰεὶ καὶ συνεχῶς ἓν μόνον· εἷς ἄρα οὐρανὸς μόνος.

译文：显然只有一个天。因为如果有多个天，就像有许多人，每个天所需要的运动的本原就会在形式上是一个，而在数量上是多个。而所有多数的东西都有质料；因为同一个定义，比如人，运用到多个事物上，而苏格拉底是一个。

但是首要的存在物没有质料；因为它是完全的现实。所以不被推动的第一推动者无论在定义上还是在数量上都是一个；所以，那总是并连续地被推动的东西也是一个；因此只有一个天。①

———————

① 《形而上学》Λ8,1074a31ff.。

天的单一性通过间接的途径被证明。如果有多个天，那么它们中的每一个的本原就会同其他的天（οὐρανοί）的本原是一个（εἴδει μία），而它们自身被个别地（ἀριθμῷ）区分开，就像是人的属，个别的人在 εἴδει（形式）上是一样的，但是在数量上却是有很多。虽然人的概念对所有这个属的所有个体都是相同的，但是苏格拉底和其他人每一个都是一个特殊的个体，因为每次人的概念作为形式和质料结合，就会有另外一个个体产生。第一恒在者(τὸ τί ἦν εἶναι τὸ πρῶτον)，统御天空的最高的推动者，是一个例外。它是纯粹的实现，没有质料。这就是说，这种最高的形式不是显现于几个样本中的属。它和作为个体性原则的质料没有关联。在最高的形式中，形式的统一性和真实的唯一性是一致的。所以，它所推动的东西，天，也只显现一次。

首先清楚的是，普罗提诺反对亚里士多德球体推动者的多数的论证无非是运用了亚里士多德在这里提出的天球精神问题的基本法则。如果质料是个体性的原则，就像亚里士多德在这里以及别处所提到的，那么天球推动者或者不是无质料的，因为它们构成了一个属的样本的多数性，或者亚里士多德自相矛盾，当他宣称无质料学说的时候，因为这排除了个体的多数。无论哪种情况他都同他自己哲学的预设相矛盾。事实上，形式的形式，不被运动的推动者本来就是一个绝对唯一的存在；它特殊的性质就是，任何多重性都会破坏它概念的前提。《物理学》中的证明也得出相同的结论，在那里亚里士多德从世界运动的连续和统一性得出不被运动的推动者的唯一性。注释者也承认，他们不能解释这个困难。①

378

如果我们现在从语言上来思考这个段落，那么它就一下从它的上下文中脱离出来了。第一句话 ὅτι δὲ εἰς οὐρανός, φανερόν（显然只有一个天），开始了另外一个风格，这个插入段的最后一句话 εἰς ἄρα οὐρανὸς μόνος（所以

---

① Bonitz，同上，p.512；Schwegler, Die Metaphysik des Aristoteles, Bd.IV, p.280. 罗斯（同上，p.161）认为这一段是学生添加的，因为在《论天》I.9 亚里士多德在物理学基础上证明了第一天的唯一性；而在同一著作中（8,277b9-10）亚里士多德说，这一点也可以通过《形而上学》来证明，并且，如果这个证明不是保存在所说的这一段（Λ8,1074a31-39）的话，那么就不会被发现。但是，这仅仅符合较早的《形而上学》，它还对天球的推动者一无所知——这同《论天》写作的时候是一样的——而不符合 Λ8 的学说。不能在《形而上学》中证明有学生的添加。

只有唯一的一个天），这种风格也随之停止。这是同 Λ 卷其他地方相同的简略表达，同第八章的无瑕疵的语言风格鲜明对照。这一段是插入的，还可以从它打断了语法的联系看出。在第二句中，παραδέδοται δὲ παρὰ τῶν ἀρχαίων καὶ παμπαλαίων ἐν μύθου σχήματι καταλελειμμένα τοῖς ὕστερον ὅτι θεοί τ' εἰσὶν οὗτοι καὶ περιέχει τὸ θεῖον τὴν ὅλην φύσιν（我们最远古的祖先以神话的形式流传给他们的后代一个传统，他们是诸神，神包含了整个自然），ὅτι θεοί τ' εἰσὶν οὗτοι（他们是诸神）的复数无所指。[①] 要知道"他们"是谁，我们得退回到十行前，在那里说明，每个旋转运动的 τέλος 都是在天上自我运动的神性之体中的一个。"神性之体"（θείων σωμάτων）直接导致这样的想法（1074b1），古代的人认为他们是诸神并相信神性的东西包含了整个自然，是正确的。中间的那个论证——从第一推动者的无质料性和唯一性推出天是一个——是后来加上的一个批评，因为它内含着对这样的假设的反驳：存在不止一个推动者。亚里士多德对这个论述做了注解，作为他对自己的批评；他忠实的编辑将它放进了文本中。后世敏锐的思考者想破了脑袋：亚里士多德这样的人怎么会陷入这样的矛盾中？

最初的不被运动的推动者的思想曾是一个统一的、无矛盾的概念，后来将这个原则运用到其他领域也如出一辙。但是它同老的体系并不融洽无间。后来亚里士多德怀疑，他学说的新版本产生自那源始地曾经作为一个不被运动的推动者的概念的基础的假设。当我们看到，《形而上学》的最终版本的这个部分缺少无质料的本原学说，代替它的是在 Λ 卷中的老的讲座以及在第八章中的一段新计划，这清楚地表明，恰恰在他生命的最后阶段，亚里士多德试图重新解决这些问题，但是却失败了。这样，流传给我们的版本的这个状态并不是仅仅出于历史的偶然，而是，显然他逐渐增长的用专门的科学处理哲学问题的倾向，同新的宇宙论的发酵着的新概念一起，就像我们在塞奥弗拉斯特那里看到的，已经动摇了亚里士多德神学的还半是柏拉图思辨的自信，并愈来愈牢固地依赖于经验科学。形而上学屈服于专门的科学研究意味着一个新时代的开始。根据经验方面的一致性导致了他在思辨基础上的不一致。他思想中的这个矛盾，他不再有能力克服，这是他总体

---

① 这一点已经由罗斯指出，同上，p.161。

发展的根深蒂固的、不可动摇的逻辑结果，我们只能安于这样。在天文学家眼中亚里士多德在计算球体数目的时候偶然地犯了一个计算错误，他少算了两个。在这里他是在一个不太熟悉的领域中活动的。这个错误也使得**380**这一点成为可能：第八章只是一个即席的草稿，是从亚里士多德的文件中拿出来公之于众的。它出自亚里士多德自己，这一点却没有疑问。它不会出自塞奥弗拉斯特，因为他说相对起作用的天球的术语是 ἀντανα φέρουσαι，而非 ἀνελίττουσαι，而在这一章中出现的是后者。欧德谟斯在他的《天文学史》中认为，在漫步学派的圈子中这个问题是众所周知的。①

除此之外我们还有两个作品，它们可以让人看到亚里士多德学派在第一推动者问题上工作的进展。第一个是《论动物的运动》，它的真实性我此前已经详细证明了，此前很长时间关于它的怀疑在这个领域占主流。② 这部作品尤其研究动物运动的机理。每个动物为了位移都需要一个固定的支点，作出运动的肢体靠它来支撑自己。如果身体只有一个肢体运动，比如下臂或下肢，这个支点可能在身体里面，只不过它要在被运动的肢体之外，就像这里所提到的例子中的手肘和膝盖的关节。如果整个身体都运动，那么它需要一个在它之外的固定的点以反冲。对于陆地动物来说，大地就是阻力，无论是直接的还是间接的；对于那些在水里游泳的是水；对于那些在空气中飞翔的是空气。在第二、三、四章，亚里士多德考察了宇宙运动中类似的问题。他在这里反对一种新出现的假设，他同意其创始者提出的一个不被推动的本原，并且它不可能在里面或者是运动的天穹的一部分，③ 因为那样的话天就会静止不动或者裂开了。亚里士多德却反对这个学者的这种看法：他从这个**381**思考中推断出，世界的中轴柱有一种力量，因为在天球的所有的可以想象的点中只有它们是静止的，所以唯有它们是那种固定的点，适于对世界的运动

_____

① 这就排除了罗斯的猜测，同上，p.161。关于 ἀντανα φέρουσαι σφαῖραι 这个表达，参见 Simplicius, Comm. In Arist. de Caelo, p.504, 1.6（Heiberg）。伪亚历山大追随天文学家索西泽尼，在其 Comm. In Ar. Metaph., pp.705, 1.39,-706, 1.15（Hayduck）注意到亚里士多德的计算错误。欧德谟斯同意卡利普的理由，增加了天球的数目，参见 frg.97（p.143 Sp.）。

② "Das Pneuma im Lykeion", Hermes, Bd XLVIII 31ff.。

③ 《论动物的运动》, c.3, 699a17. 注意亚里士多德在这个猜想的代表和阿特拉斯神话的创始者之间所做的区分。他没有两次攻击同一个观点。毋宁说，他提到神话的形式仅仅要表明，这个新颖的观点有其先驱者。

做力学解释。亚里士多德反驳说，没有任何这样的数学的点具有物理的现实或者延展，更不能是这种力的承载者。此外，即使这两个点确实有某种力量，它们也从不能制造像天的运动那样的唯一的、统一的运动；他明确地告诉我们，这个假设的提出者假设了两个天柱。这个问题和另外一个问题联系在一起：天是否可能被毁灭。① 如果人们认为，地球作为世界的中心是那个要寻找的支点，那么即使不考虑支点必须不是内在于被运动的体的，即在这个情况下是不内在于宇宙中的，我们还是有进一步的困难，如何解释地球的力量（Energie）——它被认为必然是在数量上有限的——能够对抗世界之轴施加给它的力量。后者必然不可避免地超出了地球的力量，从而迫使它离开自己宇宙中心的位置。如果我们认为在旋转的天之外有一个不被推动的动力因的话，所有这些困难都会被解决，就像荷马所认为的宙斯，当他对着诸神说（VIII,21-22.20）：

> ἀλλ' οὐκ ἂν ἐρύσαιτ' ἐξ οὐρανόθεν πεδίονδε
>
> Ζῆν' ὕπατον πάντων, οὐδ' εἰ μάλα πολλὰ κάμοιτε
>
> πάντες δ' ἐξάπτεσθε θεοὶ πᾶσαί τε θέαιναι
>
> 你不可能将宙斯这一切中最高的，
>
> 从天庭推到地上，
>
> 即使你累得筋疲力竭，
>
> 即使所有的神都施以援手。

在这里，亚里士多德再次在哲学问题中使用了神话，这是他的特征。

382 他不但在这里和在《形而上学》Λ 卷从荷马推出自己的原则，他还试图重新复活在这里反对的② 阿特拉斯神话中地球作为世界之轴的观点。

这样的假设——世界的运动需要一个不被运动的支点，两个天柱就是用来做这个的，所以它们是天的运动的不被运动的本原——显然来自天文学方面。它同亚里士多德对 πρῶτον κινοῦν（第一推动者）的要求对立，有意地避免任何形而上学的假设，宁肯在现有的世界内部按照纯粹数学的方法来寻求解释。人们可以设想，某个欧多克索类型的天文学家，像

---

① 《论动物的运动》，c.4，尤其是 699b28ff.。参见 3,699a31ff.。

② 参见《形而上学》，Λ8,1074b1-14；10,1076a4。关于阿特拉斯神话，参见《论动物的运动》，3,699a27ff，参见上一个注。

卡利普，对亚里士多德相信从欧多克索天球理论中必然得出这样大胆的形而上学结论采取了这样的态度。这位不知名的天文学家第一次试图清楚地描绘出天的运动的机械学前提，为此，他从已知的运动类型和它们的法则出发。无疑这种思考方法对亚里士多德来说是新的。他的不被运动的推动者是目的论地被构想的，通过纯粹的思想来推动世界。他在这里立刻接受了新的自然科学的提问——就像在天球推动者的数目问题上一样——就很清楚地表明了，在他生命最后阶段关于形而上学基本问题的理解上他的左右摇摆。在《论动物的运动》中，他力图表明，即使从天体机械学观点来说，不被运动的推动者处于宇宙的外面提供了唯一的可以想象的解决方法。当然即使这时，他的推动者也没有变成一个物理学类型的"力"，但是他谈到它被运动的宇宙所接触，[①] 似乎在两者之间真的有一种空间的和物理的关联，这就破坏了通过 μετάβασις（过渡）到理智中，通过纯粹的作为 νοητόν（思想的对象）的推动世界的原则的观念，敏锐地构建起来的问题的要点。塞奥弗拉斯特在他的形而上学残篇中也采用了这个做法，并在同一个上下文中引用了同一个荷马诗句，或者预设了它在这个上下文中是为人熟悉的。[②]

　　虽然《论动物的运动》没有提到天球推动者理论，我们却在《物理学》第八卷中发现了属于这个时间的一个材料，即当亚里士多德严肃地考虑将第一推动者的原则扩展到行星天球，而又为它所带来的后果而烦恼的时候。如我们上面所展示的，[③] 这一卷是《物理学》最晚的部分之一。根据它的内容，它处于物理学和形而上学之间，因为就其用物理学的方法以及在物理学基础上是可能的范围内，它发展了不被运动的本原的学说。在第六章亚里士

383

---

① 《论动物的运动》，c.3,699a15："为了制造运动，它必须接触到某种不动的东西。"相应地在 c.4,700a2，"所有的诸神和女神都施以援手"，在那里对比延伸到施以援手和到宙斯的不动性。但是这一点总保持不确定。在《论生成和毁灭》，I.6,323a31，他谈到物理接触（ἁφή），亚里士多德说，"所以，如果如果自身不运动的某物推动别的东西，它会触及被运动的东西，但是没有什么会触及到它。"后来他似乎已经放弃了这个自相矛盾的观点。参见 Zeller, Phil. d. Geiech. II 23377。

② 在《论动物的运动》，c.4,699b36ff.，亚里士多德引用了 VIII. 21-22 和 20 诗行。Theophrast, Metaph. P.311,11（Brandis）在同样的上下文引用了 VIII.24。

③ 参见上文 p.314。

多德表明了假设一个第一推动者的必要性。在背景中显示出假设更多这种推动者的可能性，但是他有意地避免将这个问题同第一推动者的证明联系在一起，因为它当然不会通过它所包含的 55 个行星推动者的结论而被简化。在第六章的开头仅仅简短地暗示说（258b10）：ἐπεὶ δὲ δεῖ κένησιν ἀεὶ καὶ μὴ διαλείπειν, ἀνάγκη εἶναί τι ὃ πρῶτον κινεῖ, εἴτε ἓ εἴτε πλείω, καὶ τὸ πρῶτον κινοῦν ἀκίνητον（由于必然总是有不间断的运动，那么必然就有某种东西，无论是一个还是多个，首先赋予运动，并且这个第一推动者必然是不被推动的。）εἴτε...εἴτε（无论……还是）这个表达是亚里士多德通常表示在他的表达后面另有问题的方式，他认为他的听众知道这一点，但是他希望

384 当前排除它。① 这是学派经常争执的一个问题。这一段就确定了，就如我们已经从塞奥弗拉斯特那里发现的，即使在关于行星的推动者的讨论开始之后，在漫步学派中还有人追随这样的理论：只有一个运动的本原。在下面这一点重新被确认，从而表明，亚里士多德自己并不是扩展早期理论的领导者，而是不情愿地屈服于其他人的论证。我们首先考虑一下这个上下文。（258b12ff.）

虽然也有一些不被运动的推动者的本原和自我运动的存在物是不永恒持续的，这对亚里士多德而言并不否证第一、绝对不被运动的、永恒的推动者的必然性。因为必定有一个运动的原因，它造成了那些不永恒的不被推动的存在者的连续的生成和毁灭，以及所有的变化，这个本原不能等同于以上所提到的任何一个其他的推动者，它是超越的并包含了它们全部。下面是一些重要的话（259a3ff.）：

---

① 例如在《劝勉》中（Jambl. Protr., p.39, 1.4, in Pistelli）："无论是火、气、数或者其他本质是其他事物的第一原因。"最后一个他指的是理念。这些话是当学园还在为了理念论争吵的时候。进一步，见《形而上学》，A9,991b18："人自身，无论他是否在某个意义上是数，他都会是一些事物之间的数的比率。"插入部分涉及一个问题，这是在 A 卷写作的时候在学园中激烈争吵的问题：理念是否是数。在每一段亚里士多德都指涉学校中的口头讨论。

ἀλλ' οὐδὲν ἧττον ἔστι τι ὃ περιέχει, καὶ τοῦτο παρ' ἕκαστον, ὅ ἐστιν αἴτιον τοῦ τὰ μὲν εἶναι τὰ δὲ μὴ καὶ τῆς συνεχοῦς μεταβολῆς· καὶ τοῦτο μὲν τούτοις, ταῦτα δὲ τοῖς ἄλλοις αἴτια κενήσεως. εἴπερ οὖν ἀΐδιος ἡ κίνησις, ἀΐδιον καὶ τὸ κινοῦν ἔσται πρῶτον, εἰ ἕν· εἰ δὲ πλείω, πλείω τὰ ἀΐδια. ἓν δὲ μᾶλλον ἢ πολλὰ καὶ πεπερασμένα ἢ ἄπειρα δεῖ νομίζειν. τῶν αὐτῶν γὰρ συμβαινόντων ἀεὶ τὰ πεπερασμένα μᾶλλον ληπτέον. ἐν γὰρ τοῖς φύσει δεῖ τὸ πεπερασμένον καὶ τὸ βέλτιον, ἂ ἐνδέχηται, ὑπάρχειν μᾶλλον. ἱκανὸν δὲ καὶ εἰ ἕν, ὃ πρῶτον τῶν ἀκινήτων ἀΐδιον ὂν ἔσται ἀρχὴ τοῖς ἄλλοις κινήσεως. φανερὸν δὲ ἐκ τοῦδε, ὅτι ἀνάγκη εἶναι τι ἓν καὶ ἀΐδιον τὸ πρῶτον κινοῦν.

译文：不过有某个东西包括了它们全部，并且是和它们每一个都是分离的；它是有些事物存在而有些不存在以及变化的连续过程的原因；它造成其他的推动者的运动，而它们又是其他事物运动的原因。运动如果是永恒的，那么第一推动者，如果只有一个，也会是永恒的；如果不止一个，就会有多个这种永恒的推动者。我们应该设定有一个而非多个，有限的而非无限数目的推动者。如果两种假设的结果是一样的，那么我们总是应该假设事物的数目是有限的而非无限的，因为在自然构成的事物中，那有限的和更好的，如果可能的话，比其相反的方面更应该存在；在这里假设只有一个推动者就足够了，不被运动的事物中的第一个，它是永恒的，是任何其他事物运动的本原。以下的论证更清楚地表明，第一推动者必然是某种唯一的和永恒的东西。

　　在上面那段话中，亚里士多德回到了这一章第一句话中两可的选择 εἴτε ἕν (τὸ πρῶτον κινοῦν) εἴτε πλείω[无论（第一推动者）是一个还是多个]。他没有像在《形而上学》Λ8 中那样确定地说，人们必须将这个原则运用到所有个别天球，而是充满怀疑地加上：εἰ ἕν· εἰ δὲ πλείω, πλείω τὰ ἀΐδια (如果有且只有一个；如果有不止一个，那么就会有多个这样的永恒的推动者)。对可能的解决途径的唯一的暗示包含在这样的评论中：宁可设定一个唯一的推动者而非多个，如果有多个，那么有限的比无限的数量更有可能。根据亚里士多德的目的论自然观，并根据他分享的柏拉图的观点，数学的明确性和有限性是人们必须加在最高的存在和本原上的最高的要求。他却没有敢确定地

385

得出结论，只能有一个这类的本原；他只是说，假设一个比假设多个更好。是否不会有多个推动者，他没有决定。这听起来像是他的自我安慰，同时透露出，在写这些话的时候他更倾向于两种观点中的哪种，而用这样的句子总结那句离题的话："假设只有一个推动者就足够了，它由此而永恒：是其他事物（即，地上生物的灵魂）运动的原因。永恒性在这里成了第一推动者的突出标志，在这基础上才有其作为首要的和其他事物的本原的特征。"

如果假设有多个推动者，很难说亚里士多德如何看待它们同恒星天的圆周运动的关系。在这一章所提示的任何东西，听起来都是非常即席性的。259b1-20 解释为什么人们不可能在世界运动的极点上安放一个自动的东西，根据有灵魂的事物的类比，就是世界灵魂。这个观点是柏拉图的，虽然没有说出他的名字。我们知道这种经验，一切自动的生物的运动都在某个时间有个开端，但是就世界的运动而言，人们却不能想象在某个确定的时间点开始，因为那样的话它必然是从纯粹的潜能过渡到现实的，而仅仅潜在的事物可能就等于不存在。如果人们认为，天是一个这样的自动者，就像柏拉图认为的那样，那么它还需要一个它之外的绝对的不被运动者作为运动的本原。

386 再者，一个自动者总是偶然地被推动，即使它就本质而言是不被推动的，就像身体中的灵魂。最高的本原却永远不能偶然地被推动。

然后亚里士多德大概想到了那个反驳（259b28），行星天球的推动者也不能精确地类比第一推动者，因为虽然它们每一个推动自己的球体的时候而自己保持不动，但是只要这些天球被恒星天球带离出自己的运动并被带进天的运动轨道中去，它们的推动者必定偶然地跟它们一起运动。他在一个仓促写就的结束语中提出，陆生生物——它们虽然通过身体的位置变化偶然地移动自己而不被推动——和天球之间的区别是，后者不会偶然地运动自身，而是被一个另外的东西，天，所运动。人们看不出来，这如何帮助证明它们的不被推动性，大概它只是区分陆生的推动者和天上的推动者的一个努力。但在另一方面，这并没有缩小最高的推动者和行星的推动者之间的差距，因为当行星推动者 κατὰ συμβεβηκὸς ὑφ' ἑτέρου（偶然地被其他东西）通过将它们的球体拉进天旋转的轨道所推动，那么这个空间观念必然设定了，它们并不像最高的世界外的推动者那样超越于它们的球体，而是作为灵魂内在于它们。辛普里丘反对这个推论而没有给出理由，但是阿芙洛蒂西亚斯的亚历山大（Alexander von Aphrodisias）却给出了很好的理由。[①] 仅仅在物理学基础上，人们无论如何也没有另外的解释了。天球灵魂就是一个过渡阶段，介于《论哲学》中原来纯粹的柏拉图星体灵魂学说和《形而上学》Λ8 中超越的天球推动者之间。虽然即使在《形而上学》一章（它的相对晚出是根据亚里士多德阐述新学说的确定性的程度）天球推动者也没有被明确地称为 χωριστά（分离的），这使得这一点更惹人注目。因为第一推动者所有其他的特征都被归于它们，我们必然认为亚里士多德在这里将它们看作是独立存在的。他说，它们超出球体的 οὐσία，所以必定具有 οὐσία 的特征。[②] 这种表达方式不符合灵魂和身体的关系，因为在亚里士多德看来，灵魂不是一个 οὐσία προτέρα τῆς τοῦ σώματος οὐσίας（先于身体的实体的实体）。这就清楚了，从长远来说他不能满意天球推动者偶然地被永恒天推动的学说，出于这个原因他决定，也将行星的推动者解释成是超越的。这在一方面排除了矛盾。但是同时他却陷入各种困难的洪流中，它们是行星推动者同最高的 νοῦς（努斯）的关系的新定义带来的，它们最终危及到了他神学的基本思想。

此外，《物理学》关于不被推动的星体统治者有多个的暗示的一章显然只是后来加上的。当学校中开始讨论扩展他的不被运动的推动者理论，并且行星推动者有更多的数量还只是一种单纯的可能性的时候，亚里士多德插入了它们。这种类型的段落有三个。

第一段是 258b10，在这里从语法上看，插入语 εἴτε ἕν εἴτε πλείω（无论是一个还是多个）应被看作是后加的。如果人们把它看作是原来就有的，那么下面的话"每个不被运动而给予运动的东西并不必然都是永恒的，如果只有一个这样的事物"，必定和星体推动者有关，附加的 εἴτε ἕν εἴτε πλείω（无论是一个还是多个）暗示这些星体推动者。但是这句话单独地没有任何意义，就像辛普里丘指出的那样，他心照不宣地用主体代替陆地生物的灵魂（ψυχαὶ τῶν ζῴων）。只有它们可能是所指的非永恒的不被运动的推动者，亚

387

388

---

①　Simpl. In Arist. Phys., Bd. II p.1261,30-1262,5, in Diels.

②　《形而上学》，Λ8, 1073a32："这些运动中的每一个也必须由一个自身不动而永恒的实体造成。因为这些星体的本质是永恒的，仅仅由于它是某种实体，而先于实体的东西必定是个实体。显然，必定有和星体的运动一样多的实体，它们就其本质而言是永恒的，自身不运动，也没有大小，由于以上所述及的理由。"

里士多德允许了它们的存在，这不但从下面来看是清楚的，[①] 而且就它自身而言也是必要的，因为星体的推动者，只要它们被假设了，就必定像星体自身那样是不朽的。在一个永恒的推动者和许多可朽的推动者之间进行对照，这正是亚里士多德的要点，却被这个插入语毁掉了。再者，这些词也同它们所插入的句子不合，因为很难想象，人们如何从天运动的连续性——无论是在这里还是在前面以及后面，这是唯一的话题——论证一个不被运动的永恒的推动者的存在，"无论是一个还是多个"。作为页边注释这是可以理解的，而在文本中就破坏了思路的严格性。

第二个段落是 259a7-13，同样即兴地指出多个推动者的可能性。"如果运动是永恒的，那么第一推动者也是永恒的（如果有且只有一个；如果有不止一个，那么就会有多个这样的永恒的推动者）。"词语冗赘，引人注意，因为它可能只是说：如果有多个推动者，那么就有不止一个永恒的本原。如果亚里士多德仅仅想表明这样的原则，每个连续的永恒的圆周运动，无论是天的还是一个其他的天球的，都预设了一个不被运动的永恒的推动者，而不详谈这样的圆周运动和推动者有多少这样的问题，他会以类似下面的方式来表达："如果有多个连续的圆周运动，那么它们每一个也会有一个这样的推动者。"但是对这样的结论他在这里还有所迟疑，就像插入的结论所示："只假设一个推动者就足够了。"《形而上学》Λ8 只是要确定天球的数目并由此确定推动者的数目，其原则是：每一个天球都有一个推动者。而在这里，恰恰是这个原则问题需要考虑：人们能否用一个而非多个推动者来应付。这就是为什么他有意地用这样一种模糊的和不确定的方式说：如果运动是永恒持续的，那么必定有一个永恒的推动者，如果仅有一个推动者的话；但是如果有多个推动者，那么也有多个永恒的事物，也就是说，它们当然必定也是永恒的……不过，一个就足够了。在风格上这一段从"如果只有一个"开始，给人以后来附加的印象。最后，如果这些被怀疑为追加的词一直在现在的这个位置的话，亚里士多德就不能这样继续了（259a15）："已经表明，必定总是有运动。事实是，运动必定也总是连续的，因为一直存在的东西是连续的，

389

---

① 在下面亚里士多德经常将它们描述为"推动自身的事物"（如，258b24，259a1，259b2ff.，以及 b17）并将这个表达用作术语"不被运动却赋予运动"的同义语。在 259b2 他明确地提到"动物世界和整个生物种类。"

而仅仅是相继的东西不是连续的。但是进而，如果运动是连续的，那么它就是一个，但是如果它是从一个推动者和一个被推动者产生的话，那么它就是唯一的一个。"这必定是当亚里士多德从运动的连续性推出推动者时，还想着世界整体的运动，而写下的；因为如果他仅仅意味着，有多少连续的运动就有多少推动者，那么插入的问题——是否有一个推动者还是更多的问题就是无的放矢了，那么除了说"有同天球的数目相应的不被推动的推动者的数目"就够了。

　　第三个后来加上的段落是259b28-31，在系列论证的结尾。亚里士多德原来的意图是，在地上世界的个体灵魂和世界精神之间尽可能地作出对照。不可否认，世界精神的观念是从同有灵魂的生物的类比中获得的。不过这只是更突出了它的卓越而特殊的位置。除了它精神上的特征，它还在它绝对的不被推动性上表现了出来。动物的灵魂虽然自身不被推动，但是当灵魂推动身体从而改变身体的位置的时候，灵魂也间接地移动了自身。而第一推动者不是这样，我们必须将它作为宇宙永恒的连续运动的原因，在其绝对的超越中，它无论就自身还是偶然地都保持不被运动。现在当亚里士多德介绍天球灵魂的时候，他却不能以同样的方式将它们排除在所有运动之外，就像对第一推动者那样，因为虽然它们自身是不被运动的，却同它们的球体一起被天所带动。为了让它们不会下降到地上"灵魂"的水平，他插入了这个段落（258b28-31），但是就像我们上面所展示的（s.386），这不能掩盖这样的事实：他在这里介绍了一个新的原则，它同自我运动的地上灵魂和绝对不被运动的世界精神之间的对比不协调。这个附加同其他的两段附加一样都是假设性质的；它只是要提出计算天球推动者数目的可能性，别无他意。

　　后来的漫步派学者从《形而上学》Λ8中知道天球推动者学说的最终形式，必定根据它而将这些附加解释进了《物理学》。他们一定认为，在这里亚里士多德也持有同样的观点，并将它解读进了这一章。一般而言，他们可以进一步假设，亚里士多德在这里希望解释的仅仅是连续的圆周运动和不被运动的推动者之间关系的原则，而不是要提出天球推动者的特殊本质和数量的问题；但是有一个段落使得这个观点不可避免地触礁。在论证链条的结尾称（259b20）："在这个事实基础上人们可以确信，那种不被推动的而在推动别的事物的时候自己也偶然地一起运动的东西，不可能是一种连续运动的原

390

因。如果必然存在一种运动的连续性，那么第一推动者必定是一种即使在偶然的意义上也不被运动者，如果像所说的，在世界上真的存在一种无休止的和不朽的运动的话。"正确的读法是 εἶναι τι δεῖ τὸ πρῶτον κινοῦν ἀκίνητον καὶ κατὰ συμβεβηκός，它仅保留在一份很少受到注意的手稿中，辛普里丘在解释这段的时候，就是以它为基础的。[①] 只有最高的和超越的推动者无论在偶然的意义上还是就自身而言都不被运动，而非天球灵魂，就像亚里士多德自己在插入的 259b28-31 中所说的。如果关涉的仅仅是第一推动者，为什么解释者在这一段中也发现了天球推动者的学说呢？不过他们离开亚里士多德的思想如此之远，亚里士多德原来所想的可能是另外一码事，他们简单地纠正了这一段，并通过插入一个否定词使得它的意思变得和原来恰恰相反。对 καὶ μὴ κατὰ συμβεβηκός（也不在偶然的意义上被运动）的错误阅读进入了所有较好的手稿，虽然人们甚至不能从语言上理解它，而真正的意思在 258b15 有对应。[②]

幸运的是，亚里士多德的最早的一代学生如何处理《物理学》这一章中的谜，流传给了我们。欧德谟斯在一个多达几卷的、显然是为了上课而做的笔记中阐释了《物理学》，并且部分地逐字逐句重复了它。在这样做的时候，他经常对可疑的段落给出更精确的表达，有时候增加新的论证或者做其他的补充，这些东西中的思想无一能算作他自己所有的。他使得《物理学》大部分符合问题当初的状态，就像在亚里士多德去世之前那样。这在我们这个问题中完全清楚。在老师去世前的最后的时间，第一推动者学说被扩展成了天球推动者学说。欧德谟斯在《物理学》的这一章没有看到对此的确定的解释：有多个不被运动的推动者。对不被运动的推动者存在的最后的一个论

---

① Simpl. In Phys. Bd. II p.1260, 11 (Diels)．参见 *apparatus criticus* 和 Diels"Zur Textgeschichte der arist. Physik"，Berichte der Berlliner Akademie, 1882。

② 参见 258b13："下面的考察将会表明，必定有某种这样的东西，它有推动其他事物的能力，而自身不被推动并且没有任何变化［就像辛普里丘正确地解读的；手稿给出的是"对所有外在的变化而言不被推动"］，变化既不能无条件地也不能在偶然的意义上影响它。"这些话对应 259b20-28 处的整个论证的结尾的话。这两个一起包含了证明的系列，并表明，这整个一章都只考虑最高的运动本原。对 259b24 处的 μὴ κατὰ συμβεβηκός 的错误解读出现在所有的手稿中，除了 H，虽然有人删除了 E 卷的 μὴ (Parisinus)，或者因为他看到了辛普里丘的注释，或者因为他自己的思考揭示出，论证的逻辑要求这种删除。

证毋宁说完全排除了这种多重本原的可能性，就如我们看到的那样。在他的 **392** 解释中，欧德谟斯在亚里士多德的论证"由于必然存在连续的运动，必然也存在不被运动的第一推动者"中加上了这样的话，"对每一个圆周运动而言"，即对每个天球而言。① 他在亚里士多德的话中放上了这样的说法，它最后被认为是正确的。欧德谟斯有权认为它是真实的，并且在《物理学》的话语中看到了一个同亚里士多德最先进的概念不再相符的表达。他自然认识到，这一段中崇高的格调"不死的和不疲倦的运动"除了使人认为这是指天的运动和推动者神之外，不会是别的；《物理学》整个最后一卷的论证金字塔结构在这个观念上达到顶点。事实上，这就像《物理学》中许多其他的描述一样，是它出自早期的一个证明。欧德谟斯和他的同学在附加上自己真实的解释的时候，是知道这一点的，但是对亚里士多德保存下来的文稿是一个发展过程的沉淀的意识，却显然很快遗失了。

---

① Simpli.，同上，Bd.II p.1262, 16, in Diels（Eudemus, frg. 80, p.105, 1.5, in Spengel）："首先已经表明，运动总是存在，它没有一个开端，在此之前没有运动，也没有一个终点，在此之后也不再有运动，然后在'在每个运动中'的首要的推动者，就像欧德谟斯加上的，它必定是无论就自身而言以及偶然地都不被推动…"对《物理学》卷 VIII 第六章的内容的概括，就欧德谟斯的添加而言，指的是这些话（259b22-24）："所以，运动的必然性持续要求第一推动者（！）应该存在，并且无论就其自身还是偶然地都不被推动。"不清楚的是，欧德谟斯如何调和这个事实：他的添加公开地同亚里士多德自己的解释相矛盾，根据后者，"无论自身还是偶然地都不运动"只属于最高的推动者。

亚里士多德的历史地位

亚里士多德的名字同无人格性、无时间性、历史长期对抽象思想世界的精神统治、学院的偶像崇拜联系在一起。为了将他完全同化进自己的世界，中世纪消灭了这位思想家的个体特征，将他变成哲学的代表。人们不能够否认他所代表的东西的地位的崇高；他自己希望的也只是事实而非个人，他追求永恒的真理而非青史留名。但是那将他和真理自身等同的时代已经过去了。亚里士多德作为西方精神领袖的历史意义当然不会被这样的一件事所降低，欧洲文化向着自身的哲学成就的发展，是以500年间反对他的形式进行的。但是从现代的观点来看，他还只是传统的代表，而非我们自己的问题以及创造性的知识自由进步的标志。我们只能通过迂回的方式才能获得同他的一种建设性的关系，即通过对他在希腊文化和哲学中的意义以及他在他的世纪所完成的特别的任务的历史认识。每个达到历史长存的伟大思想都承受这样的命运。它必须首先脱离它们的历史根基，并获得中立，才能对后世有普遍的好处。只有历史能够回答进一步的问题，什么时候这种"活生生的"影响翻转到它的对立面，这个时候只有从传统回到源泉以及回到这个现象的真正的历史意义，才能将它从精神死亡中挽救出来。直到今天人们在这一点上也不容易达到一致，是否亚里士多德已经到了这个关头，因为学院哲学作为一个完整的世界在我们中间还继续生存着。无论如何，现在的这部书产生自对亚里士多德的一种历史的态度，但是这并不说明它对那种根本上持另外一种看法的人必然是无用的。因为通过对亚里士多德历史现象的深入理解，他后来的影响的特别形式和深度才能得到完全的把握。

那么，现在就在亚里士多德那个世纪的精神活动内部，在总结亚里士多德的地位中运用这部书的发展史成果。他的哲学形式和柏拉图向希腊科学意识所提出的伟大问题之间的内在关系，迄今为止主要通过亚里士多德对理念论的批判和发展个别概念而显示出来。这种个别概念思考是向柏拉图和亚里士多德的哲学解释提出来的特别任务。哲学发展史虽然也要求哲学的解释，但是它的最终目标不在于问题史自身，而是仅仅在它里面发现民族精神的总体运动在哲学领域表现自己的形式。问哲学在这里面多大程度上领导或者被领导，这是个多余的问题。即使人们用一个时期的总体文化来回答，也很难决定。因为它错误地将意识的内容看作是本质性的了，而没有看到其哲学表述赋予它的意义。下面我们试图在希腊文化内部，纯粹从它自身和它的历史境域出发，来理解亚里士多德哲学的有机意义，在此期间我们忽略它个别学科的材料内容，仅仅把握亚里士多德问题和它的思考形式的精神史本质。

a) 分析思维

395　　在这里，亚里士多德逻辑研究的巨大成果只在这个范围内被触及：它是亚里士多德哲学的总体精神的标志。他思想的分析的根本力量在典型的表达中展示出来。理念论中所包含的基本逻辑发现以及柏拉图的认识论和方法论特征为它做了准备。唯独亚里士多德的《分析篇》和《范畴篇》的学说是从另外的根源产生的，有别于柏拉图的直观的对象的思想。现代研究已经成功地表明，在早期作品诸如《论题篇》和《范畴篇》（s.45）中出现的大量的逻辑命题无疑是在学园中产生的，它们直接被亚里士多德拿来了，对柏拉图对话中的初级逻辑进行比较分析，达到最小的细节，从而证实并扩充了这个结果，就像我们考察《欧德谟斯》的时候所表明的；但是亚里士多德是我们从中发现真正抽象的第一人。这种抽象性占有他全部思想。这不是考察抽象性产生以及在希腊思想中逐渐独立并表明它怎样从柏拉图的理念中越来越清晰地展开的地方。对亚里士多德的观察力而言，尚不能纯粹地在其特别的法则中把握它。人们可以在他对所有范畴、形式和科学结论的前提的逻辑性质和关系的不懈的研究中，认识到后期的研究者力图完全地把握逻辑事实领域。他建立起一个作为纯粹的形式的技能的学说的新学科，并且明确地说，对他而言逻辑学就像修辞学一样，不是关于对象的学说，从而不是科学（φιλοσοφία），而是一种能力（δύναμις）和技术。他将它同灵魂中概念和思想的起源的问题严格分开，从而也和心理学分开，只是将逻辑的东西看作认识的工具，但是也将三段论学说同他的对象理论结合为一个独立的科学学说，它的基础是对所谓的公理的研究。这样来谈论一种形而上学逻辑学是不

396　恰当的。他将老的存在论——前亚里士多德哲学中唯一的逻辑学形式——劳永逸地分解为 λόγος 和 ὄν 的元素之间的关联，这个关联必须以某种方式被重新结合，并通过形式因的概念来完成，它同时是概念和事实，认识和现

实的基础。亚里士多德的现实主义为它准备好了条件。这也许不是一个令人满意的解决方式，但是它完全不同于诸如黑格尔所说的，将逻辑概念、判断和结论投射在存在者中。

有必要弄清楚分析的思维方式对亚里士多德哲学的精神形式的巨大影响，因为它决定了他所走的每一步。在他的著作中，一切都是最完美的、被润色了的逻辑艺术，而非现代思想家的那种粗糙的风格，也非那种学者的风格，他们经常混淆了观察和结论，并且在逻辑精确性的细微差别上有很差的意识。因为我们对这门艺术不再有感觉和时间，并且在古代辩证法意义上的那种更精致的思想文化或多或少地缺失了，在对它们的注释中也没有发现太多对它们的解释。在这个方面，我们可以从古代的注释者那里学到很多，他们——至少是那些不属于这个衰落过程的人——在方法上每一步都追随这位思想艺术家的意识的兴趣。第四世纪的思想和谈话没有什么不同，它对我们今天的一般人而言还仍然是一个封闭的世界，只有暗淡的认识的光线渗透进他的意识中。无论人们怎样看待这个意识上的技术培养，我们在它里面把握到第四世纪的部分本质，我们总是感觉在精神上同它很接近，因为柏拉图和亚里士多德的名字对我们有直接的意义。但是由此到真正的理解，还有很长的路要走。

思想的分析的态度对处理问题自身有什么意义，人们可以逐步地观察到，比如说在伦理学中，更加古老的思辨迫使那种既富有成果同时又有问题的概念相等同（比如 ἀρετή=ἐπιστῆμαι），现在第一次开始对道德动机以及道德行为和意愿的形式进行真正的分析。这绝不是简单的"心理学化的"伦理学，因为它的始点总是对一些特殊的词和概念的精确的逻辑考察，并对它们的用法进行鲜明的描绘。作为例子，可以举《尼各马科伦理学》VI 中对哲学智慧、实践智慧（φρόνησις）、努斯、科学、技艺、理解、好的审思和机灵的分析。在这里，柏拉图纠缠在一起的概念 φρόνησις 被分解开，心理学上的精致表现出在从纯粹的善的理念到一种意志和意向伦理学的道路上的显著进步。这只有通过概念分析才会产生，而概念分析在语言基础上建立起一种意义理论，由此他的同情的心理学理解才得以开始。

这个例子也清楚地表明，通过这样的思考方法，柏拉图的"概念"立刻分解为它们的构成部分，并且一发而不可收。柏拉图的 φρόνησις 包含了

397

所有的一切：作为对象的理念，作为认识过程的理念沉思，向着善的知识的理论转变，以及用这种眼光来实践地实现观念和行为，简言之，整个的"哲学生活"。在亚里士多德那里，它被回溯到产生自语言用法的意义，变成"道德的识察"，从而仅仅是构成对 ἦθος 的道德分析中许多其他的成分中的一种。亚里士多德的思想以同样的方式不同于柏拉图的存在和认识学说。理念，是对杂多的直观的理解的统一性，同时是道德的理想、美学的形式、逻辑的概念和在不变的统一性中的本质存在，分裂为 καθόλου（一般）、οὐσία（实体）、μορφή（形式）、τί ἦν εἶναι（恒常如是）、ὅρος（定义）和 τέλος（目的），这些概念中没有一个在能力上接近它。亚里士多德的形式（εἶδος）是理智化的 ἰδέα（理念），它们之间的关系恰恰就像亚里士多德的 φρόνησις 同柏拉图的 φρόνησις 的关系。柏拉图的精神所触及的所有事物都有某种灵活的通融，但是没有什么比它们更厉害地抗拒亚里士多德思想的分析的冲动了，后者对柏拉图的思想而言，就像解剖图对灵动的人的形体一样。对于崇

398　尚美学的和宗教的人这也许会令人震惊。但是无论如何这对亚里士多德而言是典型的。

　　这个原则的实施成为现代意义上的科学产生的时刻。人们当然应当知道，这个现象不仅仅有这样的神秘的意义，而且也是总体的精神发展的一个标志。在希腊思想史中，亚里士多德站在一个决定性的转折点上。在柏拉图哲学的巨大成功之后——在这里构造神话的原始能力同逻辑理解的天赋以一种前所未有的程度渗透在了一起——古代的世界观创造力显然开始衰退，并输给了占优势的科学—概念思考方式。这种历史发展必然性的执行者是亚里士多德，科学的哲学的奠基人。这对哲学，或者无论如何对希腊哲学而言是典型的：这个行为没有变成一个新的富有成果的哲学发展的开头，而只是一个高潮或者过渡，它仍然同亚里士多德的名字联系在一起。他的分析技艺的推理形式被希腊哲学采用，直到经院哲学都在探索着，但是亚里士多德的分析的精神却没有就此沦落，而是在实证科学中找到了其温床。科学的哲学的奠基是科学从哲学中最终分离的直接推动力，因为希腊的世界观追求无法长期忍受科学精神在其卧榻之侧。

　　科学的哲学的分析思维统领真实世界和它的理智遗产的特别形式，是划分、推理和辩证法的方法。假设仅仅起次要的作用，并且只能和划分相联

系，辅助使用。希腊科学不拥有对这个方法的富有成效的使用的实践的先决条件，尤其是实验。所有的划分都在区分的意义之外，还有一个整理的意义；它限定概念和方法的运用的范围和内容，所以间接地导向对事物的一般 **399** 的概念整理，我们称之为系统。亚里士多德一直被看作是出类拔萃的（κατ' ἐξοχήν）体系化者，因为在他的思想影响下，哲学划分成了一系列独立的科目，它们通过共同的思想动机被结合成一个整体。在这个意义上哲学体系化的第一个开端却是在学园中发生的，在晚期柏拉图的观念中，柏拉图在《斐莱布》中将物理学作为 δευτέρα φιλοσοφία（第二哲学），以同理念知识区别开来，后者后来被亚里士多德称为 πρώτη φιλοσοφία（第一哲学）。伦理学在学园中也已经独立出来，这被塞诺克拉底的著名的三分所证明：逻辑学、物理学和伦理学，这个划分在希腊化哲学中创造了一个时代。

但是无论是斯多亚的还是伊壁鸠鲁的系统都清楚地表明，亚里士多德和柏拉图的系统都缺乏一个重要的东西，即封闭性，它们甚至对技术的表达 σύστημα（体系）都很陌生，这绝非偶然，这个术语恰当地表达出希腊世界图景的构造性，强调整体的特征以及远离活生生的研究的自足性。亚里士多德思想的灵魂不是 συνιστάναι（综合），而是 διαιρεῖν（划分），并恰恰是作为活生生的研究的工具，而非构造的原则。所以他的"体系"在各个方向上都是暂时的和开放的。亚里士多德那里没有一段文字清楚地并最终地确定了主要科目的范围，那些对亚里士多德哲学的系统划分感到惊叹的人甚至不能说出，它划分成了哪些部分。著名的划分是：理论的、实践的和制作的哲学，以及将理论的哲学划分为神学、数学和物理学，这个划分亚里士多德从未实现过，它也不反映他真实的体系，而只是一个概念的分类。在他写这些话的那个发展阶段，它们只是意味着形而上学在哲学内部的领导地位的一个地理坐标。再者，单独的学科自身在试图彻底的体系化的时候总是面临最大的困难，今天从亚里士多德作品的产生历史来看这是非常明白的。这些学科 **400** 从对个别问题的不懈的研究中同时产生出来，但是如果我们仔细考察它们的系统结构，它们却总是提供出一个四分五裂的画面。在这个方面《动物志》同《形而上学》或《政治学》是一样的。一个系统的安排的轮廓经常是后来试图粘合各个部分的努力的结果，却半途而废或者完全没有被实施。一个外在的体系结构不是这位建筑师原来的想法，所以也不会"重建"，层次互相重叠的讲课笔记也不能被重建成一个流畅的文献整体。

如果我们不考虑作为教条的外壳意义上的体系，那么就剩下了分析的整理和分离的力量，它在一种非常不同的意义上系统地起作用。那么体系所意味的就不是在外面可以看到的外壳，知识整体的僵硬的教条化的结构，它由多种多样的个别知识和个别科目构成。[①] 体系是基础概念的内在层次，它通过亚里士多德第一次展示出来。就如他将范畴之网撒到现实之上，从而从陈述的可能性的数量中选取独立的 τόδε τι，它指示出哲学思想的 οὐσία，这样下降到这个概念之井中，以便一个接一个地将质料、形式、本质概念、一般、潜能和现实的层次在它里面暴露出来，这就是一种构建体系的思维。通过这种分析，纯粹的 τόδε τι 分化为规定质料的形式，在形式中概念的一般思维将现实的本质把握住，这种本质和质料的关系就像现实和潜能的关系一样。同一个基本概念就像地层一样跨越几个学科，比如说形式概念耸立在心理学、逻辑学以及所有个别的科学中，同样它也属于物理学和形而上学这样的理论哲学。Νοῦς（努斯）学说延伸进形而上学、伦理学、心理学和分析中。通过这些共同的思想动机，各门学科内在地共属一体。但是这种统一性不是通过对各个方面做同样的处理而产生的，而是原初性的，由此才出现多重性。柏拉图的理念还是伦理学、存在论、认识论合一的。通过 διαίρεσις（划分）它们分解为几个学科，但是和柏拉图的追求统一性相应，亚里士多德在它下面建立了一个同理念相对应的一般的现实的和认识的概念，多样性在这里从根本上联系起来。

不过，每个分支领域都保持着问题研究的特色，这种研究从来不会满足于孤立的外部形式以及无可指摘的结构，而总是在提高自己，推翻它以前曾经建立的东西，寻找新的道路。如果有任何亚里士多德追求的整体性的话，那么它不是完成的知识的整体性，而是问题的整体性。它可以在我们关于伦理学的结论中看出来。根据柏拉图的问题，幸福或者由 ἀρετή，或者由 ἡδονή，或者由 φρόνησις 构成。《斐莱布》表明，在柏拉图那里，在哲学

---

① 这种希腊的 συστηματικόν（体系）概念被 Sextus Empiricus（Adversus Logicos I.198,3ff.）在他自己的来源——主要是斯多亚派——的基础上显著地发展起来。真理在这里被认为是一个"固定的"科学体系（ὡς ἂν ἐπιστήμη καθεστηκυῖα συστηματική），后者被表征为ἄθροισμα ἐκ πλειόνων（许多事物的一个集合）。

研究中诸如 ἡδονή 问题如何独立出来并构成自己的一个领域，而 φρόνησις、ἀρετή 和 εὐδαιμονία 问题仅仅稍微地触及到它。Φρόνησις、ἀρετή、φιλία、εὐδαιμονία 问题也是一样。它们都经常在学园中作为相对独立的个别研究出现，就如学园成员的作品题目所展示的。柏拉图的对话给了这种独立的问题领域一个可信的画面。亚里士多德将所有属于伦理学（τὰ ἠθικά）的问题领域都总结起来，而没有限制在各个领域内部活动的自由，从而在这种本来松散的统一性框架中逐渐达到更紧密的方法上的控制。这种统一却没有发达到这样的程度，使得《尼各马科伦理学》的第八和第九卷"论友谊""体系化" **402** 地被论证，或者第七和第十卷对"论快乐"问题的重复论述被解释清楚。在我们能够更加深入地洞察作品的产生的地方，就像在《形而上学》和《物理学》中那样，这个过程在接近结束的地方，我们总能看到一种不断增长的努力，要达到这种综合的结构，虽然这从来没有被完成过。只有发展史才将我们在亚里士多德那里可以称为"体系"的东西的根基和意义阐明。希腊的众多体系都同后期亚里士多德联系在一起，它们却从外在的印象出发，使得在亚里士多德那里次要的东西变成首要的。它们教条地从"有效命题"出发构造一个固定的世界图景，并在这个安全的外壳中寻求避开现实生活的风暴的避难所。

b）　世界观和科学

亚里士多德哲学的所有线索都聚集到了《形而上学》中，同样它反过来侵入了所有其他的学科。它是他最后的哲学目标的表达，对他的学说的各个部分的研究如果不从这个中心部位开始的话，就必定错过了最重要的东西。对《形而上学》的本质和成就作出正确的判断并非易事，尤其是对这个名称的偏见挡在路上。亚里士多德哲学教条的影响的时代随着作为科学的形而上学的瓦解而结束，从而也毁灭了亚里士多德的创造。从此人们不情愿地将他看作教条主义的主导，康德战胜了的对立者，并相信如果人们更欣赏他的非形而上学部分，并使他在更加实证主义的哲学的光线中显示出来的话，就帮了他很大的忙。但是即使在调查研究占最大比重的时候，亚里士多德也不是一个是实证主义者。他的形而上学的活生生的意义不能从有限的批判哲学观点来估量，而只能在他自己的时代的问题语境中来理解。当我们以后一种方式看待它的时候，我们发现它是带着批判的目的建立的。他的目的是净化哲学思维中的神话和比喻的因素，而创立形而上学世界观的严格的科学基础，其大体轮廓是他从柏拉图那里拿来的。易言之，他的方法论兴趣导向这种卓有成效的新结构。

他的形而上学产生自理智意识和追求一种宗教的世界观之间内在的张力，这构成他哲学人格中新的和成问题的东西。在古代希腊物理学家的世界体系中，神话的因素和理性的因素还不可分离地统一在一起。因为它们包含了在我们的意义上的形而上学的成分而将这样的哲学称为形而上学的体系，历史地看，是一种用词错误，并不能因为这种说法的通用而获得正确性。在这个意义上亚里士多德的物理学当然也会被称为形而上学的，虽然恰恰在这个例子中年代错误表达的历史荒谬一目了然。在前苏格拉底哲学家那里，它只有一个意义，当亚里士多德为作为独立科学的形而上学奠基的时候，他有一个目标，就是将他的前辈的世界图景中教条的和神话的成分有意识地当成哲学思想的中心点，而以前它们是无意识地混在一起的。用柏拉图的理念世界这个表达在某种意义上更正确。它在这里表示不可见的和理智的东西进入哲学意识的领域，尤其是理念的对象作为一种通过经验无法把握的、更高类型的存在。这在柏拉图发展的后期阶段同目的论神学的宗教问题联系在一起，而后者成为亚里士多德形而上学的出发点。但是即使是现代概念意义的这种用法，严格地讲也是非历史性的——虽然它不情愿地总是一再出现——并阻碍了对亚里士多德本质成就的正确理解。只有在他那里，形而上学才从宗教和世界观的信念——这要归功于柏拉图——同科学和分析的思想的冲突中产生出来。这种内在的冲突对柏拉图而言还是陌生的。它产生自柏拉图的超感性的新的现实立足其上的科学形式的崩塌，在这种形式中，不可经验的东西的狂热的体验在一瞬间同精确的科学似乎毫无间隙地统一起来。从这种神话的直观的统一性中脱离出来，亚里士多德带走了作为"信仰的寄托"（Depositum Fidei）的不可动摇的信念，他年轻时候的柏拉图信仰中的最内在的核心还应当是真实的。《形而上学》是他所做的最大的努力，使得这个超越人类经验的界限的某物可以通达批判的思维。通过这种迄今被误认的、同中世纪基督教、犹太教和伊斯兰教信仰哲学家深刻的问题的一致性，而非通过纯粹传统的偶然性，亚里士多德成为了奥古斯丁之后各个世纪的精神领袖，他们的内心世界通过信仰和知识的张力，极大地被扩展而超出了希腊灵魂的界限。他的发展史表明，在他的形而上学后面，也有着 credo ut intelligam（信仰了才能理解）。

发展史研究使得新的哲学建基其上的方法论被更清楚地看到。迄今为止统治性的观点是，"形而上学"这个词的起源只是归于在希腊化时代的一次全集编辑中对亚里士多德作品的偶然排序——人们首先想到的是安德罗尼柯。事实上，这个大概是由一个生活在安德罗尼柯之前的漫步学派学者构造的词，完全恰当地给出了"第一哲学"在其原初的意义上的基本目标。虽然柏拉图的目光从一开始就指向理念世界的最顶峰，对他而言一切确定性都直接扎根于对不可见而可知的事物的认识中，而亚里士多德的形而上学却建立在物理学上，选择了一个相反的方向。那最高的单子对柏拉图而言是最精确的标准和精神最确定的对象，而它对亚里士多德而言是最后的以及最困难的问题。在他那里对这个新学科的最经常的称呼是——人们经常忽视了——"被寻求的科学"。与所有其他的科学相反，它不是从一个给定的对象出发，而是从它的对象的存在问题出发。它首先证明它作为科学的可能性并在这个"导入性的问题"中完全耗尽了自身。

对亚里士多德而言从开始就很确定的是，只有理念或者一种和它们相应的"分离的"可知的事物存在，这个被寻求的科学才是可能的。虽然他有一种批判的反转，却像柏拉图一样一直有这样的想法，每个真实的知识都预设了一个在意识之外存在的对象（ἔξω ὄν καὶ χωριστόν），它以某种方式触及到、描绘或者反映了它。这种现实主义，如我们曾经说的，不是专门的亚里士多德的，而是一般的希腊的。古代思想没有超出认识和对象的关系的模糊概念，这在那种栩栩如生的表达中展示了出来。在这种历史局限性中，亚里士多德的形而上学表现出相对于柏拉图存在论的一种问题境域，恰似康德相对于 18 世纪的教条的理性主义的问题境域。所寻求的科学是否可能的问题，在他那里具有具体的意义：存在那种所谓的超感性的事物吗？而在康德那里它却有方法论的意义：存在着先验综合判断吗？没有它们，人们不能思考传统的形而上学。古代的批判——容我这样说（sit venia verbo）——具有一种

405

现实主义的符号，而现代则有一种理性主义的符号，这个事实不应阻止我们认识到历史境域的内在的相似。两位思想家对于这里和那里的发展而言都是一个最极端的点，他们都没有后继者，除了在经过长期的误解之后，有一种终结于形式主义的复活。真实的、活生生的发展粗略地阅读亚里士多德或者康德的形而上学思想或者落在他们的后面，部分地在感觉论的、部分地在理性论或神秘的片面性中，无视这两位哲学家给予这个问题的科学的精确和精致。所以亚里士多德是唯一的希腊思想家，康德能够平等地与他讨论，并力图克服他。此外，康德的观点完全建立在对认知的意识的超越批判基础上，而亚里士多德的批判现实主义却建立在他的物理学体系以及一种从经验对象出发的对存在概念的批判的分析基础上。

406

　　形而上学首先建立在物理学基础上，这是因为，根据亚里士多德的意图，它无非是被推动的自然建立在经验基础上的体系的必然结论。物理学首先要解释运动。亚里士多德对理念论的首要驳斥就是它没有解释运动。在他面前浮现出一个作为经典模型的自然科学的确定的类型，这是欧多克索所奠定的构造假设的形式，它通过诉诸最简单的原则来解释一系列复杂的事实——在这里是所有行星做简单的圆周运动的数学结构。σῴζειν τὰ φαινόμενα（拯救现象）是形而上学的方法论理想。它要从事实自身以及它们内在的法则中推理出现象世界的最终原因。为了这个目标，它必须在一个点上跨越直接的经验的界限，但是它的要求不应比这更多：阐明以正确地解释的事实为基础的前提。将动物的运动回溯到永恒的宇宙运动，将宇宙运动回溯到最外层的圆周，这通过欧多克索的自然科学对亚里士多德而言是一个没有任何疑问的事实。它表现了之前在这个领域从未达到过的数学上的精确的经验知识的水平。根据亚里士多德物理学的前提，这种运动体系的顶点只能在一种目的因中发现。第一推动者存在的推论通过自然自身表现出来。

　　亚里士多德通过分析 οὐσία 概念而将这个知识更深地扎根于物理学中。

407 由此，一切运动的最高原因的思想获得了更确定的概念，即在自然形式领域的最终的和最高的形式。亚里士多德存在学说的出发点是感性的现象世界，素朴的现实意识中的个别事物。有什么途径来认识这种个别的存在吗？早期的物理学事实上不具有这样的手段。它的元素和运动学说确实知道"一切事物"的许多成分，以及在它们内部起作用的力量，但是这些是通过纯粹的思辨而获得的。在现代自然科学意义上实践地、技术地将个别事物分离为其物质成分，这对于德谟克利特的高度发展的原子论而言是不可实现的，就像对更早的以及更原始的物理学家一样。柏拉图的哲学最终在其发展的最高点上包括了作为科学知识（ἐπιστῆμαι）对象的理念，后者通过辩证法的划分方法而发展出不同的等级，从最普遍的属到最低级的不能再分的种（ἄτομον εἶδος）。但是毗邻经验世界的理念世界的另一面，是 ἄπειρον（无序的），δόξα（意见）的对象，不是真实存在的。柏拉图的 ἄτομον（原子）还不是同质料相结合的个体，亚里士多德的内在的形式（ἔνυλον εἶδος）。认真地说，柏拉图在后期致力于 δόξα 问题，他不能够从理念出发，把握经验的个别事物。物理学对他而言仅仅是一个 εἰκότες μῦθοι（类神话）的积累。

这就是亚里士多德的批判开始的地方。他的目标从开始就是，使得理念能够通达现象。这对他而言同这一要求具有同等意义：使得概念对可感事物有用，因为对柏拉图主义者来说，只有通过一般，知识和科学才是可能的。他处于柏拉图后期理念论所经历的发展中，通过它，理念的逻辑方面、一般和概念以及它对知识的意义才清楚地突出出来。理念的存在论方面由此也变得成问题了。对亚里士多德而言确定的是，没有什么一般拥有独立的实存（Dasein）。他在晚期柏拉图的理念论中，从他的立场出发看到了一般的具体化，他将这和他的通过形式为质料定义的学说对立起来。通过这个学说，事实上他扬弃了素朴的现实主义的"事物"，并使得它们有概念。所有的感性经验的对象，只有这样才能进入思维主体的认识：成为一个概念形式，不过也仅仅就它是一个形式而言。现实彻底的确定性——通过理解的形式以及它们的概念层次在范畴上的多样性——的基础不在于认识着的意识的超越的法则，而在于事物自身的结构。这里隐藏着一个不应忽视的问题，而对亚里士多德而言唯一的目标是，通过理念来把握个别存在物，对他而言唯一可以想象的是，通过理念来把握事物中的恒常所是（τὸ τί ἦν εἶναι）。质料是那种自身不可被认识的非理性的残留，是在对事物进行形式和概念的澄清的过程中残余下来的，是非存在。但是这种非存在既非存在，也非不存在：它"尚"不存在，也就是说，只有它成为某种概念确定性的承载者的时候，它才获得现实性。由此，没有质料是纯粹的质料，就像那些物理学家所认为的：它对这个确定的形式而言是质料，但是除掉这个形式而考虑它自身，它

408

329

已经是一个以某种方式形式化的东西了。因此，没有什么是完全无形式的和无定义的。一种最终的、绝对无形式的和不确定的原始质料的概念，仅仅是我们思维的一个限定概念（Grenzbegriff），不表示什么现实事物。一切都是形式，而形式自身又变成更高的形式的质料。这样亚里士多德的存在观要求一个最终的形式，它规定所有其他的事物，而自身不被任何别的事物所规定。内在形式的物理学只有在形而上学的超越形式中才达到目标。

这样，形式成了运动的解释原则，这是无论德谟克利特还是柏拉图从其自身立场都不能科学地理解的。亚里士多德的运动学说的目的是创立一种运动逻辑。他试图使得它像质料性的个别事物一样，对概念成为可通达的，从它里面揭示出形式的可定义性，由此来解释它。由此他将运动限制在一个固定的框架中。因为在那只有可运动性和流变而没有固定和持恒的地方，科学就丧失了权利。亚里士多德的物理学在质和形式以及运动的目标中，而非在量自身中发现了这种持恒。以前缺乏技术的可能性来进行精确的量的计算或者在量的条件上证明质，所以在这个方向上研究的进步是不可能的。首先亚里士多德看到在宇宙中运动是以固定的形式并在固定的范围内进行的。那貌似随意的、无规则的运动只统治着同宇宙整体相比渺小的地球上的生命世界，它对宇宙不朽的上界部分的伟大图景而言，是微不足道的。欧多克索的天球理论对亚里士多德世界图景的这个方面而言也具有根本的重要性。星体永恒的圆周运动的恒定与协调，以这样一种假设作为天空中可见的现象的基础：它具有某种确定的目的形式，这是不能从那时候的重力理论的机械论前提推理出来的。物理学家大部分求助于一种宇宙生成的涡旋的设想，它让世界处于运转之中，但是随着法则性和现象的不变性的知识的不断增长，机械的宇宙生成论思想越来越退到幕后，因为这似乎是荒谬的。亚里士多德在这个问题上甚至比柏拉图走得更远，因为柏拉图至少还试图在欧多克索的天文学说前提下设想世界创造的过程，但他不以混沌为开端，而以统治事物的理性开始。但是，当他声称天体和天自身是永恒的和非生成的，它的运动从内在的形式或者目的因产生出来的时候，亚里士多德同这种阿那克萨戈拉的心灵 διακόσμησις（统治）完全决裂了。

就运动而言，形式是 ἐν-τελ-έχεια，由于每个事物在理念中包含着运动实现了的 τέλος。在天体中，这就是永恒的圆周运动。亚里士多德将这个原则也转用到了地上事物，从而将柏拉图的目的论贯彻到他形式世界的所有领域，虽然根据柏拉图的说法地上事物的运动显得是 ἄτακτος κίνησις（无序运动）。但是通过细致的观察，就会发现有机世界中变化的基本原则和天体的是一样的，即位移运动，所有的运动类型都回溯到它。位移运动在这里用于有机的生成和毁灭的特别的法则，它们的基础又在形式中。对于生成和毁灭的事物，实现（Entelechie）意味着有机发展的顶点。理念在它们这里显示为从内部形成的有序和形式确定性，它从质料展开就像从一个种子展开一样。

人们总是将实现（Entelechie）的后一个意义看作是原始的，并且相信，概念首先是从有机生命发展出来的，并从这里通过一种完全没有道理的一般化而转渡到其他领域，这意味着某种活力论或者生物学，就像现代的"生命力"。在这里人们预设了，亚里士多德从开始就是动物学和生物学领域的完全的能手，就像他在《动物志》中显示的那样，并且作为研究者确定无疑地直观地揭示出那个原则。最终人们在生物学发展的概念中发现了他真正的成就，这是一个非常恶毒的现代化。ἐν-τελ-έχεια 具有一种逻辑—存在论意义，但是没有生物学的意义。在每种运动中亚里士多德都目光注视着 τέλος。不是某物生成这个事实引起了他的兴趣，而是某物正在生成，一个给出目标的和固定的东西在实现自身：理念。

> 那生成的东西，永恒地活动和活着，
> 同爱连接并再也不放松，
> 那在摇晃的现象中动摇不定的，
> 用恒久的思想固定起来。

潜能和现实概念同样大概是从有机的生命过程中获得的，它们确实偶尔被亚里士多德用种子和完成的产品来说明，但是它们不可能是从有机发展的事物的领域产生的，而是从人的能力（δύναμις）中取得的，它时而潜在，时而转化为现实（ἔργον），只有在这种活动（ἐνέργεια）中，它的目的才实现（ἐντελέχεια）。还有一件事也是非历史性的，认为星体灵魂是将所谓的活力论甚或万物有灵论 forma substantialis（实体形式）推广到整个现实中的结果，就像那些解释者所作的，他们继而认为，亚里士多德将灵魂也归于无机物，从而使得他成为一个万有精神论者。

411　　宇宙的运动是这样的，我们上升的越高，则形式表现的越纯粹——形式是运动的目标。总体而言世界运动是一个绝对的、脱离了任何质料的形式的作用和表现。在这里，对前柏拉图物理学的否定得以完成，后者从机械的原因来解释世界，并从混沌的质料产生出世界。现实在其形式确定性以及本质中必然如其所是的样子。从纯粹的可能性和偶然性是不能够解释现实的，因为它可以不存在或者以另外的样子存在。形式必定在运动的顶点出现，而最高的形式必定是纯粹的现实，完全的确定性和思想。思想不能思想比自己更完美者。因为作为整个世界的运动的目标，思想必定是一切存在物中最完美的，所有其他事物都追求它。自我沉思的思想却不仅仅是一个纯粹形式的、没有内容的自我意识，费希特意义上的绝对自我。对亚里士多德的目的论而言，οὐσία 和 τέλος 是一个，最高的目标是一切存在中最确定的现实性。这个本质的思想具有最高的柏拉图式的理想性，同时又有个体的内容充实的确定性，从而是生命和永恒的福祉。神同世界的统一性既不是通过神渗透进世界，也不是通过将世界的形式总体看作自身内的理智世界来建立，就像人们曾经认为的那样，而是世界"依赖于"（ἤρτηται）他：他是世界的统一性，虽然他不在世界中。由于每个事物都力求实现自己的形式，它就自己的部分实现无尽的完美，而这种完美作为整体就是神。

412　　亚里士多德努力使得那由柏拉图揭示出了的精确思想以及理念和概念对认识感性世界富有成果，这只能存在于对自然和它的本质的一种概念把握中，而这种概念把握起先对洞察质料因却没有帮助。它创造了一个（在我们现代意义上建立在"形而上学"的基础上的）自然哲学。亚里士多德自己的意图却是相反的。他相信在他的目的论自然解释中，旧的物理学——它把一切现象都从机械的和质料的原因推演出来——已经被扬弃。他认识这些较低的原因，却把它们放在形式因和目的因之下。质料和能力不是"自然"。它们只是自然的辅助者，自然自身是建筑师，它根据内在的计划和思想来进行。原子论者的自然必然性虽然是自然作用的必不可少的条件，就像对人的技艺而言，但是它对自然的解释者而言，就像柏拉图已经教导的，只是纯粹的 συμαίτιον（次要原因）。亚里士多德越是在他的生命历程中深入实证的研究，他必定越是深入到对个别事物的特别的质料构成中去。相反，只要他将他的物理学保持在概念研究的范围内，次要原因同目的因之间的关系不会给他造成很大困难。《气象学》第四卷伪书包含了古代化学的第一次努力，它清楚地表明这个关系是如何成问题的，只要在亚里士多德学校中的人转向质料的构成问题。同时，德谟克利特的原子论以及虚空概念作为假设重新出现，起先并没有威胁到物理学的目的论基本特征。《气象学》第四卷的作者属于这个过渡阶段。[①] 而斯特拉图放弃了目的论以及和它一起的形而上学，而将亚里士多德的物理学建立在德谟克利特的基础上。他将自然的"技艺"转而放进质料和它的性质中。人们曾经认为他是这一卷的作者，那就是一个早期作品，在其中他老师的学说和原子论的概念斗争着。但是我们不需要这个著名的名字来理解这一个有趣的作品中揭示出来的发展的方向。目的论物理学从柏拉图晚期渗透到亚里士多德的早期，并成为亚里士多德哲学的基础。它在考察动物和植物界中发现了它的原则的富饶的土壤。当它考察无机物的时候，形式本原长期来看却是不够的，原子论的观点被重新使用。

方法论的兴趣也统治着亚里士多德进一步的发展，所以他后来在《物理学》和《形而上学》之间插入了一个专门的关于世界运动的连续性和永恒性的研究，以及关于圆周运动的研究，它直接导向了形而上学的门槛，并表明物理学如果没有形而上学的话就如一截没有头的树桩。后来的形而上学的基本思想也是方法论的，即，为目的论预备下 ουσία 的一般学说，并将形而上学扩展为存在的多重意义的研究。超感性的存在物的学说，其主题有别于物理学的，现在变成了这样一门科学，它考察的对象的存在，就是物理学在运动的观点下所考察的同一个对象。形而上学的两个原始的基本动机——推动者的物理性质和超感性事物的形而上学性质——由此退到后台，一切存在的形态学这个新的论题代之出现。人们在这里可以看到亚里士多德后期的普遍的现实科学的特征，它开始往回影响形而上学，而亚里士多德在这里给了它一个存在论的和公理化的基础。在后期对第一推动者问题的处理中，如我们所见，事实研究对思辨的胜利也留下了痕迹。物理学说建构的思维必然的完成，一切事物所依赖的原则，现在变得几乎像纯粹的宇宙论假设的特征，对

413

---

① 以下参见 **J Hammer-Hensen, Hermes, 50. Bd. 113ff.**。

414 它不可能像对其他假设那样用经验来证实，这很快就被感觉是一个无可救药的缺陷。

亚里士多德思想中直观的方面退到了对方法的兴趣后面。他的精神类型没有这样的机会，使得他的哲学的世界观的内容增加了令人印象深刻的标志，就像柏拉图的神话和比喻一样。亚里士多德自己大概也感觉到了这一点，他曾经在他第一次对自己的哲学的描述——概要性的作品《论哲学》中，试图用一个变形了的柏拉图《理想国》中的洞穴比喻，给他的新的世界感受以栩栩如生的形式（s.167）。我们感受到地下的人上升看到永恒的秩序和宇宙的形式的比喻是柏拉图原本的一个精致的和独特的调整，但是最终它仍然依赖于这个比喻，这样我们也感受到亚里士多德世界同柏拉图的关系。似乎亚里士多德绝对地预设了它，并马上转向了自己的方法论证和分析。只有在一些孤立的段落我们内心突然受到触动：在精巧的概念之网后面有一个活生生地在场的直观的整体。它一直是潜在的，就像在形而上学后面的那起推动作用的宗教力量，但是它从未走上前来直接展示自身。这就是为什么两个都仅仅以间接的概念思考形式以及他用以解决它们的方法来揭示它们，以及为什么他的哲学作为宗教和世界观的力量只有在这样的历史中才活跃起来：当人们不仅仅寻找美学的直觉，而且认识到这个困难的斗争的时候。即便如此，我们也试图让亚里士多德的世界如图画般直观地对我们显现。

柏拉图的理念世界的逻辑上分离的特征被亚里士多德也引渡到可见的世界中。柏拉图认为赫拉克利特的万物之流是现象世界最惹人注目的图像，从这里面还浮现出几个固定的岛屿。亚里士多德不再这样看待自然。它是一个宇宙，在其中所有的运动都围绕着永恒形式的固定的中心点运转。但是他没有给活生生的现实强加上一个抽象概念世界的僵硬等级，就像人们可能会

415 认为的那样。形式作为构建的法则在一切生成中起作用。而我们首先在其中感受到的，是逻辑上严格地分离开的统一性。亚里士多德设想的自己的世界图像，是 τάξις（秩序），而非 συμφωνία（和谐）。他所要求的不是多音部的和鸣，虽然这个感觉对一个希腊化时期的希腊人而言是很切近的，他所希望的是所有形式有机的共同合作，以实现高级的思想。为了表现这种世界图像，他塑造了一个令人愉悦的比喻，战士在队伍中战术性的移动，它实施了那看不见的指挥官的计划。同斯多亚派的一元论 πνεῦμα πάντα διῆκον（渗透

一切的普纽玛）相比，这是一个典型的人造的形式和轮廓的世界。这个领域的成员之间缺乏联系和有活力的相互作用。这个特征同凯撒时代哲学的"和谐的统一"很不一样，这是普罗提诺在丢失了第一推动者和天球推动者的形式之间的关联的时候所感受到的。这对亚里士多德宇宙中整个的形式界都是有效的，虽然在天球世界中这个法则最纯粹和最美好地实现了。

"变化着的事物模仿那不朽的事物。"就像星体的运动，地上的事物的生成和毁灭也是一种原地不动的圆周运动。对亚里士多德而言自然虽然持之以恒地变化，却是没有历史的，因为有机的生成通过形式的恒定而被束缚在一种永恒的不变的节奏中。同样亚里士多德也认为人类城邦、社会和精神世界不是处于不可重复的历史命运的不可预测的推动之下，无论是个人生活还是民族和文化生活，而是牢牢建基于形式的不可更改的持续中，它们虽然在一定界限内变化，但是在本质上和目标上却是保持不变的。这种生命感受是以世界大年（das Grosse Weltjahr）为标志的，在它的终点星体回归到原初的位置并重新开始它们的历程：根据亚里士多德的看法，同样在地球上的文化起起落落，取决于巨大的自然灾害，而这些灾害和有规律的天体运行是有因果联系的。那千百次被认识到的东西，在这个历史的时刻被亚里士多德重新发现，它还会再次被遗失，然后有一天再重新被发现。神话是一个遗失的时代的哲学——它的价值和我们的哲学是一样的——的最后的回响，有一天我们自己所有的知识也会变成古老的神话。哲学家站立在处于一切的中心的地球上，在思想的范围内拥抱着紧紧地被限制在自己的界限内的宇宙，这个宇宙被恒星天包围在以太之球中。从总体以及其永恒的韵律而言，哲学的 νοῦς（努斯）在人类知识的高峰上预言了某种纯粹无瑕的幸福，它是属于在其沉思的思想中不被推动的世界精神的。

亚里士多德的世界图景同古代希腊的几何学宇宙不同，但是没有打破它。公元前四世纪的新观念被嵌入他的典型的框架中。从这里面，现实不再是具体地而是在某种程度上透明地被看见。亚里士多德完成了一般希腊的世界图景对柏拉图主义的接受。通过第四世纪的历史和天体研究，视野在时间和空间上都被无限地扩展。亚里士多德的世界和柏拉图的世界一样是有限的。但是那给予柏拉图的世界以特别的色调以及灵魂推动的两个世界的对照，在亚里士多德这里消失了，现在可见的宇宙自身焕发着柏拉图的色彩。

416

希腊世界图景的最高程度的统一的和谐和完成被达到了。而所有这些推动着哲学家的思想的，不是美学的、感觉的角度，而是通过严格的科学概念地被奠基的。直到今天，在这种单一的唯美的世界图景早已崩塌之后，科学还致力于他在这上面发展出来的问题和方法。他的天才的真正的 ἐνέργεια（实现），是在这些问题和方法中，而非在这样的世界图景中。

c) 对人的分析

伦理学作为一门科学的基础深刻地受到这样一个事实的影响：苏格拉底将道德知识问题推到前台，而柏拉图在这个方向上更进一步。我们习惯于认为，个人的良知和意图是本质问题，所以倾向于在我们所陌生的苏格拉底的提问方式中看到他思想的一种时间历史的条件，在这个条件后面实际上隐藏着良知问题。虽然人们将希腊的精神历史翻译为我们时代相应的范畴，以此来阐明这个伟大现象，这大概是无可非议的，但是这种做法也有危险：人们会错失希腊的特别成就。这种成就不在于一种宗教的预言或者道德生活方式的彻底的激进主义，而在于对道德价值的客观本质和道德的客观地位在世界图景整体中的认识。苏格拉底其实不是一个伦理学理论家，他在寻找通往 ἀρετή 的道路和从他的无知困境中出离的道路。不过在这个出发点上包含了他要达到的目标的种子，对"伦理学"的奠基，这是从他开始的发展所努力追求的。什么是善，或者什么是正义，这样的问题不是一个预言家的问题，而是一个研究者的问题。虽然它对善热情地赞赏，不过放在它首位的还是认识人们所称的善的本质，对此的无知是它所表达的真正的痛苦。在这个标准下，希腊最大的道德革新家所追求的是道德的客观化和知识，这证明，希腊人只有在创造一个道德哲学的时候才能达到他们的最高的道德成就。这也说明了，主观意向、意志教育和"实施"问题在苏格拉底那里占次要地位，而对它的处理——对此我们可以随意讨论——却不能令我们满意。它在苏格拉底那里和在柏拉图那里一样，与其说是唯一的决定性的目的，倒不如说是关于善的本质这个被热切地感受到的问题的前提。对他们而言，通往知识的道路是漫长的，从知识到行动的过程反而显得几乎是不言自明的。

417

从苏格拉底到亚里士多德的发展一直被描述为苏格拉底的实践道德内容逐渐理论化，以及和苏格拉底日益疏远的一个过程，如果人们将苏格拉底看作是良知研究者以及道德自由信条的提供者，即，将他转化为现代的清教徒和康德的观念，那么这似乎是正确的。[1] 从我们的观点来看，这种历史过程是必然的，道德的不断进步的客观化过程在希腊精神的本质中而非在个别人的人格的偶然性中奠基。只有这个过程才能克服旧的传统道德，它不断地分解，伴随这种分解的还有纯粹的主观主义。客观性的追求确实产生自一个强有力的、好斗的道德人格，但是它的本质迫使它联合哲学思想一起发展，在这里它发现了达到它的目的的工具，或者更恰当地说，它唤起了一个新的哲学思想运动，这为它自己创造了新的工具。这个运动采取了和苏格拉底不同的道路，所根据的是，它是否从已有的智者的问题出发外在地理解苏格拉底，只是在内容上对他进行丰富，而不在他超个人的意义中去把握他问题的核心，或者是否像柏拉图那样认识到他里面的新颖的和开拓性的东西，并且以创造性的力量把握这一点和发展它。

人们习惯于将这样一件事仅仅作为历史的偶然性：柏拉图以理念的形式作出了道德应该——现代的说法——的伟大发现，也就是更高的现实的超感性的存在，并且用希腊精神的艺术需求为这一迂回辩解。但是即使在这里，仅仅诉诸更高的知识并匆匆忙忙地将我们的"更进步的"立场塞到下面是不够的。那些被我们看作是迂回或者错误的，恰恰构成认识事实自身的本质的必要的历史前提。客观的精神价值——道德的、美学的或者逻辑的，以及从成百上千种不同的在人的灵魂中呈现的道德、美学和逻辑设定中对它们纯粹的抽象，它的发现只对形式—构型的客观化的眼光是可能的，希腊人用这种眼光来接近所有事物，包括精神性的事物，并将其哲学和艺术类型归功于它。但是为了第一次将道德作为价值在哲学上用其纯粹的形式描述出来，希腊人和柏拉图必须想到世界。ιδέα 对于希腊人的感觉而言，本质上必然是一个客观的存在，独立于反映它的意识。由于它在方法上是作为对苏格拉底的问题 τί έστιν 的回答而出现的，所以它同时包括了逻辑的和概念的特征。只有这样，才可能在思想的那种非抽象的层次上认识到道德的两个本质特征：

---

[1]　参见 Heinrich Maier, Sokrates, sein Werk und seine geschichtliche Stellung, pp.516ff., 577ff.。

它的无可争辩性和无条件性。柏拉图在发现 ἰδέα 的时候必定相信，只有现在才获得了对苏格拉底的生命活动的本质的全面的理解：竖立不可动摇的目标和方向（τέλος, ὅρος）的一个更高的精神世界。在一直超越的、不产生自任何感性经验的对善自身的观察中，苏格拉底的追求得到了实现。

柏拉图偏爱将他的哲学认识——纯粹的善是唯一在道德上有效的人类行为的动机——放在希腊普遍的探求最高的善或最好的生活的形式中。针对已经发现的无数的回答——它们或多或少地包括了世界上所有的善，柏拉图提出了自己的回答：ὡς ἀγαθός τε καὶ εὐδαίμων ἅμα γίγνεται ἀνέρ（一个人只有成为善的，才能成为幸福的）。只有好人才能正确地使用世界的诸善，它们只有对好人才是本质意义上达到善的手段的善。但是他不依赖于它们，他自身有幸福。这样柏拉图扬弃了幸福主义和善的伦理学，所有流行的希腊生活观的基础。但是他作为真正的希腊人同时又重新召回了它，虽然是以改变了的以及提升了的形式。对善的直观自身是终生的辛劳的成果。它预设了灵魂逐渐同"善自身"的熟悉，并且只有在艰难的精神到了的终点，通过一切 μέθοδοι λόγων（论证方法）才会对那些真正寻求智慧的人显现。它不像是一种机械的知识，能够从一个人向另外一个人输送。最好的生活从而是 φιλόσοφος βίος（哲学的生活），最高的善在于真正认识善的人的内在的幸福。

这样柏拉图不仅成为道德的理论发现者，而且也是一种新的生活理想的创造者，虽然他在哲学的 ἀρετή 之外也将世俗的道德作为一种比较低级的层级。在柏拉图后来发展的过程中哲学的生活越来越增加了宗教的特征，比如善的理念的位置被作为一切尺度的尺度的神的思想代替。但是贯穿他发展的所有阶段的，客观的价值和标准问题一直是他首要的关注点。"参照目标"的生活自身包含了追求目标的动力。柏拉图完全处于那对纯粹价值的客观世界以及从它而来的新的生活确定性的新知识的势不可挡的影响之下。

年轻的亚里士多德的对话充满了对柏拉图的哲学生活的内在的巨大热情，但是同时即使像《劝勉》这样的作品也清楚地表现出这种排他的精神贵族主义的生活理想在现实中只可以施与公民有限的影响。试图将它镌刻在整个的民族生活上只会导致对现实的完全否认，因为现实表明自己不能接受它。否认现实的倾向，对现实的善的暗夜般的悲观主义，以及对无知识社会的无情的批判在年轻的亚里士多德那里明显而引人注目。在这个陪衬下，宗教—形而上学的乐观主义超出了所有的此世的无价值和痛苦而更鲜明地突出出来，在其纯粹的精神追求中在现象世界的彼岸，一个不朽的生活作为目标在对它招手示意。没有人能够怀疑，亚里士多德受到柏拉图世界观的持续的影响，只要人们跟随它在他的后来的发展中的影响，但是也有必要看到，学园的这种代表性的世界图景遮挡住了什么。这个运动在学园中开始，它在亚里士多德的伦理学中达到顶点，亚里士多德的对话也透露出渗透着的某种概念分析，它推动了这个运动。人们寻求从人类精神的本质来把握 φιλόσοφος βίος（哲学的生活）的目标，但是由于缺乏一种分析的心理学，人们不能证实认识的精神超越灵魂的其他部分，在灵魂的不同"部分"问题上遇到困难，并在无理性的部分是否被公正对待，即是否将它们包括进精神模仿神的过程中的任务上遇到困难。在《斐莱布》以及《劝勉》中除了哲学的生活外还出现了其他的 βίοι（生活），要做的是处理它们之间关系的均衡。诸如 ἡδονή（快乐）在纯粹的哲学生活中占多大比重的问题导致对道德行为动机的研究，老年柏拉图的教学思想——通过让他们早早地习惯于在善中获得快乐而在恶中感到不快乐，训练青年向善——就已经接近亚里士多德的伦理学了，它将这样的行为才看作善的，它在善中伴随着快乐。性格习惯的问题必定也在学园中得到了处理，因为塞诺克拉底将哲学分为逻辑、物理学和伦理学。在柏拉图后期的对话中有一种意志学说和责任理论的迹象，这表明，亚里士多德并不是第一个对这个在希腊刑法中讨论很多的问题进行哲学把握的人。被亚里士多德讨论并抛弃的 προαίρεσις（选择）、εὐδαιμονία（幸福）、ἡδονή（快乐）等的定义，大概都是从学园的讨论中获取的。对柏拉图老的隐喻的理智化以及伦理学作为一个专门学科的发端，在那里就已经进行了。亚里士多德只是那样一个柏拉图主义者，他将这些趋势以最大的决断实施了。

亚里士多德不是一个柏拉图那样的道德立法者。这既不在他的本质范围内，也不被问题的进展所允许。即使最早的亚里士多德伦理学还浸透了神圣标准的思想，并且将整个生命看作对神的侍奉和认识，在它们里面新的因素也已经指示出了另外的一个方向：对道德生活的形式的分析，就如它真实所是的那样。柏拉图的德性学说被抛弃，并被一种充满生机的学说类型所代替，同在所有可以想象的生活关系中道德丰富的多样性和显现形式相应，包括了经济的、社会的、阶级关系、法律和商贸的关系。在这个市民生活的现实把握和从柏拉图而来的宗教哲学的崇高理念之间，存在一个强烈的张力。虽然亚里士多德是通过德性的一种单一的形式概念，恰当的中道原则来解释正义的人、勇敢的人、高尚的人、慷慨的人和大度的人这些类型，并且不是通过纯粹的描述来解释这些类型，而是通过辩证法的结构发展出来，其中每个个别特征都和其他的逻辑地联系在一起，但是它的内容是从经验产生出来的，这些类型自身是从给定的事实关系中发展出来的。对 ἀρετή 的本质的导言性的基本解释是根据道德意向和信念的塑造问题为导向的。这是决定性的进步：道德价值的本质从主体内部发展出来，意志领域作为它特别的范围被标明。性格的德性由此事实上获得了对理智德性的优先，从而占用了研究的大部分，即使亚里士多德离将两者从根本上分开还很远。道德的 ἀρετή 学说现在差不多成了伦理学中的伦理学，并且它给了整体这个名称。单从亚里士多德人们不会明白，关于理智的 ἀρετή 的学说如何进入了伦理学，如果人们不知道，它在柏拉图那里（以及在青年亚里士多德那里）恰恰是核心：关于最高的客观价值的科学。即使在晚期亚里士多德那里，人类生活的最高目标也是和神的世界目标联系在一起的，所以伦理学的制高点是理论的形而上学。但是强调的重点不在于认识这个永恒的标准，而在于这样的问题，人类个体的意愿和行为如何完成这个标准。就像在亚里士多德的存在学说中柏拉图的理念对认识现象世界变得硕果累累，同样在伦理学中超越的标准被吸收到道德个体的意志中并将意志客观化。对一个被如此内在化的标准而言，其普遍有效的特征当然就丧失了，因为一个对于所有人都同样有束缚作用的命令是不存在的，除非是将它普遍化为一个没有内容的形式。亚里士多德的目标是，将最高的服从标准的思想同最高的个体多样性联合起来。道德人格是"对自身的法则"。在这种形式下，人格的道德自主思想——它对柏拉图来说还很遥远——第一次进入了希腊意识中。

亚里士多德伦理学的两个主要部分——建立在善意基础上的道德和沉思神的形而上学学说——表明了在发展过程中它们越来越相互分开的努力。真正的性格学说（Ethoslehre），在原初的伦理学中还是和神学顶点紧密地联系在一起的，后来独立出来并在实践的道德洞察中发现了自己的原则。亚里士多德最终完全放弃了将柏拉图的理论理性的首要性贯彻到公民伦理学领域。当然柏拉图的 σοφία（智慧）和 νοῦς（努斯）对于亚里士多德而言已经褪色为纯粹的"理论理性"：在公民伦理学和形而上学伦理学之间严格分开的必然性是 σοφία（智慧）和 νοῦς（努斯）理智化的直接的结果，它们在柏拉图那里同时意味着灵魂的善和对善的认识。这样亚里士多德在伦理学中也保存了他哲学的基本的批判特征。结果就是对道德的内在性心理学理解的巨大深化和精化，以及形而上学和"理智主义"被压缩到一个最小的范围。但是就如在形而上学中一样，亚里士多德在伦理学中最终也是一个柏拉图主义者，在那里是因为他将经验世界根据目的论用一种最高的不可体验的 τέλος 来解释，而在这里，因为他在一般的市民道德和实践的行为和意愿领域之上，肯定一种沉思永恒的生活，根据他的估计，这种生活无条件地值得之前付出的代价，并且从道德的角度来看也意味着一个更高的层次。但是在《尼各马科伦理学》中，亚里士多德不再让公民生活的道德依赖于这个神学。两者是分别的不同等级的世界。Βίος θεωρητικός 的地位在《伦理学》的结尾不再意味着，所有的世俗变化都应该被神学化，而是意味着，在实践的——伦理的世界之上还有一个更高的世界。这样亚里士多德就将他年轻时候的柏拉图思想的世界建构进了现实中并且给了它在那里的最高的位置，从那里，永恒的光撒落世间。在两种生活的这种关联中，人们总是感到某种个人的东西，建立在哲学家的体验上的东西。它既不同柏拉图从根本上一致——柏拉图认为只有 φιλόσοφος βίος 才是值得过的，也不和康德一致——康德同理论理性的优先最终决裂并宣布道德意志是世界上最高的东西。无论在伦理学还是在形而上学中，亚里士多德都和康德有一段距离相近，但是他里面的某种东西使得他在最后的结论面前撤退了。无论是纯粹的经验科学的自足还是单纯的道德责任意志的确定性，都不能满足他的现实感觉和生命感受。柏拉图的超越的世界没有离开他，他意识到了，带着它，他将一种新的现实部分融合进了老的希腊世界建构中去了。只有这样才能解释，亚里士多德的 νοῦς（努斯）在形而上学和伦理学的神学部分中几乎具有了神秘的色彩。Θεωρία 的顶点直接从柏拉图的精神领域进入亚里士多德的事实世界，并给了他的生活观念以特别的现代的两重性以及张力。

在政治学中——在这里只能稍微涉及一下——内在的构成也与在伦理学和形而上学中一样。发展史的道路在这里尤其的清晰。柏拉图政治学的决定性的精神史问题在于，个人严格地、无条件地服从城邦，通过这样柏拉图

424

425

"重建"了真正古老的希腊的生活方式。这种生活在第四世纪早就已经被压倒性的经济力量、对城邦和党派生活的兴趣以及在这个时候已经变得普遍的精神上的个人主义所破坏了。大概每个明眼人都清楚，城邦的康复只有这样才是可能的，当那种最粗野的个人主义、每个个体无限制的自私被克服的时候，但是这是很难消除的，如果城邦自身也被灌注了这种精神，将它作为行动的准则的时候。它将公民在第五世纪末的强盗政治中逐渐引导向了新的思想道路，现在城邦成为这种自私自利的思想的牺牲品，修昔底德令人动容地对此进行了描画，它已经使自身成了一个原则。古老的城邦以及法律对于公民而言成了所有"道德"标准的体现。根据法律生活，在古代希腊是不成文的最高法律，就像柏拉图的对话《克力同》又一次以及最后一次悲伤地表达的那样。在这个对话中第四世纪的悲剧冲突表明已经尖锐到了明显荒谬的地步：根据这个城邦的法律，希腊人中最正义和最纯粹的人必须喝下毒芹酒。苏格拉底之死是整个国家的、而不仅仅是当时的当权者的 ad absurdum（荒谬）。在《高尔吉亚》中，柏拉图用彻底的道德法则来衡量伯利克里和比他更差的继任者，并对历史城邦无条件地拒绝。后来在《理想国》中当他以一种对他的时代人的感情无法承受的、片面的严格将个人的生命完全交给国家摆布的时候，他是从他的新城邦的改变了的精神中获得理由的。在这里闪耀的太阳是善的理念，它照亮了最黑暗的角落。所有的个体都服从于它，被解放了的个人转变为真正的"公民"，这是这样一个精神史事件的另外一个表达：道德最终同政治学和历史城邦的 νόμοι（法律）脱离，从此以后个人的独立的良知也是国家问题中的最高的法庭。这样的冲突以前也有过，新的东西是，宣称这种冲突是永恒的。柏拉图要求的哲学家的城邦——这是他直到最后都保持不变的——意味着，城邦贯穿始终的伦理化。它表明，那站在精神的最高位置的人已经放弃了真实城邦之船。因为一个这样的城邦在那个时候是不会存在的，或许永远都不会存在。

亚里士多德保留了柏拉图伦理学对政治学外在的服从，但是在他那里，真正的重点也是在伦理学中。他从伦理学中获取了最好的城邦的标准，并构造了"最好的生活"的内容。对于他的现实感而言，从这个出发点出发出现了一些不可解决的困难，它们在理想国家的较早的计划一开始就导向了对隐藏在柏拉图城邦中深刻冲突的第一次清晰的描绘。在政治学中亚里士多德也不是生活在理想中，而是在理念和经验世界的张力中。但是他那个时候的现实的政治生活使他不能发现这个张力的解决方法。在形而上学和伦理学中，他虽然有自己内在的立场，但是保持对柏拉图的世界开放，他可以这样做，因为他将它当做真实的。而在政治学中，"最好的城邦"一直只是一个乌托邦，它清楚地表明，人们在这条道路上只能达到教育的国家，或者更恰当地说，达到一种教育学。此外，亚里士多德确实清楚地说明了权力问题。他将它作为柏拉图城邦观念后面的一个问号。他还说明，并非所有的"统治"从根本上都是坏的，但是他没有拿出一个令人满意的解决方案，并且无疑，在希腊文化总体的那个进步阶段中，一个可行的解决方案是完全不可能的。

国家问题是 ἀμήχανον（难以处理的）。政治生活的理论意识达到顶点，就像是德谟斯提尼党人自觉的、紧张的民族感一样，在那个希腊城邦国家开始衰落的时候。这是一个已经生命殆尽的形式，而它让位于另外的还有生命的更加粗糙的国家结构。亚里士多德的理想国计划很快转向了那个意味深长的问题，从国家中逃离是否是唯一可能的目标，并且对现实国家的分析以这样的声明开始：对于哲学家而言，对现实没有什么别的可以做的，除了通过他关于个体国家的生存条件的杰出的知识，正确地处理不同情况的国家弊病。这种无可奈何的态度对于那个时候的知识人格而言是典型的，甚至是对实践的政治家也是，他们无一例外地同国家保持一定的距离，他们的政治学总是一种实验。在亚里士多德那里，这种距离以及对它的意识走得最远，因为他自己没有国家，作为一个客观的观察者生活在一个伟大的国家中，而它正处于危机之中，也因为他完全看到了形式和可能性的巨大宝藏。他那个时代的希腊人还严格地结合成的团体，是市民社会，它有着关于教育、举止和彬彬有礼的严格概念。亚里士多德不是将它算作政治力量，而是以意味深长的方式将它作为人格的道德结构的固定成分。由此他在伦理学中以特别的"德性"的形式处理它。就像旧的道德通过国家的法律获得其内在的和外在的支持一样，现代的道德的支持是社会的客观形式。在亚里士多德那里没有抽象的道德个体主义，甚至斯多亚派及其世界公民主义和伊壁鸠鲁主义以及友谊理想也远离开了这个极端。但是他的"政治学"以粗糙的现实主义表明，社会自身仅仅是有欲望的人的小团体，他们在为了金钱和权力的普遍的斗争中被拖到这里和那里，他们的生存处于动荡不安中。希腊人的伦理学最终在

427

428 内在自由思想中得以中止，这只是偶然地才在亚里士多德那里有所反映。通过它，国家和社会的个体独立性得到确认。在亚里士多德伦理学内部，这种自足只有那种过 βίος θεωρητικός 的人才能享受，对他来说也是有条件的。但是恰恰在对个人生活依赖于外在的环境和 τύχη （偶然性）的增强的感受中，表达出了对内在自由的渴望以及个人道德尊严的感受——这对整个时代都是有特殊意义的。

d)　作为普遍科学的哲学

在他的哲学中，亚里士多德是用最高的方法论思想艺术重点表达了他那个时代的世界观问题的人。他的各门科学的研究工作更是如此，在这里他远远超出了他的同代人。如果人们将现代科学和事实知识的标准加在他身上，那么就很容易错看了他成就的这个方面，并且这一再地发生，每当那些专门科学的分支的代表或者实证科学的著史者研究他的时候。也许说出这样的一个希望并非过分冒昧：在今天所有这样的比较，其幼稚即使对于没有经过历史思想培养的人也很清楚了，我们没有考察它们的义务。我们不仅可以忽略亚里士多德的个别研究成果的正确性问题，而且还可以拒绝对他作为方法的发明者的先驱性的功绩进行详细描述，因为我们关注的仅仅是，认识他的个别研究作为哲学发展的标志的意义。

将柏拉图的“哲学”扩展到普遍的科学中去，这对亚里士多德而言是一个必然的过渡，这由他对经验的高度评价以及思辨从根本上依赖于感性现实产生出来。当然这是在时间上逐渐发生的过程，因为，即使亚里士多德从开始本质上就是一个学者，并在抽象的柏拉图主义者中是最伟大的读者——从本质上来说，柏拉图如此称呼他的这个轶事，无论如何是真实的——他的第一个超越的阶段的精神状况同他后来的不懈地致力于对事实的无限世界，

429 是不相容的。从理论地洞察到将经验带入哲学思考领域的必要性，从逻辑地奠基一个同现象世界接近的存在概念到收集和处理大量的事实，仅仅为了它们自身之故，这还有漫长的路途。当我们用新的目光看亚里士多德的发展的时候，我们就会清楚地看到，他如何一旦选择了这个方向，就一步一步地继

续走下去。对此在这里有一个例子。《形而上学》第一卷中从泰勒斯到柏拉图的发展的著名的概述是在严格的哲学意图下给出的；它帮助推出四本原，这是亚里士多德形而上学的基础，并不像人们经常提到的那样，追随一种历史的目的，而是有着体系的目标。它简练地考察事实，只是为了获得亚里士多德要从中读出的东西。在后期，这种思考扩展为一个普遍的科学史。它远远超出了原来的体系的关联，并成为一门独立的科学，唯一地受制于对材料的考察。对宪法的收集属于另外的情况：在这里对伟大的宪法作品的事实研究至少精神上同政治学相关，同政治学的关系比起科学史同形而上学的关系更密切。但是即使是在政治学中，从单纯的学究式的知识和对经验的根本关注，到制定出所有那些宪法材料，这是巨大的进步，它超出了哲学自身的界限。

　　人们可以在每个个别的例子上验证，在这种发展的所有内在持续性中，还有一个决定性的向着实证研究方面偏离重心的过程。概念哲学家变成了科学家，用普遍的风格来解释世界。哲学对于他而言现在成了科学的整个领域的名称。这个词的出现，首先表示各种研究，精神的兴趣，而在狭义上表示对真理和知识的寻求。它固定的术语意义首先从柏拉图那里获得，柏拉图为了他的那种知识——既达不到超越的认识目标又永恒地追求它，悬浮在 ἀμαθία（无知）和 σοφία（智慧）之间的状态——需要一个表达。但是它从来不表示固定的统一性和当下的全部。这样的一个思想还完全没有进入任何人的大脑。亚里士多德并非以这样的方式来把握它：试图证明，通过一个外在的体系化的努力而将一切现有的科学有组织地联系进一个学派中。他不是一个百科全书作者。通过这样的事实证明了：他没有真的将旧有的独立的专门科学，诸如数学、光学、天文学和地理学纳入他的 φιλοσοφία 中，虽然这样做符合它的概念。只有医学得其门而入，并被勤勉地追求，因为只有它给亚里士多德的形态学思想提供了一个富有成果的事实园地。其他的那些学科却没有这样，这个例外说明，亚里士多德的科学的令人震惊的整体性是从他哲学的中心点——形式思想自身有组织地产生出来的。这决定了他的哲学的能力范围的界限。在亚里士多德发展的进程中，形式从一个理论的存在概念变成实用科学的一个工具，成为对一切事物形态学和现象学的思考的工具。由此他将哲学放在这样的位置，对总体的现实进行科学的把握。它统治着知

430

识的所有领域，它再也不能期望得到这样的范围。但是必须一再强调，正是由于亚里士多德哲学的科学创造能力，从它的怀抱总有新的科学产生出来，诸如生物学的、形态学的和生理学的自然演进，以及传记的和形态学的文化科学。仅仅是逻辑或者形式体系不能使哲学获得在科学中的位置，通过一种武断地规定的世界观更加不能。

431　　科学和世界观之间的关系是亚里士多德哲学中的一个问题点。它包括两个方面，一方面科学建基于不是由自身而是由哲学所设立的原则；另一方面，哲学是建立在科学的事实经验基础上的。他相信，用思想和经验的这个概念他就可以将柏拉图的哲学变成一门批判的科学；因为虽然他没有在名称上区分哲学和科学，他全部早期哲学的批判的出发点是一个构成科学的固定概念。甚至在他自己的哲学内部，他认识到，专门科学的事实知识具有科学上的优先性，这不是因为它更大的精确性——这毋宁说属于概念思想，而是由于它坚不可摧的事实性：超感性事物真实存在的问题是这个领域所有不确定性的来源。亚里士多德的精神世界从外面看是统一的，但是它内部在哲学和科学倾向于分离的基本思想上有可以察觉到的分歧，虽然他努力将二者弥合起来，通过将哲学把握为这个词的更狭窄的和更高的意义，作为现实科学的必然结论。希腊科学从作为哲学的推动力的世界观获得决定性的推动力，两者在发展中相互促进。但是到达顶点的时候，它们却发现相互冲突。亚里士多德将它们重新带到一种不稳定的平衡中。这一刻体现了它们发展的共同道路的最高点。

　　在亚里士多德之后的时代，无论是哲学还是科学都没能保持在这个高度。一方面，科学需要比哲学给予它更宽广的游戏空间。它的结果经常向哲学提供给它的方法和解释原则提出质疑。另一方面，丧失了宗教的知识阶层

432　需要世界观，就引诱哲学重新进行大胆的思辨飞行，人们必须承认，当它试图满足这个欲望的时候，它只是追随了自我保存的冲动。同亚里士多德批判的态度相比，斯多亚派和伊壁鸠鲁派就像是科学哲学的崩塌和教条主义。人们拿去了逻辑的技术并在内容上扩展了一些形而上学观念，通过将它和更早的原始的观念混合在一起，或者通过更新前苏格拉底的物理学，就像伊壁鸠鲁更新德谟克利特那样，在这基础上建立起一个伦理学的生活理想。重点是在形而上学和伦理学，真正的研究完全没有开展起来。这种实践的方向

也包括了第三代以后的漫步学派，虽然它不能同斯多亚派和伊壁鸠鲁派在这个领域媲美：其结果是学派在斯特拉图之后令人惋惜的衰落。这个伟大的研究者却明确地指明了，由亚里士多德开启的运动在那种情况下只能采取这条道路。漫步学派的研究在他那个时候就已经和亚历山大联系上了，在那里发展实证科学的土壤比起在阿提卡来更肥沃，并且在那里现实之风猛烈地吹着。亚历山大的科学是亚里士多德后期科学精神的继续。在科学和哲学之间的联系完全断裂了：托勒密学者研究的无限精进的技术丢掉了稳定的精神核心——那是亚里士多德的详尽的工作在伟大的唯灵论世界观中所具有的。但是另一方面，古代科学的最有意义的发现要归功于这个分离，它对于研究而言意味着一个必要的解放。医学和自然科学以及精确的语文学现在迎来了最大的繁荣。它们以这些人物为代表：阿里司塔库、阿里斯托芬、希帕库斯（Hipparchus）、厄拉托塞涅（Eratosthenes）和阿基米德。从亚里士多德的哲学和科学观点来看这当然减去了一半的精神。但是世界观的渴望和科学的严格性在古代再也没有走到一起。亚里士多德晚期的典型特征就在它们的统一中，虽然在他身上世界的解释者和研究者已经超过了世界图景的构造者。

　　亚里士多德的理想自身如此之高，更令人惊奇的是它在单独一个人的 **433** 精神中实现。这是并仍将是生理学的一个奇迹，对此我们不能更深入地探究。"普遍化"这个词只是表明了他扩展到现实的所有领域的令人吃惊的能力，以及巨大的接受材料的力量。这两方面都只能在一个通晓技术的时代才能达到。而更伟大之处在于精神的范围，它同时包括了在纯粹的 νοῦς（努斯）中对超感性的本质的沉思，锐利如刀锋的概念理解力，又包括了感性观察的微观的精确性。当我们从亚里士多德的发展历程中认识到，在其中原创性和接受能力相互抗衡的时候，这个现象就更加可以理解了，但是即使如此，内在的高涨的经验能力和形而上学的倾向在一个杰出的发现者和观察者的本质的灵魂构造中仍然是独一无二的。虽然他内在的世界有着丰富的层面，并同时有着极大的统一性，因为所有的这些精神形式在亚里士多德那里都是如此展开的，它们作为对客观现实的思考的工具而起作用。他的 νοῦς（努斯）缺乏柏拉图式的革新世界的能力，他的概念性缺乏教条的可靠的实践力量，他的观察天赋缺乏向技术和发现的转化：它们在他身上统一起来成为一个唯一的任务，认识那些存在的东西。他整个的创造力都投入到了不断地为这个工作提供新的工具。

　　这种完全致力于对世界的思考的前提是那种客观性，在其最终的精神深度我们不能触及，所有由亚里士多德开始的东西都沉浸在这种客观性中，这也是他留给希腊科学的遗产。我们已经说过，这不能和非个人性混为一体，而是超个人的精神形式。它也远离了艺术的客观性，柏拉图在他的作品中用它来包裹自己改变生活的精神热情，就像修昔底德所作的那样，后者为了脱离可怕的历史命运的痛苦，而将它看作必然的发展进程，并将之转变为政治学知识。在这两个阿提卡人那里，追求客观性的欲望是对一直集中注意于统治性的价值理念的内在性的抵抗，这种内在性热切地参与到生活中。在他们这种情况中，人们更多是说客观化，而非知识客观性。在亚里士多德那里它是某种首要的东西，表达了一种对世界和生活的泰然自若。这在从梭伦到伊壁鸠鲁的阿提卡人那里是找不到的。我们更会在赫卡泰乌（Hekataios）、希罗多德、阿那克萨戈拉、欧多克索、德谟克利特那里发现，虽然他们彼此间差异很大。在他们中有某种本质的沉思的和非悲剧的东西。但是亚里士多德也具有伊奥尼亚人的那种世界视野，对于这种自由的广阔精神，没有一个深沉的阿提卡人曾经暗示过。同时阿提卡精神的本质对亚里士多德有着深刻的影响，就像对希罗多德那样，它给了他无所不包的 ἱστορία（研究）以原则的严格性和统一性。通过他成为令人信服的现实和科学的组织者，这是任何伊奥尼亚的世界思考者都没有被赋予的。

索　引

主题索引

亚里士多德著作索引

人名索引

Alexander von Aphrodisias 阿芙洛蒂西亚斯的亚历山大，32

Alexander d. Gr. 亚历山大大帝，121, 339

Alexander von Pherai 斐赖的亚历山大，37

Anaxagoras 阿那克萨戈拉，76, 99, 265, 409

Andronikos 安德罗尼柯，3, 404

Apuleius 阿普列乌斯，147ff.

Aristokles von Messana 麦撒那的阿里斯托克勒，106

Aristoteles 亚里士多德，哲学自我理解 1，学院的理解 2，论文的形式 4，学园时期 9ff.，和柏拉图的关系 10, 106，和欧多克索的关系 15，对话 23, 27，对话中的柏拉图主义者 31，天性 34，在早期作品中依赖于以及独立于柏拉图的程度 42—45，《欧德谟斯》37—52，《劝勉》53ff.，理想风格 30，早期亚里士多德伦理学 88，早期亚里士多德的哲学和宗教生活感受 97, 100，迁往阿索斯 105，祭坛颂歌 107，同赫尔米亚的联系 112，在阿索斯的学校 116，献给赫尔米亚的颂歌 118，亚里士多德在米提利尼 117，在斐力的宫廷，他在佩拉的政治作用 120，亚里士多德和亚历山大 121，计划写作《论哲学》125，第一次公开批判柏拉图 127，早期的神学方向 140ff.，在雅典的教学时期 331ff.，政治立场 334，学校 335ff.，只是教师 337，同亚历山大后期的关系 339，人格以及环境 341，雕像 343，遗嘱 343，事实研究的计划 361—363，历史地位 393ff.

人名、地名等名称翻译附表

古代人名、地名等名称

A

Achilleus 阿喀琉斯

Äolisch 伊奥里斯人

Agonaces 阿戈纳塞斯

Ahriman 阿里曼

Aischines 埃斯基涅

Akusilaos 阿修西劳斯

Alcibiades 阿尔基比亚德

Alexandrian 亚历山大派

Ambrakis 昂伯拉西斯

Ammonius 阿谟尼乌斯

Amyntas 阿敏塔斯

Andronikos 安德罗尼柯

Antipater 安提帕特

Antisthenes 安提司泰尼

Apion 阿皮翁

Apis 阿匹斯（埃及圣牛）

Apuleius 阿普列乌斯

Archimedes 阿基米德

Arimnestos 阿里涅斯图

Aristarch 阿里司塔库

Aristophanes 阿里斯托芬

Aristomenes 阿里司托美涅

Aristoxenos von Tarent 塔壬同的阿
里司托森

Atarneus 阿塔纽斯

Athenaios 阿特纳奥

Autophradates 奥托夫拉达提斯

C

Chaironeia 凯罗尼亚

Chaldees 迦勒底人的

Chalkidike 卡尔西迪（地名）

Chalkis 卡尔塞斯

Chiers 希埃尔

Chilon 喀隆

Chrysippos 克律西普

Chilon 奇伦

D

Demeter 得墨忒耳

Demotrios 德米特里乌

Dionysos 狄奥尼修斯

Dioscuri 狄奥斯库里

Dioteles 狄奥泰勒斯

E

Epicharm 厄庇卡尔谟

Epimenides 厄庇美尼德

Eresos 埃雷索斯（地名）

Erasistratos 埃拉西斯特拉托

Eratosthenes 厄拉托塞涅

Euboea 优卑亚

Eubulos 欧布罗斯

Eudoxos 欧多克索

Euenos 厄文努斯

Euphraios 欧福莱乌

Eusebius 欧塞比乌

Evagoras 埃瓦哥拉斯

G

Gryllus 格律洛

Gryllion 格律莱翁

H

Hekataios 赫卡泰乌

Helikon 赫利孔

Hermodoros 赫谟多洛

Herodot 希罗多德

Herpyllis 赫尔庇利斯

Hesychios 赫西奇

Hipparchos 希帕库斯

Hippokratisch 希波克拉底

Hortensius 荷滕西斯

I

Ida 伊达山

Ideler 伊德勒

Iliadic 伊利亚特

Ilium 伊利昂（地名）

J

Jamblichos 杨布利柯

K

Kallikles 卡利克勒

Kallimacheer 卡利马科

Kaphis 卡菲斯

Kebes 克贝

Kleanthes 克林塞斯

Knidos 克尼杜（地名）

Koriskos 科里司库

Kos 科斯岛（地名）

Kritias 克里底亚

Kritolaos 克里托劳斯

Kyrnos 库尔努斯

L

Lachesis 拉赫西斯

Lesbos 莱斯博斯岛

Leukipps 留基伯

Lykon 吕科

Lykurg 莱喀古斯

Lynkeus 林叩斯

Lysander 吕珊德尔

M

Manutius 马努修斯

Melanchthon 墨兰顿

Magi 麦琪

Menexenos 美涅克塞努

Menon 曼浓

Mentor 门托尔

Metrodor 梅特罗多洛

Midas 弥达斯

Minos 弥诺斯

Molossos 摩罗索斯

Myrmex 密尔美克斯

Mytilene 米提利尼岛

N

Nemea 涅美亚（地名）

Nerinthos 奈林托斯

Nikokles 尼古克里

Neleus 奈琉斯

Nikanor 尼卡诺尔

O

Olympiodor 奥林匹俄多鲁

Olympios 奥林匹乌斯

Olymps 奥林帕斯

Onomakritos 俄诺马克里托斯

Ormuzd 欧马兹特

Orpheus 奥菲斯

Oxyrhynchus 奥克西林库斯

P

Patroklos 帕特洛克洛斯

Pasikles 巴雪克里

Peisistratid 庇西斯特拉提得

Perdikkas 佩尔狄卡

Phaethon 法厄同

Phalaikos 法莱卡斯

Phaleas 法勒亚斯

Pherekydes 斐瑞居德

Philip II 斐力二世

Philodem 菲罗德谟

Philoponos 菲罗波努

Philippos von Opus 奥布斯的菲力浦

Philiskos 菲利斯库

Polemarch 波勒玛库

Polyxenos 波吕克塞努

Porphyrios 波菲利

Poseidonios 波塞多纽

Proklos 普洛克罗斯

Prodikos 普罗狄科

Proxenos 普洛克塞努

Ptolemois 托勒密

Pythias 皮提娅斯

Pyrrhaios 皮尔海乌

S

Sardanapal 撒尔丹那帕洛司

Scaliger 斯卡利杰

Silen 西勒诺斯

Simon 西蒙

Smindyrides der Sybarit 爱奢侈享受
　的司敏杜里代斯

Sotion 索提翁

Sophokles 索福克勒斯

Sosigenes 索西吉斯

Stagira 斯塔吉拉（地名）

Strato 斯特拉图

Sulla 苏拉

Susa 苏萨（地名）

Syrian 绪里亚努

T

Tarent 塔壬同（地名）

Thale 泰勒

Themistios 塞米斯提斯

Theodoros 泰奥多罗

Theognis 塞奥格尼

Theophrastos 塞奥弗拉斯特

Theopomp 泰奥彭波

Thersites 赛尔西特斯

Thessaly 塞萨利（地名）

Timarchos 提玛库斯

Troas 特罗亚（地名）

Tusculan 图斯库兰

Tychon 提柯

X

Xanthos 克珊托斯

现代人名

Bernays 伯奈斯

Bretzl 布雷策尔

Boeckh 伯克

Bonitz 博尼茨

Campbell 坎贝尔

Diels 第尔斯

Hartlich 哈特里希

Hirzel 希策尔

Ingram Bywater 英格拉姆·拜沃特

E. Kapp 卡普

Lasson 拉森

P. Von der Muehll 米尔

P. Natorp 那托普

Pistelli 皮斯特里

Schwegler 施韦格勒

L.Spengel 斯宾格勒

Valentin Rose 瓦伦丁·罗斯

Wilamowitz 维拉莫维茨

Zeller 策勒

责任编辑:毕于慧

版式设计:汪　莹

图书在版编目(CIP)数据

亚里士多德:发展史纲要 / 耶格尔 著;朱清华 译 .
– 北京:人民出版社,2013.4
(古希腊哲学经典学术译丛)
ISBN 978 – 7 – 01 – 011465 – 1

I. ①亚…　II. ①耶…②朱…　III. ①亚里士多德(前 384~ 前 322)– 哲学
思想 – 研究　IV. ① B502.233

中国版本图书馆 CIP 数据核字(2012)第 208700 号

亚里士多德:发展史纲要

YALISHIDUODE　FAZHANSHI GANGYAO

维尔纳·耶格尔 著　朱清华 译

人民大版社 出版发行
(100706　北京市东城区隆福寺街 99 号)

北京瑞古冠中印刷厂印刷　新华书店经销

2013 年 4 月第 1 版　2013 年 4 月北京第 1 次印刷
开本:710 毫米 ×1000 毫米 1/16　印张:24.5
字数:389 千字　印数:0,001 – 3,000 册

ISBN 978 – 7 – 01 – 011465 – 1　定价:52.00 元

邮购地址 100706　北京市东城区隆福寺街 99 号
人民东方图书销售中心　电话(010)65250042　65289539